黑河学院俄罗斯远东智库（俄罗斯研究中心）资助出版

中国中外关系史论丛第28辑

北方丝绸之路与东北亚古代民族

万明 王禹浪 谢春河 ◎主编

中国社会科学出版社

图书在版编目（CIP）数据

北方丝绸之路与东北亚古代民族 / 万明，王禹浪，谢春河主编. —北京：中国社会科学出版社，2021.10
ISBN 978-7-5203-8759-0

Ⅰ.①北… Ⅱ.①万…②王…③谢… Ⅲ.①古代民族—民族文化—文化史—研究—东亚 Ⅳ.①K310.8

中国版本图书馆 CIP 数据核字（2021）第 150256 号

出 版 人	赵剑英
责任编辑	安　芳
特约编辑	梁　钰
责任校对	张爱华
责任印制	李寡寡

出　　版	中国社会科学出版社
社　　址	北京鼓楼西大街甲 158 号
邮　　编	100720
网　　址	http://www.csspw.cn
发 行 部	010-84083685
门 市 部	010-84029450
经　　销	新华书店及其他书店
印　　刷	北京明恒达印务有限公司
装　　订	廊坊市广阳区广增装订厂
版　　次	2021 年 10 月第 1 版
印　　次	2021 年 10 月第 1 次印刷
开　　本	710×1000　1/16
印　　张	19.25
插　　页	2
字　　数	325 千字
定　　价	108.00 元

凡购买中国社会科学出版社图书，如有质量问题请与本社营销中心联系调换
电话：010-84083683
版权所有　侵权必究

目 录

"一带一路"与东北亚

"丝绸之路"视野下的东北亚区域特征及其在"一带一路"
　倡议中的地缘格局 ……………………………………… 鲍志成(3)
"一带一路"视域下"哈大齐"区域经济带联合与
　协作探索 ………………………………………………… 宛文君(24)
试析"一带一路"推动东北亚区域文化融合问题 ………… 杜　超(31)
"一带一路"背景下东北亚国家对中国文化软实力的认知
　比较研究 ………………………………………………… 白晓光(40)

中俄关系与俄罗斯历史文化

明代中俄第一次直接接触:寻找契丹的又一面相 ………… 万　明(49)
边城瑷珲的中俄碰撞与交往
　——《清实录》中黑河古城的历史书写 ……………… 谢贵安(74)
13—19世纪中国瓷器与茶文化对俄国的影响 …………… 詹　嘉(98)
浅析早期旅俄华侨在俄远东地区的社会融入 …………… 宁艳红(114)
"十月革命"后中国政府对黑龙江沿岸俄国难民的管理 … 谢春河(125)
俄罗斯与拜占庭帝国交往中的两位女性 ………………… 孙丽红(138)
俄罗斯正教会的形成和发展 ……………………………… 徐家玲(147)
包容"异族人"的实践:19世纪俄罗斯文艺民族学家的
　平等意识 ………………………………………………… 黄明慧(153)

东北亚古代民族历史与文化

概论东北亚历史与东北亚文化特性 ……………………… 李宗勋(165)

黑河市西沟古城与室韦地理分布初探 …………………… 王禹浪(177)
魏晋南北朝时期东北亚肃慎民族"楛矢石砮"之贡浅析 …… 张　捷(198)
黑龙江省依克明安旗与柯尔克孜族由来考 …………… 宝音初古拉(212)
黑龙江佛教史料稽考 ………………………………………… 张　勇(222)
东北民族萨满教的女神崇拜及其现代意义 ……… 李春尧　贾海涛(229)
试论唐代"徐福东渡"记述的生成及其在唐代政治
　话语中的影响 …………………………………………… 刘啸虎(240)
辽代长城修筑位置与原因研究综述 ………………………… 陈笑竹(250)
阿骨打先祖函普身世考
　——《金史》相关资料解读 ……………………………… 王明星(257)
金迁都于燕京、重建上京宫殿的
　研究 ………………………… 韩光辉　王洪波　彭静杨　姜舒童(267)
"俄国威胁论"与日本明治初期的国家战略 ………………… 张礼恒(283)
蒙古族传统游牧智慧的价值启示
　——以"五畜和谐共生思想"为例 ……………… 张银花　张建华(297)
后　记 ………………………………………………………………(306)

"一带一路"与东北亚

"丝绸之路"视野下的东北亚区域特征及其在"一带一路"倡议中的地缘格局

鲍志成

（浙江省文化艺术研究院，浙江杭州　310013）

摘　要：东北亚自古以来就是多民族群雄逐鹿、大国力量交汇角逐之地，呈现政权兴替不断、地缘格局多变、经济发展失衡、文化多元交错的复杂现象。本文拟把东北亚与东西方交流历史或广义的"丝绸之路"的历史脉络联系起来加以考察，从地理、资源、民族、文化、政治等多维度来剖析东北亚的优势资源禀赋和民族文化特点及地域政治局限，认为东北亚地理区位环境和自然资源得天独厚，多民族角逐和政权交替从无间断，游牧渔猎文化与农耕文化交流互补，深受历史影响的地缘政治格局错综复杂，在分析了冷战结束后大国博弈对东北亚地区局势和政经发展的影响后，进而就"一带一路"倡议下如何突破历史惯性、破解现实难题、维护良好稳定的地区环境提出意见和建议。

关键词：东北亚；丝绸之路；区域特点；民族文化；地缘格局；"一带一路"

在现代语境中，"东北"通常是指我国的一个地理文化和经济区，包括黑、吉、辽三省和内蒙古自治区东部。其实，历史上"东北"一词由来已久。早在《周礼·职方氏》中，就有"东北曰幽州，其镇山曰医巫闾"的记载。《山海经》也说："东北海之外，大荒之中"，"有山，名曰不咸，有肃慎氏之国"。而东北亚是指亚洲的东北部地区，包括中国东北、朝鲜、韩国、日本、蒙古和俄罗斯远东地区（即西伯利亚中东部，从乌拉尔山脉以东至白令海峡部分），陆地面积1600多万平方公里，占亚洲总面积的约40%。如果放眼全球，那么这里也是欧亚大陆的东北，也是世界的东北。自古以来，这里就是多民族逐鹿、大国力量交汇的角逐之地，呈现出政权兴替不断、地缘格局多变、经济发展失衡、文化交融多元的复杂现象。本文拟把东北亚与东西方交流历史或广义的"丝绸之路"的历史脉络联系起来加以考察，从地理、资源、民族、文化、地缘格局等多维度来剖析东北亚的多元特点和多重格局，进而就其在"一带一路"倡议中如何突破历史惯性、破解现实难题、维护良好稳定的地区环境提出意见和建议。

一 东北亚地理资源及其在"丝绸之路"历史视野下民族文化、地缘政治的多维剖析和主要特征

（一）地理区位环境和自然资源禀赋得天独厚，经济发展反差显著

东北亚是一个地理概念，在欧亚大陆版图上，东北亚地区的地理地貌特点十分鲜明，呈内陆高原山地、沿海山海半岛和海洋海岛环列的交错分布。

在俄罗斯远东地区，基本地理类型为中西伯利亚高原和东西伯利亚山地。蒙古国西部、北部和中部多为山地，东部为丘陵平原，南部是戈壁沙漠。中国东北地处大兴安岭和长白山之间、黑龙江以南，"白山黑水"之间是肥沃的黑土地"松辽平原"。朝鲜山地约占国土面积的80%，平均海拔440米。韩国地形东北高、西南低，山地面积约占70%。日本为太平洋板块与欧亚大陆板块挤压形成的隆起岛屿，境内多山，山地约占国土总面积的70%，大多数山为火山，地震频发。

从乌拉尔山脉向东，分别有上扬斯克山脉、锡霍特山脉、外兴安岭、大小兴安岭、长白山、雪岳山、富士山等山脉，叶尼塞河、勒拿河、色楞格河及其支流鄂尔浑河、黑龙江（阿穆尔河）、松花江、辽河、乌苏里江、鸭绿江、大同江等河流，贝加尔湖、兴凯湖、库苏古尔湖、长白山天池等湖泊，堪察加半岛、朝鲜半岛、辽东半岛、山东半岛等半岛，弗兰格尔岛、萨哈林岛（即原中国库页岛）、千岛群岛（日本称北方四岛）、本州、九州、四国、琉球等群岛，呈现从内陆高原山地到沿海山海交错半岛

再到海洋海岛星罗棋列的交错式分布,高山纵横,河流密布,北濒北冰洋,东环鄂霍次克海、日本海和渤海,东临西太平洋,隔白令海峡与北美大陆相对,有诸多较好的出海口。气候上,北部北冰洋沿岸为亚寒带针叶林气候,中部为温带大陆性气候,东部为太平洋沿岸温带季风气候,但南北有差异,日本更具海洋性气候特点,四季分明。

除了日本列岛,东北亚地区大多数地方自然资源禀赋丰厚。以俄罗斯远东地区为例,自然资源极其丰富,拥有经济社会发展所需要的各种资源,不仅品种多,而且储量巨大,素有"地下宝库"之称。其中,矿物资源拥有银、锌、铅、锡、黄金、金刚石等稀贵金属,储量巨大;森林资源、生物资源丰富。采矿业、森林工业、捕鱼业和水产、木材、毛皮加工业成为该地区的主要经济产业。

蒙古地下资源丰富,现已探明的有铜、钼、金、银、铀、铅、锌、稀土、铁、萤石、磷、煤、石油等80多种矿产。其中,煤蕴藏量约500亿—1520亿吨,铁20亿吨,磷2亿吨,萤石约800万吨,铜800万吨,钼24万吨,锌6万吨,银7000吨,金3000吨,石油15亿桶。森林面积为1530万公顷,森林覆盖率为10%,木材总蓄积量为12.7亿立方米。适宜毛皮类动物生长,是世界上三大畜牧业国家之一。

朝鲜的主要矿产资源储量占整个半岛储量的80%—90%,享有"有用矿物标本室"的称誉。具有经济开发价值的矿产蕴藏区约占国土面积的80%,已探明矿物有300多种,其中有经济开发价值的矿物达200多种。主要矿产资源有金、银、铜、钨、钼、铅、铝、镁、锌、铁矿、石灰石、云母、石棉、重晶石、萤石、石墨和菱镁矿等;朝鲜煤炭的探明储量为147.4亿吨,其中无烟煤储量117.4亿吨。

我国东北地区的矿产资源储量丰富,种类齐全,埋藏不深,易于开采,主要矿产有石油、铁矿、铜矿、钼矿以及金矿等。此外,大小兴安岭的森林木材资源和广袤的黑土地资源,在东北亚区域也是首屈一指的。

由此可见,东北亚地区的大陆部分属于资源富集区,而总体发展相对落后;海岛、半岛区虽然资源相对贫乏,但整体经济发展却相对领先,形成资源与发展的相悖现象,值得政治经济学界深思和研究。

(二)"丝绸之路"历史视野下的东北亚

从东西方文化交流历史或者说广义的"丝绸之路"历史来看,无论东北还是东北亚，都有可圈可点之处，绝非一般人所认为的，这里是欧亚大陆的边缘，在东西方文化交流中乏善可陈，在世界文明版图中无足轻重。

1. 东北亚是北方草原森林之路的东端起点

一般来说，陆上北方丝路是指由黄河中下游通达西亚乃至欧洲的商路，包括草原森林丝路、沙漠绿洲丝路。草原森林丝路存在于先秦时期，从黄河中游北上，穿蒙古高原，越西伯利亚平原南部至中亚分两支，一支西南行抵达波斯后转西行；另一支西行翻过乌拉尔山，越伏尔加河抵黑海之滨。沙漠绿洲丝路繁荣于汉唐，延续千余年，沿线文物遗存多，是北方丝路的主干道，全长七千多公里，分东、中、西三段。两路在西亚汇合后抵达地中海沿岸国家。以中国中原为坐标的话，有时"草原之路"就是指通常所谓的"北方丝绸之路"，故又称"草原森林之路"。

从具体路线而言，草原丝绸之路主要指从蒙古高原的草原地带，西向进入天山北麓，到达伊犁河谷，越葱岭进入中亚碎叶（今吉尔吉斯斯坦境内）再到其他地区的路线。这条路线可以从中原进入，也可以从今甘肃张掖地区或新疆的吐鲁番越过天山而进入。游牧民族对这条路线的开发和利用作出了重要贡献。在河西走廊中断时，中原与西域、中亚的交通路线主要靠草原之路与绿洲之路衔接。元朝帝国是草原之路最繁荣的时期。

在探索人类东西方文化交流的原初时期中，蒙古高原的南缘是探索远远早于"草原之路""青铜之路"之前形成的"石器之路"最经典地区之一。[①] 早在石器时代，东西方人群的远距离迁徙，初步奠定了欧亚内陆人类及文化分布的基本格局。到了青铜时代，东西方人群的迁徙更加频繁，欧亚大陆自西向东的文化交流形成了"青铜之路"。"青铜之路"是指史前的夏商周时期西亚青铜冶炼技术东向传播到东亚的欧亚内陆通道。青铜时代是人类历史上的一个关键时代，西亚早在五千年前已进入青铜时代。东亚大约在四千年前进入青铜时代，商周之际东亚青铜文化达到鼎盛。朱开沟文化、二里头文化等大量遗址出土的丰富多样的青铜器，不仅

---

① 杨泽蒙：《鄂尔多斯市乌兰木伦旧石器时代遗址发掘收获及其意义》，《鄂尔多斯文化》2013年第2期；贾立君：《专家：乌兰木伦遗址是解密欧亚草原旧石器文化的宝库》，新华网2015年8月14日。

标志着东亚进入了青铜时代，而且也说明东亚的金属冶炼技术是公元前两千年左右经高加索或伊朗传入东亚的。①

随着"青铜之路"的开辟，自西向东传播的还有小麦和大麦的人工种植技术、羊和牛的驯养、车轮的制造等技术。"青铜之路"的形成和繁荣时期，正是中原文明起源与发展的关键阶段，对夏商周时代青铜文明的繁荣注入了活力。可以说"青铜之路"将欧洲和东亚纳入了以西亚为中心的古代世界体系，诱发了后来的"丝绸之路"②。以河套地区发现的大量青铜器物为代表的黄河流域考古新发现和科技考古的重要突破，有力证实了这里曾经是"青铜之路"自西向东大通道的东端。

2. "东北亚地中海航线"是亚欧大陆东北方海上丝路的黄金纽带

早在先秦时期，从东部沿海环东海、黄海到朝鲜半岛和日本列岛的"东北亚地中海"环海航线就已经开辟。提出这一观点的，有韩国东国大学教授曹永禄和浙江大学教授毛昭晰③等。他们研究认为，在中国东部沿海和朝鲜半岛、日本列岛西海岸的东海北部、黄海范围内，自古存在"东北亚地中海"，往来其间的沿海环岛航线早在先秦时代就开通了，是早期中、日、韩先民往来交流的海上通道。这一观点基于地理、洋流和季风等自然条件，被上述三地大量分布的形制相似或相同、年代相近的"支石墓"所证实。中韩学界还使用原始交通工具竹筏，从中国东部舟山群岛起航，漂流到韩国西海岸登陆，来验证上述推论。春秋战国时，从浙东沿海会稽（今绍兴）、句章（今宁波）等港口北上或南下的沿岸海上航线已经畅通无阻。

秦汉到南北朝期间，从中国沿海到朝鲜半岛和日本列岛的海上航线得到进一步发展。在环东海、黄海的中、日、韩许多地方，都流传着"徐福东渡"的故事。事实上，"徐福东渡"是公元前2、前3世纪中国大批逃避战乱、暴政的人口一波接一波海外移民的历史记忆，他们在日本历史

---

① 刘学堂、李文瑛：《史前"青铜之路"与中原文明》，《新疆师范大学学报》（哲学社会科学版）2014年第2期。

② 易华：《青铜之路：上古西东文化交流概说》，王仁湘、汤惠生主编：《东亚古物》，文物出版社2004年版。

③ 毛昭晰：《先秦时代中国江南和朝鲜半岛海上交通初探》，《东方博物》，浙江大学出版社2004年版，第6—15页；千勇：《浙江大学古代中韩海上交流史研究评述》，《韩国研究》第十二辑，浙江大学出版社2014年版，第376—390页。

上被称为"渡来民"①。南北朝时期，日本与中国的交通从北方转向南方长江下游口岸，开辟了"南道"，即中、日间横渡黄海的航路，既方便了日本诸岛与中国南方南朝的交往，也方便了朝鲜半岛上的百济、新罗等国与南朝的交往。7世纪后期，中日间开辟了由日本九州南下，经夜久（屋久岛）、奄美（大岛）诸岛，而后横渡东海，到中国扬州或明州（今浙江宁波）登岸的东海航路。这条航线比黄海航线要短，但危险性比黄海航路大。8世纪末，中、日之间在东海开辟了一条新的航路，由日本九州西北的值嘉岛（今平户岛和五岛列岛）向西横渡东海，到明州或扬州登陆，比原来的东海航路更为便捷。

从中国东部沿海港口出海向东航行到达朝鲜半岛和日本列岛、琉球群岛的东北亚"地中海航线"，在东北亚文化交流中发挥了巨大作用，通过东海航线，商贸、文化、佛教交流频繁，不仅中国的商品被源源不断地输往日本、朝鲜半岛，而且中国文化包括儒家思想、律令制度、汉字、服饰、建筑、禅宗、茶道等，也随之大规模传入，对当地的伦理道德、政治制度、文学艺术、生活习惯、社会风俗等都产生了深远影响。从佛教传播的角度而言，这条中国到朝鲜半岛、日本的东北亚丝绸之路，也被称为"佛教之路"或中、韩、日"黄金纽带"。

3. 唐朝鄂霍次克海航线的开辟

唐朝时，东北亚黑龙江流域的黑水靺鞨，还开辟了与堪察加半岛的航线，即库页岛与堪察加半岛的鄂霍次克海航线。这条航线从库页岛出发后，顺着海流趁西北风向东南航行，到择捉岛后则转向东北，而后到堪察加半岛南端，全长918海里（1700余公里），用时15天。② 这说明，库页岛的靺鞨族人在唐朝已掌握了鄂霍次克海的逆时针方向的海流规律，开辟了这条从西北走向东南再转东北的大弧形航线。这条航线是东北亚海上丝路的有机组成部分，其历史和文化交流作用，值得深入研究。

---

① 参见鲍志成《徐福东渡——秦汉时期中国海外移民和日本"渡来民"的传说》，《一衣带水两千年》，西泠印社出版社2006年版。

② 航线起点在莫曳靺鞨（莫曳皆部）所在的库页岛。《新唐书·靺鞨传》载，黑水（黑龙江）西北有思慕部，往北走10天到郡利部（今黑龙江入海口庙街），再往东北走10天到窟设部（又名窟说部，"窟说"是"库页"的转音），再往东南走10天就到莫曳靺鞨了。终点在流鬼国（今堪察加半岛的西南岸）。

4. 中俄"万里茶叶之路"

"万里茶叶之路"是一条纵贯南北、水陆交替的商业运输线路。乾隆三十年（1765）起，在山西商人的推动下，逐渐形成以山西、直隶（河北）为枢纽，北越长城，贯穿蒙古，经西伯利亚，通往欧洲腹地的陆上国际茶叶商路。"茶叶之路"起点在福建，北上达中俄边境恰克图，全程途经福建、江西、湖北、河南、山西、直隶（河北）、内蒙古等省区，从恰克图入俄，终点是今俄罗斯的圣彼得堡，距离约4760公里，故称"万里茶路"。这是继丝绸之路后又一条国际贸易物流大通道。

（三）东北亚的民族文化、地缘政治的多维剖析和主要特征

1. 多民族角逐和政权交替从无间断

从历史的角度看，东北亚是以北方游牧民族为主角、与中原农耕民族交互作用的逐鹿场。从史前时期到20世纪前期，有数十个民族在这里兴衰起伏，政权更替。其中以17世纪前期为界，此前是以游牧民族南下西征为主流，其后是以哥萨克人和俄罗斯人东进为主流，呈现出多民族政权交互兴替的历史开阖，并在西迁东扩的角色转换中，历经民族战争的腥风血雨和文化交融的春风化雨。

在中国历史语境和文献里，东北亚地区主要是指黑龙江流域，也包括漠北蒙古高原和朝鲜半岛。自古以来，这一带的民族变迁、政权更迭的文献记载，从无间断。

早在公元前1046年左右，周武王灭商建立西周后，栖息在黑龙江流域的部族"肃慎"就向西周进贡弓弩。据《史记》记载，武王伐纣后，纣王的叔父箕子率五千商朝遗民东迁至朝鲜半岛北部，建立"箕氏侯国"，带去了商代的礼仪制度，史称"箕子朝鲜"。东周时期，"东胡"和"挹娄（肃慎）"两族出现在黑龙江流域。秦灭六国，一统天下，北逐匈奴，西服西南夷，南降百越，建立了北起大漠、南至南海、东自朝鲜半岛西北部、西达今甘肃、四川、云南的统一王朝，走上大一统多民族国家的发展道路。

西汉时中国统一的多民族国家疆域基本奠定，西域都护府的设置，使包括巴尔喀什湖以东、以南，楚河流域及帕米尔以西的广大地区，都成为大汉帝国的一部分，东北今松花江至黑龙江下游的夫余和肃慎，漠北匈奴以及贝加尔湖地区的"丁零""坚昆"，西南青藏高原的羌族都臣服于汉，

今日中国的疆界已包括在当时中原王朝及边境各族的活动地区之内。东汉时期，匈奴在故土亡国后，东胡的乌桓部占领蒙古高原和黑龙江上游。乌桓部被曹操击败后，东胡的鲜卑部强大起来，控制了黑龙江上中游和蒙古高原，鲜卑民族形成，分为段部、慕容部、乞伏部、拓跋部、宇文部、柔然部。鲜卑南迁后，柔然部取代了鲜卑族在蒙古高原和黑龙江的地位。

汉末两晋时期，中原动乱，《晋书》北方草原的匈奴、鲜卑、羯、羌、氐"五胡"游牧民族纷纷南迁北方中原，上演了波澜壮阔的民族和文化交流融和的大戏，史称"五胡入华"或"永嘉之乱"。南北朝时期，拓跋族建立北魏，孝文帝改革"胡服骑射"，逐渐汉化。公元555年，兴起漠北草原的突厥灭掉柔然，柔然的北支逃到雅布洛诺夫山脉以东、外兴安岭以南的地区，后成为室韦的祖先；柔然的南支逃到辽河上游，后成为契丹的祖先。

唐代巩固并发展了西汉奠定的疆域版图，攻灭东、西突厥及薛延陀，东北契丹、库莫奚、室韦、靺鞨，北方铁勒诸部，西方西域诸国以及南方今越南北部，都先后臣服于唐，东起库页岛，西至咸海，北逾贝加尔湖及叶尼塞河、鄂毕河上游，南及今越南北部的广阔地区，全部置于唐朝中央政府所属的行政区划之下。今俄罗斯西伯利亚中南部包括贝加尔湖首次纳入中国版图，西伯利亚东南部的外兴安岭和以北地区在唐朝中期后纳入唐朝版图。

唐朝还东征灭掉高句丽，粟末靺鞨首领大祚荣逃亡到黑龙江，建立渤海国，国民主要是三江平原的黑水靺鞨和居住在今吉林的粟末靺鞨。开元十四年（726），唐朝设黑水都督府，对黑水靺鞨地区（今黑龙江中下游流域）实施有效的行政管辖，治所在今俄罗斯哈巴罗夫斯克（伯力）。那时库页岛和堪察加半岛上的部族，都向唐朝臣服、进贡。

唐末五代十国以后，东北亚地区呈现宋、辽、金、高丽、日本五强鼎立的政治格局。917年，契丹在巴林左旗建立辽，灭渤海国，统治着渤海国境内的女真族、渤海人及高丽人，疆域达到鄂霍次克海。1115年，黑龙江流域的土著女真族在阿城建立大金国，摆脱辽独立。1125年，金军灭辽，辽国残部耶律大石率遗众西迁建立西辽。1127年，金军灭北宋，宋室南迁建立南宋。

室韦人演变成蒙古人在漠北兴起后，于1218年灭西辽，1219年把"林中的百姓"（西伯利亚南部）并入蒙古帝国的版图。1271年，蒙古大汗国成为元朝。元朝时期的疆域空前广阔，今西伯利亚大部分，往北到北冰洋边，向东到白令海和堪察加半岛的东北地区，设置辽阳行省和岭北行省，包括东北、蒙古、外东北、库页岛都在元朝统治范围内，几乎涵盖了现代意义上的东北亚大陆部分。那时的中国文献的"东北"，就是中国的一部分了。如元朝《大元一统志》说："开元路，南镇长白之山，北浸鲸川之海，三京故国，五国旧城，亦东北一都会也。"

明朝前期，再次征服苦兀（库页岛），在黑龙江入海口的庙街建立努尔干省，管辖黑龙江流域，15 世纪，外兴安岭和以北地区纳入明朝版图。到了 17 世纪，清朝满族发源东北，入主中原，中国的历史疆域始最后确定下来。1616 年，黑龙江土著民族女真族摆脱明朝独立，建立后金。当时，大兴安岭东侧是海西女真，三江平原是野人女真，吉林省是建州女真，锡霍特山脉和库页岛是赫哲族，从鄂霍次克海沿岸南沿乌第河—外兴安岭一线直至额尔古纳河居住着鄂温克人（索伦人、雅库特人），结雅河居住着鄂伦春人。他们都是当地的土著——通古斯民族，归后金管理。贝加尔湖以东则住着布里亚特蒙古族人，不受后金管辖（这就是后来《尼布楚条约》清朝把贝加尔湖东侧割让给沙俄的原因之一）。《清实录康熙朝实录》记载，康熙曾下谕旨，"差能算善画之人，将东北一带山川地理，俱照天上度数推算，详加绘图视之。此皆系中国地方"。

从 17 世纪前期开始，东北亚大陆的民族格局出现逆向转变，从此前的游牧民族西迁南下为主，转而成为以哥萨克人和俄罗斯人越过乌拉尔山脉向东方进占，并吞并大片中国固有疆土的格局。从俄罗斯的角度看，东北亚地区包括了今俄属远东地区即西伯利亚中东部。有趣的是，连"西伯利亚"这个名称，也来自"鲜卑利亚"，也就是源于中国北方民族之一的鲜卑民族。16 世纪后期，俄罗斯跨过乌拉尔山，侵入西伯利亚。17 世纪前期，俄罗斯侵入外兴安岭和以北地区、黑龙江地区，外东北的少数民族拒绝向沙皇纳贡，俄罗斯人对其进行残酷镇压，康熙帝组织军民抵抗，1685—1686 年，康熙帝命令清军两次进攻盘踞雅克萨的俄军，遏制了沙俄对华侵略的野心。1689 年，中俄签署《尼布楚条约》，明确表示整个外东北皆是中国领土，其中贝加尔湖与额尔古纳河之间的部分几十万平方公里割让给俄罗斯。清政府设立黑龙江和吉林将军辖区管理外东北。1858 年和 1860 年，沙俄强迫清政府签订《瑷珲条约》和《北京条约》，割让外东北—黑龙江北、乌苏里江东、库页岛共 100 多万平方公里的土地给俄罗斯，中国还失去了日本海和鄂霍次克海的海洋资源和出海口。1900年，八国联军侵华，沙俄趁火打劫，占领东北全境，实行殖民统治。1905年，日本国击败沙俄，夺取库页岛南段、千岛群岛南部并控制吉林和辽宁。再后来，黑龙江以南进入张作霖时期，黑龙江以北于1917年成立远东共和国，日本控制整个千岛群岛。1921年，外蒙独立建国。1931年，日本占领东北，成立伪"满洲国"，与苏联在黑龙江相对峙。苏联将远东的汉族赶走或杀死，将远东的朝鲜族强行迁到中亚。1945年，苏联从日本国手中重新夺取库页岛南部，并占领整个千岛群岛（包括日本北方四岛）。可见，俄罗斯所谓的"从古代起就有三十几个大小不同的游牧民族在这里繁衍生息"纯粹是割裂历史、罔顾事实的。这三十几个民族，其实都是中国史籍记载的走马灯一样兴衰交替的游牧民族，斯拉夫民族的俄罗斯人只是从那时以后的外来新移民而已。在历史上，东北亚大陆真正的主人是在历史长河中流星般划过的游牧民族，在行政上进行有效管治、在经济上提供充沛物资、在文化上给予无私惠泽的，不是俄罗斯，而是中国的中原王朝和农耕文化。

2. 游牧渔猎文化与农耕文化交流互补

东北亚地区的民族主体主要是草原游牧民族、高寒森林渔猎民族、海岛海洋民族，历史上他们不仅上演了此消彼长、交相更替的大戏，而且也与南方主要是中国东北和中原（华北）的农耕民族不时进行以军事征伐和族群迁徙为主要形式的互动角逐，从而在文化上呈现出游牧文化、渔猎文化、海岛文化与农耕文化交流互补、错杂兼容的别具一格的图景。

在历史舞台上先后出场、西迁南下、大多消失在汉民族先进文化熔炉中的东北亚游牧民族，在语系上分别属于乌果尔—芬语系、突厥语系、满—通古斯语系和古亚细亚语系，在宗教信仰上大多信仰萨满教，有图腾崇拜，后来陆续接受了外来的藏传佛教、伊斯兰教及东正教。总体上看，地处南部的民族发展程度较高，有的已经达到封建社会阶段。其中，有些民族受古代中国的影响较大，有的地区甚至曾受中国王朝所管辖，是中国领土的一部分。地处北部的民族其发展十分落后，直到16—17世纪，大多数民族还处在原始社会末期。除了日本列岛和朝鲜半岛，东北亚大陆地区曾经活跃过的游牧民族达数十个之多，但在民族战争和移民迁徙中，绝大多数已经融合到迁徙定居地的民族和文化之中，其中南下的主要是在中原汉族和华夏文化，西迁的则在中亚和东欧。即使没有大规模迁徙或迁徙后又回到原地附近的，大多也深受迁徙地民族和文化的影响。东北亚这种民族和文化的迁徙与交流，在近代以前的世界文明版图中是比较罕见的。中东地区可谓是古巴比伦文明、波斯—阿拉伯文明与古埃及文明、古希腊—罗马—欧洲文明和古印度文明的交汇地，但是在民族种类和存续时间上，却无法与东北亚大陆相比拟。古敦煌地区也许在民族和文化多样性上，比之东北亚毫不逊色，但在区域范围（地理空间）和对世界格局的影响上，却没有东北亚来得大。

就中国而言，在中国历史版图的演进坐标上，秦是起点和开端，汉是扩展和奠基，唐是巩固和发展，经元拓展西藏，最后清朝定局。在这个过程中，中原王朝更替与统一、分裂、再统一交替循环，中原农耕经济与北方草原游牧经济、高寒地带渔猎经济交互补充，汉族为主的华夏文化与西北"胡狄"文化及外来文化交流融合，呈现出错综复杂、交互促进的历史轨迹。康熙诗云："卜世周垂历，开基汉启疆"，就表明清朝疆域是对汉朝以来传统疆域的继承和发展。更值得深思的是雍正所说："中国之一统始于秦，塞外之一统始于元，而极盛于我朝，而皆天时人事之自然，岂人力所能强乎？"这里所谓"天时人事之自然"，就是由中原与边疆共同组成的中国版图的形成，是先进的汉族中原文明不断吸纳融汇周边地区民族政权和文化的结果，而不是如波斯、罗马、查理曼及奥斯曼等帝国是依靠军事扩张建立起来的，虽然在分裂走向统一的过程中有战争，但最终维系这种大统一的是经济文化、典章制度。

观察东北亚游牧民族的兴衰历史，会发现一个有趣的现象：在中原王朝强盛实现大一统的历史时期，正好是东北亚游牧民族南下受阻、被迫西迁，丝绸之路为之畅通，中原与周边及西域经济文化交流兴盛的时期；在中原王朝衰落、分裂割据时，恰恰是东北亚北方草原游牧民族势力强大、割据一方、频频南下掠夺、攻城略地、抢劫财富、掳掠人口，丝绸之路因此阻塞的时期。中原王朝的国家统一战争，既是中央与地方或地方强权的兼并战争，同时也是中原王朝与东北亚游牧民族政权之间开展的抵御与侵扰的战争；而且，在更多情况下，这种战争对中原王朝来说是被动应对的；在冷兵器时代，游牧民族的战争力量在特定历史情况下强于中原王朝，出现攻城略地取得一时一地之胜的结果。但是，战争之后，往往是通过宗藩朝贡、皇家和亲、边境互市等和平的经济和文化的手段，达成和平共处、长治久安，实现中原王朝主导下的民族融合和拓疆纳土，完成汉文化为主体的海纳百川、交流融合。在这个过程中，"中国"从先秦的王京所在，扩展到中原地区，继而指代整个疆域内的国土，成为幅员辽阔的东方大国；华夏文明吸纳周边各游牧文化和外来文化，不断吐故纳新，丰富发展，成为富有东方特色和气质的源远流长、博大精深、光辉灿烂的文化大国，并成为人类文明发展史上独一无二、从不间断的文明体系。因此，东北亚游牧民族及丝绸之路的兴衰起伏，实际上也是中原王朝汉族为主的农耕文明与周边地区少数民族游牧文明之间相互交流融合的过程，其最大结果就是形成了中原加边疆的辽阔中国版图和以汉族华夏文明为核心、融汇周边民族文化的中华文化。

这种文化的互动，从世界文化的版图而言，就是在包括朝鲜半岛、日本列岛、琉球群岛及越南等环中国地区，形成了"东亚儒家文化圈"，在世界文明体系中屹立千年，独具东方魅力。儒家文化圈是以儒家文化构建基础社会的区域的统称，又称"儒学文化圈"。因以汉字为官方文字，故又称"汉字文化圈"；从地理角度，因地处东亚，故又称"东亚文化圈"；又因以中国文化为核心，故又称"中华文化圈"。从秦汉时期开始，儒家学说随着中国东部地区与朝鲜半岛、日本列岛和中南半岛海陆交通的开通和人员往来及经贸、文化交流的开展，又传播到朝鲜、日本、琉球、越南等国家和地区，并在这些地区发展成为官方学说。通过以中国中原朝廷为宗主国的宗藩关系，建立起册封、朝贡、历法、礼法、科举等制度，维系以使用汉字文言文为官方文字、以皇帝年号纪年和使用农历（又称夏历、阴历）、以稻作农耕为主的生产结构和稻米为主的饮食结构、在服饰、建筑、茶药、婚丧礼俗等方面相同或相似、相近的典章制度和风俗习惯的文化圈，与基督教文化圈、伊斯兰教文化圈形成全球三大国际性文化圈，并以其独特的东方特质和无穷魅力屹立于世，在人类文明版图上光耀世界。

虽然在古代这个文化圈内不同国家和民族仍然存在较大的差异，虽然近代以降这个文化圈被西方文明冲击而形神涣散、逐渐式微，形式和内容发生了很大的变异，但其基本的文化观念和礼仪习俗仍然存在，尤其是在"亚洲四小龙"经济崛起后，其特有的历史文化背景和高速发展的经济速度引起国际学界关注，形成所谓的"新儒家学派"。随着中国改革开放以来的日益强大，儒家文化圈的这一复兴势头必将继续发展下去，并迈入从恢复到复兴的新阶段。从中外文化交流互鉴和广义的丝绸之路来看，正是东亚地区不断开拓、延伸、完善的古代丝绸之路，以及在这个交流网络里实现的典章制度、物质产品、文化艺术、科学技术、宗教信仰、思想学说等的交流和传播,才在近两千年的和平友好、平等尊重、互惠互利、润物无声的交流中,形成了特色鲜明的东亚"儒家文化圈"。这不能不说是古代东北亚游牧民族和东西方丝绸之路对地区发展和人类文明的又一伟大贡献。

3. 深受历史影响的地缘政治格局错综复杂

进入近现代以后,东北亚这种历史的影响对地区国家和地缘政治的影响有增无减。尤其是当中国经历衰落和复兴、俄罗斯从强到弱、日本崛起和美国异军突起介入东北亚以后,使得东北亚地区的历史遗留问题和现实问题荆棘丛生,百思难解,成为新的热点地区和世界的焦点,亦需要国际关系史和战略研究界系统深入地进行研究,找到解开东北亚困局的钥匙。

近代以后,东北亚成为沙俄东进、日本崛起后两强相争之地。从此,东北亚变成了大国力量交汇、冲突地区,政局动荡,疆土分崩,民族离散。17世纪30年代开始,沙俄军事势力开始东进,与清朝北边相接,经过入侵和抵抗,签订条约和割土赔款,中国失去了东北边疆数百万平方公里的陆地海岛领土和出海口,外蒙古被独立;日本明治维新后崛起为现代工业强国,先后吞并朝鲜,侵占台湾,与沙俄爆发"日俄战争",中国东北沦为两强相争的战场。20世纪30年代,为了掠夺资源,日本开始实施臭名昭著的《田中奏折》,妄图以军事力量实现西进大陆、占领中国、实现"大东亚共荣"的美梦,武力侵占东北、入侵华北,觊觎中国大陆甚至整个东亚,最后以失败而告终,朝鲜、韩国建国,中国主权和领土完整基本得到保全。

4. 冷战后东北亚内外环境今非昔比,矛盾对撞日趋激烈

二战后形成的美苏争霸、东西方对峙冷战格局下,东北亚的大国较量和地缘格局错综复杂,除了中苏又新增了美国,一方面中俄从结盟到反目;另一方面中美从对抗到建交,朝鲜半岛成为中美战略较量的对峙前沿,在绵延不止的热战、冷战中,地缘政治格局保持相对稳定,历史、领土问题依然存在。冷战结束后,苏联解体,俄国虚弱,无暇东顾;美国独大,利益广泛,对东北亚的介入和控制有增无减;中国改革开放,步入复兴之路;日本欲从战败国转变为"正常国家";蒙古民主改革;韩朝两国对峙加剧,凡此种种,使东北亚地区的大国关系变得愈加复杂,难以把握,小国主要是朝韩之间你死我活,朝核问题如箭在弦,随时引爆东北亚

脆弱的和平。广泛的地缘利益，大国的觊觎和争夺，使得今后东北亚局势的走向，对亚洲乃至整个世界政治经济格局必将产生结构性的影响。东北亚大国势力的消长和民族主义势力抬头，将成为决定未来地缘格局演变的关键因素。如何有效把控兼顾历史与现实的"六方会谈"机制，彻底解决朝核问题和萨德问题，甚至最终解决俄日北方四岛问题和台湾问题等棘手历史遗留难题，是考验东北亚有关国家领导政治智慧的重大选项。

二 当下东北亚地区存在的主要矛盾和问题

中国提出的"一带一路"倡议，不仅对中国自身的改革开放和政治经济发展具有全局性深远意义，也必将对当下和未来国际格局和地缘政治产生巨大影响。在共建共享人类命运共同体等新发展观、文明观的引领下，在"五通"互联互通、六大廊道建设和亚投行等积极推进的同时，也遇到沿线少数国家的疑虑、阻碍，原因错综复杂，表现各不相同，但归根结底还是国家利益冲突所致。尤其是在东北亚地区，冷战阴影仍在徘徊，固有问题没有缓解，新的矛盾却有加剧之势，主要表现在如下几个方面。

一是域内外大国博弈和战略较量加剧。首先，美国在重返亚洲再平衡政策下，加强了美日同盟关系，扩大日美安保范围，强化军事合作，对日本右翼势力在历史、领土、海外派军甚至修改和平宪法等方面给予默认和支持，导致日本政治出现以"恢复正常国家状态"为政治诉求的右倾化日趋严重；美国还竭力强化第一岛链对中国的围堵，撮合美日韩联盟，共享军事情报；除了驻军售武，美国还经常大搞联合军演，名为威慑朝鲜，实则向中国示威。因美国自身经济危机后国力疲弱，国内政治纷争和权力更替，导致这一重返战略心有余而力不足，既围堵不了中国，也奈何不了朝鲜，反而把自己搞得灰头土脸，美韩日同盟也因韩日矛盾而难以成型提升。其次，对于迅速崛起中的中国而言，维护东北亚的战略平衡和地区稳定，是保障自身发展战略环境的首要任务。对中国来说，作为东北亚区域安全的当事方，有责任有义务发挥作用，维持和平稳定，不生事生乱。一方面，中国在东北亚与美国战略博弈中，采取积极主动、有所作为的策略，反被动为主动，以攻为守，设立东海防空识别区，打破第一岛链封锁。另一方面，坚持一贯的对日政策和半岛政策，在维持底线的前提下，开展有理有利有力的斗争,强力反制日本钓鱼岛国有化图谋,形成事实上的中日共管状态,坚决反对否定侵略历史、参拜靖国神社、修改和平宪法等右倾活动;关于朝鲜半岛,中国坚持无核化原则,主导六方会谈,把朝核问题纳入多边框架,反对朝韩双方违反联合国决议、激化矛盾事态的行为,扮演了促和调停的建设性角色。东北亚的主要矛盾是中美战略博弈,东北亚局势集中反映在中美关系博弈下半岛局势的演变上。俄罗斯和日本也是区域内大国,但并非矛盾主要方,俄罗斯因为北约东扩、乌克兰危机、克里米亚半岛问题和叙利亚战争等,基本无力东顾,只是在共同面对来自东线的美国的战略压力时,配合中国进行战略依靠和联合军演、舰机巡航等战术"默契",其参与主导东北亚局势的力度是有限的。而日本只是美国实行东北亚围堵中国战略的马前卒,唯"美首是瞻",同时通过配合美国来获取美国在其国家正常化努力中的支持,甚至公然跳出前台,在美国围堵中国收效甚微、节节失利的情况下,不自量力地企图另搞一个"钻石"版围堵方案。

二是内部历史问题和领土问题挥之不去。影响东北亚地区内部国家关系的,主要有两大历史遗留问题,即中俄朝韩与日本在侵略历史上的认知态度和相互之间存在的领土纠纷。日本的右倾势力和政客否认侵略历史、篡改教科书、不承认慰安妇、参拜靖国神社等倒行逆施的行径,激起域内曾深受其害的中俄朝韩的同声反对。同时,域内国家之间大多遗留有领土纠纷和争议,如中日的钓鱼岛、韩日的独岛或竹岛、俄日的北方四岛、朝韩的延坪岛等海上分界线、中韩的苏岩礁,这些问题时常成为国家矛盾的焦点。因此,东北亚各国之间政治互信基础比较薄弱。

三是"中日韩自贸区"千呼万唤难出来。中日韩自由贸易区是在 2002 年中日韩三国领导人峰会上提出的,经过长达 7 年的民间可行性研究和模型测算,初步认为建立三国自贸区将进一步提高中日韩经济增速。作为东亚地区三个大国,人口超过 15 亿,GDP 总量达到 15 万亿美元,占全球 GDP 的 20%,占东亚 GDP 的 90%,超过欧盟,但三国之间的贸易量只占三国对外贸易总量的不足 20%。因此,建立中日韩自贸区将逐步实现货物、人员和资本的自由来往,促进各国产业调整和经济发展。2012 年 11 月 20 日,中、日、韩三国经贸部长在柬埔寨金边举行会晤,宣布启动中日韩自贸区谈判。自 2013 年 3 月中日韩自贸区第一轮谈判在韩国首尔举行后,到 2015 年 5 月先后举行了 7 轮谈判,三方就货物贸易、服务贸易、投资、协定范围领域等议题深入交换意见,其中2014年11月中、韩、自贸区实质性谈判结束。但是,随后的中日、中韩关系相继因钓鱼岛和萨德问题而受到严重冲击,三国自贸区谈判戛然而止。

其实,从经济角度看,中日韩自贸区对中国的好处并不多。短期内中国的低端产业会因此得到扩张,但从中长期看,中国获益不多。中韩之间严重不对称,对韩国来说,中国无疑是一个庞大的市场,而对于中国来说,韩国市场相当狭小。韩国的很多企业都是在国际市场上打拼多年的国际化、外向型大企业,而中国的类似企业凤毛麟角。两国之间建立自由贸易区,更多的是中国将市场让给韩国。

四是"朝核"和"萨德"问题箭在弦上。朝核问题由来已久,归根结底是美朝关系非正常化造成的。朝鲜的先军政治路线和核试验、导弹试验等强军举措,是被美韩同盟、大军压境、政治对立、经济封锁逼迫出来的非正常自保措施。多年来朝核问题与朝韩冲突虽然不时吸引全球目光,但在中国主导的六方会谈机制下,基本在可控范围。美国奥巴马政府的重返亚洲政策进一步强化了美韩同盟和军演力度,对朝鲜政治体制构成冲击和军事威胁,迫使朝鲜加快核武导弹试验,形成新一轮激烈对抗。美国特朗普新政府上台后,在全球采取美国第一的战略收缩政策,但在对中国的抑制和围堵上丝毫未曾放松,甚至在台湾、南海、朝核等问题上频频出招,在韩国铤而走险部署"萨德"反导系统,改变了东北亚的战略平衡,直接威胁了中俄等国的安全利益和战略纵深,激起新一轮中美博弈和东北亚动荡。在这个问题上,美国见机行事,得寸进尺,实现战略部署前移,成为唯一赢家;韩国引狼入室,弄巧成拙,必将反受其害;朝鲜玩火求自保,成为东北亚危局的始作俑者;日本隔岸观火,摇旗呐喊,唯恐天下不乱;中俄成为朝美相争的受害者。2018年以来,朝鲜领导人通过"平昌冬奥会"之机,实现了朝朝领导人板门店会谈,作出弃核等承诺,半岛局势迅速缓解。金正恩两度非正式访华,中朝关系迅速回暖,朝美会晤也在规划中,东北亚局势大为改善。但这种趋势不会一帆风顺,更不会一蹴而就,将是互为牵制、艰难漫长的过程,未来东北亚的地缘政治趋稳向好,国际社会持普遍欢迎和审慎乐观的态度。对中国来说,继续发挥核心当事方的作用,积极介入,有所作为,实现朝鲜彻底"弃核"的对外开放、韩美撤出"萨德",才算达成地缘外交基本战略目标。

五是地区经济发展普遍面临转型升级。作为资源富集区,俄罗斯远东地区、中国东北地区，在各自国内经济发展中都属于欠发达滞后地区，俄罗斯中东部西伯利亚尚待大规模开发，中国东北作为老工业区亟须转型升级，除了改变观念、厉行改革、扩大开放，融入"一带一路"外，应该实现资源的再度开发，劳动力的培训和就地就业，经济要素的重新整合和经济增长的结构转型。蒙古和朝鲜资源丰富，但经济发展相对落后，政治社会问题丛生，需要国际社会注入动力，促进其内部改革开放。日本经济的动力不足、徘徊不前和韩国经济对外市场的高度依赖，都严重制约着其进一步提升，没有良好的开放的区域经济环境，两国的经济都将受到很大的局限。

三 "一带一路"倡议与东北亚地缘格局

纵观东北亚局势，要维护和平稳定，必须有关各方改弦更张，否则要朝鲜停止核试、美韩撤出萨德，将是无解之局。就短期而言，中国提出的"双暂停""双启动"的双轨思路，是唯一可行的办法；从长期来看，关键是中美两国综合国力的消长和战略博弈的结果。可以预期，东北亚之争攸关未来中美国运和世界格局。为此，谨提出如下思考和对策。

一是要立足"一带一路"来重新认识和定位东北亚的地缘格局。我国现有的东北亚政策是在冷战和冷战后形成发展而来的，东北亚区域基本格局没有改变，但外部环境尤其是东西方冷战、美俄日韩国力和国际形势已经今非昔比，我国的大国地位和发展战略已有较大提升，"一带一路"成为中国提出、影响世界、中国复兴、大国博弈的风向标。在此新情况下，一切内政和外交都必须围绕并服从这一战略来认识定位，谋划布局。从某种程度上说，"一带一路"倡议的提出，就是为了抵消、化解美日东线战略压力，但是在东北亚问题上，我们基本上仍然是在历史的惯性中延续着原有的政策。这就是近一个时期以来我国在东北亚尤其是朝鲜半岛和对日政策上常陷于被动、僵局、难有起色的根本原因。

当今之际，中国要围绕"一带一路"倡议，统筹兼顾自身发展和区域安全、中国复兴和中美关系等诸多因素，重新思考定位东北亚在"一带一路"倡议中的重要性，用历史的、发展的、辩证的观点，重新思考国家关系和外交政策，确立区域战略和国别政策，善用巧用各方力量，抓住稍纵即逝的时机节点，赢得缓解当下危险局势的权宜之计的同时，找到长远彻底解决问题的两全之策。

二是促朝改革开放、内部转型，拆除东北亚危局的不定时炸弹。中美矛盾和战略博弈集中反映在朝鲜问题上。中国承载着"中朝血盟"的历史包袱，在朝韩矛盾中按着美国的指挥棒被动应对，虽然尽心竭力，却收效甚微，还里外不讨好。在可预见的将来，置朝鲜于不顾，显然于我不利，继续原有政策，将难以为继。唯有调整政策，促朝内部改革，终结世袭专制统治政体，实现朝鲜政权的转型，对外开放，发展经济，改善民生，让这个国际社会的孤儿回归国际社会大家庭，走上现代国家的发展道路。当然，要实现这样的历史性转型，首先必须提供朝鲜核保护伞，保障其安全，解除其后顾之忧；其次必需推动改革开放，发展经济，重返国际大家庭；最后要实行自上而下的政治改革，停止先军路线，打破世袭，实现民主转型。

这样做，可谓一石多鸟，其一，中国可以摆脱深陷其中难以自拔、被牵着鼻子走的被动局面；其二，封堵美国（包括日本）以民主为借口、定义朝鲜为"邪恶"国家、一直想封杀朝鲜政权的口舌；其三，让韩国感到安全，看到希望，获得提供朝鲜援助、参与朝鲜经济建设的机会。朝鲜这枚不定时炸弹一旦拆除，东北亚的危局就迎刃而解，中美在东北亚的博弈支点不复存在，局势将大为改观，既符合中国不生战生乱、维持和平稳定的要求，也符合朝鲜半岛南北双方人民和平共处、统一团圆的愿望。

三是"联俄稳朝惠蒙"来构建对冲美日韩战略东压的有利态势。要调整区域国别外交政策和策略，有所作为，以攻为守，构建"联俄稳朝惠蒙"的区域外交新格局，化解美日韩东边进迫压力。俄罗斯的战略压力来自西方，与中国可以互为策应，在西边克里米亚、叙利亚等问题上，中国策应俄罗斯，在东边美日同盟、朝核、萨德问题和钓鱼岛、台湾问题上俄罗斯策应中国，抱团而不结盟，合作而不合伙，东西遥相呼应，军事默契配合，安全互为依靠，足以化解美日等压力于无形。朝鲜的最大内部问题，是在内外交困下，能否可持续生存的问题。如果在外来干涉下解体或者在内部动乱中终结，都将有一个痛苦难堪的过渡期。只有促成自上而下的自主改革来实现自我转型，才能平稳过渡，和平转型，也有利于继续保持影响力。蒙古最大的问题是经济发展落后和民主主义抬头，出于大局考虑，中国应该在中蒙俄经济走廊框架内，适当给予经济技术援助，支持发展经济，改善民生，至少能确保不生事不生乱。如果能以这样的区域国别政策来达成地缘政治新格局，那么中国就能化解危局，把危机转为机遇，让东北亚的富集资源变成"一带一路"的动能。

四是汲取历史智慧运用到国际政军斗争，以变应变，创新政经谋略。从现实政治生态来看，美日韩同盟尤其是美日同盟不会在短期内自行解体，无论朝鲜是否转型，美日韩同盟都不会停止借故围堵中国的既定策略；而中国要对冲这种战略压力，在东北亚不能独当一面或单打独斗，而是应该在不结盟的前提下，采取灵活的对策，实行有差别的国别外交政策。对美国，要在三个文件的基础上，继续采取争取合作、不怕斗争、既斗争又合作、合作中有竞争、和而不同、都而不破的政策，与之进行战略周旋，策略迂回，方法多样，力求成效，做到不破局、不对抗，避免全面战争；对日本，要在既有政治文件基础上，揪住历史问题不放松，让日本的历史罪责感成为其前行的负重感，在钓鱼岛问题上针锋相对，让日本无机可乘，捞不到便宜，在经贸合作和文化交流上，有条件地保持正常的友好合作关系；对韩国，要动之以情，晓之以理，明之是非，知所进退，以历史、领土和经济、人文等领域的相同相近积极争取韩国，分化美日韩结盟，只要韩国经济脱不开中国的市场，韩国迟早会改弦更张。

五是以经济利益和多边自贸体系来化解政治、军事、安全矛盾。朝核和萨德危机，让东北亚地区脆弱的合作关系土崩瓦解。中日韩自贸区无果而终，半途而废。但是韩国、日本对中国的市场需求并未因此消失或减弱，因此，在美国退出TPP（跨太平洋伙伴关系协定）后，中国可以发挥其自身经济优势，构建超越中日韩的更大范围的区域经济共同体或自贸区，比如联手东盟，建立东亚经济共同体，那美国在西太平洋的经济影响力将会大幅下降，中国将在东亚共同体发挥至关重要的作用，韩日等国在分享中国市场的同时，也将获得更多国际市场的机会。甚至中国可以勇敢地替代美国，积极参与主导TPP，反客为主，让韩日俯首归臣。国际政治斗争，归根究底还是取决于经济发展和国家利益。中国在"一带一路"框架里，可以有计划地纳入这些区域多边经济组织，化敌为友，为我所用，壮大自己，消解对手。

六是重新激活欧亚大陆桥，打通中蒙俄经济走廊，连接东北亚与欧洲。又称第一欧亚大陆桥或西伯利亚大陆桥（Siberian Landbridge，SLB），1903年竣工，是世界上第一条连接欧洲、亚洲，横贯西伯利亚内陆的铁路通道。它从俄罗斯远东地区的哈巴罗夫斯克（伯力）和符拉迪沃斯托克（海参崴）为起点，横穿西伯利亚通向莫斯科，然后通向欧洲各国，最后到荷兰鹿特丹港，贯通亚洲北部，整个大陆桥共经过俄罗斯、中国（支线段）、哈萨克斯坦、白俄罗斯、波兰、德国、荷兰 7 个国家，全长 1.3 万公里左右。中国支线段，是从海参崴由绥芬河入中国境，途中经由哈尔滨、齐齐哈尔、昂昂溪、扎兰屯、海拉尔直至满洲里出中国境，实即原东清铁路的西部干线。这条铁路交通干线的开通，极大改善了东北亚与西欧的交通联系，也从现代交通意义上密切了东北亚地区内部与欧洲的联系。欧亚大陆桥铁路的开通，使得中国的茶、丝绸和瓷器在两个星期内就可以运至俄罗斯，迄今仍然发挥着重要运输作用。如在中国沿海地区的广东、浙江、上海、山东等省市，50%以上到俄罗斯、北欧等国家的货物都会选择西伯利亚大陆桥；韩国 92%的货物、日本 70%的货物前往北欧仍选择老欧亚大陆桥。

1992 年，一条新的欧亚铁路通道开辟了，这就是新亚欧大陆桥或"第二亚欧大陆桥"。这是一条从中国江苏连云港市到荷兰鹿特丹港的国际化铁路交通干线，中国国内由陇海铁路和兰新铁路组成。大陆桥途经江苏、安徽、河南、陕西、甘肃、青海、新疆 7 个省、区，65 个地、市、州的 430 多个县、市，到中哈边界的阿拉山口出国境。之后可经 3 条线路抵达荷兰的鹿特丹港。中线与俄罗斯铁路友谊站接轨，进入俄罗斯铁路网，途经阿克斗亚、切利诺格勒、古比雪夫、斯摩棱斯克、布列斯特、华沙、柏林，最终到达荷兰的鹿特丹港，全长 10900 公里，辐射世界 30 多个国家和地区。新亚欧大陆桥开通以来，陆续得到世界组织和沿线各国的积极响应，陆桥干线不断完善、升级、延伸、扩展。但是，由于国别政策、贸易体制、交通技术及地缘政治等诸多原因，新亚欧大陆桥虽然开通了，却存在"畅而不通"的问题，并未发挥应有的物流大通道作用。如 2010 年中欧贸易额为 4797 亿美元，集装箱运量为 2430 万 TEU（标准箱），其中海运完成集装箱运量与陆桥完成运量之比为 20∶1，而其中新、老大陆桥货运量比约为 1∶2。中国运往欧洲的货物每年超过 400 万 TEU，几乎 100%是通过马六甲海峡、苏伊士运河运到欧洲的。

"一带一路"倡议提出后，重新激活了新亚欧大陆桥，互联互通使得这条钢铁新丝路焕发了生机，随着中国步入高铁时代，义新欧、渝新欧、粤新欧等中欧货运班列纷纷开通。① 从地缘格局的角度看，在新亚欧大陆

---

① 鲍志成：《"一带一路"激活"新亚欧大陆桥"》，人民论坛网思想理论深度原创头条，2015 年 2 月 11 日。

桥发挥互联互通的主干道作用的同时，要继续发挥欧亚大陆桥的作用，因为它一头连着太平洋，一头连着大西洋，一边是日韩等经济发达国家，一边是欧盟共同体。如果中俄政府间合作，启动欧亚大陆桥的升级改造工程，用中国的高铁技术和雄厚资金、技术、管理力量，助推这条百年大通道焕发出新的生机，那将对中俄战略、经贸合作，开发东北亚资源，发展俄罗斯远东地区、中国东北地区、蒙古和朝鲜经济，推动中蒙俄经济带建设，把日本、韩国有效地纳入"一带一路"，消解美国战略压力，维护世界和平和战略稳定等，产生深远而巨大的意义。

另外，大力发展以跨境电子商务为核心的"网络新丝路"和以文化为先导的"文化新丝路"，也是振兴东北亚经济、打造东北亚命运共同体的重要举措。

当然，最重要的是保持战略定力，做好自己的事，坚定发展理念，实现伟大复兴，方能以静制动，以变应变。

"一带一路"视域下"哈大齐"区域经济带联合与协作探索

宛文君

(齐齐哈尔市社会科学院,黑龙江齐齐哈尔 161000)

摘 要：区域经济联合与协作，是增强区域生产力、挖掘生产潜力、发挥各区域经济优势以及提高经济效益的重要途径。从经济发展方面来看，整体规划协调式的区域经济联合与协作的形式尤为重要。不同地区根据各自的需要、各自的优势及地理位置形成了不同的区域经济联合与协作的形式。从区域发展现状来看，"哈大齐"工业走廊作为"中蒙俄经济走廊"的一部分具有极其重要的意义。

关键词：区域经济联合与协作；"哈大齐"工业走廊；哈大齐经济走廊

黑龙江省第十二次党代会报告指出，协调发展是全面建成小康社会的必然选择。从地域看，黑龙江省处于我国北方边陲，城乡发展、区域发展差异较大，资源型城市较多，在13个地市级城市中，有9个是资源型城市，即4煤炭、4林业和1油城。鉴于此，我们就要以优化布局为抓手，促进区域统筹协调发展。必须坚持城乡一体化、区域协同，在协调发展中拓宽空间，在加强薄弱环节中增强后劲，在区域合作中实现共赢。未来5年，是黑龙江省区域协调发展极其关键的5年，全省每个地市都肩负着全面建成小康社会、实现"十三五"规划、精准脱贫、经济社会全面振兴等艰巨任务。因此，做好优化区域空间布局，促进油城、煤城、林区等资源型城市转型，推进城乡统筹发展，实现区域间交流与合作，意义深远且迫在眉睫。

一 区域经济联合与协作客观必然性

区域经济联合与协作，是增强区域生产力、挖掘生产潜力、发挥各区域经济优势以及提高经济效益的重要途径。区域经济联合与协作是发展市场经济、打破地区封锁、实现管理体制合理化、实现双边以及多边共赢的重要内容。区域联合协作的形成与发展有其一定的客观必然性。区域经济联合与协作就是指不同区域间为了获得更高的生产效率和物质利益，同时也是为了提高市场竞争力，实现利益最大化，在平等、互利的原则下，通过一定形式形成的各种经济联系。现阶段来看，这是一个重要课题，随着生产力的发展和科学技术的进步，尤其是信息时代的到来，在"大（大数据）、智（智能化）、移（移动网络）、云（云计算）"视域下，按着社会大生产的实际要求，实行联合与协作是当今经济社会发展的必然。首先，这是生产力发展的内在要求；其次，这是提高竞争力的客观要求；第三，是实现区域管理体制合理化的必然要求。区域经济联合与协作要坚持自主原则；扬长避短、互惠互利、共同发展原则；整体性原则；层次性原则。区域经济联合与协作具有以下特点，一是有实现共赢的目标；二是有加快发展的趋势；三是内容广泛；四是离不开政府的协调和指导。区域经济联合与协作能够极大地推动生产力的发展、推动科学技术的进步、促进企业组织结构的合理化、推动改革创新发展。总之，一体化的城市经济联合与协作，是最高层次的区域经济合作。它的形成对联合与协作条件的要求更高一些，客观上要求我们要对联合与协作条件作出更具体的分析，而不能盲目去做。

二 区域经济联合与协作的基本形式

1. 整体规划协调式的区域经济联合与协作。在经济发展方面来看，特别是从经济发展的战略来看，这种合作形式尤为重要。地区间、城市间需要这种经济联系，益于形成整体规划协调式区域经济联合与协作，以便从发展目标和发展战略上对区域联合与协作进行统筹规划，并不断协调各方面之间的联系，哈大齐工业走廊就是这种联合形式。由于这种形式比较符合黑龙江省的实际情况，因而成效较大，促进了一批经济联合协作体、合作项目的形成，办成了许多单方无力办成的事情，如公路、铁路修建，高端装备制造业联合协作，物流等方面，大大促进了这一区域的经济发展。

2. 物资经济融通式的经济联合与协作。这是在不同区域根据各自的需要，在协商的基础上形成的联合与协作。这种合作可以按照经济的自然流向大体确立一个合理的辐射半径。这种联合可以是松散的，也可以是紧密的。在地区和城市间，分别以自己的优势物资或其他经济条件，建立长期稳固的经济联合与协作。

3. 以生产基地为依托的区域经济联合与协作。有些区域是以围绕某种基础工业的发展，形成若干产业系列，以此为依托，使有关城市和地区进行合理的分工与协作，把一定区域范围内的经济活动联合为一体。比如，齐齐哈尔就可以按照资源、重工业基础、地理位置、已有的经济基础、大农业发展等，形成"大工业、大农业"格局；大庆是我国著名的石油城，可有大量的替代、后续产业与齐齐哈尔联合协作。可有若干个各有分工的基地联合组合形成大的能源基地、重工业基地、绿色食品基地，围绕能源、装备制造、食品加工、化工、医药、交通、休闲旅游等基地，形成与之相关的现代服务业、机械工业以及轻工业等。这样，以能源和工业基地为依托的联合与协作配套的产业链，将会形成别具特色的经济联合与协作区域。

4. 城市群体式的区域经济联合与协作。这要求地理相近、经济上有若干联系的城市联合起来，在技术、资金、信息、资源、人才以及外贸出口等方面开展联合，利用群体优势促进区域经济繁荣与发展。这种合作要求在经济发展方面具有互补性、一致性。比如，以哈尔滨为中心，由大庆、齐齐哈尔等城市形成的"带状"经济联合体，就是城市群体式的区域联合。这种联合形式是在社会大生产和社会劳动地域分工发展到一定水平基础上形成的。

5. 一体化的区域经济联合与协作。这是在地域上相联系的城市，通过合作变以往分散隔离的状态为统一的经济区，这需要一定的条件，一是联合城市的生产力和社会化程度达到较高水平，从整体上参与经济取得分工协作，构成相互依存、兴衰与共的社会再生产的整体系统。二是在各方面打破行政隶属关系，促使整个区域经济社会活动区域一体化。三是参与经济区域的城市要成为具有较强经济实力的经济中心，担负起经济区域的经济功能，形成合理的开放性的区域经济网络。

三 "哈大齐"城市地域经济与功能定位

黑龙江省第十二次党代会报告对全省未来五年区域协调发展进行了全面部署。从区域发展现状看，"哈大齐"工业走廊作为"中蒙俄经济走廊"的一部分，地位重要，作用极其重大。"中蒙俄经济走廊"是国家"一带一路"倡议布局中提出的六大经济走廊之一，国家已经把黑龙江省纳入其中，将极大有利于拓展对外合作开放交流空间。报告强调，要深入对接国家"一带一路"倡议，注重同俄罗斯远东地区开展战略对接，积极开展"中蒙俄经济走廊"建设，创新黑龙江省与内蒙古自治区东北部地区沿边开发开放规划。提出以哈尔滨新区为重点，完善对外开放平台，以产业集群为重点，发展外向型产业，以对俄罗斯合作为重点，扩大全方位对外合作。

1. 哈尔滨。哈尔滨作为省会城市，是国家战略定位的"沿边开发开放中心城市""东北亚区域中心城市""对俄合作中心城市"，是我国历史文化名城，也是一座热点旅游城市、国际冰雪文化名城。在全省经济发展中居于领军地位，发挥着龙头作用。哈尔滨是建设东北亚地区中具有重要影响的现代化城市和"哈长城市群"核心城市，对全省发展的辐射功能、外溢效应及带动作用极大。

2. 大庆。别称油城、百湖之城，是黑龙江省下辖的地级市，位于该省西南部，省域副中心城市，综合实力位列全国地级城市第11位，中国城市财力50强。大庆市素有"天然百湖之城，绿色油化之都"之称，是国务院批准的中国服务外包示范城市、全国文明城市、全国首批安全发展示范城市试点城市、国家园林城市。大庆市是中国第一大油田、世界第十大油田大庆油田所在地；是一座以石油、石化为支柱产业的著名工业城市。工业产值达到东北第二位。

3. 齐齐哈尔。别称鹤城，是黑龙江省第二大城市，省域副中心城市，位于黑龙江省西部，也是该省西部最大城市，是嫩江流域中心城市，具有较强的辐射功能。"齐齐哈尔"源自达斡尔语，是"边疆"或"天然牧场"之意。齐齐哈尔是东北地区西北部区域中心城市，中国十三个较大的市之一，是经国务院批准的具有独立立法权的城市，中国国家历史文化名城，是我国重要的老工业基地、商品粮基地、畜牧业基地和绿色食品基地。也是黑龙江省西部地区政治、经济、科技、文化教育、医疗、商贸和交通的中心，辐射黑龙江省西部、吉林省西部以及内蒙古自治区北部，有着255年的黑龙江省省会史。

表1　　2016年哈尔滨、大庆、齐齐哈尔三地市经济指标对比表

	哈尔滨	大庆	齐齐哈尔
1. 地区生产总值（亿元）	6101.6	2610	1350
2. 第一产业（亿元）	691.2	187.1	320
3. 第二产业（亿元）	1896.7	1523.9	415
4. 第三产业（亿元）	3513.8	899	615
5. 旅游收入（亿元）	1039.1	115.5	87
6. 三次产业比例（%）	11.3∶31.1∶57.6	7.2∶58.4∶34.4	23.6∶30.9∶45.5
7. 公共财政预算收入（亿元）	376.2	130.2	76.3
8. 城镇居民可支配收入（元）	33190.0	36509	24630
9. 农村居民人均纯收入（元）	14438.9	13909	12890
10. 粮食总产量（亿斤）		88.9	216.2
11. 规模以上工业增加值（亿元）	1001.6	1087.5	265

数字来源：哈尔滨、大庆、齐齐哈尔三地市2016年统计公报。

四　"哈大齐"三市区域经济联合与协作探索

1. 齐齐哈尔与大庆合作优势。就齐齐哈尔和大庆而言，一个是装备制造整机、基础零部件制造力量雄厚，工艺陶瓷、金属新材料、节能环保、旅游、冰雪体育、现代中药、绿色食品、养老等产业优势明显的重工业城市，也是一个农业大市；一个是石油生产大市。如何让两个城市实现资源互补、实现彼此双赢，是摆在两个城市间的重要课题。例如，齐齐哈尔继续谋划一些能拉动长远效益的大项目，可与大庆达成战略合作意向，开展广泛合作，在装备制造业及化工方面形成巨大突破。齐齐哈尔是国家老工业基地，装备制造及化工基础好，人才与技术力量储备大。其机械加工能力在黑龙江省内是一流的，无论是技术、人才，还是研发，都有很大

的优势和竞争力。可以说，在装备制造业方面，齐齐哈尔与大庆油田公司有着良好的合作基础，油田公司对机械加工的强烈需求，是双方展开新一轮合作的契机。齐齐哈尔的绿色农产品可供应大庆市场，大庆可为齐齐哈尔提供充足的民用、工业用天然气。另外，齐齐哈尔众多的中小微企业都与大庆油田公司有着紧密的业务联系，合作前景光明。

2. "哈大齐"工业走廊经济带合作发展构想。齐齐哈尔市是黑龙江省西部地区最大城市，也是我国高铁延伸最北部（纬度最高）的城市，这也是"哈大齐"工业走廊的优势所在。根据目前情况来看，无论是技术水平还是经济条件，"哈大齐"经济带足可以把高铁延伸到更北的蒙古，从蒙古延伸至俄罗斯，一直到波罗的海，进入欧洲，实现中蒙俄大贯通。这就可以形成哈大齐工业走廊巨大优势，例如，蒙古、俄罗斯进入中国的第一大城市就是齐齐哈尔市，第一大经济区域就是"哈大齐"工业走廊经济带，优势极为明显。为此，"哈大齐"首先要实现联合与协作，形成经济、利益、区域等共同体，以实现区域协作利益最大化。例如，在物流领域，哈尔滨正在建设黑龙江省最大的物流园区，大庆与齐齐哈尔也应积极加入其中，在嫩江流域西部地区建设通往中蒙俄经济走廊的最大型物流园区，实现两市间的实际合作，这将成为两市未来巨大的经济增长点，还可以与哈尔滨形成呼应与互补。所以，从实践来看，找到抓手，实现内外联动，实施联合协作，是振兴区域经济发展的关键。紧扣"一带一路"主题，打通中蒙俄大走廊，已成为经济发展的点睛之笔。这种打通的前沿就是"哈大齐"工业走廊经济带合作发展。在湿地旅游方面，齐齐哈尔和大庆合作前景广阔，如借助扎龙自然保护区 5A 旅游景区，扩大湿地旅游范围，与大庆天然百湖之城共同做大做响"大湿地"旅游。齐齐哈尔可借助哈尔滨的高端冰雪游，与大庆联合做强冰雪游。在养老方面，三地市均有优势，候鸟式养老必将成为这一区域新的经济增长点。哈大齐之间的合作，就是能源、农业、旅游、高新技术产业、高端装备制造等方面的合作，这也是拉动黑龙江经济转型升级的重要领域。从中蒙俄的特点来看，与"哈大齐"工业走廊经济带的联合协作基本吻合。

3. "三篇大文章"和区域联合与协作。习近平总书记对黑龙江的两次重要讲话指出，黑龙江要做好"三篇大文章"，即改造升级"老字号"，巩固壮大传统优势产业；深度开发"原字号"，推动传统优势产业链条向下游延伸；培育壮大"新字号"，发展新产品新产业，加快发展现代服业，以创新引领转方式调结构，实现创新驱动发展战略。总书记还提出，黑龙江省要走出一条"质量更高、效益更好、结构更优、优势充分释放的全面振兴发展之路"。这些都需要我们深度研究思考"哈大齐"三地市目前实实在在存在的矛盾和问题。比如，"五头五尾"问题，即"油头化尾、煤头化尾、煤头电尾、粮头食尾、农头工尾"，这些问题在三地市均表现明显。齐齐哈尔有许多传统"老字号""原字号"，装备制造、医药、化工、冶金、食品等行业发展历史悠久，这些行业都亟待改造升级，以适应市场竞争；大庆是石油城市、资源型城市，亟待替代产业的出现；哈尔滨也处处存在"老字号""原字号"，亟待培育壮大"新字号"。鉴于此，三地市开展深层次区域合作显得尤为重要。比如，装备制造业合作、石油化工合作、绿色农产品加工合作、高端旅游合作、物流及经济园区合作、高校合作与校地合作等都是未来三地市联合协作的基本方向和空间。

4. 哈大齐区域经济联合与协作管理思考。一是必须在思想认识和政策指导上切实促进区域经济联合协作与发展，不能受旧观念、旧思想、旧习惯束缚，不能受到本位主义、地方主义、自然经济干扰，为区域经济联合与协作扫清障碍。二是必须加强管理，避免区域经济联合与协作中可能出现的盲目性，防止比例失调，达到产需平衡。三是在管理上必须制定正确的原则，引导区域经济联合与协作发展。比如，使生产力布局合理化，实现经济利益和社会效益最大化，要扬长避短、扬长克短、扬长补短，贯彻"形式多样、互惠互利、共同发展"的原则。凡是国家批准的项目，如能源、原材料、农田水利建设、旅游、环保、交通等，一律优先发展。四是为了有效指导区域经济联合与合作的发展，在项目决策前，要进行可行性论证，注意经济和技术上的合理性。打破区域条块分割，扩大区域、部门、企业的权利，还要抓好经济利益的落实和协调。五是在管理上要抓好各个实体之间区域经济联合与协作合同的签订与执行。六是由于区域经济联合与协作存在多种形式，管理上要从实际出发，要因形式不同而区别对待，实行不同政策。

试析"一带一路"推动东北亚区域文化融合问题

杜 超

(黑龙江大学历史文化旅游学院,黑龙江哈尔滨 150080)

摘 要:"一带一路"是习近平总书记提出的适应时代经济全球化发展的伟大倡议,辐射整个东北亚地区。对于地域广阔、文化多元的东北亚地区而言,各国在该框架下实现文化互通,在和平、包容、合作的前提下,推动国与国之间合作方式的转型和提升。东北亚各国发展道路与水平不尽相同,尤其是在东北亚政治局势严峻化的今天,各国很难达成目标上的一致。在新时代背景下,如何实现东北亚地区各国文化互认和融合是一个热门课题。

关键词:"一带一路";东北亚;文化融合

建设"一带一路"是习近平同志根据当今世界全球化态势所提出的重大发展倡议,是实现"两个一百年"奋斗目标和中华民族伟大复兴的重要举措。在我国政府和人民的努力下,"一带一路"框架已经基本设置完毕,并且得到了沿线相关国家的积极回应和支持,它的国际意义和经济意义已在全球范围内得到了比较充分的诠释,但其文化意义还没有引起足够的重视。

东北亚地区(所谓"东北亚地区",是指亚洲的东北部地区,在地理上包括中国的东北地区与华北地区的大部分、整个朝鲜半岛、日本、蒙古以及俄罗斯的西伯利亚远东地区)① 是世界经济最为活跃的地区之一。从近代开始,这里就一直是世界上各种政治军事集团、经济组织博弈争霸的主要场地,在 21 世纪的今天该地区仍在世界格局中拥有重大战略意义。在东北亚地区国与国之间的相互联系中,区域文化的认同和融合对该地区各国之间展开更深层次的合作必将起到实质性的推动作用。

一 东北亚地区文化共存现状

文化认同是一种肯定的文化价值判断,这种情节是人类对某一特定文化的倾向和认可,它是人类群体或个体对于某一特定文化的归属和接纳,② 具有一定的有文化价值的特定指向性。文化认同并不是仅仅停留在理论上的概念,它是以历史和现实为支撑的。以一个特定的区域为例,从简单的远古文明向今天拥有地区特色多元化文明的演变,就是以民族或国家为单元,彼此间以相应的文化碰撞而产生的。就像今天中国所提出的"一带一路"倡议之所以受到国际社会的欢迎与支持,归根到底也是当今世界对崛起后中国的国际形象和灿烂的中华文化的认可。

东北亚区域内各国之间存在诸多文化亲缘性和相似性,尽管当今区域内还存在多边政治对立,尤其是最近朝核危机引起整个东北亚地区的震动,区域一体化进程还存在诸多问题,但是作为全球最活跃的市场之一,各国都渴望彼此之间能展开更深一层的经济合作。"一带一路"倡议的出台,为各国抛开意识形态和政治局限从而展开更深层次的经济合作提供了良好的历史契机。日益成熟的经济合作使国与国之间的互需性增强,并推动着东北亚地区一体化进程。

东北亚地区虽表面呈现文化多元化态势,但是在宏观上可大体分为两大文化分支类型:一种是以中国、朝鲜、韩国、日本等为代表的传统儒家文化。受古代中国儒家文化的辐射以及这些国家和地区之间长期的文化交流,虽然近代以来各个国家的历史走向有所差别,但是各国治国修身的方法中都有传统儒家文化的烙印,所以在文化底蕴上,东北亚各国存在亲缘

---

① https://baike.baidu.com/item/%E4%B8%9C%E5%8C%97%E4%BA%9A/1154850? fr = aladdin.

② 金应忠:《"一带一路"是欧亚非的共同发展战略》,《国际展望》2015 年第 3 期。

性。另一种则是以俄罗斯远东地区为代表的欧亚混合型文化。俄罗斯地跨亚欧大陆，受东西方两大文化的双重影响，特别是俄远东地区，在本源的斯拉夫东正教基础上汲取了基督教文化和拜占庭文化的精髓，同时，又积淀了蒙古鞑靼草原文化，在一定程度上还受到东方藏传佛教的影响。[1] 因此严格地说，俄罗斯远东地区文化并不属于纯粹的斯拉夫文化，更不是亚洲文化，而是具有欧亚"双重属性"的复合型文化。

东北亚地区各国政治制度虽然存在诸多差异，但是文化底蕴的亲缘性和各国对经济合作的渴望为东北亚地区各国之间的深层合作创造了条件。要把这种潜能转化成一种适用于东北亚国际环境的现实推动力，则需要一个最基本的条件：东北亚地区内的各国政府和人民必须逐渐形成对本区域多元文化积极认同的心理共识，即形成一种集体的文化认同心理。[2]

当今中国所提出的"一带一路"倡议正是迎合了这样一种时代背景。从该战略的出发点来看，它以多元文化包容性为根基，秉承"共建""共商""共享"的合作理念，努力把沿线各国打造成共同发展的命运共同体。这是以追求和平合作为宗旨的具有时代意义的伟大倡议。

东北亚地区本身的文化亲缘性和当今中国影响力的辐射，为"一带一路"在东北亚地区的实行奠定了基础；另外，"一带一路"倡议也必将为东北亚地区多元文化的互动、互补创造条件，并逐步带动东北亚地区文化的融合。

二 东北亚地区文化特色与彼此间的隔阂

从文化的自然属性看，东北亚地区的中国、俄罗斯及蒙古是典型的大陆性文化，朝鲜和韩国属于明显的半岛性文化，日本则是海洋性文化。这三种因地理位置而自然形成的文化虽然各有特点，如大陆性文化的"守成"，海洋性文化的"扩张"，半岛性文化的"既守成又扩张"等集体无意识心理，但这刚好是东北亚地区展开深层合作的可能所在，所谓"同则相斥，异则相吸"。[3] 随着美国"重回亚太"战略的实行，东北亚地区

---

[1] 郑士鹏：《"一带一路"建设中文化交流机制的构建》，《学术交流》2015年第12期。
[2] 孙洪魁、李霞：《东北亚区域合作的文化视角——打造区域合作的文化基础》，《东北亚论坛》2006年第3期。
[3] 赵立庆：《"一带一路"战略下文化交流的实现路径研究》，《学术论坛》2015年第5期。

也面临着"西方文化"的冲击,区域内国与国之间文化的竞争与互动在悄然进行,而"一带一路"倡议能否为这些支流文化的良性互动提供一个框架值得学术界关注。

如今在东北亚地区,除了朝鲜之外,各国都走向了多元文化共存的道路,但是从中日韩三国各自的执政理念和主流文化的塑造上,不难发现传统儒家文化"和合"理念的影响。而俄罗斯远东地区的区域文化虽为欧亚复合文化,但也或多或少受东方宗教和草原文化的影响,所以当下的东北亚区域合作有很大的提升空间。今天看来,东北亚区域各国文化共识也达到了相当的高度,具体有以下几点。

第一,就中国而言,从古至今中国就一直强调"以和为贵"的传统人文和外交理念,这也是儒家基本的价值观。从汉代古丝绸之路到郑和下西洋,再到今天"一带一路"的提出,无不彰显中国文化的自信与包容。对于外来文明,中国不是一味地拒绝或者强制性同化,而是本着尊重、包容、求同存异、和谐共处的原则。作为儒家文化的发源地,"和"一直是中国对外交往的智慧精华。

第二,就日本而言,20世纪90年代以后,"共生"理念在日本开始盛行起来,日本社会所倡扬的"共生"思想,意在追求异质文化与思想的共存、共融,在此基础上生发出有益于社会进步的、具有新质的思想与文化。[①] 历史上,日本更是一个勤奋善学并擅长将外来文明融汇于自身的民族,这种"共生"思想与儒家的"和合"理念也是一脉相承的。

第三,就朝鲜半岛而言,"和合归一"的文化诉求已经沉淀为该区域民族文化的一种集体无意识心理。历史上,朝鲜半岛风流和合的诗性思维方式在当时已经凝聚为哲学意义上的道——风流道,朝鲜半岛历史文化也有关于天地自然、人与人、人与社会关系的哲学理解,[②] 这是岛民与自然、与社会长时期共生中感悟积累的一种经验,这种历史文化积淀在今天仍存在于朝鲜民族的各种精神文明中。

第四,就俄罗斯远东地区而言,该区域远离欧洲中心,且地广人稀,经济发展也和欧俄地区存在很大差距,所以严格来说,欧洲文化对该地区

---

① [日]山下晋司:《多文化共生:跨国移民与多元文化的新日本》,《北方民族大学学报》2011年第1期。

② 赵立庆:《"一带一路"战略下文化交流的实现路径研究》,《学术论坛》2015年第5期。

的覆盖并不是很彻底。而且远东地区也是个多民族地区，亚洲本土文化特别是藏传佛教和草原文化一直深深影响着该区域人民的生活。随着近年来中国的崛起，一个崭新的中国形象在俄罗斯人民心中树立起来，中俄双边国家关系也在两国领导人和人民的努力下迈向了历史最好时期。为了融入亚太地区，搭乘中国经济发展顺风车，俄罗斯开始有意识地在更深层次上认知并接受以中国文化为代表的亚洲文化。

历史上，东北亚地区各国都曾借鉴并接受西方文化以推动本国的现代化进程，但是出于本国发展的需要，该区域各国之间的各种交流活动也日益频繁，各民族之间也频繁迁移融合，今天，东北亚区域各国经济上的互补互利、政治上的互信合作已经达到了一定高度，而"一带一路"倡议更可为各国之间文化交流的深入提供诸多条件。特别是随着各国经济的发展，人民生活水平也大幅度提高，双边人民开始渴望了解对岸风土人情，各国也简化了旅游签证手续，中俄边境更为两国沿边人民开设了"一日游"等旅游项目，各国之间还举办"文化年"等活动，可以说东北亚地区多元文化的互识在不断加深，各国文化互补融合趋势也在增强。

但是我们却不得不承认，虽然东北亚地区的文化融合存在诸多乐观的可能性，但是由于历史和当今存在的诸多客观现实使得各国民族与文化之间的隔阂在短时间内无法彻底消除，东北亚地区文化融合之路任重而道远。

首先，不得不承认的一点，东北亚地区各国的发展路径和经济发展水平仍存在明显差距，无法使各成员国责任与义务达到一种令人满意的均势，这也使各国在文化交流过程中难以达到互信。就主要的国家而言，日本、韩国、俄罗斯是资本主义国家，中国和朝鲜选择社会主义道路。同时，日本是发展比较完善的经济发达国家；"四小龙"之一的韩国也已成为新兴经济发达国家；中国是经济发展大国；俄罗斯虽然也是经济发展大国，但是俄远东地区经济发展却长期不尽人意，和欧俄地区呈两极化态势；朝鲜和蒙古国的经济发展水平则相对落后。这种国家制度和经济发达程度的差距使各国在心理层面形成了一种隔阂，在文化认同过程中难免产生猜忌和过度的防范心理，必将会对"一带一路"在东北亚地区的实施带来消极影响，阻碍该区域一体化进程。

其次，历史上，日本和周边各国都存在极不愉快的回忆，日本国内右翼势力的抬头使日本始终不愿意正视自己曾经对周边国家造成的伤害。在今天，日本与中国、韩国、俄罗斯都存在领土争端，这也使日本很难真正融入该区域。不仅如此，日益严峻的朝核危机更给东北亚地区的稳定造成极大的撼动。美国作为一个原本不属于该区域的超级大国"重回亚太"，打着盟国的旗号，利用东北亚局势介入该地区，将区域问题国际化，这对东北亚地区的平衡是一种不小的冲击。强烈的不安全感使东北亚各国在区域合作问题上抱有强烈的本国至上心态和排他主义，大大降低了东北亚各国之间的政治互信及对彼此的包容。

再次，当今各国文化影响力不对等。在和平年代，通过媒介对外传输本国文化是增强国际影响力的一个重要方法。在我国政府的长期努力和扶植下，我国文化产业获得了巨大进步，在沿海发达地区还建设了一大批文化产业园。同时通过大量宣传和法令对我国传统文化进行保护和发掘，吸引了国际目光。但是不得不承认，在文化输出的投资和路径上我们的扶持力度和法律仍显落后，特别是在我国东北地区，区域文化产品单一且质量有限，导致我国文化产业在国际市场上处于劣势。反观日本、韩国在文化宣传上却取得了令人瞩目的成绩，他们以丰富的娱乐影视为媒介，在国际上树立了自己国家的文化新形象。东北亚文化的精髓是"合"，如果我国文化产业长期与日韩存在较大差距，那么在国际上，我国的文化产业就会逐渐被他国输出的文化所覆盖，最后被世人误解或遗忘。

最后，中国的迅速崛起打破了东北亚地区的原有秩序，东北亚各国互信体制有待增强。国与国之间要真正实现文化认可和融合是要建立在双边的互信和共赢上，但是就目前来看，我国同东北亚其他国家的文化交流欠缺牢固的互信框架的支撑。"中国威胁论"在东北亚地区多个国家仍有很大市场。目前各国对"一带一路"倡议大多是试探观望态度，虽然我国一直主张和平共处的外交原则，但是中国作为一个新兴大国出现在东北亚乃至世界，在我国发展前景未明了之前，我们的近邻仍是心存芥蒂的。这也充分表明周边国家与我国缺乏足够的文化互信，而国际互信体系的欠缺将直接影响区域一体化和文化同和的进程。

三 抓住历史机遇，推动东北亚文化融合

经过两年时间的准备与努力，我国"一带一路"倡议在全球范围内得到了响应，战略框架也构筑完毕。尽管要在全球范围内真正实现"一

带一路"还有很长的道路需要探索,但是该倡议对当今东北亚地区文化的融合无疑是一个良好契机,而区域文化融合对加速提升区域各国之间的合作是一个先决条件。

在此,笔者认为,我们可以从以下方面进行努力:

第一,吸收东北亚区域文化的共同点,培育新时代共性文化。

中、日、韩、朝有着相近的文化渊源。而俄罗斯远东地区虽然是以欧洲斯拉夫文明为主导,但是它与我国北部地区一直都存在着密切的交往,在民族文化上也存在着很大共同点。但是东北亚地区历来都是大国博弈的主要场地,再加上当今区域政治环境的恶化和不确定性,各国之间的相互排斥性和松散性增强。为了更好地消除文化隔阂给"一带一路"带来的负作用,需要在发展中利用各国文化的交叉地带,在吸取他国文化精髓的基础上,结合当今时代意义,积极培育出适合区域一体化的共性文化,求同存异。构建共同价值观,进而促进区域文化融合,创造和谐稳定的政治文化环境,解决矛盾,推动东北亚地区和平一体化进程。

第二,弘扬源文化精华,唤起地区内其他国家的共鸣。

东北亚源文化为中国传统儒家文化,儒家传统文化精髓是"和为贵"。"和"在当今对内是一种执政之道,对外则是一种极具智慧性的外交手段。而"一带一路"的理念也在于不同社会制度和不同发展程度的国家和谐共处,这种对不同文化的宽容态度,正是当今中国对儒家传统思想的最好继承。中国是"一带一路"倡议思想的倡导者,世界需要聆听中国的声音,我们既然向世界提出了这个倡议,就要勇敢承担自己的历史使命。在东北亚地区,除了中国,日本、韩国、朝鲜也深受儒家文化影响,"一带一路"所蕴含的人文境界能够唤起四国人民共同的文化记忆。"一带一路"倡议的提出表明中国打破了"国强必霸"的历史逻辑,让周边乃至世界人民看到一个新世纪的中国文化,深切感受中国的发展为他们国家带来的利益。

第三,提升区域人文交流水平。

除去政府之间政治经济的往来,人文交流可以说是各国民众加强对彼此了解、沟通交流的最好方式。中国作为一个大国重新崛起,东北亚各国在历史上也多次发生过大规模冲突甚至战争,难免有些国家对中国的崛起感到不安。如果区域内国家长期缺乏互信,那么文化融合和区域一体化也就谈不上了,为了让周边国家深切体会到中国的外交理念和"一带一路"

战略意义，我们应当以文化为媒介传播我们的思想，让各国重新认识中国。针对东北亚地区的文化共性和各国的现实追求，精心包装各种文化产品，将"合作、共赢、包容"等思想融入产品中，让东北亚和整个世界知道，"一带一路"不是新的霸权主义，而是为促进各国共同发展、推动文化互识的伟大倡议。

第四，构建新的区域文化合作体制，促进文化互通。

"一带一路"为东北亚区域建设提供了诸多支持和便利，当下，构建行之有效的区域文化合作体制显得尤为重要。在各国要求加强区域经济合作的要求下，我们可以文化产业为依托，把文化经济往来作为一种合作方式。文化交流是经济往来的根基和前提条件，文化经济往来可以为文化交流提供坚实的物质保障，能够不断深化文化交流成果，从而以区域间的文化价值共享来达到区域文化认同的最终目的。[①] 例如在东北亚地区，中日朝韩可以举行四国传统文化学术会议或各国遗留汉唐文明的考古合作，并以共同打包项目联合申报"非遗"，或者举办各类民间文化活动，如书法、茶道、陶瓷、酒文化、中医文化的展览活动。从共同点中把文化作为经济合作的一种媒介，进一步引发东亚地区国家的文化共鸣。而中国东北与俄罗斯远东地区也应继续简化双边签证，利用地理优势互办文化交流项目，促进双边旅游和民间企业的合作，激发两岸政府与人民之间的互动。

四 总结

文化融合是促进区域一体化合作的必要途径。东北亚地区文化融合的实现也有着深层的历史文化沉淀和现实的客观条件。由于历史原因和当今区域局势的恶化，再加上东北亚主要成员国不同的发展道路和发展水平加深了各国之间的相互猜忌和排他意识，使原本拥有深厚文化亲缘性的东北亚地区文化融合难以提升到一个新的高度。当今中国提出"一带一路"倡议对全世界特别是东北亚地区来说是一个消除隔阂、促进区域一体化的历史契机。只要各国以平和的心态看待中国的崛起，并以平等、包容的姿

[①] 蒋多：《文化外交视域下"一带一路"的现实与未来》，《中国文化产业评论》2015年第2期。

态融入参与"一带一路"倡议，求同存异，共谋区域发展，警惕域外国家的挑拨和破坏，就能在传统亲缘文化的基础上构建适应新时代的东北亚新文明。

"一带一路"背景下东北亚国家对中国文化软实力的认知比较研究

白晓光

(黑龙江省社会科学院俄罗斯研究所,黑龙江哈尔滨 150018)

摘 要: "一带一路"倡议提出以来,中国通过自身文化软实力的提高从被质疑、被猜疑走到了今天,"一带一路"沿线国家积极与中国合作、支持并参与到"一带一路"建设中来。在"一带一路"倡议提出后,包括俄罗斯、日本、韩国、朝鲜和蒙古国在内的东北亚各国也经历了对中国国家文化软实力认知上的变化,通过比较东北亚国家对中国文化软实力认知的变化,可以窥见,近年来中国的国际影响力和参与国际事务的活跃度越来越高,中国的文化软实力得到稳步提升,在"一带一路"背景下,中国仍以多路径提升在东北亚区域的国家形象和文化软实力。

关键词: "一带一路";文化软实力;国家形象;中国;东北亚

我国"一带一路"倡议提出后备受世人瞩目,包括东北亚国家在内的世界各国无不深度剖析中国这一倡议的政治、经济、文化、外交等目的,其中一些国家从最初对这一倡议漠视、排斥转为积极合作,并深切感受到在"一带一路"倡议下政策沟通、道路联通、贸易畅通、货币流通、民心相通带来的利益共赢。"一带一路"倡议得以有序推进,与我国文化软实力的提高、各国对中国文化软实力的进一步认知密不可分。东北亚国家与中国毗邻,在"一带一路"建设中中国与东北亚各国的深入合作不可或缺,比较东北亚国家对中国文化软实力的认知,对提高中国文化软实力有重要借鉴意义,有益于消除东北亚国家对中国的误解,在"一带一路"框架下促进中国与东北亚各国的合作深入发展。

一 文化软实力的内涵

关于文化软实力的内涵各国有不同的定义,中国学者同样观点各异,学界的观点基本有四种,第一种是将文化软实力等同于美国著名政治学家、哈佛大学教授约瑟夫·奈提出的软实力。20世纪90年代,约瑟夫·奈第一次指出一个国家的综合国力既包括由经济、科技、军事实力等表现出的硬实力,也包括以文化和意识形态吸引力体现出的"软实力"。此后,这一概念几经补充逐渐成为衡量一国综合国力和国际影响力的重要指标之一。第二种观点认为,文化软实力是国家软实力的一部分,即约瑟夫·奈所强调的由实力来源之一的文化所创造出来的软实力。第三种观点基本认为文化软实力等于文化力。第四种观点则认为文化软实力是文化力与软实力的叠加。

文化软实力作为一个独立的定义与理论,它与软实力、文化力同样都离不开文化这一本源,但又不能与二者等同,更非二者的简单叠加。针对文化软实力这一概念,笔者更倾向于暨南大学社科部、中印比较研究所贾海涛教授的观点,即文化软实力是一个国家文化和智慧的集中体现,是这个国家知识体系、价值体系、战略决策、外交手段、教育体系的资源、能力和创造,[①] 即可以概括为从国家形象、国家文化影响力(包括传统文化、当代流行文化、国家科教文化产业的实力等)两个层面综合考量的软实力,它取决于一国政治制度、价值体系、科技与教育的实力、文化遗产和文化产品、国民素质与道德水准以及知识、体制的创造力和决策、外交等方面的智慧与实践等因素。本文将从国家形象、国家文化影响力两方面,分析当前形势下东北亚国家对中国文化软实力在认知上的差异,以益于中国文化软实力的提升,助力"一带一路"倡议在东北亚区域内有序推进。

二 对中国国家形象的认知多元化

国家形象的建构和演变与社会发展、国家形象认知和传播渠道、双边

---

① 贾海涛:《文化软实力的构成及测评公式》,《学术研究》2011年第3期。

国家关系，特别是国家间相互定位的变化等因素密切相关。中国与东北亚国家山水相连，中国的国家形象在东北亚国家中始终占有独特而重要的地位。

在东北亚国家中，当前对中国国家形象评价最高的是俄罗斯。自与中国确立了战略协作伙伴关系以来，中俄关系深入发展，政治高度互信，经贸合作全面展开，民间往来频繁，尤其在"一带一路"与俄罗斯的欧亚经济同盟战略对接倡议提出后，两国在政治、经济、人文等各方面的交流与合作都达到新的高度，俄罗斯无论官方还是民间对中国的了解较以往任何时候都更全面，对中国国家形象的评价也更客观、更友好。如，全俄民意调查中心2017年1月调查数据显示，认为中国是战略伙伴（50%）和友好国家（27%）的占大多数，只有一小部分人认为中国是俄罗斯的经济及政治对手（10%）或敌人（5%）。而这一数据在2005年时分别为22%、26%、25%和6%。同样，俄罗斯《消息报》和圣彼得堡国立大学的调查也显示，76%和80%的俄罗斯人对中国的印象持正面态度[1]，俄罗斯媒体近年对中国的报道不断增多，而且多是正面宣传介绍中国的报道。

与俄罗斯对中国印象高点赞率形成巨大反差的是日本对中国国家形象的高比例差评。2014—2016年间，日本民间非营利组织"言论NPO"一项关于对中国印象的调查显示，回答"不好"和"总体来说不太好"的日本人分别达到93.0%、88.8%。部分日本人对中国、中国社会和中国人的评价还停留在几十年前。同时，中国对日本的评价略好于日本对中国的评价，但负面率也非常高。制约中日互评都处于低位的因素有很多，如政治不够互信，在领土、历史等敏感问题上存在分歧等。值得关注的是，日本主流新闻媒体由于与政府有体制和利益上的捆绑，其新闻报道的中国形象以及涉华新闻报道和分析在一定程度上成为日媒传递民族主义情绪和宣传政府态度和立场的"重灾区"[2]。尽管当前中日经济合作水平很高（2016年两国贸易额达2748亿美元），加强经济联系、促进民间对话和文化交流、在国际事务中加强合作是两国民众共同的意愿，但受所谓的"中国威胁论"的严重影响，在中国"一带一路"倡议提出后，日本一直

---

[1] 贝文力：《中国在俄罗斯的形象扫描》，《对外传播》2017年第7期。
[2] 《南方日报》：日本对"一带一路"建设的曲解与选择［EB/OL］. http://opinion.people.com.cn/n1/2017/0719/c1003-29413541.html。

持观望态度，其很难从互惠互利的角度来看待中国的"一带一路"倡议。直至2017年汉堡G20峰会上，日本首相安倍晋三才表达了日本想加入"一带一路"倡议的意愿。日本更多是从经济利益的角度考量是否加入"一带一路"倡议，但其对中国的印象并没有因此发生质变。

近年来，中韩两国在政府交往和经济合作方面关系密切，但受领土问题、端午申遗、奥运火炬传递风波等影响，两国关系中不和谐音符不断。韩国是东北亚国家中除日本外对中国国家形象负面评价最多的国家。由国内机构委托韩国做的一份《关于中国和中国人印象》的调查中，对中国印象很坏的占48%，中立的占27%，良好的占25%。[①] 中国的食品安全、伪劣产品、脏乱差和贫富分化等问题被韩媒有意夸大，直接影响到韩国民众对中国国家形象的评价。2017年韩国总统文在寅上台后表示，愿积极参与中国的"一带一路"建设，希望"一带一路"能为包括韩国在内的亚洲地区带来新的经济增长点。在"一带一路"框架下，中韩深化合作，有益于消减韩国对中国国家形象的误解，为韩国重新认识中国的文化软实力开拓更广阔的路径。

朝鲜和蒙古国都与中国有着密切的历史渊源，这两国对中国国家形象的评价同样受双边关系的影响，并与国家利益诉求紧密相连。因千丝万缕的历史联系和综合国力的巨大差异，朝鲜和蒙古国对中国国家形象的评价要好于韩国，媒体在对中国的报道中正面形象比日本和韩国的多。

三 对中国文化的认知基本一致

文化是一个民族所拥有的最重要财富之一，世界各民族文化的产生、发展以及独特特点都与这个民族的历史发展、与其他民族文化的交流与融合密不可分。中华民族的文化有着上下五千年的历史，中国文化是世界历史长河中的璀璨瑰宝，对东北亚国家文化的形成乃至世界文化的进步都有着深远的影响。在对中国传统文化的认知上，东北亚国家基本达成一致，即对中华民族的传统文化给予高度评价，但东北亚各国中都有一部分人对中国文化在世界各国的传播高度警惕，并将之"解读"为文化渗透或

[①] 韩国人对华印象多负面不愿见中国崛起[EB/OL]. http://view.news.qq.com/a/20121128/000001.htm。

"中国威胁论";对中国当代文明认同度相对较低,尤其对中国当代的一些文化现象持批判和否定态度。

俄国在17、18世纪甚至更早就开始对中国文化进行研究,俄罗斯在汉学领域的造诣也因此闻名世界。俄罗斯深入研究中国传统文化并给予很高的评价,21世纪以来俄罗斯对中国文学、戏剧、语言、艺术、国学等传统文化都有深入研究,成果丰厚。并且,俄罗斯深刻认识到中国正在加速提高自身文化软实力,甚至认为中国文化在融合了世界主要文化后可能会成为未来世界文化的主流。俄罗斯对中国当代文化也会有一些质疑的声音,但总体而言认同度要高于其他东北亚国家,其国人对中国的社会文化、饮食文化等都很感兴趣,能够站在包容的视角看待。同样,韩国对中国传统文化的认同度也非常高,但认为中国的现代文化缺乏新意。韩国人对中国国学、武术、京剧、茶文化等非常喜爱,甚至臆想通过申遗的方式,将端午节等中国传统节日认定为是韩国的,这严重影响了中韩关系和两国人民的友谊。韩国对中国的流行文化评价不高,认为中国流行文化得益于韩国文化的流入,缺少创新。近年,中日关系时好时坏,日本政府在军国主义的影响下对中国的社会制度、政治制度等加以抨击,其参拜靖国神社等行为严重伤害到中国人民的感情,但日本对中国的传统文化钟爱有加,对唐诗、三国志等都津津乐道,对中国当代的流行文化也深入研究,由于日本是文化软实力较高的国家,因此更多中国流行文化也有借鉴日本流行文化的影子。蒙古国和朝鲜对中国的传统文化同样给予高度评价,因在文化软实力上与中国存在一定差距,所以对中国当代文化诟病相对不多。

在东北亚国家中,中国的科技实力最为突出,教育、文化产业发展水平相对落后于日本和韩国,东北亚国家对此都有客观、具体的研究和评价。值得关注的是,东北亚国家对中国文化的评价呈现以下特点:1.对介绍中国传统文化的孔子学院和"一带一路"背景下中国文化走出国门评价褒贬不一。有人认为是让世界了解中国文化、促进世界各国与中国文化交流的重要途径,也有人认为中国文化是向世界渗透的工具,进而使这些人更坚信"中国威胁论"的真实性。2.由于大多数人没有到过中国,对中国流行文化的印象依靠新闻媒体、影视、图书资料等间接媒介,导致这些人对中国当代文化的认知停留在几十年前的状态,这大大降低了他们对中国流行文化中精华部分的认同。

四　中国在东北亚区域内提高中国文化软实力的对策

"一带一路"是一项影响全球、力促全球共赢的伟大倡议，是在此愿景下谋划的欧亚区域合作一体化的宏伟蓝图，因此在该倡议实施过程中，机遇与困难同时存在，需要中国硬实力的有力支撑，更需要中国文化软实力的柔软感化。尤其在东北亚区域内，近年美俄对外政策的注意力都十分关注亚太地区，中国如何在东北亚区域内确立影响力与话语权，离不开中国综合国力的提升，而文化软实力是综合国力的重要组成部分。中国可通过以下途径提高在东北亚区域内的文化软实力。

第一，鉴于在东北亚国家中民间对中国国家形象的评价好于官方，应通过文化交流如旅游、教育合作等途径，鼓励更多东北亚国家民众以旅游、求学等方式来到中国深入了解、感受中国文化。尤其应促进东北亚国家与中国在青年人才交流方面的工作。

第二，各国的官方媒体在中国国家形象、中国文化的宣传中起到举足轻重的作用，官媒多与政府利益密不可分，国家间政治关系、政治互信度成为影响中国国家形象的重要因素之一。因此，在双边关系无法通过中国单方面努力而进一步密切的情况下，可以通过媒体合作的方式，让东北亚国家更多了解中国积极、正面的文化。

第三，文化软实力较高的国家对中国文化软实力的评价相对较低，如日本和韩国，这也说明中国目前还算不上世界文化强国，在文化软实力的构建中自身仍存在诸多问题。在开展文化软实力建设时，应深入开发、继承发展传统文化思想和文化资源，注重提升各民族文化的凝聚力和创新力。坚持创新引领，科技驱动，通过技术创新不断倒逼内容革新，为更广阔的国际市场提供具有时代竞争力的文化产品，将中国从"文化资源大国"提升为"文化产业强国"[①]。

第四，在确保国家文化安全的前提下，互学互鉴；在对外宣传中国文化软实力时换位思考，理解东北亚国家的担忧，积极开展民间交流，消减

[①] 范周、周洁：《"一带一路"战略背景下的中国文化软实力建设研究》，《同济大学学报》（社会科学版）2016 年第 11 期。

东北亚国家对中国的误解和不切实际的舆论中伤，使中国睦邻、友邻、惠邻的大国形象深入东北亚国家的民心，从而促进"一带一路"倡议在东北亚区域内顺利进行。

中俄关系与俄罗斯历史文化

明代中俄第一次直接接触：
寻找契丹的又一面相

万 明

（中国社会科学院历史研究所，北京 100732）

摘 要：17世纪初俄国佩特林来华，是明代中俄第一次直接接触，从全球史出发再探讨，其背景应该得到更全面的阐释，可视为西方寻找"契丹"的又一面相，是西方走向全球探寻"契丹"大潮中的一环，即全球化开端时期欧洲对中国初识的一部分。无论从海上还是陆上，对"契丹"的探寻，即是对全球财富的追求，亦是经济全球化的开启。本文提出佩特林来华不是外交使团，也不具备外交使团的作用与影响，所谓佩特林带回的中国万历皇帝诏书，是当时俄国与中国处于完全隔膜状态的产物。揭开谜团，真正值得我们探究的，是佩特林来华背后曾被遮蔽的全球化开端时期西方探寻"契丹"的历史真相。

关键词：佩特林来华；中俄；第一次；直接接触；全球化；西方；探寻；契丹

引言

1618—1619年俄国佩特林来华，是明代中俄的第一次直接接触事件。迄今为止，对于发生于晚明的这一事件，中外学界基本趋向一致地将其提升到了外交层面，认为是俄国第一次使臣来华，并以明朝皇帝所谓"国书"为真。① 这一定性评价,即长期以来将佩特林作为俄国使臣、外交使团,有意无意地遮蔽了其来华事件的来龙去脉,特别是影响到其背后西方探寻"契丹"历史大背景的全面展现。现代地理学的基础是地理大发现,与西方所谓大航海时代联系在一起,但是历史上东西方乃至全球的链接并非只有航海的一面,也有从陆上直接接触的一面。需要注意的是,一个大探索时代是以西方对于"契丹"的追寻开始的。当 16 世纪全球化开端之时,西方对于"契丹"的探寻,实际上构成了地理大发现之源泉,在全球史上占有极为重要的地位。以此为观察点,考察佩特林来华,可以认为其并非正式外交使团,也不是一般的地理考察,而是西方对"契丹"探寻的延伸。

西方是通过探寻"契丹"而发现中国的。中国这一名词,俄语为 Китай,译音是"契丹",至今未变。不仅俄语如此,在蒙古语、希腊语和中古英语中,都把中国称为"契丹",读音分别为 Kitay, Kitaia, Cathay;在穆斯林文献中,则常把北部中国称为"契丹"(Khita, Khata)。中世纪时从中亚到欧洲,"契丹"一直是对中国的一个通称。笔者在 2001 年香港城市大学"纪念利玛窦来华 400 周年国际学术研讨会"上提交的论文《"契丹"即中国的证实——利玛窦与鄂本笃的贡献》中对西方东来探寻"契丹"过程以及"契丹"神话破解进行了考察,指出明朝时期西方对于"契丹"的探寻有海上与陆上两条线索:16 世纪末,海上来华的意大利传教士利玛窦通过澳门进入中国内地,他将契丹即中国的信息传达到西方;17 世纪初,陆上葡萄牙修士鄂本笃重走西域丝绸之路寻找"契丹",此举是西方扩张东来后与中国西北丝绸之路直接接触的开始,他从印度出发,到达甘肃酒泉,以生命为代价,将契丹即中国确凿地证明给西

---

① 中国学者主要有张箭《明末清初俄使出访中国初探》,《清史研究》2001 年第 2 期;柳若梅《独树一帜的俄罗斯汉学》,《中国文化研究》2003 年夏之卷。英国学者巴德利(J. F. Baddeley)《俄国 蒙古 中国》(吴持哲、吴有刚译,商务印书馆 1981 年版)一书是西方持这一观点的代表作。俄国学界基本上都以外交使团称之,虽也有俄国派赴中国第一个使团是 1653 年巴伊科夫使团的观点,见 [俄] 尼古拉·班蒂什-卡缅斯基编著《俄中两国外交文献汇编》,中国人民大学俄语教研室译,商务印书馆 1982 年版,第 15 页;但此书收入最早的外交文献,却是 1619 年佩特林带回俄国的所谓中国皇帝致俄国的国书,这是一封应该被质疑的"国书",下面还将论及。

方。至此，西方从海陆两道均证实了契丹即中国。① 笔者原以为，利玛窦从海路来华、鄂本笃从陆路来华，构成了西方东来与中国直接对话开始时期"契丹"神话破解的完整历史。而在接触了俄国佩特林的资料以后②，笔者认为这一研究还有待延伸：历史上其后西方仍不明就里，存在对中国和契丹是同一个国家深表怀疑的看法，在鄂本笃逝于中国 11 年之后，1618 年俄国佩特林来华，是中俄的第一次直接接触，也是西方对"契丹"探寻的延续，构成了西方陆上探寻"契丹"的另一面相。

长期以来，跨文化研究的热点集中投向了利玛窦，当我们对海上来华传教士给予极大关注之时，也意味着忽略了西方陆上来华的一面。在 16 世纪全球化开端之时，无论从全球大环境来说，还是从中国的小环境来看，陆路向海路的重心转移都已经形成，陆路的重要意义明显降低是一个历史事实，但其仍具有相对重要的意义。值得注意的是，"契丹"神话构建了西方扩张东来的思想认识前提，不仅是海陆两方面传教士的作为构成了西方中国形象的总体认识，还应该包括西方从西北海域和亚洲北部陆上对于"契丹"的探寻，这样的认识才是完整的。利玛窦从海路来华、鄂本笃从陆路来华对"契丹"即中国的证实，进一步深化了西方对中国的认识，修正了西方对中国的误解，使西方对中国的形象从神话返回现实。然而，西方对于中国的全面认识过程还没有终结，对"契丹"的探寻并没有结束，因此让我们回到东西方直接对话的原点，即西方对"契丹"的寻找，穷原委之迹，正本清源，继续追寻这一全球史——大探索时代开端的历史过程。

15—17 世纪，西方对于"契丹"的探寻，是一个令人瞩目的全球现象，构成西方所谓地理大发现或西方大航海时代的根源。将对"契丹"的探寻落到实处的，海上有利玛窦，陆上有鄂本笃，以西方传教士的功业最为卓著，明代西方外交使团来华鲜见成功的范例，武力争夺更具失败教训。③ 17 世纪初中俄第一次直接接触——佩特林来华——俄国人的中国之

---

① 万明：《"契丹"即中国的证实——利玛窦与鄂本笃的贡献》，(澳门)《中西文化研究》2002 年第 2 期。
② 由北京外国语大学柳若梅教授惠寄资料，在此深致谢忱。
③ 参见万明《明代中葡两国的第一次正式交往》，《中国史研究》1997 年第 2 期；万明《中葡早期关系史》，社会科学文献出版社 2001 年版；万明《明代中英第一次直接碰撞——中国、英国、葡萄牙三方的历史记述》，《中国社会科学院历史所辑刊》第 3 辑，2004 年，收入万明《明代中外关系史论稿》，中国社会科学出版社 2011 年版。

行，也应该归属于探查"契丹"之潮的一部分。从中国中外关系史角度来看，佩特林来华不是正式外交活动，在外交上显得无足轻重，但是在其背后，却是全球化开端时期东西方相互了解的国际大趋势，更有着商业贸易需求的东西方社会变迁的深刻背景。西方的探寻，无论从海上还是陆上，均为全球化开端时期全球贸易上升为各国各地区人们需求首位的印证。这一西方向东方的扩张，不似蒙古西征完全以军事行为开路，而是以探查东方为前导，当时的"契丹"是东方财富的象征，对于西方极具吸引力。同时，俄国对于"契丹"的探寻，是西方探寻"契丹"的延伸，尚留有探讨的空间，是全球化开端时期欧洲对中国初识的一部分，不过其在时间上相对滞后，这与俄国到 16 世纪以后扩张到西伯利亚，才与中国产生接壤有所关联。

对于俄国探寻"契丹"的过程，俄国佩特林的经历告诉我们，当 1607 年鄂本笃在肃州（今甘肃省酒泉市）去世时，他以生命为代价取得的对"契丹"的认识，并没有就此画上句号。其后十年间，俄国在西方英、瑞等国的促动下，产生了探寻"契丹"的兴趣，引发了 1618 年佩特林从欧洲东部来华的事件，把这一事件与此前西方探寻"契丹"的历史过程联系起来，构成东西方直接接触前后从迷茫到真实认知的过程，是一个完整的认识中国的过程。以往中外学界更多地关注了西方与中国的航海关系，俄国从陆上与中国发生的关联长期以来被相对忽略。作为全球史的一部分，俄国对中国的认知在全球化开端的时候是如何开始的值得我们深入探讨。下面对此展开论述，尚祈方家教正。

一　西方探寻"契丹"的历史因缘

中国历史上北魏时始见契丹族名。契丹（Khitan）是曾经统一中国北方的游牧民族。916 年，辽太祖耶律阿保机建国号曰"契丹"，在中国北方建立了东至于海、西至流沙（河西走廊）、南至雄州（河北省容城县）、北至胪（朐）河（克鲁伦河）的幅员辽阔的辽朝，其西部疆域和丝绸之路主干道相接，并臣服了地处丝绸之路要冲的回鹘政权，统治了中国北方大部分区域。1120 年，金兵攻占辽上京，契丹王朝覆亡；1124 年，契丹贵族耶律大石率众向西越过葱岭到达中亚地区，在起尔漫城（位于今乌孜别克斯坦布哈拉与撒玛尔罕之间）建国，史称西辽。西辽政权统治了近百年的时间，是中亚历史上一个重要王朝，其先后吞并东西喀喇汗王朝、花剌子模，将乃蛮、康里、葛逻禄等国家变成附庸，其疆域"东起土拉河，西包咸海，北越巴尔喀什湖，南尽阿姆河、兴都库什山、昆仑山，面积不下四百万平方公里"①，是当时中亚最强大的王朝，盛极一时，阿拉伯和西方史籍称之为哈剌契丹（Kara-Kitai），即"大契丹"，也名"黑契丹"。12 世纪初，西辽军队大败阿拉伯帝国塞尔柱军队，消息传入欧洲，西方听说东方有一个信仰基督教的约翰长老主持的国家名为"契丹"，从此契丹成为中国的称呼。西方只知契丹，并不知中国。

在蒙古帝国初年，辽国地区被称为"契丹"。蒙古军两次西征，远达中亚和东欧，"契丹"之名也随之远播。1245 年首位罗马教皇英诺森四世（Innocent IV）派赴蒙古的使节柏朗嘉宾（Johe de Plan Carpin），在所著《柏朗嘉宾蒙古行纪》中称中国为"契丹"（Kitai），称西辽为哈喇契丹 Kara-kitai，即黑契丹，也是大契丹之意。② 1253 年法王路易九世（Louis IX）派遣方济会传教士鲁布鲁克（Guillaume de Rubruquis）出使蒙古，在他的《鲁布鲁克东行纪》中，他将中国称为"大契丹"，并说"我认为其民族就是古代的丝人"。③ 1307 年亚美尼亚亲王海敦（Haithon）入朝蒙古后撰写《东方诸国风土记》（*History and Geography of the Eastern Kingdoms*）一书，其中一章"契丹国记"写作"Cathay"，云："契丹国者，地面最大国也……然其国亦实多奇异物品，贩运四方，制工优雅，精美过人。诸国之人，亦诚不能及之也。"④ 就这样，"Cathay"被普遍应用开来。

---

① 魏良弢：《西辽史纲》，人民出版社 1991 年版，第 1 页。
② 耿昇、何高济译：《柏朗嘉宾蒙古行纪　鲁布鲁克东行纪》，中华书局 1985 年版，第 25、46、73 页。原法国学者贝凯（Dom Jean Becquet）、韩百诗（Louves Hambis）译注的解释非常清楚："这一名词根据手稿不同而分别写作 Kitai 或 Kytai，但正确的写法似乎应该是 Kitai，它一般都出现在游记故事和地图著作中，用以指中国的北部（有时又写作 Catai），如在《马可波罗游记》中就是这样写的。在卡塔卢尼亚文（Catalane）地图中又作 Catayo，莫罗（Fra Mauro）又作 Chataio，鄂多立克（Odolic de Porodenone）在其东游录中作 Catay 等。这一名词代表一个民族名称，汉文译作'契丹'……Kitai 这一名词完全相当于突厥社会中一些人所习知的写法：Qitay 或 Khitai，因而又产生了一些相似的希腊文和俄文书写形式。在俄文中，现在仍以 Kitai 一词来称中国"，见第 114—115 页注释［3］。在这里，译注还特别提到了意大利毛罗地图和鄂多立克游记中的例子。
③ 耿昇、何高济译：《柏朗嘉宾蒙古行纪　鲁布鲁克东行记》，中华书局 1985 年版，第 254 页。
④ 张星烺编：《中西交通史料汇编》第 2 册，中华书局 2003 年版，第 982 页。

"契丹"一词，在15—16世纪的西方曾引起人们无限向往，直至利玛窦与鄂本笃来华之前，实际上成为西方广泛流传的东方象征。那么，契丹是如何从现实变成一种"神话"的呢？在时间上，应该是始于元代，当中国作为"契丹"而为西方人所知之时，就已经开始了。在元代，西方来华的著名游记作者马可·波罗可以说是契丹神话化的始作俑者。意大利商人马可·波罗于1271—1295年来华，足迹遍及南北，回国后，写下了著名的《马可·波罗游记》（又译《珍异录》或《东方见闻录》）。在他的笔下，"契丹"一词是对北部中国的指称，他集中而夸大地描述了东方契丹的财富和繁盛，对西方来说，开始出现了一个近似神话的"契丹"的雏形。马可·波罗以后，契丹成为一个想象的地域，关于神秘东方的神话就此产生了，与此同时，契丹成为一种形象——财富的象征符号。截止到利玛窦来华之前，西方人们普遍接受了这样一种看法：契丹在遥远的东方，它具有令人羡慕的财富，还有与西方相同的宗教和教徒。在内涵上，马可·波罗等人游记的影响，加上约翰长老国的传说，组成了神话"契丹"的主体。这一图式化的过程，是从马可·波罗的表述开始，而西方建立在早期表述方式基础上的后期表述，强烈地表达了对富庶东方的向往。于是，东方的"契丹"形象由此被精心钩织出来。马可·波罗将现实世界的真实图景与作为商人对财富的向往天衣无缝地结合起来，构成了"契丹"的形象，使西方人看到了一个充满诱惑的东方新世界。[①]

元末，摩洛哥旅行家伊本·白图泰的游记中也有关于"契丹"的记述：

> 我们从此城出发，便进入契丹地区，这里是世界上房舍最美好的地区。全境无一寸荒地，如有荒地，则向其主人征收田赋，或唯他是问。沿河两岸皆是花园、村落和田禾。从汗沙至汗八里城，为六十四日程。在此地区的穆斯林都是过往而非定居的，因此地非久居之地，境内并无人烟辐辏的大城市，只是村落、平原。但一路都是田地，生产水果和蔗糖。我在世界各地从未见有如此好的地方，只是从安巴尔至阿奈特间四日程的情况近乎此。我们每夜至村落寄宿，终于到达汗

---

① 参见万明《"契丹"即中国的证实——利玛窦与鄂本笃的贡献》，（澳门）《中西文化研究》2002年第2期。

八里,这是可汗的京城,可汗是他们最大的素丹,他的国土包括中国和契丹。①

西班牙公使克拉维约于1404年赴撒马尔罕觐见帖木儿汗,在《克拉维约东使记》中详细记述了帖木儿同时接见他和中国专使的情况,用Katay(即"契丹")称呼中国帝国。②

正是因为上述的那些记录,后来西方航海者出发时将最终方向定为伟大的"契丹国"。哥伦布怀揣《马可·波罗游记》踏上了寻找"契丹"之路,发现了美洲新大陆;葡萄牙人达·伽马开拓了从欧洲绕过好望角通往印度的航路;麦哲伦完成了环球航行。他们虽然在寻找"契丹"的过程中推动了航海与地理的发现,但是当时的西方仍然不清楚"契丹"与中国是同一个国家。在西方,英国学者亨利·玉尔(Henry Yule)将他编注的记述西方与中国历史关系的著作命名为《契丹及其通往之路》(*Cathay and the Thither*)。法国学者安田朴(Rene Etiemble)将其著作《中国文化西传欧洲史》(*L'Europe Chinoise*)的第一卷第一编命名为"寻找契丹国"。③ 法国学者阿里·玛扎海里(Aly Mazaheri)在他的《丝绸之路:中国—波斯文化交流史》的导论中开篇表明:

> 在西方,大家于17世纪初叶还认为契丹国(Khitay,即马可·波罗写作的Cathay,波斯人、突厥人,有时又包括俄罗斯人经常前往那里去)与葡萄牙人在一个世纪之前到达的那个中国没有任何共同之处。"摩尔人"(也就是波斯湾的波斯人)都断言契丹和中国是同一个帝国的两个名称。但葡萄牙人,尤其是耶稣会士们都怀疑穆斯林们使用了各种诡计,无法信任他们。如果中国和契丹是同一个国家,那么为什么它们要有两个名字并要经由两条道路而到达那里呢?④

---

① [摩洛哥]伊本·白图泰:《伊本·白图泰游记》,马金鹏译,宁夏人民出版社1985年版,第560—561页。

② [西]克拉维约:《克拉维约东使记》,[土耳其]奥玛·李查译,杨兆钧译,商务印书馆1985年版,第127页。

③ [法]安田朴:《中国文化西传欧洲史》,耿昇译,商务印书馆2000年版。

④ [法]阿里·玛扎海里:《丝绸之路:中国—波斯文化交流史》之《导论》,耿昇译,中华书局1993年版,第1页。

这说明了直至 17 世纪初叶，西方仍不明就里，对于中国和契丹是同一个国家深表怀疑。

英国人巴德利（J. F. Baddeley）是研究俄国、蒙古、中国关系的著名学者，他在《俄国 蒙古 中国》卷首画诗的开篇，就云及"契丹"是英国人开辟向东北方向新航线的目标："为了开辟航线，通往'遥远的契丹'，英国人首先沿东北方向破冰前进"；下面提及自马可·波罗以来，"契丹"就始终是心中挥之不去的主题："我用俄文依次写下本书的标题：'露西亚''蒙古利亚''契丹'，从马可·波罗的时代以来，那遥远的'契丹'便萦回在我们的心间"；他记下葡萄牙修士鄂本笃从印度出发探寻"契丹"之旅："得阿克巴帝之助，从朱木拿河畔启程，鄂本笃长途跋涉，去探寻那古国名邦，是中华？是契丹？他证实原系同一国土，虽客死异域，所幸完成任务，心愿已偿"；并提到"熙熙攘攘的张家口，本有塞上门户之称，风尘仆仆的商人在这里首次瞻仰长城"；最后，他对于穿越沙漠与草原北方丝绸之路，给予了诗情画意的描绘："天旋地转，岁月奔驰不息，茫茫沙碛，一望无边无际，牵骆驼人领着他们的驼队，迎朝阳，送落日，横越戈壁。"①

16—17 世纪的历史是变动不居的。"契丹"的探寻，成为全球化开端时期鼓动西方人走遍全球浪潮的根源。当利玛窦与鄂本笃入华，证实了契丹即中国，才使得西方世界对于"契丹"就是中国有了新的认识。但是其后仍有部分西方人，特别是英国人，坚持认为"契丹"仍是一个需要探寻和有待发现的地方，因此继续探寻前往"契丹"的北方路线，包括海上和陆上的探索步伐一直没有停止。寻找前往"契丹"的道路，成为西欧商人前往东北亚和远东的重要目的，他们对探寻"契丹"有着极大的兴趣，俄国佩特林的来华应运而生。

二 俄国佩特林来华与西方探寻"契丹"的延续

中俄的最初接触，是在蒙古帝国统治时期。明修《元史》中记载了

---

① ［英］巴德利：《俄国 蒙古 中国》上卷第一册，吴持哲、吴有刚译，商务印书馆1981年版，第3、4、6、7页。

蒙古俘虏斡罗斯（斡罗思）之事①，留下了俄罗斯人在中国内地的最早印迹。

法国学者布尔努瓦（Lucette Boulnois）在《丝绸之路》一书中称："只有从中国经西伯利亚到中亚蒙古人地区的一段路程例外，那段交通路线上仍从事珍稀织物的少量交易。这类珍稀织物也沿着13—14世纪的两条路，而少量地流入欧洲。这两条道路之一是塔里木—小亚细亚的传统道路；另一条则位于靠北很远的地方，从亚美尼亚、克里米亚和高加索的海港出发，沿着黠戛斯草原和西伯利亚南部一直到达北京或喀喇和林。"②

15—16世纪，俄国还只是通过中亚购买中国商品，与中国建立起间接的贸易联系。16世纪末，俄国商业税册中记有一种被称为"基泰卡"的中国织物，表明以中国命名的丝织品已在俄国销售。③ 随着俄国向外不断扩张，17世纪初，俄国与蒙古汗国开始有了联系，当时俄国兼并西伯利亚，边境已推进到鄂毕河、额尔齐斯河、叶尼塞河上游，"出现了诸如秋明（1586）、托博尔斯克（1587）、苏尔古特（1594）、塔拉（1594）、上图里耶（1588）、曼加泽亚（1607）、托木斯克（1604）等城市"。④ 俄国的疆界达于西伯利亚为其以蒙古汗国为中介、与明代中国的第一次直接接触创造了条件。

17世纪俄国与中国之间的交往关系，是通过蒙古人为中介的。俄国学者认为："俄国之所以竭力同蒙古保持联系，还因为可以向蒙古人探明

---

① 蒙古西征，统治了斡罗斯。有不少斡罗斯（斡罗思）人被俘至中国内地。（明）宋濂等：《元史》卷一〇〇《兵志》三记载"斡罗斯"："宣忠扈卫屯田：文宗至顺元年十二月，命收聚讫一万斡罗斯，给地一百顷，立宣忠扈卫亲军万户府屯田，依宗仁卫例。"《元史》卷三十四《文宗本纪》三记载至顺元年（1330）的"斡罗思"："五月辛未，置宣忠扈卫亲军都万户府，秩正三品，总斡罗思军士，隶枢密院"；"十月壬子，立宣忠扈卫亲军都万户营于大都北，市民田百三十余顷赐之"；"十二月己酉，宣忠扈卫斡罗思屯田，给牛、种、农具"。《元史》卷三十五《文宗本纪》四记载了至顺二年（1331）的"斡罗思"："四月甲寅，改宣忠扈卫亲军都万户府为宣忠斡罗思扈卫亲军诸指挥使司，赐银印"；"十二月癸丑，撒敦献斡罗思十六户，酬以银百七锭、钞五千锭。以河间路清池、南皮县牧地赐斡罗思驻冬"。中华书局1973年版。
② ［法］布尔努瓦：《丝绸之路》，耿昇译，新疆人民出版社1982年版，第240页。
③ 孟宪章：《中苏经济贸易史》，黑龙江人民出版社1992年版，第5页。其中认为"成为俄国人日常生活用品"，还有待进一步研究。
④ ［俄］弗·斯·米亚斯尼科夫《1618—1619年伊万·佩特林使团》，[俄]娜·费·杰米多娃、弗·斯·米亚斯尼科夫：《在华俄国外交使者（1618—1658）》，黄玫译，社会科学文献出版社2010年版，第4—5页。

去中国的道路,并且可以与中国建立通商关系,这正是俄国在整个十七世纪力求达到的目的。"① 在这里,我们应将中国一词以"契丹"来替代,则更合乎当时的情形。俄国在大规模扩张与明朝中国接壤之前,只能通过蒙古汗国为中介去寻找"契丹"。俄国人最早也是通过蒙古人得知中国人的"称'基泰齐',基泰,俄文为 Китай。根据《苏联大百科全书》的解释,俄文'基泰齐'来源于'契丹'一词"。② 由此我们可以知道,俄国人从蒙古人那里得知的是"契丹",而非中国。俄国学者直言:"俄国人是何时知道中国的?在征服西伯利亚之前,俄国似乎还不知道中国的名称",并以为"俄国边境官员和管理官员为了进行贸易,而更多的情况是出于他们个人一些奇奇怪怪的想法,时常自行派遣使节去中国"。③ 这里的所谓"使节",其实只是边境地方派遣的人员而已,不具备正式外交使节身份。佩特林应该就是其中之一,不过他很幸运地通过蒙古喇嘛的引导,到达了明朝都城北京,成为被俄国称作"契丹"的中国的最早见证人。俄国人最早得知中国,可以推断即在此时,但这重要的一点,却由于语言的固化长期以来被封存起来,迄今没有得到全面阐释。

由于接壤,蒙古汗国与俄国之间有直接的交往关系。17 世纪地处中国边疆的蒙古各汗国与明朝有封贡关系,定期进行互市,建立有贸易联系。俄国人对于"契丹"的认识,始于蒙古人。《十七世纪俄中关系》中的"第 13 号文件"记载 1617 年托博尔斯克官署接待蒙古阿勒坦汗使臣的记录摘要:"阿勒坦皇帝的使臣们还说,在阿勒坦国附近有个中国,由阿勒坦皇帝那里走到该国,走得慢要六个礼拜,走得快要四个礼拜。中国皇帝[名叫大]明。中国的城是砖砌的……城中间有条大河……中国的货物有:绸、丝绒、花缎。中国出产金、银……中国种植的谷物很多,有小麦、大麦、燕麦、黍。中国的兵器是弓箭,但没有大炮和火绳枪。据说中国很大。"④ 这段记述说明,俄国当时有关"契丹"的信息,是通过蒙

---

① [苏] H. П. 沙斯季娜:《十七世纪俄蒙通使关系》,北京师范大学外语系译,商务印书馆 1977 年版,第 9 页。

② [俄] 尼古拉·班蒂什—卡缅斯基:《俄中两国外交文献汇编(1619—1792 年)》,中国人民大学俄语教研室译,商务印书馆 1982 年版,第 15 页。

③ [俄] 尼古拉·班蒂什—卡缅斯基:《俄中两国外交文献汇编(1619—1792 年)》,中国人民大学俄语教研室译,商务印书馆 1982 年版,第 20 页。

④ 苏联科学院远东研究所等:《十七世纪俄中关系》第一卷第一册,厦门大学外文系翻译小组译,商务印书馆 1978 年版,第 74 页。

古人作为中介传递的,并不很准确。

阿勒坦汗的名字首次出现在俄国文献中是 1604 年,是从俄国最初得到蒙古阿勒坛(坦)汗的情报开始的。这个阿勒坦汗指的是漠北喀尔喀蒙古扎萨克图部首领硕垒乌巴什珲台吉。喀尔喀部属左翼蒙古,原在哈尔哈河与克鲁伦河附近,16 世纪中叶迁移至漠北,东接呼伦贝尔,西至科布多,南临大漠,北与布里亚特接壤,漠北喀尔喀蒙古阿勒坦汗与明朝有朝贡关系。值得特别注意的是,当时史称阿勒坦汗的蒙古部落首领有两个,一是漠北蒙古喀尔喀部首领,一是漠南蒙古土默特部首领;后者在明朝时期以俺答汗之称而赫赫有名,其生平事迹有 17 世纪初蒙文《阿勒坦汗传》传世,下面还将提到。

俄国《十七世纪俄蒙通使关系》的作者考察了俄国 1608 年、1616 年、1618 年三次派遣去蒙古使团的全部过程,结果表明使团一直是在探寻"契丹"。作者总结俄蒙关系第一阶段的特点是:"俄国渴望同蒙古建立睦邻友好关系,其主要目的是想通过蒙古了解通往中国的道路",并且直接指出:俄国使团出使阿勒坦汗处,"但使团主要任务却是开辟一条去中国的通商道路"。[①] 这里再清楚不过地说明了以下两点:第一,俄国与蒙古交往的目的,是要探寻通往"契丹"的道路;第二,俄国探寻通往"契丹"的道路,其目的是通商。这与长期以来西方东来探寻"契丹"的历史大势完全契合,由此我们可以确信,17 世纪初俄国上演的这一幕历史,正是西方走向全球探寻"契丹"的一部分,也即全球化开端历史的一部分。这段历史也使我们确认,不能孤立地看待佩特林来华问题,而应该知其然并知其所以然。那么我们的研究要有一个全球视野:西方走向全球的原点即对"契丹"的探寻。

同样是从陆上寻找"契丹",鄂本笃走的是绿洲丝绸之路,而佩特林走的是草原丝绸之路,或者说是北方丝绸之路。同时,俄国对寻找北方海路也有浓厚兴趣,因为那可以为俄国与东方之间提供新的商机,伊凡雷帝曾经为此设置了重奖。[②]

---

① [苏] Н. П. 沙斯季娜:《十七世纪俄蒙通使关系》,北京师范大学外语系译,商务印书馆 1977 年版,第 13、15 页。
② [俄] 弗·斯·米亚斯尼科夫:《1618—1619 年伊万·佩特林使团》,载娜·费·杰米多娃、弗·斯·米亚斯尼科夫《在华俄国外交使者(1618—1658)》,黄玫译,社会科学文献出版社 2010 年版,第 4 页。

莫斯科是西欧外交家和商人前往东北亚和远东的门户，英国人在探寻"契丹"之路方面起了重要作用，他们一直在找寻通往"契丹"的道路和到达的捷径，可惜长期未果。由于他们力求从北方海域探寻"契丹"，对于促成俄国佩特林来华也起了重要推动作用。俄国学者弗·斯·米亚斯尼科夫对此给予了特别关注，并进行了全面研究。他指出"由于每月准确的知识而导致一种错误的看法，认为中国地处鄂毕河发源地的某处"，而把鄂毕河与中国联系起来的首先是德国的 C. 赫伯斯坦于 1549 年出版的《莫斯科见闻录》的地图，在上面鄂毕河发源于"契丹"的一个湖泊。① 这无疑启示了西方通过北方海路到达"契丹"的可能性。实际上，俄国在 17 世纪初期对"契丹"的探索，部分是来自英国通过俄国开辟前往"契丹"新通路的引导。当时欧洲人对于东亚包括蒙古和"契丹"，都只是模糊的认识，甚至认为"契丹"和印度都位于鄂毕河上游。英国人深知在东方海上，葡萄牙和西班牙、荷兰已经捷足先登，所以一直打算开辟新的到达"契丹"的路线。英国航海者从麦哲伦的航行得出推论，认为由东北或西北而上，通过美洲应有一条与南端的麦哲伦海峡相对的航线可达"契丹"，他们把寻找西北至"契丹"的航线提上了日程，深信通过西北或东北航路绕过北冰洋一定可以到达"契丹"。赵欣指出，英国北上寻找"契丹"之举始于 1497 年，是年探险家卡博特父子率船队西北向航行以寻找通往"契丹之路"，他们意外发现了纽芬兰大浅滩，这条北美新航线是"资深的地理学家们使商人确信通过欧洲大陆北部宽广的未知水域，就是到达契丹的捷径"所造成误解的产物。1553 年，英国钱瑟勒（Richard Chancellor）抵达俄国，打通了英俄新航路。此后，由于俄语一直称中国作"契丹"（Китай），误导了英国人执意寻找"契丹"，亨利·哈得逊在 1607 年、1609 年、1610 年三次探寻西北航路，到达哈得逊湾，以为东亚的"契丹"、中国、日本就不远了；其后英国人专门成立了"伦敦商人探寻西北通道公司"，在举国探寻"契丹"的大热潮中，英国女王伊丽莎白也成为股东，该公司于 1612 年、1615 年、1619 年都进行了航海探寻活动，直至 1631 年到达了北极，才最终明白没有一条西北海上通道可以通

---

① ［俄］弗·斯·米亚斯尼科夫《1618—1619 年伊万·佩特林使团》，载娜·费·杰米多娃、弗·斯·米亚斯尼科夫《在华俄国外交使者（1618—1658）》，黄玫译，社会科学文献出版社 2010 年版，第 3—4 页，原译文"中国"，应为"契丹"。

往"契丹"。① 1615年英国国王詹姆士一世（James I）派遣使节托马斯·史密斯（Thomas Smith）到莫斯科"商谈商人贸易之事，希望准许英国客商自由贸易，准许他们经过莫斯科国土前往波斯，并探明中国情况"。1616年，英国使臣约翰·梅里克（John Merrick）以同意做俄国和瑞典谈判的中间人，再次提出"准许英国客商经鄂毕河由海上寻找前往印度和中国的道路"的问题。② 俄国沙皇在回答英国"关于寻找前往'契丹'（中国）道路"的回信中云："阿勒坦皇帝的使臣现在还在朕大君主处，他们谈到中国时说：从他们那里骑快马走旱路到中国要一个月，沿途缺水，尽是沙地，路程异常艰苦。从朕的西伯利亚边界城市托木斯克出发，经过很多游牧汗国到阿勒坦皇帝他们那里，大约要走十八个礼拜旱路，而且路程异常艰苦，途中缺水。中国四周用砖墙围起来，绕城一周大约要走十天，城墙之外没有任何属县。中国在河边，不是在海边，这条河叫什么河他们不知道。中国货物不多，而黄金和其他贵重装饰品，在中国都不出产，也不盛行。由此可以知道，这个国家不大。"③ 由此我们可以得知，为了自身的利益，俄国显然不愿意告诉英国关于"契丹"的实情，而是希望自己首先能找到前往"契丹"的道路，不希望英国插足，因此俄国当时获得的有限的有关"契丹"（中国）的信息，对英国人是保密的。

俄国学者指出，当时对于俄国有影响作用的不仅有英国人，还有荷兰人，1608年荷兰商人伊萨克·列梅尔也曾试图组织寻找东北海路。他曾向1601—1609年居住在莫斯科的荷兰地理学家和旅行家伊萨克·马萨提出这个建议。而伊萨克·马萨在给莫里斯·奥兰斯基王子的信中提及了"那些根据莫斯科大公的命令前往中国（Cathaia）和蒙古（Molgomsia）的旅行"，④ 其中关于中国的用词，明显用的是"契丹"。

到17世纪初，对于"契丹"的寻找一直在延续。在南海，在西域，西方与中国真正的对话已经开始，而在另一边，英国与俄国仍在探寻

---

① 赵欣：《英国人的契丹认知与航海探险》，《外国问题研究》2013年第1期。
② 苏联科学院远东研究所等：《十七世纪俄中关系》第一卷第一册，厦门大学外文系翻译小组译，商务印书馆1978年版，第51、53页。
③ 苏联科学院远东研究所等：《十七世纪俄中关系》第一卷第一册，厦门大学外文系翻译小组译，商务印书馆1978年版，第94页。
④ ［俄］弗·斯·米亚斯尼科夫《1618—1619年伊万·佩特林使团》，载娜·费·杰米多娃、弗·斯·米亚斯尼科夫《在华俄国外交使者（1618—1658）》，黄玫译，社会科学文献出版社2010年版，第6页。

"契丹",佩特林来华就是证明。

三 俄国佩特林经草原丝绸之路到达北京的历程

俄罗斯学者弗·斯·米亚斯尼科夫对伊万·佩特林使团的档案材料进行了归纳,认为这些材料可以分成两类:第一类是考察的总结性文件,这些文件直接通报考察的路线和结果;第二类是公文处理以及往来通信,它们提供了俄国人首次中国之行的间接资料。第一类档案数据中保存至今的原本文件只有三份:佩特林的《关于中国、喇嘛国和其他国土、游牧地区与兀鲁思,以及大鄂毕河和其他河流、道路等情况之报告》;佩特林在索尔多格休息站回答问题的记录,在历史文献中其常被称为《佩特林口呈》;佩特林和马多夫请求奖励他们中国之行的呈帖。这些文件使我们得以相当完整地了解到有关俄罗斯新土地开发者此次旅程的情况。① 弗·斯·米亚斯尼科夫所述第一类档案材料,收入他与娜·费·杰米多娃合著的《在华俄国外交使者(1618—1658)》一书,值得注意的是,其中佩特林的《关于中国、喇嘛国和其他国土、游牧地区与兀鲁思,以及大鄂毕河和其他河流、道路等情况之报告》,收录了两个不同版本。

17世纪初俄国佩特林来华事件中最有意义的是俄国人首次经历草原丝绸之路到达北京,这是俄国第一次找到了通往"契丹"的道路。

根据佩特林《关于中国、喇嘛国和其他国土、游牧地区与兀鲁思,以及大鄂毕河和其他河流、道路等情况之报告》(以下简称《报告》),其经历行程简述如下:

1618年5月9日从托博尔斯克出发——吉尔吉斯河——阿巴坎河——克姆奇克河——乌布苏湖——唐努乌拉山脉——阿勒坦汗驻地——诸王分地——穆尔果钦(曼齐喀图王妃和她的儿子奥楚台吉管理)——板升(有两城)——洛宾斯克(曼齐喀图王妃管辖)——克里姆(长城)——锡喇喀勒噶(张家口)——锡喇(宣化)——雅尔(怀来)——泰达城(南口)——白城(昌平)——于9月1日到达大中国

---

① [俄]娜·费·杰米多娃、弗·斯·米亚斯尼科夫:《在华俄国外交使者(1618—1658)》,黄玫译,社会科学文献出版社2010年版,第32页。

城（北京）。①

由此可见，1618年5月9日从西伯利亚托木斯克出发的佩特林，经历漠北蒙古草原丝绸之路到达板升，即丰州滩（今内蒙古自治区呼和浩特），那里经过俺答汗及其后世的治理，已是蒙汉聚居区，然后经张家口、怀来、南口、昌平，于1618年9月1日进入北京，来程走了3个月零22天；在北京仅停留了4天；于1619年5月16日返回托博尔斯克，返程用时7个月零6天，整个行程约一年时间。

值得关注的是，佩特林首先是到达漠北阿勒坦汗硕垒乌巴什珲台吉处，在阿勒坦汗派遣的两名喇嘛达尔罕和毕力克图的引导下前往中国，最终到达北京。他本人在《报告》中强调，他只是被派往"探察中国的情况"，可以认为，其使命是"探察'契丹'"。

结合佩特林《报告》的记述，可以大致复原一条从西伯利亚出发，到漠北喀尔喀蒙古，途经漠南土默特蒙古的丰州滩，到张家口、怀来、南口、昌平，进入北京的从北向南的草原丝绸之路，也即北方丝绸之路，有助于深化明代北方丝绸之路的路线变迁，以及对当时丝绸之路交往历史面貌的认识。

仔细分析，佩特林在到达阿勒坦汗驻地以前，经历的是从西伯利亚到蒙古的路程，而这段路程是此前俄国使臣前往漠北阿勒坦汗处曾经走过的路程；从阿勒坦汗驻地以后到中国的路程，是阿勒坦汗到明朝朝贡的传统路线，只是俄国人第一次随同走过而已，这不能说是佩特林新发现的路线。不过，这构成了俄国人第一次到达他们一直在寻找的通往"契丹"的路线的历史事实。

佩特林是随阿勒坦汗的两名藏传佛教喇嘛来华的。阿勒坦汗，意为"黄金家族可汗"，当时俄国所指与西伯利亚比邻的漠北喀尔喀蒙古部首领硕垒乌巴什珲台吉，佩特林经过的丰州滩，在漠南土默特部首领阿勒坦汗的辖区。漠南蒙古右翼土默特部重要首领，是历史上著名的蒙古阿勒坦汗，明朝称为"俺答汗"（1507—1582年），现有1607年蒙文《阿勒坦传》传世。俺答汗于明朝嘉靖年间崛起，隆庆四年（1570），以其孙把汉

---

① 佩特林《关于中国、喇嘛国和其他国土、游牧地区与兀鲁思，以及大鄂毕河和其他海路、道路等情况之报告》，有两个版本，见［俄］娜·费·杰米多娃、弗·斯·米亚斯尼科夫《在华俄国外交使者（1618—1658）》，黄玫译，社会科学文献出版社2010年版，第47—75页。

那吉降明为契机，明蒙开始和谈，隆庆五年（1571），明朝册封俺答汗为顺义王，史称"俺答封贡"。俺答汗，在史籍中有谙达、安滩、俺答哈、俺答阿不孩等多个译名，又译名阿勒坦汗。由此，俺答汗便以明封顺义王的身份主持漠南蒙古右翼与明朝的封贡互市事宜，其后，四代阿勒坦汗即土默特的统治者均受封为顺义王，这开创了北部中国明蒙几十年和平友好局面。明朝赋予俺答汗主掌朝贡互市的权力，规定宣大和河套三部朝贡均由顺义王统一负责写表奏进；一切赏赐由顺义王领取并转发各部首领。其部落初游牧于今内蒙古自治区呼和浩特一带，后逐渐强盛，迫使原草原霸主察哈尔部迁移于辽东，俺答汗成为右翼蒙古首领，控制范围东起宣化、大同以北，西至河套，北抵戈壁沙漠，南临长城。后为开辟牧场，又征服了青海。万历六年（1578），俺答汗与西藏格鲁派藏传佛教领袖索南嘉措在青海湖畔仰华寺举行会谈，正式接受了格鲁派藏传佛教。其后在归化城（今内蒙古自治区呼和浩特）等地建立寺庙，在其扶持下，喇嘛教开始在蒙古地区广泛传播。

当时俄国所称阿勒坦汗的，是指漠北喀尔喀扎萨克图汗部的台吉。佩特林在经过漠北阿勒坦汗驻地以后，从蒙古西部进入土默特部，即他所谓的"曼齐喀图王妃和她的儿子奥楚台吉管理"的地区板升一带。这里所指的"曼齐喀图王妃"，俄国学者认为是俺答之妃三娘子。[①] 三娘子促成了"通贡互市"，受封忠顺夫人，早在俺答时，她已"自练精兵万人，夷情向背，半系娘子"，左右土默特几十年。[②] 但是从时间上看，这里佩特林所云"曼齐喀图王妃"，应是俺答汗之孙把汉那吉所娶之把汉比妓。封贡完成，在把汉那吉返回蒙古后，俺答汗把原来汉人所据的板升地区给了他，使之势力大增："初，把汉那吉归，俺答命主板升，号曰大成台吉，妻曰大成比妓，兵马雄诸部"[③]，板升即丰州滩，也即归化城，是蒙汉人民聚居之地。把汉那吉改称大成台吉，因此把汉比妓又被称为大成比妓。比妓又作比吉，意为夫人。由于她"素效恭顺"，万历四十一年（1613），

[①] ［俄］佩特林：《关于中国、喇嘛国和其他国土、游牧地区与兀鲁思，以及大鄂毕河和其他海路、道路等情况之报告》，见［俄］娜·费·杰米多娃、弗·斯·米亚斯尼科夫《在华俄国外交使者（1618—1658）》，黄玫译，社会科学文献出版社2010年版，第48页注4。

[②] 方孔炤：《全边略记》卷二《大同略》，崇祯刻本。

[③] 谷应泰：《明史纪事本末》卷六〇《俺答封贡》，中华书局1977年版，第931页。

明朝封其为忠义夫人。① 此时顺义王卜贝兔势力已衰，大成比妓之子素囊"并有板升之众，极称富强"②。佩特林正在此时到达漠南蒙古土默特部辖区，把汉比妓及其子素囊，也就是"奥楚台吉"在那里进行统治，他见证了那里的政治、经济实况。当时从蒙古经过板升到明朝首都北京去的行人，无论是行商还是朝贡使团，都必须有把汉比妓发给盖有印章的文书，才能通行。佩特林将当时这一地区的情况作了如实的反映，是17世纪初草原丝绸之路的真实写照。

在来华行程中，佩特林记述了蒙古地区的情况："蒙古土地上出产各种粮食，有糜黍、小麦、燕麦、大麦和其他很多我们所不知的作物。这里的面包洁白如雪。蒙古土地上还种植有各种各样的蔬菜和瓜果，如苹果、甜瓜、西瓜、南瓜、樱桃、柠檬、黄瓜、洋葱、大蒜等。"又说："蒙古没有宝石，有珍珠，但成色不好。没有黄金，但白银很多，是从中国运来的。"③

佩特林把张家口称为"锡喇喀勒噶"，那里丰盛的商品给他留下深刻印象："城里有很多石砌的店铺，刷以各种颜色，上面绘有各种花草。店铺里的货物种类繁多，除了呢子和宝石没有，其他各种颜色的丝绒、锦缎、条纹绸和塔夫绸、镶金和铜的锦缎极多。还有各种蔬菜、瓜果，各种药材，各种粮食，例如南瓜、黄瓜、大蒜、洋葱、萝卜、胡萝卜、芜菁、白菜、苹果、西瓜、甜瓜、石竹、肉桂、大茴香、防风、罂粟、肉豆蔻、堇菜、杏仁、大黄，和很多其他我们叫不上名字的蔬菜。"④"中国人无论男女都很清洁……中国人不擅战，他们的手工业和商业十分发达。"⑤

佩特林对接着走过的中国城市的生意格外关注，他记述"锡喇"——宣化："城里生意比前面那个城市更兴隆，蔬菜和瓜果更多，早

---

① 《明神宗实录》卷五〇〇，万历四十年十月庚辰，钞本。另参见［日］青木富太郎《关于明末蒙古女首领把汉比妓》，《蒙古学资料与情报》1988年第2期。
② 王士琦：《三云筹俎考》卷二《封贡考》，万历刻本。
③ ［俄］佩特林：《关于中国、喇嘛国和其他国土、游牧地区与兀鲁思，以及大鄂毕河和其他海路、道路等情况之报告》，《在华俄国外交使者（1618—1658）》，第50页。
④ ［俄］佩特林：《关于中国、喇嘛国和其他国土、游牧地区与兀鲁思，以及大鄂毕河和其他海路、道路等情况之报告》，《在华俄国外交使者（1618—1658）》，第52—53页。
⑤ ［俄］佩特林：《关于中国、喇嘛国和其他国土、游牧地区与兀鲁思，以及大鄂毕河和其他海路、道路等情况之报告》，《在华俄国外交使者（1618—1658）》，第58—59页。

晨行人多得水泄不通。"① 记述"雅尔"——怀来："这座城市里的市场更热闹，货物齐全，有各种蔬菜和其他吃食。市内无一处空地，到处是砖石砌成的院落和店铺，还有十字路口。"② 记述泰达城——南口："店铺里的商品较之前两个城市更多，有各种各样的蔬菜，小酒馆里卖酒、蜜水和各种外国酒水……这座城里的人口也比前面几个城市多，各种贵重物品、蔬菜和大米都十分丰富充足。"③ 记述"白城"——昌平："城里的店铺一家挨着一家……这个白城里的各种货物、贵重商品、蔬菜和吃食比别的城市更丰富。"④

从白城到"大中国城"——北京有两天行程，佩特林记述："大明皇帝就住在这里。这座城市非常大，石头砌成，洁白如雪，呈四方形，绕城一周需4日……在大中国城的白色外城之内还有一座磁城，那里是皇帝居住的地方。"他所说的"磁城"显然就是紫禁城。关于"大明皇帝住的磁城以各种奇珍异宝装饰起来，皇宫矗立于磁城中央，宫殿的上方是金顶"，都是他听说的，他记述："我们没有到过大明皇帝的宫殿，也没有见到皇帝。原因是没有可进献的礼物。"⑤ 这里再一次揭示了他不是正式俄国使臣的身份。

他注意到大中国城与海的关系："据说从大中国城到大海7天行程。大船开不到距海7天路程的大中国城下，货物都是用小船和平底帆船运到中国城。大明皇帝将这些货物分配给中国的各个城市。而从中国的各个城市货物又转运到境外，到蒙古、阿勒坦汗国、黑喀尔木克等地以及其他很多国家和各兀鲁思，运到布哈拉附近沙尔城的铁王那里。"还谈道："运送各种货物出境，有丝绒、绸缎、锦缎、白银、豹皮、虎皮、黑色的津丹布等。他们用这些货物换得马匹，这些马匹被运到中国，又从中国运往大海

---

① ［俄］佩特林：《关于中国、喇嘛国和其他国土、游牧地区与兀鲁思，以及大鄂毕河和其他海路、道路等情况之报告》，《在华俄国外交使者（1618—1658）》，第53页。
② ［俄］佩特林：《关于中国、喇嘛国和其他国土、游牧地区与兀鲁思，以及大鄂毕河和其他海路、道路等情况之报告》，《在华俄国外交使者（1618—1658）》，第54页。
③ ［俄］佩特林：《关于中国、喇嘛国和其他国土、游牧地区与兀鲁思，以及大鄂毕河和其他海路、道路等情况之报告》，《在华俄国外交使者（1618—1658）》，第54—55页。
④ ［俄］佩特林：《关于中国、喇嘛国和其他国土、游牧地区与兀鲁思，以及大鄂毕河和其他海路、道路等情况之报告》，《在华俄国外交使者（1618—1658）》，第55页。
⑤ ［俄］佩特林：《关于中国、喇嘛国和其他国土、游牧地区与兀鲁思，以及大鄂毕河和其他海路、道路等情况之报告》，《在华俄国外交使者（1618—1658）》，第56页。

对岸的蛮子那里,就是我们称为涅姆齐人的。""蛮子"一词在注释中展现了多种解释,以"中国南方人"最为可能。同时佩特林还注意到中国的货币:"他们把银子铸成锭子,银锭有值50卢布、2卢布、3卢布的,我们的货币单位叫'卢布',而他们叫做'两'。"①

佩特林首次对中国的长城进行了描述:"长城是砖石所建,我们计算了一下,长城两侧的墩台约有100个,据说从大海至布哈拉,尚有墩台不计其数,每两个墩台间的距离约为一箭的射程。外面询问了中国人,为什么要建这样一座从大海直至布哈拉的长城,以及为什么长城上有那么多墩台。中国人回答说,长城从大海绵延至布哈拉,是因为这是两个国家,一边是蒙古,另一边是中国,长城就是国界。而长城上的墩台多是因为一旦有敌人接近边界,我们就在那些墩台上燃起烽火,以使我们的人集合,到城墙上和墩台上各就各位。"②他称呼中国长城为"克里姆",来自蒙语的"海勒姆",是"墙"之意。

佩特林不忘寻找通往"契丹"水路的使命,在《报告》中记录了他在张家口曾打听大鄂毕河,得到的回答是:"有一条大河叫哈喇台尔河,沿哈喇台尔河一带游牧的是喀尔喀各兀鲁思,在这条河上游的则是阿勒坦汗的各兀鲁思,这条哈喇台尔河流入大鄂毕河,而大鄂毕河的上游和发源地我们不清楚。"③在佩特林报告的第一个版本中提到,他听说大鄂毕河下游曾有一艘大船撞在沙洲上沉没后,是这样记述的:"我们在那条河上还从未见过如此巨大而精美的船只,也不知它是驶向哪里,去中国或别的国家,但是中国靠着那条河,离我们很近。"④显然在报告的最后,佩特林留下了寻找"契丹"水路的一大悬案。难怪在他的中国之行后,英国人仍然一心寻找前往"契丹"的水路。而在第二个版本最后却并没有这段话,因此使寻找之路更加扑朔迷离。

---

① [俄]佩特林:《关于中国、喇嘛国和其他国土、游牧地区与兀鲁思,以及大鄂毕河和其他海路、道路等情况之报告》,《在华俄国外交使者(1618—1658)》,第57—58页。
② 苏联科学院远东研究所等:《十七世纪俄中关系》第一卷第一册,厦门大学外文系翻译小组译,商务印书馆1978年版,第114页。
③ [俄]佩特林:《关于中国、喇嘛国和其他国土、游牧地区与兀鲁思,以及大鄂毕河和其他海路、道路等情况之报告》,《在华俄国外交使者(1618—1658)》,第59—61页。
④ [俄]佩特林:《关于中国、喇嘛国和其他国土、游牧地区与兀鲁思,以及大鄂毕河和其他海路、道路等情况之报告》,《在华俄国外交使者(1618—1658)》,第62页。

四　俄国佩特林来华性质的再探讨

英国学者巴德利的《俄国　蒙古　中国》一书中，有关佩特林来华的标题是："俄国第一次遣使中国——佩特林和蒙多夫的出使（1618—1619年）"，在这里，他很清楚地将佩特林归入了俄国使团之列。他还记载了关于佩特林出使的报道，最早是由英国人珀切斯发表的，刊于其《游记》1625年卷3第797页，标题是《两名俄国哥萨克从西伯利亚去中国及其邻近地区记事》，显然，在英国的首次发表使用了客观的用语。他所叙述的17世纪佩特林的记述很快在欧洲以多种文字出版的情形，[①] 可以使我们了解到西方寻找通往"契丹"之路兴趣的持续高涨。

苏联科学院远东研究所等编《十七世纪俄中关系》一书，第一卷第一册收集了有关俄中关系的文件214件，分析这些档案文件，是对佩特林来华研究的基础。

第1号文件是1609年俄国托木斯克军政长官派哥萨克去阿勒坦汗处和中国没有成功，而报送喀山宫廷的报告。这是有记录的俄国对"契丹"进行探寻的开端。

第2、3、4号文件都与英国有关，当时英国打算通过与俄国谈判，获得探寻前往"契丹"通路的目的。第5号文件是托博尔斯克军政长官就军役人员访问卡尔梅克人时遇到中国使臣，向外务衙门报告的摘要。卡尔梅克人即明朝称为瓦剌的漠西蒙古人，这实际上是俄国关注从蒙古前往"契丹"的序幕。第8、9号文件内容同此。

第6、7、11、12、14号文件涉及俄国人出使阿勒坦汗国的报告，第13号文件是接待阿勒坦汗使臣的报告，由此，可以了解到1616年俄国已与阿勒坦汗建立了联系。

第10号文件是俄国杜马关于同中国（契丹）、蒙古、布哈拉交往的决议。

第15号文件是俄国地方军政长官派人前往中国（契丹）的文件。

第16、17、18号文件均与英国谈判前往中国（契丹）有关。

[①] ［英］巴德利：《俄国　蒙古　中国》下卷第一册，吴持哲、吴有刚译，商务印书馆1981年版，第1031—1032页。

第 19 号文件是给派赴瑞典的使臣关于俄国与中国（契丹）交往情况的训令。

第 20 号文件是给派赴英国的使臣一个关于英国商人经过西伯利亚前往中国（契丹）之事的训令。

第 21、22 号文件同样涉及英国与俄国关于前往中国（契丹）问题的会谈，第 23 号文件是关于俄国使臣与瑞典大臣会谈的报告。

第 24 号文件是中国神宗皇帝致沙皇米哈伊尔·费奥多罗维奇的国书。

第 25 号文件是阿勒坦汗就派遣使臣和佩特林及其同伴从中国归来等事，给沙皇米哈伊尔·费奥多罗维奇的国书。

第 26 号文件是佩特林的中国与蒙古见闻记。

第 27 号文件是俄国东方军政长官对于佩特林从中国返回的报告。

第 28、29 号文件是佩特林在索尔多格镇和喀山宫廷衙门关于中国之行的说明和答问词。

第 31、32 号文件是关于佩特林和马多夫为中国之行请求奖赏的申请，和外务衙门为他们陪送阿勒坦汗使臣回国及完成中国之行请求奖赏的报告。

第 33 号文件是 1620 年 5 月俄国外务衙门关于不宜与蒙古和中国发生关系，并就探听这些国家消息之事转发地方军政长官的诏书。[①]

至此，也就是到 33 号文件，俄国方面探寻"契丹"之路第一阶段落下了帷幕。这通诏书从俄国最高统治层发出，也证明了佩特林并非沙皇的正式使团，属于地方不合法派遣。

《十七世纪俄中关系》第一卷辑录的 17 世纪初英国使臣向俄国外务衙门提出让英国商人过境前往中国（契丹）、印度的相关文件，充分说明了俄国探寻"契丹"始自 16 世纪下半叶英国对俄国提出过境前往"契丹"的要求，由此俄国开始从外国数据采集有关"契丹"的消息。这是西方努力寻找一条通往东方"契丹"道路的开始。俄国统治者关注"契丹"，也可以说是在这种趋势下生发的。西欧国家的探寻计划引起了俄国人的警觉，由此可见，这里还存在俄国与西方国家之间的博弈。

自第 34 号至 52 号文件，在时间上记录了直至明朝末年，俄国为了寻

[①] 苏联科学院远东研究所等：《十七世纪俄中关系》第一卷第一册，厦门大学外文系翻译小组译，商务印书馆 1978 年版，第 47—135 页。

找通往"契丹"（中国）的道路，与蒙古阿勒坦汗不断交涉过境到"契丹"（中国）的漫长过程。值得注意的是，第50号文件是1641年5月30日雅库次克官署为探寻前往"契丹"（中国）的道路，给别列佐夫城五十人长马尔丁·瓦西里耶夫和十人长阿夫克先季·阿尼克耶夫的训令摘要；而第51号出现了1642年，早于9月20日的崇祯皇帝致沙皇米哈伊尔·费奥多罗维奇的国书。① 依照明朝礼部制度，俄国没有正式使团之遣，何来中国皇帝诏书之颁？国书明显有伪造之嫌。

直至1675年，俄国尼加·斯帕法里使团仍然负有探明自中国经由鄂毕河、亚内舍尔河、色楞河或齐额河到俄国的水路任务，从文件中我们可以看到，俄国在17世纪下半叶仍然没有放弃探寻中俄之间的水路交通，这是因为当年佩特林是走陆路到达中国的，虽然他的报告中包括了他特意问询鄂毕河水路情况的部分，但毕竟不是亲历，所以俄国方面仍然不得要领，于是探寻还在继续。

《俄中两国外交文献汇编》是从1619年和1649年中国致俄国的两封国书开始的，接着收入了1653年派赴中国的第一个使团——巴伊科夫使团的文件。这一外交文献汇编也是以佩特林作为俄国的第一个外交使臣，并以带回俄国的明朝国书为真实记录的。

综观现存俄国佩特林相关档案文件的记载，笔者认为不能证明佩特林是俄国派遣来中国明朝的正式外交使团。但是迄至近年，中俄学界对于佩特林来华的论述仍然存在大量误读，即将其视为第一个俄国来华使团。2013年俄罗斯出版的《俄罗斯与中国四个世纪交往史》，是从佩特林来华算起，到2018年为400年。作者在书中写道："公元1618年9月（明朝万历年间）第一个俄国使团由俄罗斯西伯利亚首府托博尔斯克出发抵达北京，代表人物是一位名叫伊万·佩特林（Иван Петлин）的鄂木斯克哥萨克人。佩特林抵达北京后，因为该使团既无俄国国书，又无进贡的贡品，不符合明朝的礼仪，最终没能如愿见到万历皇帝（明神宗）。"② 笔者认为，佩特林不是俄国正式派遣的来华使团，从两点上可以清楚地得到证

---

① 苏联科学院远东研究所等：《十七世纪俄中关系》第一卷第一册，厦门大学外文系翻译小组译，商务印书馆1978年版，第162—164页。

② 《俄罗斯与中国四个世纪交往史》，第18页，引自耿海天《回望中俄关系史近四百年曲折之路——评〈俄罗斯与中国四个世纪交往史〉一书》，《湖北第二师范学院学报》2016年第12期。

明：第一，"该使团既无俄国国书，又无进贡的贡品"；第二，他是随蒙古使臣来华，不是俄国的正式代表。因此，评价佩特林出使中国没有取得实际效果，未能完成俄国首次对华外交的使命，最终没能如愿见到万历皇帝（明神宗），都是无从谈起的。

俄国学者在研究中发现，佩特林的2号版本中的开篇段落米哈伊尔·费奥多罗维奇沙皇下令派佩特林"出使中国，考察鄂毕河以及其他国家"在1号版本中是没有的；客观地评价2号版本的"异读现象主要存在于以下两方面：俄国使团在北京受到款待以及明朝官吏和佩特林会晤"。[①] 这说明2号版本的这些情节是后来添加的，说明佩特林不是俄国沙皇派遣的外交使团，他也不可能携带沙皇致大明皇帝的国书，却获得一封以中国皇帝名义拟的国书，这里显然露出了不能自圆其说的破绽。对于这封万历皇帝诏书，郝镇华先生撰有专文对两封中国皇帝的诏书辨伪。[②] 实际上，进入清朝，1676年6月（康熙十五年四月），俄国使臣尼古拉·加夫里洛维奇·斯帕法里抵达北京，带来两封中国明朝皇帝致俄国沙皇的国书，一封是《中国神宗皇帝致沙皇米哈伊尔·费奥多罗维奇国书》，另一封是《中国思宗皇帝致沙皇米哈伊尔·费奥多罗维奇国书》。笔者认为，佩特林既然不是外交使臣，就不可能得到明朝礼部官员的正式接见，也更不可能得到明朝外交文书，何况是皇帝的诏令文书？明朝皇帝诏令文书中最重要的是诏书，对外颁布有专门的仪式，如果了解明朝皇帝诏书颁布运作的程式和明朝礼部的外交礼仪惯例，对这封皇帝诏书本身就没有辨别真伪的必要，需要探讨的是为什么会出现伪造的"诏书"，又是如何出现的？限于篇幅，这里就不展开论述了。

进一步说，佩特林来华在性质上不是外交使团，其来华当然也就不可能涉及明朝政府没有将其视为一个平等国家外交使团来看待的问题。而这种设问的方式，正是后来俄国派至清廷正式使团才可能有的。俄国学者所云："但佩特林开辟了前任未知的经西伯利亚和蒙古草原前往中国的陆路通道，而且作为近代第一个派到中国的欧洲外交使团，佩特林的中国之行

---

① ［俄］弗·斯·米亚斯尼科夫：《1618—1619年伊万·佩特林使团》，《在华俄国外交使者（1618—1658）》，第42页。

② 郝镇华：《两封中国明代皇帝致俄国沙皇国书真伪辨》，《世界历史》1986年第1期。

在俄国外交史上也具有重要的意义。"① 这段评价，前半部分的话基本符合历史事实，佩特林来华是俄国最初探寻通往"契丹"道路之行；而后面谈及其在欧洲与俄国外交史上的重要意义，则言过其实了。佩特林只是跟随阿勒坦汗使臣来到明朝首都，与寻求和中国建立贸易关系还有相当的距离，更遑论建立外交关系了。

至此，对于佩特林来华性质应该澄清，简要归纳如下：

1. 不是外交使团。佩特林不是俄国官方派出的正式外交使节，按照外交惯例，使节需要携带国书和礼品，而他没有。

2. 不是正式考察团。当时只有两名哥萨克人来华，是从俄国新近扩张地的地方政权派出，随同蒙古阿勒坦汗使臣前往中国首都北京，不是专门的考察团。

3. 既然不是俄国使臣，佩特林也就不可能得到明朝官方的正式接待，也就完全不可能产生使团礼仪问题，更不可能得到明朝皇帝的诏书。

4. 佩特林来华，是明代中俄第一次直接接触事件，揭开了"契丹"即中国这层面纱。

结语

俄国哥萨克人佩特林首次向西方提供了从欧洲经蒙古地区到达"契丹"（中国）的信息，并留下了经过蒙古草原丝绸之路到达"契丹"（中国）路线的记述，在欧洲引起了更大的对于"契丹"的兴趣。但是中外学界认为佩特林是来华第一个俄国使团之说，与历史事实不符。他的来华是通过蒙古的中介，从地理发现角度而言，明蒙关系早已存在，交往路线本来不需要什么发现。佩特林的功绩在于，他是亲身经历前往"契丹"的道路，并且真正到达了"契丹"的第一位俄国人。他可以证明"契丹"就是中国，但是这一点在当时的俄国并没有引起很大关注，后来的俄国学者把他的功绩说成是"为地理科学作出了巨大的贡献"，是夸大了事实。客观地说，佩特林来华，是明代中俄的第一次直接接触，俄国在认知中国

---

① Лукин А. В. Россия и Китай четыре векавзаимодействия. Издательство 《Весь мир》, Москва, 2013, ст. 696. 引自耿海天《回望中俄关系史近四百年曲折之路——评〈俄罗斯与中国四个世纪交往史〉一书》,《湖北第二师范学院学报》2016 年第 12 期。

方面向前推进了一步。

至清初,伴随俄国在西伯利亚的扩张,其正式外交使团的来华,才具有了打通与中国贸易通路、建立两国外交关系的意义。到那时,西方对于"契丹"的探寻,也就最终落下了帷幕。

边城瑷珲的中俄碰撞与交往

——《清实录》中黑河古城的历史书写

谢贵安

(武汉大学历史学院,湖北武汉　430072)

摘　要：瑷珲作为幅员广大的清朝的一个东北边陲小城，本不会受到国史《清实录》的关注，但因为俄国殖民者的入侵，引起边疆危急，才受到朝廷的重视，也因此较多地得到实录的记载。为了应对俄国的威胁，清朝分宁古塔将军北方辖地设黑龙江将军，瑷珲作为该将军的衙门驻地，从此受到实录的记录。后将军衙门虽外迁他处，但瑷珲由于扼黑龙江之要，成为俄国殖民船队的必经之地，不断受到侵扰，特别是《瑷珲条约》的签订和堪界谈判，因而始终受到实录密集的记录。实录以大量篇幅记载了中俄的碰撞、交涉和来往，从中可见清廷对俄国的恐惧、拒斥和忍让。当然，在对抗的同时，瑷珲地区也开始了与俄国的商业贸易往来。民间的私下交易比较频繁，但官方对民间交易严厉禁止，幻想通过禁止瑷珲地区向江东俄占区输入粮食，来达到逼迫俄国人知难而退的目的。《清实录》对中俄以瑷珲为中心的边境贸易的记载，始终充斥着排斥的态度。

关键词：瑷珲；碰撞；交往；中俄关系；《清实录》

瑷珲因1858年签订不平等的中俄《瑷珲条约》而成为中国近代史上屈辱的重要符号，是中俄碰撞的前沿阵地，也是中俄接触和交往之地。正视这段历史，有助于探讨北方丝绸之路的历史背景。本文通过《清实录》所载瑷珲发生的中俄碰撞与交往，探讨中外关系的特殊历程，以及瑷珲在清史中的历史形象。关于瑷珲的历史研究，多集中在《瑷珲条约》及近代中国人的抗俄斗争上①，而从《清实录》记载入手，探讨瑷珲在国家史书上的书写，似无人专门进行。本文拟以此为线索，作一探究。

一 实录中"瑷珲"的名称变化与行政沿革

"瑷珲"在历史上的别称为"艾浒""艾虎""艾呼"和"艾浑"，皆为达斡尔语的不同汉语音译，本意为"可畏"，然今通行的汉文本《清实录》中皆无后四词汇出现，只有"瑷珲"（或"爱珲"）普遍存在。可能是雍乾校订本及其确立的划一原则使实录的用词统一后的结果。② 然而，在作为清代官史的实录中，"瑷珲"出现的时间又晚于"黑龙江城"。"黑龙江城"在《圣祖实录》中最早出现于康熙二十一年十二月二十七日。③ 此后，在汉文本《清实录》中，便一直写作"黑龙江城"。"瑷珲"最早出现于咸丰九年十月十四日的《文宗实录》中。④ 此后的《清实录》便一直称为"瑷珲"。但至同治五年五月四日，《穆宗实录》开始改称"爱珲"⑤，直到宣统元年正月七日的《宣统政纪》中才恢复出现"瑷珲"⑥，此后一直写作"瑷珲"⑦。据此得知，从同治五年五月至宣统元年正月之前，在官方史书中，"瑷珲"改作"爱珲"，而从宣统元年正月以后，又改回"瑷珲"。

瑷珲城的出现，与沙皇俄国不断侵犯黑龙江相关。康熙十三年（1674）为抵御俄国不断内犯，始于黑龙江东岸筑瑷珲城（时称"黑龙江城"），分吉林水师移驻该地，镇守黑龙江流域。二十二年（1683）十月，清廷又分宁古塔将军所属西北地区，置黑龙江将军衙门以管辖，设将军1名，副都统2名，驻黑龙江东岸旧瑷珲城。二十四年（1685），黑龙江将军衙门迁至西岸的新瑷珲城，是"因居江左，来往公文一切诸多不便，

---

① 施达青：《从〈瑷珲条约〉到〈北京条约〉》，中华书局1977年版；张晓虎：《东袭的双头鹰：中俄瑷珲条约》，中国人民大学出版社1992年版。
② 参见谢贵安《清实录研究》，上海古籍出版社2013年版，第387页。
③ 《清圣祖实录》卷一〇六，康熙二十一年十二月庚子。
④ 《清文宗实录》卷二九七，咸丰九年十月庚戌。
⑤ 《清穆宗实录》卷一七六，同治五年五月壬戌。
⑥ 《清宣统政纪》卷六，宣统元年正月戊子。
⑦ 只有宣统元年闰二月己酉日的《宣统政纪》卷一〇中偶作"爱珲"，可能系笔误。

始移将军衙门于江右新瑷珲地方，创建衙署，并修木杖城垣，设有四门"①。二十九年（1690）、三十八年（1699）黑龙江衙门先后移驻墨尔根（今嫩江县城）和齐齐哈尔，但瑷珲副都统仍然驻留瑷珲新城，听命于黑龙江将军。光绪三十四年（1908），裁撤瑷珲副都统，设置瑷珲兵备道和瑷珲直隶厅，瑷珲城为道署和厅署驻地；同时分瑷珲北境大黑河屯置黑河府，府、厅皆隶瑷珲兵备道。②至民国初年（1912年）废黑河府，并入瑷珲直隶厅；瑷珲道移驻大黑河屯，改称黑河道。1913年将瑷珲直隶厅改为瑷珲县，县城仍在瑷珲新城，并将大黑河屯改为黑河镇，归瑷珲县管，瑷珲县则隶属于黑河道。1933年，瑷珲县衙移驻黑河镇。此后行政中心便完全移往黑河镇。无论是伪满黑河省，还是中华人民共和国时期的黑河地区行政公署，皆驻黑河镇。1993年改黑河地区为黑河市，黑河镇为爱辉区，下辖瑷珲镇（即瑷珲新城）。

本文所称"黑河古城"包括瑷珲镇和黑河镇（大黑河屯）及其相关地区。无论是瑷珲镇还是黑河镇，都见证了清代中俄碰撞和交往的曲折历史。

二 乾隆以前瑷珲与俄国的碰撞

瑷珲在国史《清实录》中的出现，与其作为中俄对抗、碰撞的前沿阵地分不开，如果不是事涉中俄关系，瑷珲能否为国史实录所记载，颇值怀疑。虽然瑷珲城因在康熙年间一度成为黑龙江将军衙门的"省城"会受到国史关注，但其实该将军衙门也是因为应对俄国入侵而设立。

黑龙江城（瑷珲）第一次出现在实录中，就是因为俄国的逼临。康熙二十一年（1682）十二月，副都统郎谈等人从打虎儿和索伦回到北京"以罗刹情形具奏"后，圣祖虽然认为"攻取罗刹甚易，发兵三千足矣"，但觉得"兵非善事，宜暂停攻取"，决定调宁古塔兵一千五百，并置造船舰，发红衣炮、鸟枪及演习之人，在黑龙江、呼马尔二处各建木城，"与之对垒"。在从外地调军粮的同时，也让这些调来的士兵"即行耕种，不

---

① 徐希濂：民国《瑷珲县志》卷八《武事志》四《历史》，台北成文出版社1974年版，第277页。

② 《清德宗实录》卷五九二，光绪三十四年五月甲辰。

致匮乏"。圣祖还考虑到交通问题，指出："黑龙江城距索伦村不远，五宿可到，其间设一驿"，如此"则罗刹不得纳我逋逃，而彼之逋逃者且络绎来归，自不能久存矣"。①当即派遣萨布素担任黑龙江将军。于是，便成立了一个新的省级机构——黑龙江将军衙门，所在地便是瑷珲旧城，后迁往西岸的瑷珲新城。

自瑷珲建城后，中俄之间便经常发生对抗与碰撞。

清朝以瑷珲为基地，试图收复雅克萨城。康熙二十五年（1686）正月，黑龙江将军萨布素发现"罗刹复来雅克萨，筑城盘踞"后，奏请"于冰消时，督修船舰，亲率官兵，相机进剿"。理藩院郎中满丕派遣索伦副头目乌木布尔代等抵雅克萨城，获知俄国头领额礼克谢率五百余人，"复至雅克萨，依旧址筑城"，所储"粮米可食几月"或"足支二年"。康熙觉得事态严重，谕令："今罗刹复回雅克萨，筑城盘踞，若不速行扑剿，势必积粮坚守，图之不易。"于是下令黑龙江将军萨布素等速修船舰，统领乌喇、宁古塔官兵，"驰赴黑龙江城"，率所部二千人攻取雅克萨城。并量选候补官员及所率八旗汉军内福建藤牌兵四百人，令建义侯林兴珠率领前往助战。②

乾隆三十年（1765）八月，清朝为防备俄罗斯越界，派员分别考察黑龙江至格尔毕齐河、精奇里江、西里木第河、钮曼河的水行和陆行距离，黑龙江将军奏称"其黑龙江城（瑷珲）与俄罗斯接壤处，有兴堪山，绵亘至海，亦断难乘马偷越"，并称"自康熙二十九年，与俄罗斯定界，查勘各河源后，从未往查"，今后每年派章京、骁骑校、兵丁，六月由水路与捕貂人同至托克、英肯两河口，及鄂勒希、西里木第两河间遍查，每三年派副总管、佐领、骁骑校于冰解后，由水路至河源兴堪山巡查一次，"其黑龙江官兵，每年巡查格尔毕齐河口照此，三年亦至河源兴堪山巡查一次"，年终上报兵部。乾隆准奏。③瑷珲城成为抵御俄罗斯入侵的前沿阵地。虽然俄国侵占远东中国土地的企图一刻未停，但由于盛世清朝的强大，俄国的侵略步伐受到沉重的羁绊。

---

① 《清圣宗实录》卷一〇六，康熙二十一年十二月庚子。
② 《清圣宗实录》卷一二四，康熙二十五年正月丁酉。
③ 《清高宗实录》卷七四三，乾隆三十年八月癸亥。

三 咸丰时《瑷珲条约》签署前后的较量

俄国利用英法联军发动第二次鸦片战争（1856年10月23日—1860年10月25日）进攻中国之际，趁火打劫，自以调停有功，恩威并施，逼迫清政府签订边界条约。在此过程中，瑷珲城不幸成了丧权辱国的《瑷珲条约》的见证者。该条约是沙皇俄国代表东西伯利亚总督穆拉维约夫与清朝黑龙江将军奕山于1858年5月28日（咸丰八年四月十六日）在瑷珲城签订的，规定中国黑龙江以北（东岸）、外兴安岭以南（即外东北）约60万平方公里的领土属俄国，乌苏里江以东40万平方公里的中国领土为中俄"共管"。这是中国近代史上一次性割让领土最多的条约。《瑷珲条约》当时未获清政府批准，但随后在1860年（咸丰十年）11月14日签订的《中俄北京条约》中被确认，甚至将共管地区的土地也划给俄国。对于此一重大历史事件，《清实录》多有记载，显示出咸丰对奕山签订此条约的不满，以及自己的软弱无能。

英法联军在中国沿海发动军事进攻后，俄国则在中国东北地区采取行动。咸丰七年（1857）五月二十八、二十九日，俄国人趁清朝应付英法联军之际，派出七八百人，分驾木筏，随带小船，驶至大黑河屯对岸的海兰泡停泊，"建房二十处，并安设炮位"，黑龙江协领巴达朗贵会晤俄国总督穆拉维约夫（实录作"木哩斐岳幅"）时，该头领称此行是仿照恰克图事例进行通商。是年闰五月，咸丰在处理此事时比较软弱和中庸，要求黑龙江将军奕山交涉时，"固不可激生事端，亦不可不据理折辩"，选派精明官员向俄国人"告以中国与尔国和好有年，其地以兴安岭为界"。要求对方"当及早将人众撤回"，但劝导的理由是"以全和好"，条件是"不据实奏闻大皇帝"。① 这根本就是隔靴搔痒。是年七月的实录记载，俄国人在瑷珲一带"欲占江岸"，"该夷船纷纷往还，人数多至千余，且欲令江左屯户移居江右，其为图占地方，已可概见"。他们不仅占据江左，而且"欲占江右"。咸丰谕令理藩院照会俄国相关部门"将各处人船撤

---

① 《清文宗实录》卷二二八，咸丰七年闰五月庚子，载《清实录》第43册，第547—548页。

回，并以后不得仍在内地行走"①。但是，俄国人不予理会，"复于江右盖房及越卡驶行"。咸丰要求奕山"先行晓谕海兰泡等处夷人"，彼国将有大臣前来商谈，俄夷"应即撤回人船，静候查勘"，让奕山"告以中国与该国和好有年，不应擅自盖房占地。现既派有大臣与尔国使臣分勘界址，不得任意违例，致启争端"。②

俄国人一边由穆拉维约夫率军在黑龙江一带进行实际占领，一边派公使普提雅廷到天津会商未定疆界。普提雅廷于1857年6月从黑龙江沿江而下，咸丰谕令黑龙江将军奕山"亲往与该夷会晤"。谁知该使经过瑷珲时，无视中国主权，硬闯进城。"普提雅廷海军上将是敢于无视满清当局，可以说，是仗着武力直入瑷珲城的仅有的一个俄国人……带了四名武装人员，冲进城去。"③普提雅廷于七月二十六日到达天津海口，中方代表告诉他已专派大员在瑷珲等他折回去谈判勘界问题。八月，咸丰指示奕山在谈判时，应该告诉对方"所有海兰泡、阔吞屯、精奇哩等处，均有该国属下人，盖房占住。现在界址未定，自应先行撤回"④。

然而，普提雅廷并未再返瑷珲，而是留在天津"调停"。与奕山谈判界址的是那位蛮横无理的俄国东西伯利亚总督穆拉维约夫（木哩斐岳幅）。咸丰指示："今普提雅廷既不经管此事，其所递文内分定地界之处，亦只能谕知奕山与木哩斐岳幅查看"，而不能在天津"悬拟"；而江左的"黑龙江民人居住，并非始自今日，岂能移于江右！"⑤咸丰认为此前俄国使臣普提雅廷提出的"分定界址"的方案，是"欲以黑龙江左岸为断"，让奕山"据理拒绝"。这时，俄国知照清理藩院，"会勘地界一事，竟由木哩斐岳幅经管"。⑥

不管是天津的普提雅廷，还是黑龙江的穆拉维约夫，他们的目标都是一致的。咸丰八年（1858）四月，天津代表谭廷襄传来消息，"俄夷不遵兴安岭分界旧约，欲另以乌苏哩河、绥芬河为界"，咸丰要求谭廷襄"告

---

① 《清文宗实录》卷二三一，咸丰七年七月己丑。
② 《清文宗实录》卷二三四，咸丰七年八月己巳。
③ ［美］柯林斯：《阿穆尔河纪行》，载［美］查尔斯·佛维尔编《西伯利亚之行：从阿穆尔河到太平洋（1856—1857年）》，斯斌译，上海人民出版社1974年版，第210页。
④ 《清文宗实录》卷二三三，咸丰七年八月辛亥。
⑤ 《清文宗实录》卷二四八，咸丰八年三月甲午。
⑥ 《清文宗实录》卷二四七，咸丰八年三月丁丑。

以兴安岭分界,载在《会典》。其乌苏里河、绥芬河,此间无从知其界址,难以悬断。黑龙江现有钦派大臣,仍应到彼查勘"。并要求黑龙江将军奕山,如果俄国派往黑龙江的谈判代表木哩斐岳幅"真心查办,即与秉公会勘;倘肆意侵占,亦祗能随时防范"。指出:"至未分界址之地,止有乌特河一处。"并强调:"天朝疆土,岂容尺寸与人,即如该夷地界,肯令他人侵占乎!"还指出:"俄夷欲以乌苏哩河、绥芬河为界,不以兴安岭为界,其意实欲占我海滨地面!"咸丰指出"该夷贪得无厌,又于地界一节,言语反覆",如果木哩斐岳幅前来会勘,奕山应当"查照从前界碑,与之剖辩,不可迁就了事,致开后患"。①虽然千叮咛、万嘱咐,但当穆拉维约夫来到瑷珲谈判时,武力威胁,胡搅蛮缠,最终逼着无能的奕山签订了卖国的《瑷珲条约》。

咸丰八年四月签订《瑷珲条约》的具体过程和条约本身,并未在《清实录》中反映。对应此月的是《清文宗实录》卷二五二,但全卷并无相关文字。说明边疆的签约,远在北京的朝廷不可能立即获悉。但俄国档案中记载了此事:"晚六时,穆拉维约夫身穿礼服,偕同随员登上瑷珲河岸,徒步前往会见中国将军(奕山)","宣读和审核了条约的满文和俄文文本。接着双方签了字。穆拉维约夫和将军手执已签字的条约俄文、满文文本各一份,同时交换,互致贺词"。但是奕山显然知道这份协议朝廷不会批准,"将军再一次对总督说,虽然这件事在他和我们之间已经了结,但不知道当他前往北京呈报条约时,他将有何结局"。②

咸丰皇帝得知此事,已在十八天之后。据《清文宗实录》载,咸丰八年五月四日,咸丰在一份谕令中称:"本日据奕山奏,已会同夷酋木哩斐岳幅,将乌苏里河至海口等处分界通商事宜,合约定议。"当时为应付英法联军,虽然对该条约不满,咸丰还是要求中国与英法俄美谈判代表桂良等人"即可借此一事,告知俄酋——谅伊必早有所闻——惟中国与尔国二百年相好,故能如此优厚……今俄国已准五口通商,又在黑龙江定约,诸事皆定,理应为中国出力,向㗕、咈二国讲理,杜其不情之请,速了此事,方能对得住中国"。同时,咸丰也体谅奕山,认为"该夷酋所请

---

① 《清文宗实录》卷二五〇,咸丰八年四月丙午。
② 张晓虎:《东袭的双头鹰——中俄瑷珲条约》,中国人民大学出版社1992年版,第3—4页。

黑龙江左岸，旧居屯户之外，所余空旷地方，给与该夷安静存居，并江中准其行走等情"，奕山当时"因恐起衅，并因与屯户生计尚无妨碍，业已悉行允许，自系从权办理，限于时势不得已也"。既然已经将该地区"给与俄夷，又恐民夷杂处，攻滋事端"，咸丰要求"奕山当妥为弹压"。① 两个月后，咸丰又指出，普提雅廷在天津海口所求五口通商已经获准，而《瑷珲条约》又让俄国占了黑龙江以东的大片土地，普提雅廷"甚为感激"，曾在天津许诺提供枪炮，"总为中国优待之故"。②

那么《瑷珲条约》究竟有些什么条款，让俄国公使普提雅廷对清朝"甚为感激"呢？该条约被称为"字约十四条"，其内容在《清文宗实录》卷二五八所载咸丰八年七月一日咸丰对军机大臣的谕令中有所透露：第一，"黑龙江左岸旧居屯户之外空旷地方，许俄夷存住，并江中准其行走，已非兴安岭旧界"。也就是说，《尼布楚条约》规定的以外兴安岭为界，已被《瑷珲条约》否定。这一下就将中国60万平方公里的土地划给了俄国。第二，"夷字内又写乌苏里河至海为中国与该国同管之地"，这一下又使40万平方公里的中国土地成为中俄"共管"。正是有了这一条款，使俄国人得以在"共管"区内"肆意侵占，漫无限制"，并"在乌苏里右岸图勒密山，向西安设炮台，并欲在河内上下左右岸至牤牛河一带，盖房修道"。咸丰对"奕山前此悉行允许，并未辩驳"表示不满，认为"办理本觉太易"，而"俄夷狡执字约，渐致蔓延"，图占更多领土的野心昭然若揭。咸丰告诉黑龙江将军奕山和吉林将军景淳："除黑龙江左岸，业经奕山允许难以更改，其吉林地方景淳尚待查勘，本不在奕山允许之列。"因此应该明白告诉穆拉维约夫。如果"该夷酋有心狡赖，即着严行拒绝"。咸丰虽然觉得奕山所签条约丧权辱国，但认为此举会在天津谈判时让俄国做些让步："该夷此次驶赴天津，业已许其海口通商，并经奕山将黑龙江左岸准其居住往来，即吉林各处未能尽如其欲，在我已属有词，在彼谅未必因此启衅也。"③ 咸丰显然是太天真了。

奕山签订《瑷珲条约》向俄国退让后产生的副作用日益显现。俄国人以此字约十四条为据，不断向清朝施压，要求勘定"共管"的界址，

---

① 《清文宗实录》卷二五三，咸丰八年五月戊寅。
② 《清文宗实录》卷二五七，咸丰八年六月丁卯。
③ 《清文宗实录》卷二五八，咸丰八年七月甲戌。

同时实行实际占领。咸丰将此责任归咎奕山,自己则推卸责任。

《瑷珲条约》签订后,俄国就不断要求到"共管"之地勘界。黑龙江副都统吉拉明阿"轻许俄夷赴乌苏里口会勘地界",引起咸丰不满。咸丰九年二月,咸丰谕令黑龙江将军奕山、吉林将军景淳对吉拉明阿答应会勘地界事事"查明具奏"。景淳覆奏,称吉拉明阿"令俄夷俟冰泮后再行会勘,系一时推缓之言",但是绥芬河、乌苏里河"既不与俄夷接壤,当时即应拒绝",不应该"含糊推缓,致令借口"。景淳还指出奕山所签《瑷珲条约》"其字约十四条,虽称商议未定,亦当先行入奏,岂有俟夷酋覆定,再行进呈之理?"咸丰决定:"其字约十四条,何款议定,何款尚须更换,仍着奕山查明具奏。"显然最高当局有不批准《瑷珲条约》之心。咸丰还告诫奕山:"夷酋(实为通事,即翻译)石沙木勒幅,如已到黑龙江城(瑷珲城),该将军务将绥芬河、乌苏里河不与该国接壤之处,详细开导,据理剖辩,毋得再有含混。"①

六月,咸丰发现,"俄夷于黑龙江至珲春等处肆意游行,欲图占踞,总由奕山于会晤该酋时不能据理剖析,含糊定议所致"。但是,"此时若将前约更改,该夷必不肯从,然岂能任其蔓延,无所底止"?他指出,此事从前系奕山一人办理,今既侵至吉林地界,自应由吉林、黑龙江两将军会同查办,另立条约,以息争端。"除黑龙江左岸空旷处所及阔吞屯、奇咭久已盖有房屋,系奕山许以借给居住,无庸议外,此外均非该夷应到之处"。他命令奕山、景淳"会同定议,明白晓谕,以免该夷到处侵占"。对于《瑷珲条约》规定的俄国利益,也不打算完全否定:"其前借与之黑龙江左岸空旷处所及阔吞屯等处,原属借与栖身之地,不得再来人口,亦不得再行添盖房屋。"至于"该夷船只由黑河口入松花江,往东入海,前曾许其行走,自可毋庸阻止。如此明示限制,另立一条,或可挽回"。②

八月,咸丰将奕山革去御前大臣和黑龙江将军,而以特普钦暂署黑龙江将军,等下月二十日前后穆拉维约夫到达黑龙江后"会商履勘"。咸丰要求吉林将军景淳、黑龙江将军特普钦告诉对方:"中国与俄国地界,自康熙年间议定,本亟明晰。上年木哩斐岳幅以防堵嘆夷为名,欲将黑龙江左岸让于伊国,彼时奕山为该夷虚声恫喝,率行换字,实属糊涂",已将

---

① 《清文宗实录》卷二七六,咸丰九年二月癸丑。
② 《清文宗实录》卷二八六,咸丰九年六月戊辰。

奕山和吉拉明阿"分别惩办","朕念中国与该国和好多年,不值因此致启衅端,是以将黑龙江左岸地方,及该夷已经占踞之阔吞屯、奇咭等处,允其借住",但俄国人却"得步进步,并欲占据吉林之绥芬、乌苏里等处,屡请派员会勘,其贪求无厌之心",对此得寸进尺的行为"若不严行拒绝,尚复何所底止","此事断难准行!"至于奕山将黑龙江左岸空旷地方许给俄夷,"本属失计",特普钦应当向穆拉维约夫说明。目前的勘界原则,是"现在该夷占踞之处,划清界限,立定四至,不得将左岸空旷地方全行许给"。特普钦"如能挽回几分,庶左岸得有几分免其骚扰,方不至蹈奕山故辙"。① 咸丰对将外兴安岭以东、黑龙江以北(东岸)割给俄国,心有不甘,一再声称是借给俄国,但又怕俄国向外蔓延,要求在其居住地划界立桩,又有承认其权利的倾向。正是这种矛盾心态,让俄国人得以得寸进尺,不断将东岸和"共管"地区实际占领。

《瑷珲条约》签订后,俄国代表穆拉维约夫一再要求对"共管"地区勘界,并不听清朝官员的劝导。黑龙江副都统富尼扬阿会晤穆拉维约夫时明确指出:"乌苏里、绥芬不与俄国连界,无所用其查勘",并"令其收回人船",但是"该酋愈加忿怒,声言到瑷珲另有剖辩"。咸丰令接替被撤职的黑龙江将军奕山职位的特普钦守候瑷珲,准备与穆拉维约夫交涉,"告以黑龙江左岸空旷地方,既借与尔国,已属中国和好之意;吉林地方,本非俄国连界,断难允准。速将人船收回,无可再议"。② 俄国人在声言勘界的同时,却在加紧移民瑷珲对岸。"俄夷于黑龙江城对岸盖房,并欲抢取粮石"。黑龙江副都统爱伸泰与穆拉维约夫争辩,但"该酋以递送公文为词,仍欲接盖房间"。事实上,俄国人"历年在黑龙江左岸已占踞五十余屯,即黑河口以下直至东海,亦盖房多处"。咸丰责问:"若任其盘踞,滋蔓难图,伊于胡底?"要求特普钦整顿军队,"惟夷情猖獗,尚恐兵力不敷,必须联络该处旗民人等团练,以壮声势"③。咸丰始终不敢正面对俄国人进行武力阻击,而是打着民众的旗号,试图迫使俄国人让步。

然而,穆拉维约夫已然知晓黑龙江将军约见他,是想让他放弃对东岸

---

① 《清文宗实录》卷二九二,咸丰九年八月乙丑。
② 《清文宗实录》卷二九七,咸丰九年十月庚戌。
③ 《清文宗实录》卷三〇〇,咸丰九年十一月癸未。

非定居地和共管地区的领土声索，因而拒绝与特普钦晤谈。咸丰九年十月二十日，咸丰看到了黑龙江将军特普钦所奏"夷酋绕越行走，无由会晤"的折子，该折称特普钦到瑷珲城后，俄国人声称"木酋即可到城"，但进一步打听发现"该酋已绕越江城，由左岸径赴海兰泡"。及派署副都统爱伸泰亲往海兰泡时，俄国人又谎称穆拉维约夫并没有来此。咸丰只好同意等到穆拉维约夫至瑷珲城时，再由特普钦"与之一晤"，"将乌苏里、绥芬地方距其国都较远、不能任其占踞之处，详细开导"。即使不能达成协议，"亦使彼知中国断不肯将绥芬、乌苏里等处许给借住，以杜其无厌之求"。① 十月二十五日，咸丰获知黑龙江署副都统爱伸泰"阻截木酋（即穆拉维约夫），木酋不答，驱车而去"的消息后，"复饬爱伸泰至海兰泡与之会晤，并详加开导。该酋虽未听信，而绥芬、乌苏里等地方中国不肯借给居住之意，已明白宣示"。并告诉特普钦，穆拉维约夫"虚言恫喝，是其惯技"，与他谈判时"须坚持定见，勿堕其奸诡术中"，俄国人已"于黑龙江城对岸建房安炮，并拆毁卡房"，因此"不可不严密防维"。②

穆拉维约夫拒绝见清朝谈判代表，就是在拖延时间，以实际占领造成既成事实，然后再谈。咸丰九年（1859）十二月，黑龙江将军特普钦等报告朝廷："俄夷乘隙烧毁卡房"，这个"乌鲁苏牡丹卡房，虽在许借俄夷界址之内，而设立自康熙年间，且系要隘处所，岂容任外夷占踞？此次该夷因船只行驶不便，催令迁移，又未允许，乃转谓此卡为占其左岸借居之地，突令密奇达将卡房烧毁"。经特普钦派佐领鄂尔精阿前往海兰泡查讯，俄国通事石沙木勒幅直认不讳，说是"木哩斐岳幅嗔怒，故令烧毁。如欲重修，可移在右岸"。但是，特普钦派人在"黑龙江城（瑷珲）修妥木房，由冰道拉运至该处，照旧修盖，业已一律工竣"。咸丰命特普钦要派官兵"常川驻守"。③ 至咸丰十年春夏间，俄国人乘开江之后，大量前往黑龙江东岸甚至"共管"地带移民和开荒，黑龙江派员往见交涉，已将垦地之人撤回，所种之地也平毁，并向俄国人重申"绥芬、乌苏里夷人必应撤回"。④ 但这些努力，随着1860年（咸丰十年）11月14日《中俄北京条约》的签订化为乌有。无论是黑龙江以北（东岸地区）还是

---

① 《清文宗实录》卷二九七，咸丰九年十月丙辰。
② 《清文宗实录》卷二九八，咸丰九年十月辛酉。
③ 《清文宗实录》卷三〇三，咸丰九年十二月癸丑。
④ 《清文宗实录》卷三二三，咸丰十年六月乙酉。

"共管"的乌苏里江以东，尽为俄国攘夺。

四 光绪时瑷珲的沦陷与恢复

《中俄北京条约》签订以后，瑷珲成了与俄接壤并抗御俄国继续入侵的最前线和桥头堡，也是俄国侵入黑龙江的眼中钉。同治以来，俄国对瑷珲的觊觎一刻也没有停止。

同治二年（1863）四月，大黑河屯对岸的海兰泡"俄酋布色依，不听拦阻"，擅赴省城齐齐哈尔，谒见黑龙江将军特普钦，"呈递公文，恳求在省城通商，并乞由齐齐哈尔省城，借道前往吉林，自松花江水路回国"。黑龙江将军特普钦"按照条约指驳，语塞而止"。而俄国人"又欲暂给瑷珲城江右地方，开垦打草"。亦遭到"该将军正言拒绝，并派员弹压，伴送该俄人回行"。同治称赞"所办甚属妥协"，认为"俄人贪得无厌，诡谲异常，现虽废然而返，难保不另生枝节，别启狡谋。特普钦惟当随时防范。如俄人续有要求，仍当按照条约，严词阻止，不可稍事游移"。①

光绪时，俄国对瑷珲一带仍然垂涎欲滴，曾借中日甲午战争之际，想侵占瑷珲。此前，《瑷珲条约》就遗留下了很多问题和矛盾。光绪十四年（1888）八月，黑龙江将军恭镗等奏："黑龙江左岸地方，从前原以外兴安岭为中俄大界，内有二卡伦、六封堆。每年派兵查放，均为防俄窥边而设。上年遵例查放，经海兰泡城，俄酋派兵拦截。据称江左俄属，毋庸中兵查放。伏查咸丰八年（1858）中俄和约，载明黑龙江、松花江左岸，由额尔古纳河至松花江海口作为俄国属地，右岸顺江流至乌苏里河作为中国属地，是凡属左岸地方，应归俄属。所有原设卡伦、封堆悉在其中。俄酋阻止官兵，似非有意寻衅。所有碍难查放情形，请饬核议。"光绪交所司商议，总理各国事务衙门回奏："江左精奇里河一带，地虽划分俄境，惟原住旗屯，应照约管辖，则查放旧章，不妨借为维系，未可遽尔迁就。"得到光绪批准。② 俄国人对中国保留的这些权力十分忌恨，必欲除之而后快。光绪二十年（1894），中日甲午战争爆发，俄国以出面调停、

---

① 《清穆宗实录》卷六十四，同治二年四月壬辰。
② 《清德宗实录》卷二五八，光绪十四年八月壬午。

干涉日本的借口调兵遣将,直接威胁到瑷珲和东北疆土安全,故1895年4月17日《马关条约》签字结束后不久,清廷便致电盛京将军增祺随时侦探俄军动向报告朝廷。光绪二十一年四月二十三日(1895年5月18日)光绪下谕致电增祺:此前"爱珲探询,俄兵拟由水陆两路假道进兵",现在"倭已允归辽东,俄国并无用兵之说","着仍遵二十日电旨,饬令该地方官善与联络,随时侦探"。当然,礼节上不忘"将俄国相助调处,业已归地息战情形,照覆俄督,以致谢意"。①

光绪二十六年(1900),俄国借义和团运动时朝廷向西方各国宣战之际,以保护中东铁路为借口,派兵船经瑷珲向黑龙江兵和武器,受到瑷珲守军的炮击②,于是俄人在江东六十四屯对中国居民实施了报复性的大屠杀③。俄国军队还乘机占领了瑷珲城,瑷珲军民对俄国侵略者展开了英勇的武装反抗。《清实录》记载了这一过程,同时也反映了统治者的软弱和无能。光绪二十六年七月,光绪以"东三省兵力未厚",连续下谕要求署黑龙江将军寿山"不得越境构兵",又称"现俄攻爱珲甚急,自应悉力捍御。饷项须就地通筹,军械由吉林酌拨。三省相依为命,自应和衷共济"。④瑷珲保卫战一度出现胜利的情形。同月,光绪收到寿山"奏爱珲战胜情形一摺",告诫"东三省边防紧要,仍着该将军等稳慎办理"。⑤寿山提出会商办理省防事宜,"请将爱珲出战之制兵三营,照边军章程支饷"。光绪令户部议行支饷章程。⑥但是,瑷珲仍然被俄军攻占。得知"似俄亦有停战之意"时,光绪认为和议"可先从俄国办起"。由于"黑龙江之爱珲,现已均为俄据",因此"如俄实愿先行停战,并许劝阻各国,则东省被扰各处,先当有说以处此"。并要求李鸿章处理此事。⑦但至本年十月,黑龙江省城失守,将军寿山战死。瑷珲一直处在俄军占领之下。随着《辛丑条约》的签订,针对俄国的善后问题也提上日程。光绪三十一年(1905)十一月,时任署黑龙江将军程德全奏"统筹江省善后

---

① 《清德宗实录》卷三六六,光绪二十一年四月甲子。
② [俄] A. B. 基尔希纳:《攻克瑷珲》,商务印书馆1984年版,第16—18页。
③ 徐希濂:民国《瑷珲县志》卷八《武事志》六《庚子俄难》,台北:成文出版社1974年版,第317—332页。
④ 《清德宗实录》卷四六六,光绪二十六年七月庚戌。
⑤ 《清德宗实录》卷四六六,光绪二十六年七月辛亥。
⑥ 《清德宗实录》卷四六六,光绪二十六年七月辛亥。
⑦ 《清德宗实录》卷四六七,光绪二十六年七月戊午。

情形"，光绪谕令"爱珲一事，着外务部查核办理"。① 三十二年（1906）十二月爱珲副都统"着姚福升暂行署理"②。姚福升上任后，历尽艰难，与俄国阿穆尔总督反复交涉，要求俄国根据《交收东三省条约》归还强占的中国领土，终于促使俄军于1907年5月17日从瑷珲、黑河撤出，收复了黑龙江西岸被俄国占领六七年的土地。此时瑷珲已被战火摧毁，姚福升当即奏请重建，使瑷珲古城焕发了生机。

五　清朝在瑷珲对俄政策的失误

瑷珲是因抵御俄国而兴建起来的军事重镇。但是，清廷在瑷珲地区对俄政策出现了一些失误：一是重瑷珲城，轻上下游地区；二是重外交手段，轻军事行动；三是借用瑷珲民间力量而不敢动用自己的军队。

长期以来，瑷珲城对俄国的入侵也作了一些军事防备。瑷珲副都统作为边防部队指挥官，管辖当地的武装，防备俄国入侵。据基尔希纳称："中国边防队总部设在瑷珲，在和平时期这里驻扎一万军队，由瑷珲副都统统辖。"③ 清朝在黑龙江流域的防御，重瑷珲而轻其他地方。1857年沙俄上校富鲁赫尔姆带领一艘兵船沿黑龙江经瑷珲向下游探察地形、矿产和军情。被美国国务院任命为"美国派赴阿穆尔河地区商务代表"的佩里·麦克多诺·柯林斯搭乘该兵船，见证了沙俄侵犯瑷珲地区的过程。从他写的《阿穆尔河纪行》可见，清朝水师十分重视和警惕对瑷珲的防御，但对于上下游地方则不甚看重。1857年6月11日，俄国兵船在离瑷珲只有10公里的黑龙江左岸俄国哨所停靠时，船上人员的官衔、姓名和人数被详细登记，"以便根据同中国满清当局的协议，通报有官员驾到，希望在瑷珲逗留"。当他们继续航行接近瑷珲时，一位清朝军官"拼命打着手势表示他的意思，伸直手掌在光脖子上来回锯着，说如果我们没有得到他批准，或者在我们来到的消息还没有向瑷珲通报之前就继续前进的话，那么我们很可能要掉脑袋"。6月12日，俄国兵船试图"划到对岸，以便沿着河岸划到瑷珲城去"。兵船"刚一逼近，哨所里就有条小船向我们摇

---

① 《清德宗实录》卷五五一，光绪三十一年十一月癸巳。
② 《清德宗实录》卷五六八，光绪三十二年十二月壬申。
③ ［俄］A. B. 基尔希纳：《攻克瑷珲》，商务印书馆1984年版，"序言"第1页。

来,船上坐着三个官员",与之交涉,并派人一直监视俄国的兵船。但随船的柯林斯发现:"只有一点,就是我们离开瑷珲的范围越远,他们对我们的监视也就越松。"①

既然重视瑷珲防务,因此便有加强该地军事力量的行动。据实录记载,咸丰九年(1859)三月,"着于黑龙江城添设马甲一百五十名","此项兵丁系由各该处余丁内挑补。即归各该佐领管辖,毋庸另设骁骑校等官。应领饷银,即照各该处旧例发给,每年约需银一万八千两,着户部筹议,按年拨解各该处官兵。向无官给马匹,此项添设兵丁着俟调用时查照成案,发给马价银两。其应置应添器械,共需银六千四百余两。着于河南省厘金项下拨银一万两应用"。② 光绪十九年(1893)五月,黑龙江将军依克唐阿等曾上奏朝廷:"边城紧要,拟请修筑黑龙江城垣炮台,以严门户而资防守。"③ 清朝虽然有军事准备,但在对俄政策上却偏向外交。

《清实录》对清朝在瑷珲加强军事力量的记载相对较少,记载最多的是清朝的外交努力,但在外交上又十分软弱和无能。

在对待俄国入侵上,咸丰以来一直强调用外交手段解决。但其外交实在是太软弱了。即使是康熙时经过雅克萨之战,清廷也是赢了战争丢了土地。到咸丰皇帝时,清朝更是软弱无能。咸丰六年(1856)八月,时任黑龙江将军奕山便提出了对待俄国人入侵的中庸方针:"俄夷人船屯住及下驶情形,当于抑制之中,仍寓涵容之意。"咸丰居然说:"只得如此办法。不激不随,尚属得体。"④ 如果及早进行强硬回击,以俄国当时在远东薄弱的兵力,是不敢对外兴安岭以东黑龙江以北(东岸)地区蚕食鲸吞的。咸丰一再要求黑龙江官员在与俄国人交涉时,"固不可激生事端,亦不可不据理折辩"。甚至用当地条件艰苦和民情凶悍来威胁对方:"至吉林、黑龙江地方寒苦,并无出产,即米面菜蔬,亦只敷本地民人食用,不能与人交易。又民情凶悍,动辄争斗,既无利可图,又恐约束不周,互生嫌隙,有伤和睦。"要求对方"尔等当及早将人众撤回,以全和好。若

---

① [美]柯林斯:《阿穆尔河纪行》,载[美]查尔斯·佛维尔编《西伯利亚之行:从阿穆尔河到太平洋(1856—1857年)》,斯斌译,上海人民出版社1974年版,第202、203、206、219页。
② 《清文宗实录》卷二七八,咸丰九年三月戊寅。
③ 《清德宗实录》卷三二四,光绪十九年五月己丑。
④ 《清文宗实录》卷二〇六,咸丰六年八月丁未。

久居此地，我等不敢不据实奏闻大皇帝，连阔吞屯之事，亦不得不奏。彼时定由理藩院行知尔国，查明何人从中构衅，欲起两国争端。谅尔国王，必当秉公惩办也"。① 这完全是对俄国殖民者的侵略本性懵然无知，还寄希望于俄国沙皇处理他们，简直是与虎谋皮，与强盗讲理，甚至用海兰泡来换阔吞屯（今俄国马林斯克），连军事选项都没有。对此外国人看得很清楚。正如柯林斯指出的那样："中国官员奉命阻止俄国人在阿穆尔河一带殖民和航行，但不得使用武力。"② 清朝后嗣君主与其先祖康熙进军雅克萨的勇气相比，实在是胆气俱丧。外交的软弱，无疑助长了沙俄领土扩张的野心。

咸丰对付俄国人还有一奇葩的方法，即官军躲在后面，把老百姓推到前面。让百姓与俄国人发生冲突，然后官府再出面调停。真是无耻之尤。咸丰九年十月《瑷珲条约》签订后，俄国东西伯利亚总督穆拉维约夫加紧对黑龙江东岸和"共管"的乌苏里江以东地区进行实际占领。咸丰要求吉林将军景淳、署副都统富尼扬阿等"密令城乡团练，并赶紧招集揽头人等，于明春先行开垦，作为居民防守地方"，特别强调"特不可先行开衅"。并称等到俄国人"肆扰"时，"方与相拒，但须诱之登陆，勿与沿江及舟中争斗。我既人众，彼必吃亏，然后官为调处，使该夷知众怒难犯。天朝仁义兼备，衅非我开，免致得步进步，要求无已"③。还以为他将俄国人诱上岸是为了歼灭，谁知却是"官为调处"，此时还强调什么"天朝仁义兼备，衅非我开！"有如此软弱无能的皇帝，领土被吞并也就难以避免了。十一月，咸丰针对俄国人"于黑龙江城对岸盖房，并欲抢取粮石"，以及"该夷历年在黑龙江左岸已占踞五十余屯，即黑河口以下直至东海，亦盖房多处"的严峻形势，居然提出一个狡黠而荒唐的计策："惟夷情猖獗，尚恐兵力不敷，必须联络该处旗民人等团练，以壮声势"，"将官兵扮作民间团练，倘该夷强盖房间，抢取粮石，先启兵端，亦即督饬兵勇抵御。仍藉称民心不服所致，然后官为转圜，庶该夷知众怒难犯，

---

① 《清文宗实录》卷二二八，咸丰七年闰五月庚子，载《清实录》第43册，第547—548页。

② ［美］柯林斯：《阿穆尔河纪行》，载［美］查尔斯·佛维尔编《西伯利亚之行：从阿穆尔河到太平洋（1856—1857年）》，斯斌译，上海人民出版社1974年版，第223页。

③ 《清文宗实录》卷二九八，咸丰九年十月辛酉。

可以稍戢凶锋"①。十二月，他又向黑龙江官员出主意道："黑龙江之鄂伦春、赫哲、费雅哈等部落，其人最为勇悍，务当收罗为我所用，不可使受夷人笼络。如果该夷再来肆扰，即可密调该数处之人与之抵御。此外团练亦当联为一气，使该夷稍知畏惧，不致得步进步。"② 用手无寸铁的人民去阻挡沙俄凶悍的哥萨克军队，当冲突发生后，不是出面保护人民，而是以第三方的面孔出现进行"调处"，怎么能让沙俄军队不轻视清统治者，不一而再、再而三地蹂躏中国领土呢？

清朝在瑷珲地区的对俄政策要么排除军事选项，要么轻率动武。1900年由于慈禧太后的盲动，利用义和团向西方各国宣战，在瑷珲的军队向俄国运送武器的船只开炮，导致瑷珲被占长达七八年之久。由于《清实录》有意忽略，记载不详，故兹不赘。

六 瑷珲与俄国的交往与通商

中俄在瑷珲一带碰撞与对抗的同时，也进行着交往和商贸往来。这种交往常常与交涉相伴随。

清朝各族人民在瑷珲一带生息和生活，自然产生了生产和商贸活动。当俄国入侵瑷珲地区、大量移民时，也带来了经济活动和经商的机会，中俄民间的商业活动便悄然展开。

清朝乾隆以前，瑷珲城就已经比较繁荣了。百姓和商人纷至沓来，清廷为此制定了相关管理条例。乾隆七年（1742），黑龙江将军博第等奏称："黑龙江城（瑷珲）内贸易民人，应分隶八旗查辖。初至询明居址，令五人互结注册，贸易毕促回。病故回籍除名。该管官月报。如犯法，将该管官查议。其久住有室，及非贸易者，分别注册，回者给票，不能则量给限期。嗣后凡贸易人娶旗女、家人女，典买旗屋，私垦租种旗地，及散处城外村庄者，并禁。再凡由奉天船厂等处及出喜峰口、古北口前往黑龙江贸易者，俱呈地方官给票，至边口关口查验，方准前往。至黑龙江索伦等，交纳官貂外，余俱钤给听卖。未钤者，买卖均罪。买者呈验，将数目及进何口之处注票，至口查对。"议政大臣和兵部复议后，乾隆批示准

---

① 《清文宗实录》卷三〇〇，咸丰九年十一月癸未。
② 《清文宗实录》卷三〇三，咸丰九年十二月癸丑。

行，只是规定回原籍之民必须在三年内返回。① 这些在瑷珲城经商的人，据清朝反复申明禁止与俄国移民通商的情形来看，是经常与俄人进行私下贸易的。乾隆三十年（1765）前后，清朝有"捕貂人"在托克、英肯两河口以及鄂勒希、西里木第两河间进行经济活动。据实录载，黑龙江将军奏称"自康熙二十九年，与俄罗斯定界，查勘各河源后，从未往查"。今后每年派章京、骁骑校、兵丁，"六月由水路与捕貂人同至托克、英肯两河口，及鄂勒希、西里木第两河间遍查"。② 这些捕貂人不能靠貂生活，必须将貂皮卖给皮货商，再用钱买粮食维持生存。他们的贸易活动，应该经常在瑷珲城及其附近进行。

　　清廷对待俄国想与中国人通商的要求采取的是禁止政策，同时也禁止本国人民与俄夷通商，以免俄人赖在瑷珲对岸不走。俄国人是打着通商的旗号来到瑷珲东岸的。俄国东西伯利亚总督穆拉维约夫在咸丰七年闰五月与清朝黑龙江协领巴达朗贵谈判时声称，"仿照恰克图通商，或可彼此相安"，并称后面来经商"人数尚多"。他们"在海兰泡盖房，声言在此通商"。清朝官员觉察到他们"欲占地通商，已明言不讳"。俄国人投中国人之所好，还"馈送礼物"，咸丰要求官员们"严行拒绝"，并"密禁该处民人私与交易，接济食物"。同时"再于要隘处所，督饬弁兵，密加防范，使该夷行粮断绝，难以久居"。咸丰谕令地方官告诉俄国人："至通商一事，亦须尔国行文理藩院奏请，岂能凭尔等一言，我等即行入奏。况从前祇有恰克图一处通商，道光三十年，又准在伊犁、塔尔巴哈台两处通商，原是大皇帝格外加恩，岂能屡次求请。况从前一处通商，百余年相安无事。今加二处，而塔尔巴哈台即有尔国商人擅杀乞金民人，以致积怨报仇，烧毁圈子。此案至今未结。中国因要好加恩，反增口舌，以后未必肯再加通商之处。"为了让俄国人离开瑷珲东岸地区，以"吉林、黑龙江地方寒苦，并无出产，即米面菜蔬，亦祇敷本地民人食用，不能与人交易"的借口吓唬对方。③ 其实，当地人与俄国人的贸易一直都在进行，不然咸丰不会让地方官"密禁该处民人私与交易，接济食物"。咸丰七年（1857）七月，鉴于俄国夷船纷纷往还于瑷珲，人数多至千余，咸丰特别

---

① 《清高宗实录》卷一六二，乾隆七年三月庚午。
② 《清高宗实录》卷七四三，乾隆三十年八月癸亥。
③ 《清文宗实录》卷二二八，咸丰七年闰五月庚子，载《清实录》第43册，第547—548页。

指示"其要请通商及请移屯户等事,即设法拒绝","一面密为防范,严禁内地人等与之交易"。① 咸丰七年(1857)八月,咸丰下令黑龙江将军奕山"仍当暗加防范,毋令沿海奸民,私通贸易,绝其接济粮食,或可废然而返。即将来议定界址之后,该夷见黑龙江无可贸易之处,亦不至妄请通商"。② 又谕奕山等"一面妥为驾驭,毋令开衅,一面密禁沿海奸民私通贸易,断其接济,使彼粮食匮绝,当必废然思返。该将军等勿因海滨地广难于稽查,致令奸民勾结,自贻后患"。③ 九月,咸丰针对俄国人在海兰泡、阔吞屯等处搭盖房屋等行为,指示黑龙江官员"惟有严加防范,断其接济,禁止沿海打牲人等贪利容留,私与交易,使其日久无利,或可消占踞之谋,而亦不至骤开边衅"。④ 咸丰八年(1858)五月,咸丰针对俄国"所请于黑龙江通商之事",要求"奕山体察情形,妥筹条约;一面仍严密防范,设法驾驭,毋令该夷既遂所欲,更肆要求无厌"。⑤ 清廷非常排斥与俄国人通商。

然而,奕山在与穆拉维约夫签订的《瑷珲条约》中,承认了中俄在黑龙江贸易的合法性。咸丰九年(1859)三月,奕山奏在有关"遵查黑龙江通商事宜仍请免征税课"的奏折中称:"前议条规,原系专指黑龙江一处。因地属边疆,与伊犁、塔尔巴哈台事同一律,非海口辐辏之区可比。请仍准互相换货,免征税课。"咸丰不得不答应:"此款既经该将军与木哩斐岳幅反覆辩论,应允在先,势难更改,祇可俯从所请,互相换货,免其征税。"⑥ 不仅承认了中俄以货易货贸易的合法地位,而且还免征商税,这对俄国来说,可是天上掉下来的巨大馅饼。不过,清朝自有应对的办法。咸丰九年十一月,咸丰认为奕山"前定条规(《瑷珲条约》)内,如往来船只,在卡伦报明,中国派官专司通商事务,俄国亦须派官稽查弹压。不准私往各屯,易换物件,及往来游玩"。已对俄国人有所限制,要求"必须晓谕该夷,令其照办,以示限制"。他把以货易货与以货易米作了区分,要求:"至换给米粮一事,必须严禁,庶可绝该夷占踞之

---

① 《清文宗实录》卷二三一,咸丰七年七月己丑。
② 《清文宗实录》卷二三三,咸丰七年八月辛亥。
③ 《清文宗实录》卷二三四,咸丰七年八月己巳。
④ 《清文宗实录》卷二三六,咸丰七年九月庚子。
⑤ 《清文宗实录》卷二五三,咸丰八年五月戊寅。
⑥ 《清文宗实录》卷二七九,咸丰九年三月丙申。

心。"他还指令黑龙江将军特普钦"务当设法办理，使其以货易货，不得以货换米。并严禁居民贪利，暗中接济，是为至要"①。看来，清廷是想通过对俄国人进行粮食封锁迫使俄国人离开，这很幼稚。

但是，俄国人带着大量的粮食来到瑷珲东岸地区，甚至在黑龙江东岸地区屯垦种粮。咸丰十年（1860），随着春夏到来，黑龙江冰化，俄国船只来往频繁，"惟开江以后，下驶人船为数不少，且载有木箱万余件，口袋三万余条。据称系前往奇咭、阔吞等处搬移眷口，运送口粮"，嗜酒的俄国人还"请（解）禁换酒"，但"未经允许"。在大黑河屯对岸的海兰泡"迤北地方"，有俄国人"前往开垦"，清派员"往见该酋理论，业经将垦地之人唤回查办，所种之地平毁"。俄国头领玛克什莫幅等人前来交涉，爱伸泰重申"绥芬、乌苏里夷人必应撤回"，并"乘机与约"，"禁换一切货物，借以杜其接济"。咸丰认为"令军民断其接济"的措施可能失效，因为"今该夷既裹粮前来，已可概见"。于是再次令特普钦"严禁军民，不准私行交易，使该夷无利可图，庶不能作长久之计"。②粮食禁运不起作用，就严禁商贸，让俄国人无利可图，知趣退走。咸丰完全不懂俄国人远东领土扩张的实质。与英法等殖民者相比，俄国不仅追求商业利益，更追求领土扩张，是清朝最危险的敌人。

事实上，瑷珲边民与俄国人的私下交易是比较频繁的，也基本遵循了中俄达成的"以货易货"的规定。据柯林斯记载，俄国兵船上的人在瑷珲附近的村子，"给了孩子们好多俄国银币，看来他们并不赏识，只是当作装饰品。我们的哥萨克同他们做了一批赚钱的实物交易，以二对四的比价，用铜币换他们银币；实际上，铜似乎比银值钱得多"。这帮俄国人在瑷珲下游不远处一个渔场与中国人也发生了贸易行为。"我们给他们几呎棉布换鱼给我们的哥萨克吃。"上船以后正打算开船，"几个姑娘和妇女赶来找我们，木碗里盛着更多烧好的鱼"。后来"我们赶上了一个满洲商人，但他什么也不肯卖给我们，他伸出手在脖子上一抹，意思是说，'我要是同你做买卖就得掉脑袋'。可是，富鲁赫尔姆上校终于用一只俄国母鸡换到一只好看的大满洲鸡，还给他两倍于鸡价的布"。③ 互赠礼物也是

---

① 《清文宗实录》卷三〇〇，咸丰九年十一月癸未。
② 《清文宗实录》卷三二三，咸丰十年六月乙酉。
③ ［美］柯林斯：《阿穆尔河纪行》，载［美］查尔斯·佛维尔编《西伯利亚之行：从阿穆尔河到太平洋（1856—1857年）》，斯斌译，上海人民出版社1974年版，第218、222页。

以货易货的一种方式。俄国人"送给两个姑娘几枚钱币之类的小礼物，一个姑娘送给阿诺索夫上尉一只很漂亮的戒指做纪念品，上面镶着小珠子，刻着满文，阿诺索夫上尉自然给了她六倍于戒指价值的钱"。但民间的这种交易，有时会有清朝官吏在旁监督。正在俄国人与瑷珲下游的村民交换时，清朝"白顶珠"官员的两个随从跑来了，"把姑娘赶进屋里"。①

由于清朝对俄国在黑龙江等地通商作了种种限制，因此"俄国使臣请赴黑龙江内地通商"。经与总理各国事务衙门约定："百里以内照章贸易，百里以外持照游历，不得以游历执照为通商之用。"②"百里以内照章贸易"，瑷珲正好在百里以内，因此成为中俄商贸的重镇。由于沙俄凭借《瑷珲条约》将海兰泡建成布拉戈维申斯克（报喜之城），该城的俄国移民越来越多，都是一些到远东冒险以求发财者。有俄国人介绍过："布拉戈维申斯克的大部分居民是原始森林地区的居民、采金砂的人、凶恶的强盗，以及习惯于各种变化无常生活、善于玩弄武器、胆大包天的人。"③由于布城的人口日益增多，导致瑷珲城的商人移往布城对岸的大黑河屯（后来的黑河镇）开店卖货，甚至过江到布城进行贸易，于是黑龙江沿岸边贸中心从下游的瑷珲移至黑河。多艘渡船每日来往于黑河与布城之间，运输人货。据基尔希纳讲："该市（布拉戈维申斯克）此前（指1900年以前）通过贸易之地大黑河屯和通过瑷珲商人与港湾一直保持非常友好的贸易关系。"④但是这一贸易景象并未被官方所修实录所关注。

俄国得寸进尺，不再满足于"百里内贸易"，俄驻京使臣"坚持成见，必欲往黑龙江内地通商"，并称"先已行文东悉毕尔（东西伯利亚）总督照办"，要求黑龙江将军配合。同治指出，"内地通商各节，尚未经总理各国事务衙门与之商允"，俄国使臣"即欲行文该国照办"，"难免将来无硬行闯入边界情事"，要求黑龙江将军特普钦"迅即密饬黑龙江所属守卡官弁，如俄国边界大臣前来黑龙江，与该将军议及俄商假道行走、给照验照等事，必须查照总理各国事务衙门咨文。果相符合，方与商办"，否则不能"遽行允办"。他要求对"由俄国阿巴该推卡伦至阿木尔省，经

---

① ［美］柯林斯：《阿穆尔河纪行》，载［美］查尔斯·佛维尔编《西伯利亚之行：从阿穆尔河到太平洋（1856—1857年）》，斯斌译，上海人民出版社1974年版，第214页。
② 《清穆宗实录》卷一七六，同治五年五月壬戌。
③ ［俄］А.В.基尔希纳：《攻克瑷珲》，商务印书馆1984年版，第24页。
④ ［俄］А.В.基尔希纳：《攻克瑷珲》，商务印书馆1984年版，"序言"第1页。

过爱珲、墨尔根城内地,沿途有无兵卡可资防范,及俄人欲在黑龙江、吉林等处内地通商,有无十分妨碍"等问题加以查明上奏,以便总理衙门与俄使会商时较有把握。特普钦回奏:"黑龙江地无险阻,若准俄人通商,则边省情形,尽为窥伺,且与内地人民,亦难相安无事。"[①] 由于对俄国殖民者图谋扩张的恐惧,因此清朝上下都十分忌讳俄国到瑷珲或经瑷珲等地进入黑龙江内地经商的行为。

清廷与俄国的交涉过程本着礼尚往来和人道主义精神进行。1857年6月,"身穿绣花缎袍,头戴孔雀翎冠,上有水晶顶珠"的瑷珲都统,接待经过瑷珲的沙俄兵船头领富鲁赫尔姆上校时,就以礼相待,柯林斯称"他们很有礼貌,对我们笑嘻嘻的,又是鞠躬,又是握手,尽量迎合我们"。瑷珲都统让人端来一张小桌子置于俄国人面前,"桌上由仆役摆上小碟的干果和蜜饯,接着用中国瓷杯送上香茗。他们盛情地一定要我们吃喝。又端上了小盅的善釉,即米酒,硬要我们喝下去"。同时询问他们此来的目的和携带的武器,做到了有礼有节。这帮俄国人在经过瑷珲下游的一个村庄时,中国的"女人们请我们吃用小瓦钵煮的米粉或小米粉,她们似乎一心想使我们这次访问圆满愉快;男人方面也没有流露出什么妒忌的表现,只有一次例外,但很快就消除了,大家和和气气,彼此谅解"。俄国人用俄语向一个中国村子的村民要食物时,"老太婆拿了一篮大蒜和碎谷子给我们"。当俄国人在瑷珲下游右岸第四个村庄登陆时,"河滩上立刻围聚了一群人来看看,也许是头一次到他们岸上来的白种人。他们带来了豆子、红椒、玉蜀黍(玉米)、干豆、白面馍馍、二三两一小包的烟丝,还有舂过的小米"。俄国人"随意参观了好些家人家,他们都请我们抽烟袋,由女人装上烟,点了火,自己先抽上几口,也不把烟嘴用手或在衣服上擦干净,就递给客人"。在黑龙江右岸一个满族的戈尔地人村庄,"发现当地人们亲切而好客","他们给我们干鱼、鱼子酱、碎黑麦子或大麦种,还有肉脯"。俄国人在一个渔场遇到的中国人"用碗盛着烧好的鱼请我们吃,作为友谊和好客的一种表现"[②]。

如果遇到俄国人受困,瑷珲人民也会本着人道主义精神予以帮助和关

---

① 《清穆宗实录》卷一七六,同治五年五月壬戌。

② [美]柯林斯:《阿穆尔河纪行》,载[美]查尔斯·佛维尔编《西伯利亚之行:从阿穆尔河到太平洋(1856—1857年)》,斯斌译,上海人民出版社1974年版,第206、208、214、216—217、218、220、222页。

照。咸丰五年（1855），"俄罗斯上下往还船只，于黑龙江城阻冻，不能行驶"。清廷对"该夷人既因阻冻在江边居住"的情况，要求黑龙江将军奕格"拣派干员，带领官兵，看守照料。所需口食、帐房，妥为筹给"，但不许俄国人"擅离江岸，致有他虞"，一俟春融冰泮，即令"开驶启程"。① 瑷珲人民对俄国受困人员的人道主义照顾，并不能换回他们的良知。一旦解困，俄国人继续侵占黑龙江及更多地区的疆土。

随着洋务运动的展开，清朝寻求对外合作，地方企业开始与俄方合股经营，于是瑷珲出现了中俄合资的企业。据实录记载，光绪年间瑷珲在开发煤矿时，将煤矿改制为中俄合资企业。光绪二十五年（1899）五月，黑龙江将军恩泽等奏称："爱珲商号承办煤矿，现因疏通销路，改为华俄合股，并遵改合同，去其太甚。"光绪将其奏疏交付有关部门商议，该部门回奏："爱珲商号煤矿改为华俄合股，无论盈亏，国家概不担保。"光绪表示同意。② 从坚拒俄国人瑷珲及黑龙江经商，到与俄国合资办矿，反映了时代的变化和形势的发展。

七　结语

瑷珲作为幅员广大的清朝的一个东北边陲小城，本不会受到清廷的关注，但因为俄国殖民者的入侵，引起边疆危急，才受到朝廷的重视，也因此较多地得到实录的记载。由于俄国不断侵犯远东地区，入侵大清的疆域，为了应对俄国的威胁，分宁古塔将军北方辖地，设黑龙江将军，瑷珲作为该将军的衙门驻地，从此受到实录的记载。后将军衙门虽南迁墨尔根、齐齐哈尔，但由于瑷珲与江东六十四屯的紧密关系，以及俄对黑龙江地区的觊觎，瑷珲成为俄国探险队和殖民船队的必经之地，不断受到侵扰，而始终受到国史的关注。瑷珲被实录密集记录，与《瑷珲条约》的签订紧密相连。特别是《清文宗实录》以大量篇幅记载该条约签订前后中俄的碰撞、交涉和来往，从中可见清廷对俄国的恐惧、拒斥和忍让。当然，在与俄国对抗的同时，瑷珲地区也开始了与俄国的商业贸易往来。民间的私下交易比较频繁，但官方对民间交易明令禁止，幻想通过禁止瑷珲

---

① 《清文宗实录》卷一七六，咸丰五年十月壬辰。
② 《清德宗实录》卷四四五，光绪二十五年五月甲子。

地区向江东俄占区输入粮食，来达到逼迫俄国人知难而退的目的。《清实录》对中俄以瑷珲为中心的边境贸易的记载，始终充斥着排斥的态度。事实证明，不通过强大的军事压力和坚强的外交努力，试图以微弱的经济制裁来达到迫使俄国人撤退的目的，实在是幼稚。通过《清实录》记载的瑷珲地区的中俄碰撞和交往的历史的回顾和分析，对我们今天处理与周边各国的边境关系，都有值得借鉴的经验和教训。

13—19世纪中国瓷器与茶文化对俄国的影响

詹 嘉

(景德镇陶瓷大学,江西景德镇 333403)

摘 要：本文依据相关数据、文献，特别是实物、画作，分别论述了13—19世纪中国的瓷器、茶叶传播、影响俄国的历程。论证了元朝政府与钦察汗国的特殊关系，瓷、茶开始影响俄国王室贵族；明清两代与罗曼诺夫王朝扩大交往范围，中国制瓷工艺直接或间接影响以格热利、圣彼得堡皇家瓷厂为代表的俄国陶瓷生产，中俄茶叶由自由贸易到规范贸易、由陆路到海陆并行、数量逐渐增加，中国瓷茶构成的茶文化，由上至下在俄国普及，形成了特殊的文化景观。

关键词：13—19世纪；中国瓷器；中国茶文化；影响俄国

一 13—19世纪中国瓷器对俄国的影响

中俄两国对比，中国制瓷历史比俄国早800多年，传入俄国不晚于13世纪，14—15世纪不断增加。与此同时，俄国只能制作陶器，陶工把黏土放入地窖陈腐1—2年，让其中的有机物充分腐蚀，以增强其可塑性，陶工取出泥料加工成型，装饰后焙烧成陶瓷。因产量较少，只有贵族、地主、商人才能享用，平民多使用便宜的玻璃器皿。因此，俄国一方面通过海路特别是荷兰、英国的东印度公司加大华瓷的输入；另一方面模仿华瓷造型、纹饰生产陶器，并通过德、法、英等国，间接学习中国瓷器制作工艺，推动本国瓷业发展。

(一) 中俄瓷器贸易

13世纪中叶以后，蒙古人征服基辅罗斯建立钦察汗国，中国瓷器才直接输入俄国。考古学家在伏尔加河、顿河流域的朱赫塔、凡尔勃费·老格、诺沃巴普诺夫斯基等地，发掘出13—14世纪蒙古贵族的墓葬，出土了许多中国精美的丝绸和陶瓷残片，还有零星的陶瓷。

俄罗斯艾尔米塔什博物馆藏元代景德镇青花缠枝莲花杂宝纹蒙古包瓷，出土于俄罗斯伏尔加河地区，其高18厘米，底径18.5厘米。造型呈半球形，平底，下方开有门洞，呈蒙古包形。通体施厚釉，釉色白中泛青，底部无釉，器内除门洞旁沾有釉料外，皆不施釉，底部有跳刀痕。器身布满纹饰，顶部圆心内绘芦雁纹，其余纹饰共分四层，分别为缠枝菊花纹、缠枝莲花纹、海涛纹、杂宝纹。器物造型独特，胎釉精细，纹饰精美，制作考究。[①]

值得注意的是，1313—1341年钦察汗国月即别在位，大致与元仁宗爱育黎拔力八达到元惠宗妥懽帖睦尔统治时期相同，即元代中晚期，亦正值青花瓷成熟期。结合《元史》关于元文宗图帖睦尔、惠宗妥懽帖睦尔赏赐皇室诸王的记载，青花缠枝莲花杂宝纹蒙古包是元朝政府在景德镇定烧，专门赏赐给钦察汗月即别的御用之物。需要说明的是，月即别是虔诚的穆斯林，妻子是信奉基督教的拜占庭公主，[②]故元青花缠枝莲花杂宝纹蒙古包描绘了伊斯兰文化的"太阳芦雁纹"，基督教文化的"十字架纹"。该器物是宴饮时掷骰子的器物，以掷出骰子的点数决定蒙古贵族饮酒顺序和饮酒数量。

虽然目前尚未发现文献记载，但根据后来俄国民间、官方偏爱制作蓝色、白色陶瓷判断，极有可能受到景德镇元青花瓷的影响。大航海时代，欧洲除了通过海上贸易航线到中国广州外，还有途经俄国到中国内陆的贸易路线，沿途极有可能销售一些中国青花瓷，从而对俄国陶瓷生产产生了影响。布哈拉西夫马哈赛殿的琴哈奈藏有150件中国瓷器，这只是布哈拉汗国与中国贸易瓷的一部分。苏联时期，格鲁吉亚第比利斯国立美术馆也

[①] 上海博物馆：《幽蓝神采：2012上海元青花国际学术研讨会论文集（第1辑）》，上海古籍出版社2015年版。

[②] ［蒙古］贡伟勒斯：《钦察汗国的大汗》，内蒙古文化出版社2014年版。

藏有中国瓷器50件，其16世纪"大明年制"的青花孔雀纹罐极其精美，列宁格勒捷鲁米达秋博物馆收藏的中国瓷器数量和品质并不低于欧洲其他博物馆，譬如16世纪以后的薄胎青花瓷，小巧玲珑、精美绝伦。康斯坦丁·马格夫斯基①创作的《库兹马·米宁的呼吁》，着力表现了俄罗斯民族英雄库兹马·米宁，1611年他组织莫斯科市民起义，反抗波兰、瑞典侵略者，场面气势恢宏，画面前部摆放的陶瓷器皿中，中国青花大盘特别醒目。

罗曼诺夫王朝建立伊始，就谋求建立与中国的直接联系。据俄国文献记载，1567年、1618年，伊凡四世及米哈伊尔一世分别遣使中国，1655年俄国使节向中国递交国书。米哈伊尔·费多罗维奇·罗曼诺夫、阿列克谢·米哈伊洛维奇两任沙皇，都派使团携带礼品出访中国，受到明清两代政府的礼遇，沙皇得到馈赠的茶叶，都让仆人沏茶赐给大臣，由此可知，中国输往俄国的茶叶应该是散茶，因为散茶可以即泡即饮，茶具套件相对简单，且没有茶炊，说明其时尚未形成俄国特有饮茶方式。

1682年彼得大帝即位后非常重视中俄贸易，1689年中俄签订《尼布楚条约》《尼尔钦斯克条约》，扩大了中俄贸易，建立起正式的商贸关系。1697年，俄国商队来华7次，输入中国商品总值超过24万卢布。1698—1718年，俄国政府商队先后10次来北京贸易，有别于中欧货币贸易，中俄主要是货物贸易，俄国用貂皮、黑狐皮换取中国的茶叶、丝绸、瓷器等，满足上流社会的需求。

18世纪早期，中国外销瓷由西欧扩展到北欧、东欧，受此影响，特别是俄国人的生活需要，中国瓷器又由欧洲输入俄国。其实，俄国人对中国瓷器的热爱丝毫不比西欧人逊色，皇家宫殿和贵族府邸随处可见中国瓷器。俄国科学家罗蒙诺索夫烧制彩色玻璃时，就对中国瓷器烧制技艺赞叹不已。② 他在1752年创作的《玻璃之妙》中，认为世界上只有中国瓷器可以与之媲美：

中国人的想法令人称奇，

---

① 康斯坦丁·马格夫斯基（Маковский, Константин Егорович, 1839—1915），俄国著名的艺术家、杰出的油画家。

② Кузнецов Б. Г. Творческий путь Ломоносова, 1961, С. 120.

用土制造器皿代替玻璃。
　　他们将沉重的秃岭荒山，
　　用技艺变成美丽的瓷器。
　　她令其他民族心驰神往，
　　不顾狂风巨浪跨海越洋。①

由此可见，作者对中国人的聪明才智钦佩不已，同时对中国瓷器在欧洲产生的巨大吸引力感到惊叹。

1727年，中俄签订《恰克图条约》，贸易中心转移到恰克图。彼得大帝派遣特使丹麦人伊斯勃雷到北京。返程中，随行人员用300匹骆驼组成运输队伍，负载着中国的茶砖、丝绸、瓷器等回国。瓷器主要是景德镇青花瓷，后来俄国商人高西特尼可夫专门经营中国贸易，往来于莫斯科和北京之间，经营货物包括陶瓷、茶叶、丝绸、漆器，并运到北方的白海港口阿尔汗格尔斯克，参加每年9月举办的盛大交易会，有不少商人前来参与贸易。1750年，叶卡捷琳娜父母特意定制清乾隆广彩瓷盘，该瓷盘的纹章瓷描绘了父母联姻的纹章，并且镶上了金边。俄国通过商人到中国订制瓷器，1805年，俄美公司两艘货船抵达广州，私卖11万张毛皮，换购茶叶、瓷器等商品。② 这样，中国瓷器通过北方大陆和南方海洋两条贸易路线大量流入俄国。

俄罗斯传统"巴扎"一般在城市或大型村镇的中心广场上举行，以满足附近居民的商品交易，交易物品包括陶瓷等日杂用品。康斯坦丁·特鲁托夫斯基于19世纪70年代末创作的《外省的集市》③ 形象地描绘了19世纪中叶偏远城镇集市的面貌，画面背景是二层木房，树林中是一座教堂，画面前部就地摆放着呈红色、绿色、赭色的盆、壶、罐等陶器。由此可见，直到19世纪晚期，俄国偏远地区的人们还在大量使用陶器。

---

① Ломоносов М. В. Полное собрание сочинений. Т. 8: Поэзия, ораторская проза, надписи, 1732–1764, Л. 1959, С. 512.
② 郭蕴深：《中俄茶叶贸易史》，黑龙江教育出版社1995年版，第73页。
③ 康斯坦丁·特鲁托夫斯基（Konstantin Trutovsky, 1826—1893），俄罗斯著名的油画家。《外省的集市》布面油画，71厘米×105.5厘米，1929年人民外交专员收藏。

（二）中国陶瓷对俄国民间陶瓷的影响

格热利是俄国蓝花瓷的故乡，它原是一个小村落，位于莫斯科东部，傍依格热尔卡河，故又叫格热尔。当地黏土品种较多，且蕴藏量丰富。16世纪，格热利陶器制作迅速发展，并带动了周边许多村庄。自17世纪中期以来，陶工选用白色黏土生产优质陶器，以日用陶器、艺术陶器而闻名。1663年，沙皇阿列克谢·米哈伊洛维奇指令格热利向皇室进贡细白黏土（根据后来用于瓷器生产来看，应该是高岭土），专门制作御用陶器。沙俄时代，格热利村一度归国家药管局管理，大量生产陶质药罐、炼金陶罐和少量盘碗餐具等。专门制作药罐是欧洲特有的现象，这可能和流行于1629—1631年的意大利、1665—1666年的伦敦、1679年的维也纳、1720—1722年的马赛、1771年的莫斯科的黑死病密切相关。

18世纪中叶，受中国茶文化的影响，格热利陶工制作的茶碟、茶碗、茶杯、茶壶等茶具和盘碗、杯碟、盆钵等餐具多为白底蓝花，逐渐取代了以前的黑陶。18世纪下半叶，格热利陶工通过欧洲间接学习中国陶瓷制作技艺，其陶瓷制作工艺达到了较高水平，产品除了药罐、茶具、餐具以外，还有陈设器如花瓶、雕塑等，灯具如花式壁灯、枝形吊灯，建筑瓷如墙砖、地砖、壁炉砖，此外还有玩具、人偶等。贡恰尔地区以制作珐琅彩而闻名，传入格热利逐渐成为俄国的代表，如盛装格瓦斯（一种特殊饮料）的细颈水罐，虽然容量不大，造型却生动逼真，主要是商人、士兵、农妇等人物形象。18世纪80年代末，格热利有25家陶瓷厂，一般是由师傅制成陶坯后，徒弟在陶坯上作画，然后放入窑炉烧制。餐具仍然是其主要产品，另有人物雕塑、鸟类玩具等。其中，雕塑造型有骑士、妇女、儿童，颜色多以紫色、黄色、蓝色、棕色为主。

大约1800年，佩罗瓦村发现了白瓷土，1804年帕维尔·库利科夫在佩罗瓦村建立瓷厂，其在瓷石中加入高岭土，提高了烧成温度，可以制造造型更大的器物。其原料配方、烧制工艺秘不外传，只有库利科夫本人知道。村民赫拉普诺夫和古夏特尼科夫偷偷潜入厂房，盗取了原料配方，将其传入格热利。同时，格热利的工匠还通过德国间接地学习中国瓷原料配方，最典型的就是使用高岭土制作大件作品、采用氧化钴生产青花瓷等，1818年格热利终于生产出自己的青花瓷。需要说明的是，受中国茶文化的影响，格热利还专门研制系列茶具，有力地促进了茶文化的普及。

库拉金诺陶瓷厂位于俄国沃洛格达州的基里洛夫，其特色产品就是壁炉墙砖，另外还生产花瓶、盘碗等。19世纪以后，圣彼得堡民间瓷厂逐渐发展，如1811—1838年蓬勃发展的菲利普·巴捷宁瓷厂，其生产的产品造型古典，描绘有山水花木，并且描金。1829年，菲利普·巴捷宁瓷厂的产品获莫斯科展会金奖。1838年，一场大火烧毁了巴捷宁瓷厂，这以后其领先地位被科尔尼洛夫瓷厂取代。俄国圣彼得堡克罗米洛夫兄弟陶瓷厂1862年生产的精美瓷盘釉上彩绘、印花烫金，其与1876年景德镇为美国制造的蓝釉描金花鸟盘色彩构图颇为类似。

（三）中国陶瓷对俄国皇家陶瓷厂的影响

由于海路、陆路运输的限制，俄国不能直接从中国进口瓷器，只能从欧洲国家间接获取，这更加激发了沙皇研制瓷器的欲望。1718年，彼得大帝访问德国德累斯顿，聘请迈森工匠或引进瓷器制作技术均未果，后来德米特里·伊万诺维奇·维诺格拉多夫仿照迈森瓷器，才研制出俄国的瓷器。德米特里出生在俄国苏兹达尔，和兄弟雅科夫在莫斯科（Zaikonospassky）修道院读书。1735年，兄弟俩到圣彼得堡科学院学习，1736年，德米特里被选拔参与研究化学元素和金属材料，并到德国萨克森州学习，经过数年的摸索，尝试了多种不同的原料配方、烧制方式，为烧制出真正的瓷器奠定了基础。

1744年，叶卡捷琳娜二世建立了圣彼得堡瓷厂，邀请撒克逊人克里斯托夫·洪格负责工艺，洪格生产了6只粗劣的软质茶碗。1746年秋天，洪格被解聘，德米特里受命组织仿制迈森瓷器，1747年1月，他改用俄国高岭土配制原料，掌握了透明釉的配方，成功生产出半透明瓷器。据俄国历史学家康斯坦丁·皮萨连科考证，瓷器原料配方由阿列克谢·弗拉德金准尉从中国带回俄国，1746年转到德米特里手中。但18世纪50年代初，圣彼得堡瓷厂只能生产鼻烟壶、杯子、烟斗等小物品。

1756年，圣彼得堡瓷厂以皇家冠名，同年12月，德米特里修建了大型窑炉，扩大瓷器生产规模。1770—1780年，叶卡捷琳娜二世向该瓷厂提供资金扶持，规定餐具上必须描绘其家族徽章。1779年，法国雕塑家雅科夫·伊万诺维奇·拉谢特受邀担任该瓷厂模具师，1804年担任雕塑瓷总监，25年间创作了约150个型号的模型，成为俄国瓷器的范本，为艺术瓷发展作出了巨大贡献。1773—1792年，保罗一世·彼得罗维奇对瓷器生产兴趣极大，继续扩大瓷厂规模，邀请欧洲著名艺术家、匠师进行创作，增加产量，拓展销售范围。1762—1796年，彼得堡皇家瓷厂进入了黄金时代，其生产的日用瓷讲究组合配套，陈设瓷突出艺术品位，雕塑瓷彰显人物特征，所有瓷器造型新颖，色彩协调，纹样完美。

1801—1825年，在亚历山大一世资助下，由古里耶夫伯爵任厂长，聘请了德国柏林、法国塞夫尔的3位皇家陶瓷厂技师专门制作皇宫用瓷，1806—1809年，该瓷厂生产了近4500件餐具，绘制了皇家徽章，供皇室节日庆典宴请使用。他们还借鉴中国陶瓷技艺，采用泥料注浆法，把泥浆注入石膏模具，将人物塑像分为头部、躯干、四肢等模具，待浆料硬化粘结后再脱模修整上色，最后送去烧制，避免了烧制时可能发生的形变。1825—1855年，尼古拉一世引进法国工艺技术，进口利摩日①高岭土，改良原料配方，生产出的瓷器器表光泽柔和，采用镀金装饰，使器物更加奢华。1832年，善于描绘纹饰图案的瓦列里安·叶梅利亚诺维奇·加利亚明任厂长后聘请皮缅诺夫等共同创作，为满足宫廷需要特意生产了白釉瓷，设计了浅蓝色花朵来装饰。1855—1881年，亚历山大二世允许从柏林、巴黎、伦敦进口原料、颜料，聘请德累斯顿陶工进入该瓷厂工作。1881—1894年，亚历山大三世从德国的迈森、柏林，法国的塞夫尔、利摩日，引进制瓷设备，提高了生产效率。19世纪末，亚历山大三世下令：制作皇家御用瓷必须一式两件，一件送到冬宫供皇家使用，另一件存放于博物馆。受哥本哈根釉下彩绘师卡尔·李斯堡、卡尔莫滕森的影响，1892年皇家瓷器厂开始生产釉下彩瓷器。

纵观圣彼得堡皇家瓷器厂的发展历程，不难看出，该瓷厂在继承俄罗斯传统陶瓷工艺的基础上，通过聘请德国、法国工艺技师、艺术家，进口他国的生产原料、引进生产设备，努力学习、消化、吸收他国制瓷技艺，最终生产出具有本民族特色的优质瓷器。殊不知，17—18世纪，德国的迈森、柏林，法国的塞夫尔、利摩日等皇家陶瓷器厂，之所以能够烧制出真正的瓷器，特别是青花瓷、彩绘瓷的生产都是极力模仿中国瓷器的结果。从这个意义上说，圣彼得堡皇家瓷器厂的制瓷工艺间接受到了中国瓷器的影响，因此，其造型功能、装饰审美等都具有中国的特色。

---

① 18世纪中期，法国利摩日以模仿景德镇瓷而驰名欧洲。

二 13—19世纪中俄茶叶贸易

中俄茶叶贸易经历了由王室馈赠的礼品，到使团小规模的贸易，再到专门的贸易城镇，最终发展到官方贸易，贸易数量越来越多。为便于运输，商人还特地把茶叶加工成砖状，可以更好地包装、装卸、码放、计量，还可以避免茶叶变质。"砖状大小不一，重量为2.25—4磅，经3周干燥，用纸包装竹篓，每篓80块，净重200磅"①。

（一）13—17世纪中俄茶叶贸易

13世纪中叶以后，蒙古人征服基辅罗斯，1243年，拔都西征结束后，建立钦察汗国（俄国称金帐汗国），建都于伏尔加河下游的萨莱（今阿斯特拉罕）。1266年，拔都的孙子忙哥帖木儿即位，得到元世祖忽必烈的册封。1291年脱脱即位，元武宗海山册封其为宁肃王。1313年月即别即位，得到了元仁宗爱育黎拔力八达的册封。月即别在位期间，元朝与钦察汗国使臣往来频繁，应受过茶叶的馈赠。1419—1422年，帖木儿帝国苏丹沙哈鲁派遣约500人的庞大使团访问中国，在北京驻留5个月。随团使者火者·盖耶速丁编写的《沙哈鲁遣使中国记》中记录，"茶"为cha，之后cha成为帖木儿帝国专门用语。

16—17世纪，俄国入侵黑龙江流域，1567年，中国茶叶正式传入俄国，哥萨克人伊万·彼特罗夫和布尔纳什·亚雷切夫向沙皇禀告中国茶叶能够治病，为俄国茶事记载的开端。②1616年，泰鸟涅茨、彼得罗夫出使中国，途经中亚的阿尔丹汗国获得中国茶叶，次年将其作为礼品带回莫斯科呈献给沙皇。③

为了获得更多的中国茶叶，俄国还建立了贸易城市或集市，1587年在额尔齐斯河、托博尔河交汇处建立托博尔斯克城，1604年又在托木河畔建立托木斯克城。④布哈拉商人把茶叶等中国商品转售俄国，1639—

---

① ［英］乌克斯：《茶叶全书》上卷，上海开明书店1949年版，第165页。
② 陈椽：《茶业通史》，农业出版社1984年版，第166页。
③ M. I. SladkovskII. *History of Economic Relaitions between Russia and China*, Jerusalem, 1966, p. 8.
④ 郭蕴深：《中俄茶叶贸易史》，黑龙江教育出版社1995年版，第5页。

1674年，有38支商队到达托博尔斯克。① 中国茶叶等货物源源不断地运抵伊尔库茨克，1684年11月有90峰骆驼，1685年10月达130峰骆驼，1686年11月扩大到172峰骆驼。② B.奇米特道尔吉耶夫在《17—18世纪的蒙俄关系》中证实，阿勒坦商人经常用中国内地出产的"绿茶来进行贸易。……后来，茶叶得到如此普及，以至于在货物统计中，它仅次于金、银和宝石"。俄国人还在额尔古纳河和黑龙江沿岸，与中国的达斡尔、鄂温克、鄂伦春等少数民族交换茶叶。

中俄两国茶叶贸易引起沙皇的重视，1618年，沙皇米哈伊尔·费多罗维奇·罗曼诺夫第一次派遣使者来到北京，明神宗将数箱茶叶赠给他们，使者将茶叶带回圣彼得堡，献给亚历克赛，沙皇命仆人沏茶请大臣品尝，奇香可口。到了1636年，巴依阔夫率领使团前来中国谋求商品贸易。1637年，俄国人彼得·蒙迪乘坐英国商船来到澳门，目睹了中国人饮茶的乐趣。1638年，罗曼诺夫派遣斯特拉科夫前往蒙古拜见可汗，可汗收下礼物，向沙皇回赠了中国茶叶200袋，约240公斤。③ 但斯特拉科夫对茶叶一无所知，后经说明茶叶的功能，才勉强收下并献给沙皇。

1654年，沙皇阿列克谢·米哈伊洛维奇派使团出访中国，清顺治帝赠给沙皇10普特茶叶④，不料使团竟将茶叶在北京就地卖掉。1658年3月，米哈伊洛维奇再次派遣佩尔菲利访华，敬献给顺治帝40张黑貂皮、13张银狐皮、4匹布、1件白鼬袍等礼物，清廷回赠沙皇24匹丝绸、1磅多白银、3磅茶叶等。⑤ 1660年，佩尔菲利将茶叶等礼品带回莫斯科。1675年，米哈伊洛维奇派遣尼古拉·加甫里洛维奇·米列斯库出使中国，中国人饮茶的习惯令米列斯库惊叹，"中国人很赞赏这种饮料。茶叶常常能起到药物的作用，因此不论白天或者晚上他们都喝，并且用来款待自己

---

① ［苏联］O. H. 维尔科夫：《十七世纪托博尔斯克市场上的中国货》，《苏联历史》1958年第1期，第107页。
② ［苏联］B. A. 亚历山德罗夫：《1689年涅尔琴斯克和约前的俄中经济关系史一页》，《苏联历史》1957年第5期，第206—207页。
③ J. F. Baddeley. *Russia, Mogolia, China*, vol. 2, London, 1919, p. 116.
④ 普特是沙皇时期的重量单位，1普特=40俄磅≈16.38千克。
⑤ M. I. SladkovskiI. *History of Economic Relaitions between Russia and China*, Jerusalem, 1966, pp. 11-12.

的客人"①。除了礼品的馈赠，中俄使团贸易亦比较兴盛，1656年巴依科夫使团、1676年斯帕法里使团抵京，均获利颇丰。② 可见中国茶叶还只是作为回赠的礼品，未成为商品，品质虽好，但数量有限，也只是在皇室贵族中传播。

到17世纪后期，中国输俄茶叶以砖茶为主，主要供西伯利亚人饮用，中国茶被其视为硬通货币："砖茶在外贝加尔湖边区一带的居民当中饮用极广，极端必要，以致往往可以当银用。西伯利亚的布里雅特人等土著居民，出卖货物时宁愿要砖茶不要银，因为他们确信，在任何地方都能以砖茶代替银子使用。"③ 至此，俄国人对茶叶已经有了比较全面的认识。

俄国政府发现本国商人在中俄贸易中获利丰厚，便极力将中俄贸易纳入国家专营范围，1689年中俄签订的《尼布楚条约》规定，一切行旅获准往来文票者，许贸易勿禁，④ 中国开始定期向俄国供应茶叶，俄国商队每三年来京贸易，此后两国边境贸易逐渐活跃。"仅1692年，返回尼布楚的商队就带回中国茶叶300箱，这是前所未有的。1694年和1697年的两支商队，分别带回中国红茶、绿茶21普特14俄磅、25普特5箱。"⑤ 1698年颁布的《关于西伯利亚和沿海城市收取商品关税的规定》第六条限制了中俄贸易的规模和范围，规定要求每隔一年从莫斯科、尼布楚专门派遣大商人携公款前往中国。1706年俄国规定更加严格，不允许私商参加官方商队及官方商队携带私人货物。

（二）18—19世纪中俄茶叶贸易

1727年中俄签订的《恰克图条约》规定，中俄只能在蒙古边境恰克图进行贸易，俄国商队每三年来一次北京，因陆路从莫斯科到北京需要近一年的时间，非贸易年不允许西伯利亚等边境城市的俄国及外国商人与中

---

① [苏联] 托尔加舍夫：《中国是俄国茶叶的供应者》，《满洲公报》1925年5月7日。郭蕴深：《中俄茶叶贸易史》，黑龙江教育出版社1995年版，第4页。
② 宿丰林：《早期中俄关系史研究》，黑龙江人民出版社1999年版，第116—133页。
③ [俄] 瓦西里·帕尔申：《外贝加尔边区纪行》，卢明辉：《恰克图买卖城中俄边境贸易的兴衰变化》，《中外关系论丛》，天津古籍出版社1994年版，第144页。
④ 曹仁虎等：《清文献通考》卷10，上海鸿宝书局石印本1902年版，第55页。
⑤ 郭蕴深：《中俄茶叶贸易史》，黑龙江教育出版社1995年版，第19页。

国贸易。① 尽管俄国政府对官方商队寄予厚望，但由于政府规定采购的商品尽归宫廷，所以官方商队无视普通民众的需求，在中国采购大量奢侈品，采购茶叶量不大。1727年采购3万磅茶叶，数量算是历年中较多的，却只占货物总价的9.2%。② 1735年伊丽莎白女皇建立私人商队，来往于中俄专门运送茶叶供宫廷、贵族享用。由于陆地交通行程数万里，沿途气候较为恶劣，路途艰辛，茶叶输入量并不多，1749年只输入9000磅，所以茶价昂贵，莫斯科每磅茶叶需要15卢布，普通老百姓根本消费不起。③ 1753年伊丽莎白女皇参加华茶陆路运俄的开幕式后，茶叶输入量大增。1755—1762年，俄国从中国进口茶叶6000普特（主要是白毫茶、珠兰茶和绿茶），砖茶5000—7000普特。1762—1785年，从恰克图输入俄国的茶叶年均近3万普特，约占全部中国货物的15%；年均输俄绿茶约4607担、红茶约3387担。18世纪中叶以后，中国茶成为输俄大宗商品，主要有砖状红茶和绿茶；18世纪末以后，输俄叶状绿茶数量已微不足道。

18世纪末，俄国迅速普及饮茶，1792年，输俄茶叶货值仅54万卢布，占当年输俄中国货物总值的22%。到1802年，输俄茶叶货值达187万卢布，占输俄中国货物总值的40%。④ 1798年以后，中国输俄茶叶数量开始激增，从1798年的12729担上升到1821年的38701担，增长3倍以上；1839年更达54486担，增长4.28倍以上。⑤

表1　　　　　　　　　　中国茶叶输俄数量表

时间	担数	时间	担数
1798年	12729*	1799年	14178*
1800年	18931*	1802—1810年均	20383

---

① Полное собрание законов Российской империи (1649—1825), т.3. СПб, 1830, №1654, CC.502-503.
② Трусевич Х. Посольские торговля сношениея России с Китаем, CC.268, 270.
③ 姚晓丹：《"俄罗斯年"话饮茶——赏俄罗斯的饮茶文化》，《语文学刊》2006年第20期，第113—114页。
④ C. M. Foust, *Muscovite and Mandarin: Russia's Trade with China and Its Setting*, 1727-1805, University of North Carolina Press, Chapel Hill, 1969, pp.358-359.
⑤ Chinese Repository, 1845, vol.14, pp.2-3.

续表

时间	担数	时间	担数
1811—1820 年均	25985	1821—1830 年均	38701
1839 年	54486		

据加斯东·加恩统计：1689—1730 年，俄国使团或使臣到达中国不少于 4 次，官方商队约 12 次[①]；1730—1850 年，俄国又派出两位使臣和三次商队。1839 年，俄国成为继英国之后最大的茶叶输入国。

说明：1758—1839 年恰克图购买的数量（Foust, 358 – 359；Sladkovskii, 61 – 68）。

但是，以货易货的中俄茶叶贸易方式不可避免地限制了贸易规模。中国作为传统的农业大国，几乎没有通过外贸积累国家财富的意识。正如俄国商人所抱怨的，中国茶叶输出量并非取决于俄国市场，而是能交换多少俄国商品："如果中国商人加大了往恰克图贩运茶的数量，那就意味着——我们的商品在中国人那里畅销，对此我们已能确信无疑。"[②] 此外，中俄茶叶贸易还会受到政治影响，由于中俄边境争端，清政府曾三次闭关恰克图：1762—1768 年、1778—1780 年、1785—1792 年，中断达 15 年。再加上万里长途，税收次数也较多，在中国、俄国分别纳税 2 次、12 次。

故而海路贸易势在必行，却只能托外国船只带货到广州贸易，进行间接海路贸易。但清廷以向例止准在恰克图地方通市贸易为由，一再拒绝俄国的商船进入中国通商口岸贸易。[③] 1854 年 3 月，英法对俄宣战，俄国输掉了克里米亚战争，以英国为首的西欧国家仍旧控制着海路贸易。1858 年，俄国通过《天津条约》获得海路贸易权。1861 年，俄国终于废除茶叶专卖制度，为扩大海路茶叶贸易创造了条件。19 世纪后半期，汉口→天津→张家口→恰克图的线路，结合水路降低成本，其茶叶出口量稳居俄国输入华茶总量一半以上，1878 年更是占到 81.9%。[④] 19 世纪末，英、

---

① 赵相群：《彼得一世时期的俄中交往与俄国的发展》，《社科纵横》2007 年第 4 期，第 115 页。

② КорсакА. Историко-статистическое озрение торговыхъ сношенииросcии съ китаем. С. 292.

③ 琨冈、李鸿章：《大清会典事例》卷 628；刘锦藻：《清朝续文献通考》卷 57，商务印书馆 1955 年版，第 132 页；刘锦藻：《清朝续文献通考》卷 57，第 8135 页。

④ 姚贤镐编：《中国近代对外贸易史资料》（1840—1895）第 3 册，中华书局 1962 年版，第 1284 页。

美进口中国茶叶量开始锐减，俄国反而增加。

1869年苏伊士运河开通、1879年黑海出海口解禁，俄国海路运费大为减少，仅为陆路的1/8—1/7，海运时间缩减了一半，海上贸易又发展起来。1880年，俄国建立志愿船队轮船公司，数年后开始定期前往广州、上海运输茶叶等货物，中国茶叶从1881年的56257担（约合2812.9吨），增加到1895年的206903担（约合10345.1吨）。1891年，中俄海路贸易总额首次超过陆路，① 部分俄商甚至放弃汉口原有茶叶加工厂，移至福州以便将茶叶等货物运往欧洲。

三 中国茶文化与瓷器对俄国的影响

俄国对中国茶叶的认识由药用过渡到食用，饮茶由王室贵族普及到平民百姓，茶叶成为人们日常生活的必需品。一般而言，散茶适宜冲泡，方便饮用；砖茶适宜煎煮，不太方便饮用。

（一）中国茶文化对俄国的影响

俄语茶为"ЧАЙ"，音为"恰—伊"，与汉语普通话"茶—叶"发音相近，在俄国人心目中茶之"根"在中国。1567年，俄国哥萨克首领伊万·彼特罗夫和布尔纳什·亚雷切夫在《见闻记》中描述了中国茶叶的特征，把茶叶的基本常识带到了俄国，但并没有引起王室贵族的注意。到19世纪，茶却成了俄国某些事物的代名词，连给小费也叫"给茶钱"，由此可见中国茶文化在俄国普及的程度。

俄国人饮茶的历史虽不算太长，但在日常生活中却占有重要位置，这与他们的餐饮习惯有关，俄国人爱喝烈性酒，喜欢吃刺激性较强的咸鱼、熏鱼、肉食，这些食品味酸，制作比较粗糙且油味重，而茶汤独有的醒酒解腻、帮助消化、杀菌排毒等功效，正好可以缓解或消除不良的生理反应。

俄国人认为喝茶是人生的享受。红茶在俄语中直译为黑茶，因为俄国人所饮茶叶较粗，未泡入水中时呈黑色，且开水兑茶汁也呈深褐色，味道

---

① 柳若梅：《历史上俄罗斯通过广州开展对华贸易问题探究》，《俄罗斯学刊》2011年第3期。

浓酽。俄国人喝红茶时往往加糖、牛奶、柠檬片。"涅尔琴斯克（尼布楚）的所有居民，不论贫富、年长或年幼都嗜饮砖茶（以红茶为原料）……早晨就面包喝茶，当作早餐，不喝茶就不上工，午饭后必须有茶。每天喝茶多达5次，爱好喝茶的人能喝10—15杯。"[1] 俄国西伯利亚人嗜好中国绿茶，尤其对茉莉花茶兴趣浓厚，一杯茶香四溢、沁人心脾的茶，就着饼干、蛋糕、甜点、馅饼等，就是一顿补餐或正餐。康斯坦丁·马格夫斯基[2]的《喝茶女》，生动地描绘了少女享受红茶的瞬间，热气腾腾的茶汤熏红丰嫩的脸颊，她右手托举茶盘，左手捏着茶杯，旁边是方糖。根据茶杯装饰纹样、色彩推测，应该是俄国的产品。

俄国人也爱喝甜茶，给茶中加糖、果酱、蜂蜜，有时也加牛奶、柠檬片；有的地方习惯加点盐，如雅库特人就喜欢在茶里加奶和盐。喝甜茶的方式主要有三种：一是把糖放入茶水里用勺搅拌后喝；二是将糖咬下一小块含在嘴里喝茶；三是看糖喝茶，既不把糖放入茶水中，也不含在嘴里，而是看着或想着糖喝茶。第一种方式最为普遍；第二种方式多为老年人和农民接受；第三种方式其实常常是指在没有糖的情形下，喝茶人一边意念中想着糖一边品着茶，结果似乎也品出了茶里的甜味，很有些"望梅止渴"的感觉。

（二）中国瓷器对俄国茶文化的影响

俄国人不喜欢玻璃器皿作为茶具，却喜欢中国陶瓷茶具，他们喝茶很少用碗杯，而用碟子，他们不是把茶水倒入茶碗或茶杯，而是倒入茶碟，或用手指捏着茶碟，双唇就着碟沿吮吸茶汤，或手掌平放托着茶碟，用茶勺将蜜糖放入嘴里含着，接着将嘴贴着茶碟边，一口一口地啜饮，俄国人称这两种喝茶方式为用茶碟喝茶。人们用瓷茶壶泡茶叶，茶叶量根据喝茶人数而定，一般一人一茶勺。将茶泡3—5分钟形成浓茶，将其适量倒入每人的杯中，再根据个人浓淡喜好，适量承接茶炊里滚烫的开水。瓦西里·格力高里维奇·佩罗夫[3]1862年创作的《在莫斯科附近的梅季希喝

---

[1] ［俄］瓦西里·帕尔申：《外贝加尔边区纪行》，商务印书馆1976年版。

[2] 康斯坦丁·马格夫斯基（Маковский, Константин Егорович, 1839—1915），俄国著名的艺术家，杰出的油画家。

[3] 瓦西里·格力高里维奇·佩罗夫（Василий Горигорьевич Перов, 1834—1882），俄国"揭露"派领导人，著名肖像画家。

茶》中描绘了神甫傲气十足地拿着瓷碟在品茶，衣衫褴褛的老人和小孩向他乞讨，老人失去了左脚，胸口佩戴的克里姆亚战争英雄勋章更加重了悲剧的色彩。画中小巧玲珑的白瓷壶、白瓷碟，非常像中国德化①的功夫茶茶具，或来自俄国陶瓷厂，但其造型具有明显的中国特征。瓷壶、瓷碟再加上铜制的茶炊、陶制水罐构成了俄国茶具。由此可见，饮茶成为当时社会的时尚，贵族品茗由室内搬到了室外，亦是炫耀社会地位的一种重要方式。

俄国茶具由茶炊、茶壶、茶杯、杯托、茶碟、茶匙等组成，茶炊烧开水供泡茶之用，茶匙用以秤量茶叶并放入茶壶，杯、碟、盘等用来沏茶，而茶杯较小，茶碟较深。俄国的茶壶和中国相似，纹饰有花草、树木、人物，壶身高、颈瘦长。茶壶里的茶汤很浓，客人将少量茶水倒入杯、碟、盘中，再兑开水稀释。俄国人饮茶时，通常将茶炊摆在桌子中间，把茶壶放在茶炊上蒸煮浓郁的茶。康斯坦丁·柯罗文②1888年创作的《茶会桌旁》，描绘了贵族家庭下午茶的场景，桌子左上角放着茶炊，旁边是青花茶壶、茶杯、杯托、茶碟。作为印象派的杰出代表，康斯坦丁·柯罗文善于在光影之中捕捉瓷质餐具的特征，尤其是青白相映的色彩，根据其套件、造型、纹饰、图案推测，极有可能是景德镇青花茶具，甚至是订烧瓷；即使不是，也是俄国仿制景德镇的茶具。

俄国茶炊起源说主要有两种，一是18世纪初，俄国人模仿中国蒙古族的火壶，利用银、铜、铁以及陶瓷制成；二是乌拉尔地区是茶炊的发源地，约在1778年，图拉市就以生产茶炊声名远播，18世纪末到19世纪初，其生产的茶炊成为人们居家或外出的必备器物。俄国茶炊集茶炉、茶釜、茶壶为一体，具有煮茶、斟茶功能。除金属茶炊外，也有瓷质茶炊，鉴于瓷质壶罐不容易与茶叶发生化学反应，且密封性好，俄国人也像中国人一样，将其作为煮茶、储茶的专门器皿。18世纪中期，荷兰东印度公司到中国订制各种饮食器具，特别是茶壶等茶具，运到欧洲再分销各国。18世纪晚期俄国佚名画家的静物画中就出现了中国的茶具，亦可视为中国瓷器对俄国茶文化的贡献。

---

① 德化县隶属福建省泉州市，明清两代以生产白瓷而著称，产品远销欧洲。
② 康斯坦丁·柯罗文（Константин Коровин，1861—1939），俄国最著名的印象派大师。

四 结语

综上所述，13—19世纪，由民间和官方组织，通过陆路和海路运输，中国瓷器、中国茶叶输入俄国规模越来越大。瓷茶结合而形成的中国茶文化，由王室贵族到平民百姓，由城市过渡到乡村，在俄国逐渐普及，催生了新的品饮文化，提升了俄国人的生活品质。博物馆的文物、油画家的作品等对此给予了生动的诠释。

浅析早期旅俄华侨在俄远东地区的社会融入

宁艳红

（黑河学院科研处，黑龙江黑河　164300）

摘　要：《瑷珲条约》签订后，俄国占据远东地区，为了实现永久占据远东的目的，俄国出台系列移民政策，在推拉因素的影响下，成千上万华人赴俄。华侨在远东地区经历了被接纳和排斥的不同阶段，受浓厚的故乡情结、俄国苛刻的移民政策、不安全因素的影响，大多数华侨无法在远东地区扎根，难以融入俄国远东社会。

关键词：早期；旅俄华侨；俄远东地区；社会融入

本文所指的旅俄华侨时间界定在1858年《瑷珲条约》签订后到20世纪二三十年代。早期旅俄华侨由于国内土地减少、连年战乱、灾荒频发以及俄国开发远东急需劳动力等原因赴俄远东地区谋生，他们忍辱负重、胼手胝足，谋取生计，大多数人春去冬回，赚取一点钱就归国返乡与亲人团聚，只有少数人留在俄远东地区。留居俄远东地区的华侨能否与俄国社会相融合、接受俄国文化，是本文所要探析的问题。

一　俄远东地区对旅俄华侨的接纳

1. 远东地区大开发的建设者

俄国占据远东后，为了稳定占领区和开发远东经济，1858年《瑷珲条约》签订后，穆拉维约夫就立即下令向乌苏里江右岸紧急移民定居。他们深知"要想在这片土地上站稳脚跟并把这块土地变为己有就必须向这里移民，逐渐'同化'黄种人或把他们驱逐出去，最终达到瓜分满洲的目的，使之成为远东的大粮仓，以满足整个后贝加尔和阿穆尔地区的粮食和肉类供应，同时把江东六十四屯一带变成继续南侵的桥头堡"[1]。

1861年4月27日，俄国政府制定并颁布了《俄国人和外国人向阿穆尔省和滨海省移民条例》，"实行缓交税务和用地分期付款，规定每户移民最多可占有100俄亩土地，免除兵役10年，免除土地税20年"。移民条例还规定了移民享有只交付国家土地税和城市税款的待遇。随后，俄国逐步加大对远东地区经济开发的力度，俄国政府和企业纷纷到相邻中国招募大量的廉价华工，以补充国内劳动力的严重不足。

自1862年起，每年至少有1000名以上的中国人越过黑龙江和乌苏里江，进入阿穆尔州和滨海地区。19世纪70年代中期，俄国从直隶、山东等省签订劳务合同招募第一批华工大约150人。[2] 1874年以后，旅俄华侨逐渐遍及符拉迪沃斯托克和整个阿穆尔沿岸地区，并于1880年至1890年在西比利亚和远东地区形成华侨赴俄第一个高峰期，乌苏里地区20年内华侨人口增长了6.6倍，绥芬地区华侨人口增长了26倍，华侨的职业范围涉猎许多领域，包括建筑、贸易、服务业、手工生产、农业、交通运输业及其他行业。

19世纪末到20世纪初，俄远东的各生产行业都出现了劳动力不足的窘况，国营企业、私人企业纷纷来华招工，最少几百人，最多一次招募上万人。"去俄国淘金改变生活"吸引了吉林、黑龙江、山东等省大量灾民前往俄国，华侨分布广泛，遍布远东地区的每个角落。1907年符拉迪沃斯托克地区雇用了33866名中国工人建设军营小城；1908年的建筑季节，在该地区要塞铺设泥土道路和为军队建设基础建筑的中国人约有10万名。

旅俄华侨是远东开发建设的重要生力军，没有他们的辛勤劳作，就无法实现远东地区经济的快速发展，他们在远东地区经济发展中扮演着不可替代的角色。

2. 生活必需品的提供者

俄远东地区与黑龙江边境地区仅一江之隔，阿穆尔沿岸地区和滨海地

---

[1] ［俄］翁特尔别格：《滨海省（1856—1898年）》，商务印书馆1980年版，第64—65页。
[2] ［俄］亚力山大·G. 拉林：《旅俄华侨简史（1850—1920）》，《"中央研究院"近代史研究所集刊》第24期下册，"中央研究院"近代史研究所，1995年。

区被辟为重点移民开发区，俄国移民中哥萨克士兵多，农民少，不善于耕种，远东大开发缺少粮食和生活用品，为保证生活供给，急需从中国输送劳动力和补充供给。有文献记载，"缘俄疆数千里粮货"、直到俄国移民建房所需"羊草木石""皆取之我境"。因此大批赴俄华侨中，除一部分在工厂、矿山、铁路及林场工作外，还有许多人从事商品贩运。1860—1870年每年开春时节，都会有许多载重量为10吨的帆船从满洲地区到达奥里亚湾，在此停靠的黑色帆、平底型号的国内帆船达到500—800艘。轮船运送的商品大多数为豆油、白酒、烟草、茶叶、盐、丝绸以及其他物品。华商在俄国建立了大大小小的零售店，遍布远东地区。1878年，在符拉迪沃斯托克的114家企业中，中国人开设的企业占57家（占50%），有42间商铺、11家小饭馆和4家小酒馆。1892年的《符拉迪沃斯托克报》写道："金角湾码头的市场应该称为满洲人市场，因为现在这里几乎没有俄罗斯商人，除了面包小贩。"[①] 20世纪初，随着华商经济活动的不断扩展，华商的经济实力大幅提升。1912年《符拉迪沃斯托克市郊工商业手册》公布的中国企业总数为1089家，其中商业703家（占67%）、手工业208家（占18%）、服务业129家（占12%）、交通业35家（占2%）、工业14家（占1%）。

华农在乌苏里江沿岸俄国居民点附近开垦了大片耕地，用于栽种白菜、土豆、西红柿等。华农种植蔬菜技术好，产量高，出产的农产品非常畅销，在俄国的菜市场及街道路口都有华农经销的各种蔬菜。1882—1883年间，新鲜蔬菜在俄远东地区供不应求，华农在南乌苏里、尼科利斯基和远东地区之间建立了118个蔬菜种植基地，有493名华农在这里耕种。在符拉迪沃斯托克1名华农为25—26名俄国居民供应蔬菜。连俄国人都承认在农业方面，只有依赖中国人。

3. 中俄通婚

随着华侨的增多，在俄国逐渐形成了一个庞大的华侨群体，这个群体的显著特点是性别结构严重失衡。如1898年，符拉迪沃斯托克的华侨男女人数比例为10121∶60；哈巴罗夫斯克男女人数比例为3608∶33；尼古拉耶夫斯克男女人数比例为1106∶3。由于华侨男女比例失衡，许多华侨

---

① ［俄］聂丽·米兹、德米特里·安洽：《中国人在海参崴——符拉迪沃斯托克的历史篇章（1870—1938年）》，社会科学文献出版社2016年版，第46页。

选择与当地俄国女子结婚，还有少数人娶当地朝鲜族、鄂伦春族、纳奈族的女人为妻。根据 И. П. 纳达罗夫的统计，1880 年在滨海边疆区乌苏里沿岸的 6628 名华人中，已婚者只有 228 人，占比 3.4%，其中 99 人与当地俄国人结婚。

俄国法律规定，旅俄华侨需皈依东正教，并在教堂里接受正式洗礼，才有权与有身份、身体健康的俄国女性通婚。华侨与俄国女子通婚，是他们获得俄国国籍的唯一正式渠道。大多数华侨无法放弃原有信仰，虽然与当地俄国女子通婚，但没有办理登记手续，只是建立在双方自愿的基础上，俄国当局对华侨与俄国女子通婚的态度是既默许又谨慎。一些华侨申请加入俄国国籍并参加哥萨克骑兵。例如，在额尔古纳河的马里诺村有一个 44 岁的中国人娶了俄国女子，生了 4 个孩子，在接受洗礼之后取得了亚历山大·阿斯塔菲耶夫的名字。他曾出钱建教堂，哥萨克以此为条件要把他吸收为成员，当地的哥萨克头目已呈报上级，但过了一年还未得到任何回复。①

居住在俄国远东地区的华侨尤其是华商常受到俄国女子的青睐。据统计，在沿额尔古纳河的村落中有 33 对中俄婚姻。

在黑龙江中上游地区，呼玛、漠河、黑河、孙吴、奇克等地均有许多华商、淘金的华工与俄国女子通婚后回国在黑龙江中上游地区定居。如在东三省声名远播的振边酒厂创始人徐鹏远娶白俄罗斯妻子后回国创办企业，黑河市张地营子乡二道卡酒柜的经营者曲兰田带着俄罗斯妻子回国经商。

4. 建立华侨学校

为了让华侨及子女获得全面教育，对社会和商业有益，19 世纪末 20 世纪初，符拉迪沃斯托克市的华商会成员集资开办华商附属学校，教授华侨子女中国文字、地理和历史课程，普及传统文化。1896 年，华人协会捐款 9000 卢布，在符拉迪沃斯托克第一区域第 34 街区第 249 号地块上建立了一所初级俄中学校，招收华人学生，刚开始接收的华人儿童占学生总人数的 20%，1908 年前后，俄中学校的华人学生已经占到 50%，且呈逐年增加趋势，自 20 世纪 20 年代初起，该校几乎完全成为民族学校，在

---

① ［俄］B. 格拉维：《阿穆尔沿岸地区的中国人、朝鲜人、日本人》，圣彼得堡，1912 年，俄文版，第 116 页。

1920—1930 年间，符拉迪沃斯托克的华人学生可以进入普通的市立学校学习。

十月革命胜利后，留居苏联参与社会主义建设的华侨很多，他们文化水平普遍较低，苏维埃政府实行的推动完善新战略之一是对多数人民群众进行文化普及教育。1919 年 12 月 26 日，苏维埃联邦社会主义共和国人民委员会发布命令，决定创建阅读、书写、算术扫盲班，1920 年 7 月 19 日，俄国颁布《成立消除文盲全俄特别委员会》法令。[1] 于是各地陆续开设中文学校和补习班。1920 年初，俄远东地区文化教育工作逐步展开，在阿穆尔河沿岸所有村镇开设农村图书阅览室。1922 年末，在布拉戈维申斯克开办了第一个消除文盲班，所招收半文盲学员为 46 人；1925 年夏扫盲团体已经开展到 248 个支部，培训人数达 7000 多人。1925 年前后，在布拉戈维申斯克市有 300 多名学生的列宁学校里，专门开设了华侨子女学校，男女生同班，配有 2 名专职的中国教师，采用民国时期编印的教材，开设音乐、绘画、体操等课程。

20 世纪 20 年代在苏联中央区开设为中国革命者培育骨干的学校。如伏龙芝军事学院、东方大学、中山大学、列宁学院、高等炮兵学校、中央共青团学校等，培养了大批革命骨干。1924—1925 学年中山大学共支出 73 万卢布；1925—1926 学年共支出 76 万卢布用于培养中国学生。

1926 年，苏联还为成年人识字编印了汉语识字课本，出版数量 5000 份。1927 年前为朝鲜人、中国人、土著居民分别出版宣传标语 2000 份。[2]

远东边疆区中国苏维埃党校承担《中国共产党教育与培养中国共产党骨干教育中心》《实现有序的农业政治任务和中国工人文化改革问题中心》职能，1925—1926 年在校生为 100 人，其中中国学生 16 人，学制为两年。1930—1931 学年度确定中国苏维埃党校学生名额为 300 人。

20 世纪二三十年代苏联在远东地区为青少年华侨开设了中国学校，为成年人开办工农速成中学以及高等教育机构分部，在远东地区积极开展华侨文化普及和政治教育学习是苏联教育体系中的重要篇章。

---

[1] О. В. 扎列斯卡娅：《远东边疆区高等中国列宁学校》，《中国与俄罗斯的相互关系与影响——第四届国际科研实践研讨会论文集》，2013 年，布拉戈维申斯克，第 13—21 页。

[2] О. В. 扎列斯卡娅：《远东边疆区高等中国列宁学校》，《中国与俄罗斯的相互关系与影响——第四届国际科研实践研讨会论文集》，2013 年，布拉戈维申斯克，第 13—21 页。

5. 保留传承中国传统文化

早期旅俄华侨在远东地区一直保留中华民族的传统风俗习惯，隆重举行端午节、新年等节日庆祝和聚会活动。新年来临之际，在异乡的华侨会停下手中工作，家家户户忙于置办年货，除夕之夜，华侨们包饺子、燃放鞭炮，在华侨居住区域处处弥漫着美食的香味，他们拿出美酒佳肴招待其最友好的俄国朋友。家境殷实的华商们还在家中重要位置设置供桌，摆放红色蜡烛、香炉、祭祀物品，供奉祠堂、观音菩萨、财神等，平辈们互相行礼问候，晚辈向长辈磕头。华侨们还在居住区域举办舞龙、舞狮子、踩高跷、扭秧歌活动。在苏维埃政权建立之前，地方当局对华侨在新年燃放鞭炮置若罔闻，从来没有人试图禁止，政府不想破坏中国的传统文化，而是对之加以管理，辟出专门地方供群众举行燃放烟花活动。

华侨还在远东地区修建了剧院，1899 年，中国商人陈尚立在北京大街修建了专门的剧院。[①] 剧院里经常上演古典戏曲，题目取材于平凡的日常生活和古代帝王将相的历史，有的还表演杂技。1899 年 6 月《阿穆尔沿岸报》上介绍过符拉迪沃斯托克的第一家中国剧院，那里是华侨经常聚集的地方，收费很便宜，每人只收 50 戈比。从 1898—1936 年，即在近 40 年时间里，远东中国剧院的所有者或者租赁者有：陈尚立、王腾星、侯富强、杜启云、宋阳春、纪凤台、云和赞、玛利亚·库别尔。[②] 在符拉迪沃斯托克还有国家级中国剧院和电影院，在符拉迪沃斯托克、尼科利斯克—乌苏里斯克和哈巴罗夫斯克等地的官方剧院或者其他居民点的娱乐场所里，还进行跳棋、象棋和多米诺骨牌等活动。

1924 年 5 月 1 日，符拉迪沃斯托克开设了第一家中国劳动人民的民族俱乐部，俱乐部发挥了重要作用，在华侨中开展文化教育、扫盲工作、妇女工作，并组织华侨开展文化娱乐、体育活动等。

[①] ［俄］聂丽·米兹、德米特里·安洽:《中国人在海参崴——符拉迪沃斯托克的历史篇章（1870—1938 年）》，社会科学文献出版社 2016 年版，第 198 页。

[②] ［俄］聂丽·米兹、德米特里·安洽:《中国人在海参崴——符拉迪沃斯托克的历史篇章（1870—1938 年）》，社会科学文献出版社 2016 年版，第 199 页。

二 远东地区对华侨的排斥

（一）划分华人生活区域

随着远东地区华侨人数的增加，为了加强对华侨的管理，俄国以华侨居住地不符合卫生条件、防疫为名，在符拉迪沃斯托克、哈巴罗夫斯克、阿穆尔州等地划定单独的华人居住区域，将华侨与俄国居民隔离开。1875年9月，符拉迪沃斯托克地区负责人商讨将华侨居住地搬离符拉迪沃斯托克，城市杜马下令划定新的大市场并实行对外出租。

1892年12月，滨海州总督批准在库别洛夫山谷的南部建立"中国人和朝鲜人小镇"的计划。1899年8月11日，滨海州总督发布了强制把中国人从哈巴罗夫斯克市区迁到特别街区的命令。俄国这些措施的成效并不明显，这些偏僻的区域不久又变成城市的中心。后来，俄远东地区相继划分出华侨生活区域。1902年12月7日，尼科利斯克—乌苏里斯克市杜马决定把老市场区作为中国人和朝鲜人的居住地，1903年8月1日，建立了专门的华人和朝鲜人居住地；同年11月25日，哈巴罗夫斯克市建立了专门的华人和朝鲜人居住地；1910年11月24日，布拉戈维申斯克市建立了专门的华人和朝鲜人居住地。①

划分华侨专门生活居住区，将华侨与俄国人相隔离，华侨遵照中国传统习惯实施自治管理，他们除了在生意上与俄国人往来外，很少与俄国人接触，成为在异国中的独立王国。

（二）实行华侨自治管理

俄国政府希望吸引有影响力的华侨来管理社团组织，协助俄国政府管理华侨。早期赴俄华侨按照地缘、血缘、业缘建立了各种同乡会、商会、公议会等社团组织。社团组织向华侨讲解俄国法律，传播俄国文化；监督出入本地的外来人员，协助警察办理刑事案件，督促检查治安工作；帮助侨民维修屋舍，监督华人区域内卫生；向警察署通报患病及死亡人员情况；充当俄国政府与华侨之间的翻译；帮助俄国政府检查华侨证件的真

---

① ［俄］Е.И.聂斯杰洛娃:《俄罗斯远东地区南部的管理体制及中国移民（19世纪下半叶—20世纪初）》，符拉迪沃斯托克：远东大学出版社2004年版，俄文版，第210页。

伪，禁止华侨之间互换证件，送交警察署的传票等。这样既实现了华侨的自制管理，又把华侨纳入俄国政府的管理范围之内。

为了更好地管理华侨，俄国一些人还提出在符拉迪沃斯托克华侨人数较多的地方建立教会学校，教授华侨子女俄语和文化，传授俄国历史和法律，使华侨逐步转变成单独的一个阶层或群体，发挥作用，促进符拉迪沃斯托克经济的迅速发展。1883年，俄国政府出台了俄国法庭审理华人案件的法律，华侨违法要由俄国政府进行审理、宣判。阿穆尔州军事总督还确定2名具有发言权的华侨代表参与华侨的监督管理工作。

（三）排华行动

19世纪80年代，旅俄华侨在远东地区的人数达到第一个高峰期，面对日益增多的华侨，阿穆尔总督翁特尔别格主张严格限制中国人的数量。为加强对远东地区的控制权，俄国政府采取了一系列排华措施，严格限制华侨活动，禁止华侨购买土地，限制华侨在边境地区居住，禁止雇佣华工，实行居留证、护照管理，加收赋税等手段，对华侨进行迫害、驱赶和凌虐，实现排华的目的。

19世纪80年代以后，俄国新移民不再享有优惠政策，分不到土地，土地矛盾愈加尖锐，他们开始抢占华侨的土地，有的甚至越界进入中国人居住区开垦土地，俄地方政府以华侨耕地未获批准为由支持俄国移民的肆意行为，华侨被迫在限期内处理产业，迁到更远的地区或回国，否则就沦为雇农，承租俄国人的土地。1886年11月22日大臣会议决议，禁止中国人在同中国相邻的边界地区居住。① 1892年6月18日，俄国政府对《俄国人与外国人在阿穆尔省和滨海省及东西伯利亚定居条例》进行了修改。阿穆尔总督杜霍夫斯基极力主张严格监督华侨的行为，要求华侨必须遵守俄国法律，随后他又提出限制中国人在边境地区的贸易活动。这样华侨就失去了在阿穆尔地区和滨海地区获得土地和在俄国边境地区定居的权利。

19世纪末20世纪初，俄沙文主义渗透到了知识分子阶层，"黄祸威胁论"在俄国远东地区开始蔓延。1900年，俄国政府背弃《瑷珲条约》

---

① ［俄］B. 格拉维：《阿穆尔沿岸地区的中国人、朝鲜人、日本人》，圣彼得堡，1912年，俄文版，第25页。

的规定，实施大规模排华行动，几万名生活在远东的华侨被屠杀或强行驱赶，远东地区华侨人数一度急剧减少降至此前半个世纪以来的最低点。

1910年6月21日，俄国颁布了禁止在官方工程中使用外国人的法令，开始驱赶华侨，限制华侨过境、取消华侨务工权利和居住权利等，许多外省流民无法赴俄而滞留在黑龙江边境各地，俄境内的华侨因失业而陆续返回国内，赴俄华侨数量呈下降趋势。

据瑷珲档案记载：1910年7月29日，俄布拉戈维申斯克市政府照会我地方政府遣送华侨29名，7月23日遣送华侨22名，8月21日遣送华侨27名，每月遣送华侨人数不等，每次少则几人，多则几十人。

在俄境的华工大批失业，归国人数增多，华侨数量下降。以工业企业为例，1910年远东正式登记的工人为42535人（相当于俄国工人的70%），1911年则下降到36241人，（相当于俄国工人的50%）。有些地区华工数量下降幅度更大，如尼科尔斯克1911年正式登记的华工有2156人，次年便下降到1036人，下降幅度达52%；乌第县华工数量从1911年的262人下降到1912年的13人，下降幅度达95%。①

（四）取缔华侨宗教活动

在中国传统节日，华侨会停止工作，关闭商铺，举办各种庆祝活动，远东地区因而出现面包等生活用品不足的情况，一些货运码头由于华工的歇业造成运输停滞。华侨在远东地区燃放鞭炮也让俄国居民感到不安，引起他们的不满。从1899年起，俄国政府开始禁止在符拉迪沃斯托克朝鲜大街的中国佛堂旁边燃放鞭炮，以防止影响佛堂旁边城市医院里患者的宁静生活。1922年10月，苏维埃政权对华侨的宗教活动和节日庆祝活动采取不能容忍的态度，坚决根除"人民的鸦片"，庙宇被关闭，节假日庆祝活动被禁止。根据党和苏维埃机关的决议，将采取宣传和禁止措施。1931年1月25日，联共（布）符拉迪沃斯托克市委通过了第18号决议，批准了《就东方新年（2月中旬）进行群众性工作的计划》，② 要求市委宣传

---

① ［俄］索罗维耶夫·费德罗·弗拉迪米洛维奇：《资本主义时代俄远东的华人劳务（1861—1917）》，《（1911—1914年）沿海地区概述》1916年，附件1，莫斯科：科学出版社1989年版，俄文版，第40页。

② ［俄］聂丽·米兹、德米特里·安洽：《中国人在海参崴——符拉迪沃斯托克的历史篇章（1870—1938年）》，社会科学文献出版社2016年版，第196页。

部门办公室在 1 月 23 日之前制定反宗教报告提纲，吸收无神论者联盟和汉学都参加；在 2 月 10 日前，在"五一"俱乐部开设反宗教展览；在中国影剧院演出之前，定期举行反宗教报告会，苏联影院用汉语制作电影口号，进行系列宣传播放，在华工宿舍举行反宗教报告会。在新年里，要求华侨放弃休息日，全部参与工作，把休息日的酬金捐献出来用于建造"纪念列宁"的飞机。

《苏维埃社会主义共和国联邦刑法典》第 8 条第 8 款规定："制造花炮和炮竹等燃烧和爆炸物非常轻易地被定性为'旨在反对苏维埃政权的代表或革命个人和农民组织活动家的恐怖活动'，这些制造者将被枪决或宣布为劳动人民的敌人，要么没收财产，剥夺苏联国籍，永久驱逐出苏联，在情节较轻的情况下，剥夺自由不少于三年，没收全部或部分财产。"① 在苏联国家权力密集打压和生活方式全盘苏联化下，20 世纪 30 年代中期，中国新年已不再是具有鲜明特色的节日。

三　华侨无法融入俄国社会的原因

（一）华侨浓厚的故乡情结

华侨普遍具有浓厚的故乡情结，他们中除了一部分人在俄国远东地区定居外，大多数为季节工。据统计 1906—1910 年流入俄境的中国人有 55 万人左右，平均每年流入 11 万人，返回 40 万人，暂时留在俄境 15 万人。② 大多数华侨没有在俄国长期居住的打算，他们把积攒的钱财邮寄或者通过同乡捎带回家乡，远东地区只是他们佣工的场所。

（二）俄国苛刻的移民政策

虽然旅俄华侨在俄国远东地区的建设中发挥了重要作用，但是无法获得永久居住权，在俄远东地区拥有不动产的华侨微乎其微，在符拉迪沃斯托克不同年代平均不会超过 20 人。十月革命以前，拥有不动产的华侨是 1892 年 6 月 18 日前购买土地的城市老住户。当日，当地政府批准《俄国

---

① ［俄］聂丽·米兹、德米特里·安治：《中国人在海参崴——符拉迪沃斯托克的历史篇章（1870—1938 年）》，社会科学文献出版社 2016 年版，第 198 页。
② ［俄］B. 格拉维：《阿穆尔沿岸地区的中国人、朝鲜人、日本人》，圣彼得堡 1912 年版，俄文版，第 20、21、22 页。

人和外国人在阿穆尔省和滨海省居住的规则》的修订和补充条例第三条明确规定，在阿穆尔州和滨海州禁止没有俄罗斯国籍的人士获得土地。早期华侨邵彩铃是符拉迪沃斯托克的百万富翁，在斯维特兰娜大街上兴建了许多房屋，由于其没有俄罗斯国籍且没有俄罗斯国籍的继承人，1913年她去世后，1914年4月法院判决她的不动产为"无人继承充公财产"，并于10年后成为符拉迪沃斯托克的财产。俄国苛刻的移民政策，消除了华侨置办房产、扎根远东的想法，大多数华侨只是俄远东地区的过客，长期留居的人数较少。

（三）缺乏安全感无法扎根俄国

自1880年以后，随着远东地区中国人的增多，俄国政府认为华侨居住条件不合格，以防疫为名，划定华人居住范围，不允许华侨在远东地区的城市中心居住。华侨无法在一地长期居住，只得频繁搬迁，生活动荡不安。俄国政府对华侨的各种社团组织持怀疑和不信任的态度，于1897年以秘密结社为由取缔华侨的社团组织。20世纪初随着华侨社团活动的蓬勃发展，俄国政府又一次展开取缔华侨各种社团组织的行动，1922年12月，苏军督察处以"私藏军火、鸦片，且向中国军事机关报告调动军队及政治消息"为由，[①] 拘禁旅俄华侨总会会长解宝玲、执事人员王巨川等，并搜查侨会把卷宗图记一同带走。随后远东地区的华侨社团组织全部被取缔。社团组织是孤身在外辛苦漂泊的华侨在异国他乡的"家"，失去了社团组织，华侨也失去了在远东地区长期居住和生存的动力。

大多数华侨没有文化，不会俄语，生活在俄国划分的特定生活区域，无法与俄国人沟通交流，更无法融入俄国主流社会。俄国政府实行的驱逐华侨政策，以及受日俄战争、第一次世界大战、十月革命前俄国内战等的影响，许多华侨的财产被抢夺没收，失去了居住场所，穷苦不堪，种种原因使他们放弃了在俄国留居的打算，这也是早期旅俄华侨无法在远东地区建立"唐人街""中国城"、无法融入俄国远东社会的原因所在。

---

① 瑷珲档案：《驻俄属黑河总领事馆公函省字第96号》，转引《爱辉县志》，《北方文物》1986年，第559页。

"十月革命"后中国政府对黑龙江沿岸俄国难民的管理

谢春河

(黑河学院远东研究院,黑龙江黑河　164300)

摘　要：俄国"十月革命"爆发至苏联建立初期,大量俄国难民涌入中国黑龙江沿岸,形成俄国难民潮。中国地方政府为了维护边境稳定,采取积极措施,肃清白俄武装,积极应对难民潮,出台管理办法,在认真调查基础上为难民进行登记注册、办理居留执照。在中国地方政府的妥善安置下,部分俄国人留居下来,大多与中国当地居民通婚,有的成为无国籍侨民,有的加入了中国国籍,与华人融合,成为中国黑龙江沿岸地区的开发者和建设者。

关键词：黑龙江沿岸；俄侨；俄国难民；居留执照

19世纪中后期,黑龙江成为中俄界江后,伴随着大量中俄移民分别进入黑龙江沿岸地带,中俄两国居民间的互动日益频繁。在中国人越过黑龙江前往俄国谋生的同时,部分俄国人出于经济目的或婚姻关系也开始移入中国黑龙江沿岸地区的乡村和城镇,成为黑龙江地区早期的俄国侨民。从身份上看,"他们多为采金、经商、外事、行医、为人佣工等"[①]。十月革命后,大批俄国难民涌入中国黑龙江沿岸地带,在管理上给中国地方政府带来了很多困扰。中国地方政府为了维护边境稳定,采取积极措施,肃

---

① 参见拙文《黑龙江中上游沿岸地区俄侨早期历史探源》,《齐齐哈尔大学学报》2010年第1期。

清白俄武装，应对俄国难民潮，调查俄侨人数，出台管理办法，为俄侨登记注册、办理居留执照。在中国地方政府的妥善安置下，大部分难民或经中东铁路回国，或转往哈尔滨、大连乃至第三国；其中，一部分俄国人留居下来，大多与中国当地居民通婚，有的成为无国籍侨民，有的加入了中国国籍，与华人融合，成为中国黑龙江沿岸地区的开发者和建设者。

一 越境白俄武装与俄国难民

"十月革命"爆发不久，红白双方的战火就波及了整个远东地区。在红色政权逐渐取得胜利的背景下，大批白俄势力以及普通难民涌入中国边境地区，由此形成了俄国难民潮。

（一）越境白俄武装

1918—1920年间，以谢苗诺夫武装为代表的白俄反苏势力被苏俄红军击败，大量溃兵涌入中国东北边境，中国边境社会出现动荡。为此，中国地方政府一方面派军严加防范，一方面与苏俄政府积极沟通，协商处理。东北地方政府曾出台"限制敌侨入境办法"两条：其一，凡属敌国（俄国）人民均拒绝入境；其二，凡敌国人民带有武器者应一律勒令缴械，照章拘留。[①] 1918年3月15日，白俄首领加莫夫率残余武装8000余人越过尚在封冻期的黑龙江，逃到黑河。时任黑河道尹张寿增令军警"一律下枪始准登岸"，"前后共下炮四尊、机关枪两挺、大枪七八百杆"。[②] 之后将一部分遣送出境，另一部分去了哈尔滨。这样的案例并不少。

苏联建立后开始大规模清剿黑龙江边境反苏白俄武装，对中国边境安全再次造成冲击。漠河县档案馆民国档案中也保存了一些严防俄新旧两党纠纷生事的相关文献。[③] 这些文件出台的背景是1923年初苏联红军在黑龙江中上游地区清剿白俄残余，镇压反苏势力。当时部分白俄势力逃亡到

---

① 《远东报》1918年4月16日。
② 详见刘作奎《史海回眸：北洋政府配合解除白俄武装》，《环球时报》2006年9月30日第十九版。
③ 参见漠河县档案馆民国档案《为严防俄新旧两党纠纷生事》卷，《严防俄旧党肆扰》卷。

中国边界暗地里继续从事反苏活动。由于许多地区是中国地方政府监管的盲区，很难及时制止白俄的行动，因此遭到苏方的误解。1923年2月20日，苏方对于"中国官吏允许武装党人在境内组织及存在之举动"提出抗议。对此，黑龙江省黑河道申明两项办法："对于俄两党之军事行动应严守中立，如有溃兵入境，立予解装；对于旧党不得任在境内有政事之动作。"同年3月19日，中国商人李广元在呼玛一带经商时被"俄匪百余名各携有机关枪、步枪抢去货物值二百余元"。此股"俄匪"在此之前还曾扰乱当地一煤窑。为此，黑河道尹公署下令中国当地驻军前往镇压，并明令中国军队从此"严防俄旧党肆扰"①。

为了彻底解决武装白俄问题，中国地方当局还采取了许多积极措施，如对黑龙江边境俄国难民进行全面调查，查出非法俄国侨民立即解除武装，或根据意愿遣送内地，或直接驱逐出境。对此当时的官方档案有如下记述："凡在中国境内之俄国侨民应逐一详为调查，按名发给侨居执照，籍可防范乱党附混，尚使不时稽考"；同时制定了发给俄国侨民居留执照的具体办法。"十月革命"后俄难民大量涌入，鱼龙混杂；责令沿边各地方官员会同各关卡，"今后遇有俄人入境，应严加盘查登记"；同时"对于入境俄国侨民应加以甄别，对于非法者或不法者应驱逐出境"。根据黑河市档案馆藏民国散档记载，仅1918年3月20日至8月8日，瑷珲县警署就先后将越境俄旧党成员226人遣送至嫩江。由于措施得当，到1923年初，黑龙江沿边地区白俄问题得到基本解决。②

爱辉县档案馆中还有如下一则史料：75名白俄旧党被中国守军解除武装后被黑龙江省督军遣往黑龙江太平沟金矿受雇为采金工人。但不久，因金矿不景气，"工不给食"，该金场总理允许"各谋生计"，于是，地方商会组织75名受雇的俄旧党于1924年10月底搭乘宜兴轮船逆流而上，前往下马场等地谋生。但船行至乌云，江面已开始结冰，船不能行，因而宜兴船船长沈吉徐由乌云设治局请得沿路军警查照之批文，计划由旱路前往马场、爱辉、黑河一带分散谋生。地方上报黑河道尹后，我国地方政府下令："查该项俄人，既无正式留居护照，未便容在我岸散居，应即尽数

---

① 呼玛县档案馆旧政权档案第36号卷宗。
② 详见刘作奎《史海回眸：北洋政府配合解除白俄武装》，《环球时报》2006年9月30日第十九版。

驱逐，不得擅予容留，致贻后患。"令下后，除部分私自离开的俄人外，剩余六十余人都被驱逐离境。

（二）俄国难民潮

"十月革命"后，俄属黑龙江沿岸村屯即有俄人申请到中国境内避难。如民国九年（1921）三月二十三日，距离呼玛县库马拉五十余里的俄国西米诺夫屯郭瓦利沙白史克夫妇携带老小到呼玛县第四警察所"声称避难"，此后数日中来求避难的"老幼男妇千余名"[①]。1922年苏联建立后，许多曾经资助或同情白俄的老百姓担心被清洗，举家逃往中国，造成了黑龙江边境的难民潮。爱辉档案馆藏有《直省居留各国人数表》[②]，其中在瑷珲县警察第三区，至1924年5月共有48户、142名俄国侨民入境，其中46户、134人均是1923—1924年间入境的。《嘉荫县志》记载，嘉荫县沿江屯镇多有俄民居住，当时称"俄华杂处"。民国十七年（1928）调查有俄国侨民103户、294人，其中男188人、女106人。[③] 这些人也多为此时期迁入的。需要说明的是，上述数字都是已经在中国政府登记在册的。其实当时由于多数沿江地带偏僻荒凉、交通闭塞，中国政府不可能对俄国难民人数进行及时统计；况且，很多难民害怕中国地方政府对他们进行遣返或驱逐，更不会主动去登记领照；因此，逃难而来的俄国无照"黑户"，肯定要远远超过官方掌握的数字。加之相关档案的不完整，黑龙江沿岸俄国难民具体数字很难统计，据笔者估算，黑龙江中上游沿边地带有3万人之多，几乎遍布沿江或近江的所有村屯。如在1964年一份调查报告中，当时逊克县奇克镇边江村俄国侨民三十六户中的四十人成年人几乎都是"十月革命"后避难而来。[④]

俄国难民的大量涌入打破了黑龙江边区的宁静，也给中国政府，尤其是黑龙江地方政府部门出了一道难题，因为近代以来外国难民如此大规模地涌向中国还是首次。面对边境俄国难民潮，当时的北洋军阀政府曾一度下令封锁满洲里、瑷珲（今爱辉）、绥芬河、东宁、虎林、图们江等地的

---

① 呼玛县档案馆旧政权档案第76号卷宗"加意严防因为俄国革军起事"卷目。
② 黑龙江省黑河市爱辉区档案馆，"瑷珲县公署民政类"9015卷。
③ 《嘉荫县志》，黑龙江人民出版社1988年版，第三篇第五章第三节：其他少数民族。
④ 黑河专员公署公安局《结合宣传外管工作条例对逊克县奇克镇公社无国籍侨民思想生活和入籍动态的情况调查报告》（64黑公政字第69号）（1964年8月20日）。

国境，关闭中俄交通。

二 对俄国难民的调查

面对"十月革命"后蜂拥而入的俄国难民，中国政府开始有组织、有计划地展开调查工作，以便采取相应措施。对此，《远东报》也有如下记载："奉外交部训令，现已规定待遇俄侨办法，凡各省俄侨由该省交涉员详细调查，妥为保护"；"自停止俄使领待遇后，所有俄人之在我国境内者，政府已允为完全保护。闻因保护上之便利起见，政府近特制定一种调查表式，通令各省警厅调查俄民数目、营业住址，现日呈报云"。[①]

从保存在黑河市、瑷珲县、呼玛县、漠河县等档案馆的民国档案中可知，从1918年开始，黑河地方政府就已明令下属警察机构全面调查俄国难民。1921年2月23日，黑河道瑷珲县公署下令对境内俄国侨民进行普查，与此同时黑河道属之漠河、呼玛、嘉荫等地陆续展开了普查工作。1922年俄难民大批涌入后，中国政府要求边境基层警署深入到所管片区各个居民点，随时统计俄国难民人数，每月造册，定时上报。民国十一年（1922）十二月二十日，黑河道尹及交涉员第1367号训令其中谈到，此前中国政府曾下令各边区清查"无约国"侨民数目，当时黑河道除呼玛县、瑷珲县外，其余均已上报了清查数目，因此下令责成两县迅速查报，"毋再延误"。于是瑷珲县知事程汝霖命令警察所马上查报。[②] 档案中还保存了乡第二区一分所民国十二年（1923）正月至九月间大五家子屯俄侨民登记表，每月均统计上报一次。

1923年，国际联合会组织救济俄难民委员会，派吉林美国红十字会救济会长高积善为驻华代表，处理救济俄难民事宜。当年中国外交部通令中俄边界地方政府再次调查俄国难民情形。1924年，黑河道对所辖黑龙江中上游沿边地区的俄国侨民再次进行详细清查。瑷珲县警察第一区警长刘雨田在1924年3月22日的俄国难民通报中，对所管区的每个村屯滞留俄侨都进行了统计，如长发屯27名，东四家子25名，西四家子1名，四

[①] 《远东报》1920年10月21日。
[②] 黑河市爱辉区档案馆藏：瑷珲县公署瑷珲警察所民政档案第16671卷"调查俄侨居留各件卷"。

道沟 17 名。① 刘雨田还在报告中谈到，经过问讯，俄国难民因属旧党或有同情旧党嫌疑，害怕被苏维埃政权"迫害"而逃到中国沿江乡屯。他们均是俄国沿江村屯农民，之所以到中国各村屯避难，一个主要原因是与中国各村屯中的村民为"素识"，因而前来投靠；他们均是拿着短期居留护照而来，但因对苏俄心存疑虑，迟迟不愿回国。

为了配合国联救济俄亚等国难民顾问委员会工作，民国十三年（1924）黑龙江省政府第 3829 号训令："江省毗连俄疆，难民之来者当属不少，应该由该署会同民政厅转饬各属迅速查明汇报。"② 为此，瑷珲县警察第一区区官张恩普于 1924 年 7 月 5 日上报："职区界内驻华俄人男女四十九名口，与华人种地为生，均无回国之意。"同年 7 月 7 日，警察中区区官郑统生上报："调查属区俄难民男女共二十四丁口，均不愿回国，谨将查明俄难民数目、姓名、年岁、缮单呈请鉴核……查明辖境并无自愿回国之俄难民。"7 月 9 日，警察第一区警长刘雨田上报："区官遵案文内所指，分别详查得，驻在职区之俄难民男父老幼共九十三名，并无自愿回国者。至救济一项，因该俄民等虽属逃难来华，投住之处均系旧识，并各有职业资财，咸足自给，尚未遇有生命财产所属极加保护，所有分析查明俄难民情形，理合具文呈复。"7 月 19 日，警察第三区区官殷作山奏报称："职区境内居留俄国侨民，均有正当生活，即有自愿回国者，仅隔一江，无需救济。"

当时调查的主要项目包括难民人数、入境时间、入驻地点、从事职业、生活状况、是否愿意回国、应否提供救济等。我们现在仍能从保存的档案资料中看到大量当年对移居中国的俄国人的调查表，虽然格式各有不同，内容各异，但都反映出中国政府对俄国难民问题的重视，同时，大量详细的调查也为更好地加强管理提供了基础条件。

三　出台管理办法

面对涌入的俄国难民，早在民国十年（1921）九月，黑龙江省即颁

---

① 黑河市爱辉区档案馆藏：瑷珲县公署瑷珲警察所民政档案第 16671 卷"调查俄侨居留各件卷"。

② 漠河县档案馆藏民国档案"为调查侨居俄难民生计卷"。

布了《黑龙江省俄罗斯侨民注册领照施行细则》。在对俄国侨民进行普查的基础上，中国政府开始为侨民登记注册，办理居留执照。由于笔者尚未查到该《细则》的具体内容，只能根据一些办理居留执照的具体呈文概述。《黑龙江省俄罗斯侨民注册领照施行细则》颁布之后，黑河道制定了相应的《居留俄罗斯侨民请领执照办法》。此后黑河道尹兼瑷珲交涉员屡次下令各所属警署催办俄罗斯侨民居留执照。瑷珲县警察第一区警长刘雨田于民国十三年（1924）五月十三日在给俄罗斯侨民办理注册手续的呈文中引用了道尹令："查该区管界居留侨俄甚多，自非认真清查不足以资防范凡。查无执照者，速取妥保，备具相片，令其来所领照，否则即驱出境，以防意外。"呼玛县民国档案 331 卷中，民国十五年（1926）四月十五日，倭西门县佐向黑河道《补送俄罗斯侨民绍希廖夫美双等保结》呈文中言道："（黑河）道尹指令，以俄罗斯侨民请领居留执照应令具呈验中国驻俄领馆所发入境执照，如无前项入境执照者，应令觅具妥保两家以昭慎重。"1924 年 7 月 5 日，刘雨田报："七月计调查无票俄人八户共十一名口，已饬遵章起照。兹该俄人等业均取具妥保，各纳照费一元二角，相片两枚，来区请领，区官复查舆章尚无不合理，合检俄罗斯侨民人数册一页，相片十六枚，保条五纸，照费大洋九元六角，一并具文送请钧所鉴核发给执照。"① 由上述案例推知，对俄侨的调查管理主要是由黑河道交涉署遵照《细则》制印空白执照，发交下属警察机构填发。遇有俄人入境，即需请领居留执照。而且照章要令该俄人呈验我国驻俄领馆所发入境签证。如无入境签证，令其寻觅中国当地可信赖中国住户，或村屯单位，或商号等两家以上同时担保，才给发放居留执照，费用为大洋一元二角。对收缴费用的划归提留一般是直接办理的警察机构留 30% 作为办公费用，30% 由瑷珲交涉署用作印刷等费用，余下 40% 上缴黑河道署收留汇解省署。办理居留执照的主要程序是：黑河交涉署制印空白执照并下发黑河警察厅及属县警署，入境俄人登记后通过所在警察管区向县级警署提出领取居留执照申请，管区警官查验核实后向上具奏，审批后递交本人照片两张并办理交费等各种手续，填写注册表并领取居留执照。

民国十七年（1928）初，黑河警察厅请求仿照特警（东省特别行政

---

① 黑河市爱辉区档案馆藏：瑷珲县公署瑷珲警察所民政档案第 16671 卷 "调查俄侨居留各件卷"。

区警察局）管理处规定成案，变通给俄罗斯侨民执照办法。对此，当年3月10日，黑龙江省向界俄的黑河道、呼伦道行文："前定之'俄罗斯侨民居留执照办法'事隔数年，情形已有更异，自非另订缜密办法殊不足以维国权。"对此，黑河道尹兼交涉员张寿增领奏："'黑河道署居留俄罗斯侨民请领执照办法'施行至今并无若何窒碍。按黑河沿边一带处处毗连俄境，与内地哈尔滨情形不同，似未便尽仿特警管理处规定成案办理，故主张应根据钧署（省署）所定'俄罗斯侨民注册领照施行细则'办理。惟对于居留照期限及照费处罚等项，拟酌量采取俄方办法，以示同等对待。"① 当时俄国阿穆尔州颁发给华侨的居留执照分临时、长期两种。临时系一个月、三个月、六个月、八个月等期限，长期照则以一年为限。不论临时、长期，一律收费五卢布，红十字会捐五十戈比，纸张、办公费三十五戈比，共五元八角五分。凡华人持中国机关所发外交部出洋护照赴俄境者，俄外交科按照该国居留照条例均发给一个月期之居留照，意在查看有无正当营业。及一个月期满，如查看系正当营业，俄外交科方准延期。在第一次所发临时照内加以延期字样，或三个月、六个月、八个月不等，收费五卢布五戈比。如华侨在俄境居住一年半，即十八个月以上，并有正当职业未经间断，而能呈验新条例所列之各种证明及捐单等者，则俄外交科方准发给一年期之居照。华侨领得居留照后应即日赴该管警署登记，否则查出，科以十元以上罚金。又华侨所领居留照如届期满，应于未满期前一星期赴俄外交科请求延期，则该科缴费办法如前。若距期满仅余三四日赴外交科，则该科处以五卢布之罚金。如照期满后过三四日始赴外交科请求延期，则该科处以七八卢布以下之罚金。此系俄阿省发给华侨居留照之大概办法也。参照此例，对于俄罗斯侨民居留执照拟照旧瑷珲交涉署制印空白执照发给所属警察机关填发执照，期限上照俄方分临时、长期两种。临时照系一个月、三个月、六个月、八个月等项，长期照则以一年为限。初至中国俄国侨民请领居留照，先发给一月期之照，期满后查有正当职业，再准换给三个月、六个月、八个月等临时照。若继续留居一年半后方准发给一年期之长期照。不论临时长期，一律收照费大洋六元，贴印花一元，共七元。如执照期满，应于七日前换领新照，逾期换领，都处以十元

---

① 黑河市爱辉区档案馆藏：瑷珲县公署民政类，第784卷"为转解俄侨执照工本费附外侨居留暂行章程"。

之罚金。其余手续拟仍照从前钧署所定"俄罗斯侨民注册领照细则"办理。此外，张寿增还提出，在为俄罗斯侨民办理出境证明方面，亦参照"俄境之华侨出境回华，请领出境签证，须先赴俄财政厅具领不欠捐之证明"办法执行。凡俄国侨民出境回国，须先向警察机关请发出境证明，然后持赴瑷珲交涉署，请领出境执照。前项证明即照俄阿省财政厅及警区两项证明收费，数目每纸酌将大洋一元，并贴印花一角，共一元一角，以昭公允。当年3月20日被黑龙江省长公署批准施行。黑龙江省署同时转发了《发给俄罗斯侨民居留执照暂行章程》[①]，规定俄人入境时须携带经中国驻俄使领馆签证护照，依护照内所载路线前往目的地点，不得中途无故逗留。到达目的地后限二十四时内向该地警察厅请领居留执照，依式填写申请，连同所携入境护照并本人最近相片呈交该地警察厅验发居留执照，随身携带，随时备验。居留执照有效时限为六个月，期满换给新照，年满十六岁以上子女必须单独另领居留执照。如移居或旅居，需到目的地之警察厅报明登记，如滞留超1月以上要向该地警察厅请领新照。每本居留执照收费国币3元，另加印花税1元，"但对于无国籍难民，呈经核定，酌予减免"。同时规定："应领照之外国人民倘经一有不遵章领照或逾期不换领新照，必即科以国币一百元以下之罚金，或处以一个月以下之拘留，仍须遵章分别领换执照。"

至此，中国政府对于侨民的管理才真正做到了有章可循。

四 登记注册办理居留执照

中国政府大规模为侨民办理居留执照是在1923年以后。黑河道于1924年4月发布当年第73号训令，令各地警署在填册的同时还要附相片，规定"其已有执照者毋庸填列，未有执照者务须将华俄文双行填列，并令各备四寸照片2枚，随册送所"。与此同时，黑河道署进一步下文规范了注册表格，要求填报表格时必须包括姓名、年岁、职业、入境年月、居住地等项，而且填报时还要同时使用华、俄文。

俄人领取居留执照要先写申请书。我们在爱辉县档案馆找到了一些俄

[①] 黑河市爱辉区档案馆藏：瑷珲县公署民政类，第784卷"为转解俄侨执照工本费附外侨居留暂行章程"。

国人申领居留执照的文件，可以了解到当时的情形。比如民国档案原卷号16671卷"调查俄罗斯侨民居留条件"卷：1923年12月17日，"具呈瑷珲县福和炉用工人俄人男女九名，今报贵警察所所长，请发执照居留。以下铁匠安得列伊·阿力捷米夫……9人谨呈"。警察所长批示："查外国人居留执照向由道署发给，本所职权不及，仰该侨人等递赴黑河道尹公署请领可也。"

还有俄国人的《领照申请》："俄人巴拉叙夫·米格莱等呈称，窃侨民向在江东居住，皆因受赤党搜杀，故畏死逃避华岸，现拟在瑷珲县境东四家子屯侨居，为人佣工糊口，恳请发给居留执照，以便安民。"针对于此，黑河道下令瑷珲县所属官员"照抄名单，查实办理"。

俄国人申请办理居留执照时，如无护照，则必须有中国本地居民或商号或屯长担保。

由保呈可以看到，移居中国的部分俄国人行踪不定，难于管理，所以，担保就成为中国政府允许居留的必须手段。

从当时的担保来看，主要有以下几种承保形式：

其一，由两名中国农民提供的担保，这种形式多在农村。但是在刘雨田呈送的保单中并不都是两人以上联合承保，而多是一人。这说明在政策的执行过程中还有从权的时候，是在找不到第二承保方情况下的一种权宜。而且中国保人可以同时为多人承保。在现存的档案中就可以看到为多人承保的情况，比如四道沟姚富会一人在1924年5月8日就为七名俄人出具了七张保呈。

其二，为屯长与同村稳妥之人联合承保，此可同时为多名俄人承保。

其三，由商号及店主承保。在早期保单中由一家商号承保就可以了，但民国十五年（1926）之后就必须两家联保了。

其四，由一般中国百姓与商号联合承保。

如果没能领到居留执照，对俄罗斯侨民而言就有被驱逐出境的危险。瑷珲县公署民政档案中保存有1923年5月份"瑷珲县警察第二区第一分驻所调查属境俄罗斯侨民一览表"，此表共计21人，其中无居留执照者7名，但具有正当职业，而且有人出具妥保。因此当地警署首先查验保据存根，并限令七人在一星期内到黑河署领执照，否则即驱逐出境。在后续资料中，6月份报表中七人声称已到黑河登记办理，手续尚未办妥；而到七月份，七人已不在列表中，显然是没有领到居留执照，被迫离境。

五 对移居中国的俄国人的日常管理

中国政府一系列管理政策的出台，使得政府可以清楚掌握移居中国的俄国人的情况。在户籍管理之外，中国政府对俄国侨民的居住、纠纷及日常生活，也出台了相应的管理措施，并且对俄国侨民加以照顾。

俄国侨民移居到中国后多数租住中国人的房屋，部分较富裕的则私自购买房屋等不动产。1924年5月28日，瑷珲区警察所宋所长向黑河道转呈俄籍波兰人夏宾斯克呈文，夏宾斯克于1924年2月到黑河在本城北沙家楼私自租妥楼房两间，拟在此久住。同时又呈报有2名俄商在本城购买房产私开店铺。此呈文奏上后，引起黑河道署的关注，主要原因在于外侨私自在黑河租住，理应对之加强管理，以维护国权。于是下令瑷珲县署对租住房屋的俄国侨民进行普查。1924年6月5日，瑷珲县警察第三区区官雷大声呈报了该区留居俄国侨民租赁房屋表（38户）如下：

表1　　　　　　　　瑷珲区留居俄国侨民租赁房屋表

承租人姓名（附洋文名字，今略）	职业	房主姓名	坐落地方	承租间数	承租价格	承租年限	订租日期
吉斯伊万那	工	张禄	奇克特	半间	年租10元	1年	十三年四月
五道刀吉米对拉	工	张禄	奇克特	半间	年租10元	1年	十三年五月
木拉耶茨伊万那	工	张禄	奇克特	半间	年租10元	1年	十三年五月
吉很什乌拉高夫	工	张禄	奇克特	半间	年租10元	1年	十三年五月
各拉沃夫阿力各山对	工	张禄	奇克特	半间	年租10元	1年	十三年五月
各洛道马舍一	工	张禄	奇克特	半间	年租10元	1年	十三年五月
别列月女克	工	张禄	奇克特	半间	年租10元	1年	十三年五月
西马林娜菲拉不	工	张禄	奇克特	半间	年租10元	1年	十三年五月

针对俄国侨民私自购买不动产的情况，黑龙江省政府下文，要求"土地、房屋限制典卖外国人，各项不动产契照不准抵押外国人以杜流弊"。当然，法令也不能完全限制住俄国侨民购买不动产，不过情况已基本得到了控制。

俄国侨民日多，纠纷也与日俱增。我们在档案中看到了部分纠纷的案卷，如民国十一年（1922）俄国人哈拉木夫状告被买羊草逾期不肯归传讯纠办案、俄国人布尔拉果夫被其伙伴伊万诺维奇等击毙身死卷、为严防俄新旧两党纠纷生事卷、俄国人保布过夫诉依福连德羁货不交案等、几乎每日都有纠纷案件发生。针对俄罗斯侨民之间的纠纷，中国地方政府基本上会采取灵活手段秉公处理。

俄国侨民移居中国后，中国政府在加强管理的同时也给予特殊的关照。如1920年10月1日，中国政府在停止驻华俄国公使、领事待遇的同时强调："凡侨居我国安分俄民及其生命财产自应照旧切实保护……各地侨居之俄国人民一切事宜，应由主管各部暨各省区长官妥为办理。"① 对此，当时的《远东报》记载："奉外交部训令，现已规定待遇俄侨办法，凡各省俄侨由该省交涉员详细调查，妥为保护。"②

黑龙江交涉员第九十八号训令："万国储蓄会呈称，兹有本行素识俄人瓦罗列耶·阔热聂夫斯基等拟赴黑河迎接家眷，出具保证，请为发给往返护照等情，经查属实，除缮给执照并分行保护外，合亟令该县即便遵照特饬所属一体保护，并随时注意，仍收出入境日期具报查考，切切此令。"

此训令表明，苏联稳定后，一些俄国侨民开始只身回国探听动静，一旦感觉安全了，就申请再次入境接家眷回国。还有一种情况是，俄国发生战乱后，一些俄国百姓把家眷送到"素识"的中国村镇避难，社会稳定后再申请入境接回家眷。对此，中方给予了积极配合，一方面迅速给办理往返护照；一方面派人给予全方位的协助和保护。

留居下来的侨民多为妇女，她们嫁给中国男人为妻，成为"归化民"。为更好地对之进行管理，民国十四年（1925）规定，俄妇为中国人之妻可发给证明入籍执照。为方便出行，同时发给外出旅行临时证明执照"以资便利"。

当时有部分俄国侨民加入了中国籍，但由于其特殊的体征，出行仍不方便，甚或受到诸多限制与盘查。为此，中国政府特地给他们办理了"加入中国籍入籍证明执照"。

正是由于中国政府的诸多努力，俄国侨民问题走上了规范化管理的道

---

① 《远东报》1920年10月2日。
② 《远东报》1920年10月21日。

路。正是有了这些具体的规范，对俄国侨民的管理才真正做到了有章可依，有典可据。与此同时，伴随着管理措施的逐渐规范，部分俄国人也取得了中国政府认可的国籍，身份从俄国侨民、无国籍难民变成了具有中国国籍的俄罗斯族人。

当然，从总量上看，当时加入中国国籍的俄人还不多，大多是无国籍侨民。直至20世纪五六十年代，才基本解决了无国籍俄侨的问题。

六　结论

综上所述，民国初期中国政府针对黑龙江边境地区的俄国难民和俄侨进行了较为有效的管理，有力地维护了国家主权，维护了边境地区的稳定。民国时期的黑龙江中上游边境地带基本稳定，没有因为俄国难民潮引发边动荡。大批俄国难民陆续归国或他迁，仍有相当一部分留居下来，成为今天黑龙江沿岸俄罗斯族或拥有俄罗斯血统的先辈。他们也成为中俄界江区域开发的建设者。

俄罗斯与拜占庭帝国交往中的两位女性[*]

孙丽红

（黑河学院，黑龙江黑河　164300）

摘　要：拜占庭帝国千年的历史对周边国家的文化具有深远的影响，俄罗斯的历史也深受拜占庭文化影响，本文选取了历史长河中两位杰出女性，从她们的经历中可以略窥俄罗斯与拜占庭的交往。她们一位是俄罗斯的精神之母女大公奥莉加；一位是拜占庭末代皇帝的侄女——索菲亚·帕列奥罗格公主，下嫁莫斯科大公伊凡三世，时任教皇试图通过这一手段统一分裂的天主教和东正教。这一图谋失败了，然而这一联姻，却给莫斯科公国带来了"第三罗马的天命"。两位女性至今依然影响着当代俄罗斯。

关键词：俄罗斯；拜占庭；女性

一　东正教在俄罗斯（苏联）的地位

人们在探究俄罗斯文化与俄罗斯灵魂深层奥秘时，都不可避免地追溯到东正教传统，本文选取了历史长河中两位杰出女性，从她们的经历中可以略窥俄罗斯与拜占庭的交往。同时她们两位对东正教传入俄罗斯及其发

---

[*] 孙丽红（1975—　）女，黑龙江黑河人，黑河学院教师，东北师范大学世界史专业博士，主要从事女性史研究。本文为2016年黑河学院引导项目YDP201606"苏联卫国战争时期女性贡献探析"及黑龙江省哲学社会科学研究专项项目7SSD209"女性主义史学视角下的反法西斯战争时期苏联女性贡献问题研究"阶段性成果。

展起了重要作用。

1988年，苏联在纪念罗斯受洗千年的纪念活动提出了"共同的文化，共同的母亲"的口号①，这种所谓"共同的文化和共同的母亲"实质上指的是东正教文化，可见东正教对俄罗斯影响之深。自"罗斯受洗"以来，东正教已经影响了俄罗斯千年，东正教与俄罗斯几乎是携手走过了它们共同的历史。

历史事实表明，即使在苏联时期，绝大多数俄罗斯人也没有放弃对东正教的信仰，这中间自然包括女性。值得注意的是，在宗教信仰上，女性的虔敬往往超过男性。也就是说，如果说东正教文化是俄罗斯（苏联）人的共同文化，这种文化是俄罗斯（苏联）人的思想根源，那么，俄罗斯女性所作出的贡献和表现出来的精神则主要来源于俄罗斯传统文化的塑造。

在1917年十月社会主义革命之前，东正教一直保持着俄国国教的稳定地位。董小川在《现代欧美国家宗教多元化的历史与现实》一书中认为，在俄国，早在伊凡雷帝时期，东正教的地位就不断得到巩固，异教徒遭到迫害。1504年俄国召开的宗教会议更是通过了根除异端的决议。按照19世纪30年代出版的《俄罗斯帝国法律大全》，"皇帝犹如基督教的君主一样，是宗教教义的最高捍卫者和保护人，也是笃信正教、遵守一切教规的监护人"。也就是说，沙皇不仅是教会的首脑，而且是宗教机构和信仰的最高权威。《法律大全》宣称，在俄罗斯帝国的领土上，东正教信仰占有"首要"的统治地位。当时，信仰东正教受到多方鼓励，而退出东正教则被视为刑事犯罪。尽管在1905年4月17日颁布的法令中规定俄国公民有选择宗教信仰的某种自由，但东正教的垄断地位丝毫没有动摇。可见，东正教在俄国的地位是根深蒂固的。在20世纪初期，俄国东正教僧俗神职人员队伍庞大。1912年，俄国共有教区教士110472人，而且有增长的趋势。十月革命以后，东正教在苏俄时代不如沙皇时代那么辉煌，到了苏联时期，共产党虽然奉行宗教信仰自由政策，但无神论的信仰还是导致国家对东正教持批判的态度。根据董小川教授的看法，十月社会主义革命以后，俄国的政治和宗教环境都发生了根本的变化，布尔什维克不但推翻了沙皇专制和资产阶级临时政府，建立了无产阶级专政，他们的无神

---

① 傅树政、雷丽平：《俄国东正教教会与国家》，社会科学文献出版社2001年版，第1页。

论信仰还注定了宗教在这个新国家是不受欢迎的,无产阶级政治第一的原则注定了任何宗教只能处于服从或忍让的地位。[1]

在苏联卫国战争期间,由于战争的需要,政府对东正教的政策有所缓和。1941年6月22日,莫斯科都主教塞尔基发表牧函,把东正教与苏联国家联系在一起,要求信徒投入到保卫祖国的战斗中去。1943年9月,斯大林和苏联外长莫罗托夫在克里姆林宫接见了塞尔基、阿列克斯基和尼古拉等都主教,并承诺改善教会的环境。于是,遍布全国的成千上万的东正教会重新开启,其他宗教的地位也有所提高并正规化,新教组织开始建立,穆斯林也设了4个宗教理事会。官方对宗教态度变化的主要原因是汲取了苏联西部的经验教训。在那里,纳粹占领军重新开启了教堂,拥有众多的信徒。这种虔诚的表现使斯大林看到了允许信仰自由的好处。在新的宗教自由的环境下,东正教被赋予了特权地位,教会可以出版月刊,都主教的信函可以在政府的报纸上发表,1944年4月塞尔基都主教逝世后,阿列克斯基等人写信给斯大林,强调塞尔基的爱国情怀,并说以后的主教都将一如既往地将斯大林奉为"上帝赐予的领袖"。他承诺说:"我们对您领导的祖国和国家的忠诚永不改变。"[2]

苏联解体以后,东正教在俄罗斯的地位可以用"卷土重来"来表述。据说,俄国目前号称有7000万东正教教徒。尽管苏联采取了敌视甚至迫害宗教徒的政策,但由于俄国历史上宗教信仰的传统,以及外部势力对苏联的宗教渗透,自20世纪60年代以后,苏联信仰宗教的人数开始回升,到80年代已经超过了人口的一半以上。[3]

刘祖熙在《夏日堂史集》一书中认为,"东正教是俄罗斯文明的精神支柱,专制制度是俄罗斯文明的政治核心,农奴制是俄罗斯文明的经济支柱"[4]。这就是说,对于俄罗斯民族来说,东正教不仅仅是一种信仰,更是一种精神食粮。从文化角度看,某种程度说,俄罗斯文化就是东正教

---

[1] 董小川:《现代欧美国家宗教多元化的历史与现实》,上海三联书店2008年版,第138—139、140、160页。

[2] Geoffrey A. Hosking, *Church, Nation and State in Russia and Ukraine*, pp. 314–315,转引自董小川《现代欧美国家宗教多元化的历史与现实》,上海三联书店2008年版。

[3] 董小川:《现代欧美国家宗教多元化的历史与现实》,上海三联书店2008年版,第141页。

[4] 刘祖熙:《夏日堂史集》,人民出版社2007年版,第2页。

文化。

二 俄罗斯与拜占庭帝国交往中的女性——基辅女大公奥莉加

十月革命前的俄罗斯有千年的历史。在那段历史中，女性与男性一起经受着严酷自然条件的考验和频繁的战争之苦。战争的胜利与失败都与俄罗斯女人的付出密切相关。"历史证据证明男性经验不是衡量人类标准的尺度，而是男性和女性的；男性不是世界的中心，而是男性与女性同在。"[①] 在俄罗斯妇女被称作"弱势性别"[②] 是最不公正的。根据俄罗斯的《往年纪事》记载，美丽聪慧的基辅女大公亲赴拜占庭受洗。在罗斯受洗之前成为基督教徒。

沿着俄罗斯早期历史的脉络追寻，俄罗斯的第一个伟大女性应该是基辅女大公奥莉加，是她开启了俄罗斯女人执政的先河，基辅女大公奥莉加早在955年就受洗成为东正教徒，被称为俄罗斯的"精神之母"。在丈夫死后，她独自照顾孩子，走出小家，管理国家，显示出卓越的政治才能，成为俄罗斯历史上勇敢智慧的杰出女性代表。

奥莉加女大公受洗成为东正教徒，影响了她的孙子弗拉基米尔一世后来的国教选择，后者则使俄国接受了东正教为国教，史称罗斯受洗。

俄罗斯接受了东正教，东正教在俄罗斯得以保存。俄罗斯接受东正教有很多传说，一个传说是当时俄罗斯与拜占庭的商业关系非常密切，拜占庭内部叛乱，寻求俄罗斯大公的支持。弗拉基米尔大公趁机向拜占庭提出一系列条件，拜占庭全部接受，但拜占庭也向弗拉基米尔大公提出一个条件：俄罗斯必须信仰东正教。由此东正教开始传入俄罗斯。另一个传说是弗拉基米尔大公看到周围的世界有犹太教、伊斯兰教、天主教，认为俄罗斯也应当信仰某一宗教。他徘徊不定，一个希腊人说服了大公，他劝说大公信仰东正教，大公派使者出去考察，考察结果是拜占庭的宗教教堂及仪式非常豪华，拜占庭的豪华吸引了大公，重要的是祖母奥莉加女大公亲赴

---

① Gerda Lerner, The Creation of Patriarchy, pp. 5, 13.
② 俄语中"слабый пол"直译为"弱势性别"，指女性。而"сильный пол"直译为"强势性别"，指男性。

拜占庭受洗，他认为东正教体现了大公的权威与威望。基于以上种种因素，他选择了东正教。

来自拜占庭的东正教，也曾遭受了一系列的压迫：先是受到蒙古族的侵略，蒙古的入侵被俄罗斯认为是他们文化的黑暗时代，他们在蒙古的统治下错过了基督教世界的宗教改革，后又不断受到邻国丹麦和瑞典的入侵。经历了数百年的混乱时代，到彼得一世时期才真正开始了"改革开放"，向西方学习，成为文化和经济上的强国。在此过程中，来自拜占庭的东正教起到了建立民族文化、统一思想、协助建立君主体制、协助完成民族文化的精神特质，所以彼得大帝改革和后来的发展，与来自拜占庭的东正教的影响是分不开的。

"罗斯受洗"意义非凡，1988年，苏联在纪念罗斯受洗千年的纪念活动中提出了"共同的文化，共同的母亲"的口号，[①] 这一口号明确地告诉世人，即便是苏联也开始承认俄罗斯东正教文化是俄罗斯人的文化，包括苏联人。可见东正教对俄罗斯影响之深。自"罗斯受洗"以来，东正教已经影响了俄罗斯千年，东正教与俄罗斯几乎是携手走过了它们共同的历史。

如果说俄罗斯女性在历史上曾经在许多方面表现得令人钦佩，那么最为突出的就是女王公和女沙皇。回顾历史，在彼得大帝之前有位著名的女性在俄罗斯历史上留下了光辉的形象，她就是945—962年执政基辅罗斯、推动基督教在古罗斯传播与发展的女王公奥莉加，她在丈夫被害后，走出小家，服务国家。奥莉加在管理国家的过程中，显示了卓越的政治才能。并且早在"罗斯受洗"之前成为基督教徒。她被誉为俄罗斯的精神之母。她以女性执政者的身份在俄罗斯的历史上留下了印记，对后世产生了深远的影响。

根据俄罗斯学者的记载，女大公奥莉加首开女性执政先河后，俄罗斯历史上又出现了五位女性统治者，她们分别是叶卡捷琳娜一世[②]、安娜·伊万诺芙娜[③]、安娜·列奥波利多芙娜[④]、伊丽莎白·彼得罗芙娜[⑤]和叶卡

[①] 傅树政、雷丽平：《俄国东正教教会与国家》，社会科学文献出版社2001年版，第1页。
[②] 叶卡捷琳娜一世（1684—1727），1725—1727年为俄国女皇。彼得一世的第二个妻子。
[③] 安娜·伊万诺芙娜（1693—1740），1730—1740年为俄国女皇。彼得一世的侄女。
[④] 安娜·列奥波利多芙娜（1718—1746），1740—1741年因其子沙皇伊凡六世年幼由她执政统治俄国。伊凡五世的孙女。
[⑤] 伊丽莎白·彼得罗芙娜（1709—1761/62），1741—1761年为俄国女皇。彼得一世之女。

捷琳娜二世。①

  根据俄罗斯学者的研究，著名的伊丽莎白·彼得罗芙娜是欧洲历史上最早废除死刑的女皇。叶卡捷琳娜二世具有卓越的政治才能，她是俄罗斯历史上执政时间最长的统治者之一。叶卡捷琳娜二世被认为是彼得大帝的继承者，她具有创造性和杰出的统治能力。在对内政策上她先后颁布了一些相对自由的政策法令。在经济上，从18世纪后半期开始，俄罗斯形成统一的市场，国家各个地区间的商业联系也逐渐扩大。与此同时，俄罗斯积极发展与其他国家的政治往来和贸易关系，这些政策使俄罗斯成为当时欧洲最强大的国家之一。叶卡捷琳娜二世统治期间还大规模地对外扩张领土，俄罗斯的国家版图得到极大的拓展。此外，叶卡捷琳娜二世进行了教育体系改革，使女性受教育的机会比此前有了显著提高，更难能可贵的是当时还出版了俄罗斯最早的女性杂志。叶卡捷琳娜二世十分喜欢法国启蒙思想家伏尔泰、狄德罗、孟德斯鸠等人的著作，并与他们有过书信往来，甚至在他们身处逆境困难重重的时候购买他们的作品以帮助其渡过难关。根据俄罗斯著名历史学家瓦西里·奥西波维奇·克柳切夫斯基的说法："从彼得大帝时开始俄罗斯人刚刚敢于把自己看成为人，而且还并不认为自己是真正的欧洲人，在叶卡捷琳娜二世时期俄罗斯人不仅感到自己是人，而且似乎感觉自己是最早的欧洲人……因此人们没有顾及她对外政策的失误，也不再考虑其对内方针的不当。"②

  从上面介绍的俄罗斯历史上女王公和女皇的政治业绩看，历史上俄罗斯的伟大女性主要是王公贵族，而不是承担养育后代、照料家务等活动的平凡女性。

  上面所说的俄罗斯伟大女性都是东正教信徒，是俄罗斯的精神之母奥莉加女大公的精神传承者。从文化角度看，她们又都很重视俄罗斯文学与艺术的发展，保护以东正教文化为特征的俄罗斯文学艺术的文化守护者。

  俄罗斯与拜占庭帝国交往中的杰出女性——基辅女大公奥莉加被称为俄罗斯精神之母，其地位、作用从以上历史可以略窥一斑。

---

① 叶卡捷琳娜二世（1729—1796），1762—1796年为俄国女皇。
② 上述资料详见谢春艳《俄罗斯文学中的圣徒式女性形象》，黑龙江大学，博士学位论文，2006年，第1—4页。

三 俄罗斯与拜占庭帝国交往中的女性——拜占庭末代公主索菲亚·帕列奥罗格

奥莉加女大公开始接受基督教和"罗斯受洗"奠定了俄罗斯文化的西方渊源，而13世纪蒙古的征服则开始了俄罗斯社会的东方化历程。蒙古征服所导致的专制主义、农奴制度、亚细亚生产方式，使俄罗斯文化带有浓厚的东方色彩。血统使他们既融不进西方又回不了东方。拜占庭末代公主索菲亚·帕列奥罗格对俄罗斯的精神贡献无异于雪中送炭。

1469 年，君士坦丁堡陷落后 16 年，一个不速之客千里迢迢到达还很简陋的莫斯科。奉教皇保罗二世之命，在拜占庭帝国灭亡时逃往西方的拜占庭末代皇帝的侄女——索菲亚·帕列奥罗格公主，下嫁莫斯科大公伊凡三世。教皇试图通过这一手段统一分裂的天主教和东正教。但这一图谋失败了，然而这一联姻，却给莫斯科公国带来了第三罗马的"天命"。

罗马帝国后期分裂为东罗马帝国和西罗马帝国，西罗马帝国灭亡后东罗马帝国继续残喘，后来大家将其称为拜占庭。拜占庭东边有穆斯林敌人，西边有天主教入侵者，只能与同为信仰东正教的俄罗斯结盟。拜占庭末代公主索菲亚戴着拜占庭帝国威严的双头鹰徽记嫁到了俄罗斯。俄罗斯大公娶了东罗马帝国的末代公主。自此俄罗斯将双头鹰图案引入自己的国徽。

大公伊凡三世迎娶拜占庭帝国末代公主索菲亚后，莫斯科公国便以拜占庭帝国的继承人自居，大公于是以罗马皇帝的女婿自居，自称"沙皇"，意即"恺撒"。将索菲亚带来的拜占庭象征双头鹰奉为国徽，以显示自己是古罗马帝国的合法继承者。

在学者乐峰《东正教史》中记载，伊凡三世与拜占庭索菲亚公主之子瓦西里三世（1505—1533 年）在位时，一位修道院院长老费洛伊上书称："虔诚的沙皇注意这事吧！两个罗马衰亡了，第三个罗马——莫斯科屹立着，可是不会有第四个罗马了。我们全体教会在您的强大公国中，现在以笃信宗教而在普天下闪耀着光芒，其光亮胜过太阳；所有东正教王国集结在您的独一无二的公国之中；在整个地球上，只有您是基督教沙皇。"

在拜占庭被土耳其消灭之后，前后两个罗马帝国已经灭亡了。公主索菲亚的下嫁，使"莫斯科——第三罗马"成为俄国的官方学说的依据。其主旨在于强调罗马帝国和第二罗马帝国（东罗马帝国）皆因对上帝的不忠而灭亡，莫斯科将成为第三罗马，担负起拯救全人类的使命。而莫斯科大公国以及后来的俄罗斯帝国，就是拜占庭帝国遗产的继承者。

"沙皇"也成为自伊凡三世起历任莫斯科大公努力谋求的、证明其为罗马帝国合法继承人身份的称号。俄语"Царь"（沙皇）来自拉丁语"Caesar"的转译，原指古罗马皇帝恺撒。伊凡三世时就用过这个名号，而首位得到东正教主教加冕的俄国沙皇是其孙伊凡四世。而罗斯人普遍信奉的东正教，其首领正是驻节君士坦丁堡的君士坦丁堡大牧首。此时也正处于奥斯曼土耳其的统治之下。作为继承人，驱走异教徒、光复君士坦丁堡的使命感促使俄国在崛起后非常疯狂地侵攻土耳其，其背后也有一定宗教解放的意味。

俄罗斯占据法统，此后历代俄罗斯统治者，他们自诩为东罗马帝国的继承人，所以俄罗斯自称为第三罗马帝国，以罗马帝国的徽章双头鹰作为国徽，在彼得大帝以前俄罗斯人有非常强烈的民族优越感，就是因为俄罗斯是第三个罗马帝国。

四　东正教对俄罗斯（苏联）女性的影响

奥莉加女大公开始接受基督教和"罗斯受洗"后俄罗斯经历了相当长的东正教化过程，俄罗斯的东正教是与本土的多神教妥协后的东正教，俄罗斯的思想家对自身文明的双重性有深刻的认识。别尔嘉耶夫也说："俄罗斯既不是纯欧罗巴的，也不是纯亚细亚的，俄罗斯是世界上的一个完整的部分，一个巨大的东方—西方世界，它把两个世界连接起来了。在俄罗斯的灵魂中总有两个因素——东方的和西方的——在打架。"[①] 在这样的矛盾中形成了斯拉夫派和西方派，赫尔岑曾把斯拉夫派和西方派视为具有两副面孔的、朝着不同方向的伊阿诺斯或双头鹰，他们共有一颗心

---

① ［俄］别尔嘉耶夫：《俄罗斯思想》，雷永生译，生活·读书·新知三联书店1995年版，第7页。

脏，其中涌动的是对俄罗斯的爱。①

本土化的东正教深刻地影响了俄罗斯女性。

从词性看，俄罗斯这个词是阴性的，其含义确实有哲学家提出的俄罗斯是女性的民族、日耳曼民族是男性的民族的味道，这意味着俄罗斯国家原本是女性的化身，或者说没有俄罗斯女人就没有俄罗斯祖国。女性为什么更容易接受宗教，法国学者西蒙·波娃在其著作《女人是什么》中谈到，妇女是教会中的一张王牌。恩格斯说："基督教拨动的琴弦，必然会在无数人的心胸中唤起共鸣。"② 女性很容易被宗教拨动心弦，对宗教表现出"巨大的接受力"，有人认为这是女性的天性所决定的，也有人认为这是女性愚昧的表现，这或许有一定的道理，但并不足以说明问题。女性皈依宗教，成为虔诚的信仰者，有其深刻的历史、社会、认识、心理等诸方面的原因，正如西蒙·波娃所说的，如果妇女非常愿意接受宗教，归根到底是因为宗教满足了内心深深的需要。

小结

拜占庭帝国千年历史对周边文化具有深远的影响，俄罗斯的历史深受拜占庭文化影响，本文选取了历史长河中两位杰出女性，她们的经历可以略窥俄罗斯与拜占庭的交往。她们一位是俄罗斯的精神之母女大公奥莉加，作为首位信奉东正教的俄罗斯历史上的女性统治者，对东正教后来成为俄罗斯的国教，她功不可没！一位是拜占庭末代皇帝的侄女——索菲亚·帕列奥罗格公主，下嫁莫斯科大公伊凡三世，时任教皇试图通过这一手段统一分裂的天主教和东正教。这一图谋失败了，然而这一联姻，却给莫斯科公国带来了"第三罗马的天命"，以前俄罗斯人有非常强烈的民族优越感，就是因为俄罗斯是第三个罗马帝国。

两位女性至今依然影响着当代的俄罗斯，她们在俄罗斯与拜占庭之间建立的历史联系影响了过去的俄罗斯也影响着今天的俄罗斯。今天，索菲亚公主带来的拜占庭象征——双头鹰仍被奉为现代俄罗斯的国徽。拜占庭特征的文学艺术在俄罗斯得以传承，东正教文化成为俄罗斯文化重要标志。

---

① ［俄］赫尔岑：《往事与随想》，项星耀译，人民文学出版社1998年版，第190页。
② 《马克思恩格斯全集》第19卷，人民出版社1972年版，第336页。

俄罗斯正教会的形成和发展[*]

徐家玲

(东北师范大学历史文化学院,吉林长春 130024)

摘 要: 本文梳理了俄罗斯国家建立早期从拜占庭接受东派基督教的简要历史。概述了早期俄罗斯教会和俄罗斯宫廷追随拜占庭帝国的模式创立自己的教会模式和宫廷礼仪模式的历史过程,并强调俄罗斯帝国称霸世界,实现"第三罗马帝国"的野心,正是承袭于拜占庭—罗马帝国的历史幽灵。

关键词: 俄罗斯正教会;形成;发展

一 俄罗斯正教会的初建

俄罗斯的历史开始较晚,据俄罗斯最古老的编年史《往年纪事》记载,俄罗斯国家直到9世纪中期才真正形成,其创建者为诺曼人(当时被称为瓦兰人[①])军事首领留里克,最早建都于波罗的海城市诺夫哥罗德。留里克逝世后,其亲属奥列格(880—912年)自诺夫哥罗德南下基辅,建基辅罗斯(832年)。其时,俄罗斯人还没有摆脱原始的部落宗教

---

[*] 本文主体部分是徐家玲主编《世界宗教史纲》(高等教育出版社2007年版)中的一节,原作者徐家玲。

[①] 亦译为"瓦良格人"(朱寰:《世界中古史》,吉林人民出版社1981年版)"瓦利亚基人"(马克思《十八世纪外交史内幕》)主要指以瑞典为基地、往来于"瓦希大水路"经商的北欧人,历史上也被称为"罗斯人"。

的影响，文化水平也十分低下，被拜占庭人视为"蛮人"。①

基辅罗斯与拜占庭有着频繁的商业和军事往来，最早进入罗斯的传教士据说是福修斯委派的一位大主教（964年），但受到罗斯统治者的抵制。伊戈尔统治时期，俄罗斯人两次对拜占庭进行军事进攻（941年、944年），争得了在君士坦丁堡自由贸易的一些特权。两国来往更加频繁。俄罗斯女大公奥莉加还访问过君士坦丁堡，并在访问期间皈依了东派基督教。据《往年纪事》载，拜占庭皇帝君士坦丁七世意欲娶她为妻，但被她巧妙地拒绝了。她强调，是君士坦丁七世主持了她的洗礼，她尊称他为教父，父女是不可以结婚的。后来，她还强势且不失礼貌地拒绝了拜占庭皇帝要罗斯向拜占庭纳贡送礼的要求。②但她试图使罗斯改宗基督教的愿望没能实现，因为信奉多神崇拜的罗斯首领、她的儿子基辅罗斯大公斯维雅托斯拉夫拒绝接受她的劝导，顽固地"按照多神教的习俗生活"③。969年，奥尔加在基辅去世，她的司祭为她举行了基督教的葬礼。《往年纪事》的作者热烈地赞扬奥尔加，说她"像太阳喷薄欲出的朝霞，像白昼来临前的曙光"、是"信奉基督之邦的先驱者"、是第一个进入天国的罗斯女性。④

在奥尔加的孙子弗拉基米尔时期（980—1015年），拜占庭发生了贵族叛乱。以巴尔达·福克斯兄弟为首的贵族党在小亚细亚组织了军事贵族叛乱，向皇帝瓦西里二世发难；同时，保加利亚人也在向拜占庭发起进攻。应拜占庭要求，罗斯大公弗拉基米尔兴兵帮助了瓦西里，交换条件是罗斯大公将皈依基督教，并迎娶瓦西里的妹妹、希腊公主安娜为妻。叛乱平息后，拜占庭皇帝在罗斯大军压境的情势下，被迫履行诺言，为安娜公主和弗拉基米尔大公完婚。弗拉基米尔大公则在婚前率领其亲兵在第聂伯河接受了希腊派基督教的洗礼。但在俄罗斯编年史《往年纪事》中则强调罗斯大公在决定接受东派基督教教仪之前，有当时地中海世界各地的各

---

① "蛮人"一词源自希腊语，英语作"barbarian"，原意是"那些哇啦哇啦讲话的人"（意为语言不通）。但从我国有"希波战争"的译本之后，一直将其译作"蛮族"，其实并不那么贴切，本着约定俗成的原则而已。

② ［俄］拉夫连季编：《往年纪事》（中译本），朱寰、胡敦伟译，商务印书馆2011年版，第49—51页。

③ ［俄］拉夫连季编：《往年纪事》（中译本），朱寰、胡敦伟译，商务印书馆2011年版，第51页。

④ ［俄］拉夫连季编：《往年纪事》，朱寰、胡敦伟译，商务印书馆2003年版，第57页。

派宗教使者（包括罗马天主教和犹太教）来罗斯宫廷传教，大公举棋不定，遂派使者考察了东西派诸多宗教及教派，包括伊斯兰教、犹太教、罗马大公教会等。《往年纪事》中描述了莫斯科大会的这一选择过程：

　　信奉伊斯兰教的保加尔人劝俄罗斯大公弗拉基米尔接受伊斯兰教，大公对伊斯兰教的多妻制感兴趣，但不能接受伊斯兰教的饮食禁忌和割礼，所以放弃了。[①]

　　罗马教宗派人来传教，弗拉基米尔听了他们的说教，特别是"斋戒是力所能及的"因为保罗说"如果谁有喝的或有吃的，那全归功于上帝"，弗拉基米尔说："你们从哪里来就回哪里去吧，我们的先辈没有接受过这样的宗教。"[②]

　　可萨人劝说他接受犹太教，但当他听到犹太人实行割礼，不吃猪肉和兔肉，要信守安息日，且还没有真正的国土。亦否定了这一宗教。[③]

　　公元987年，弗拉基米尔召集群臣和各城长老，说明了自己的想法，他喜欢希腊人的宣教，说"他们谈吐明哲，引人入胜，谁都喜欢听他们的讲解"，并对基督教中所宣扬的人死后复活、永生的观念甚有兴趣。随后弗拉基米尔又派出使者到各地考察，使者们回复说，在希腊的教堂中，"不知道是在天上还是在人间，因为在人间从没见过这种奇观，如此美妙的场所"，他们"无法忘怀那种美妙景色，因为任何人如果尝过甜的，就再也不会去吃苦的了……"君士坦丁堡圣索菲亚大教堂的壮丽辉煌、君士坦丁堡皇帝的威严，使之感觉到，东派基督教会更适合俄罗斯民族。于是，大公决定接受东派基督教教仪。[④] 在驱使自己的臣民和亲兵在第聂伯河接受基督教洗礼之后，弗拉基米尔下令拆毁了斯拉夫人曾经崇拜的众神祭坛和神庙，建立了教堂，并挑选了一批贵族家庭的子弟去接受基督教的经学教育，使他们成为罗斯基督教会中最早的一批骨干。[⑤]

　　事实上，后来的俄罗斯正教会和俄罗斯宫廷都仿效了希腊正教会和拜

---

① ［俄］拉夫连季编：《往年纪事》，朱寰、胡敦伟译，商务印书馆2003年版，第70—71页。
② ［俄］拉夫连季编：《往年纪事》，朱寰、胡敦伟译，商务印书馆2003年版，第71页。
③ ［俄］拉夫连季编：《往年纪事》，朱寰、胡敦伟译，商务印书馆2003年版，第71页。
④ 王钺：《往年纪事译注》，甘肃民族出版社1994年版，第198—199页。
⑤ ［俄］拉夫连季编：《往年纪事》，朱寰、胡敦伟译，商务印书馆2003年版，第96—97页。

占庭帝国的礼仪制度。随后，罗斯的教会和教堂也陆续兴建起来，俄罗斯国家逐渐实现了基督教化。

基辅罗斯的正教会附属于君士坦丁堡牧首，其首席主教也由牧首指派希腊人担任，但其下级主教和牧区的神职人员则由斯拉夫人担任，甚至有犹太人基督徒和叙利亚人。与此同时，基辅教会同西方罗马教会也保持着一定的联系。

二 蒙古征服之后的俄罗斯正教会

1239年，蒙古征服者的铁蹄踏遍了俄罗斯大地，俄罗斯各公国沦于蒙古帝国统治之下（1239—1480年）。此间，俄罗斯正教会成为保存俄罗斯民族意识的温床。教会的独立性也日益加强。1325年，基辅大主教决定把主教座迁至莫斯科公国的领地上，从而使莫斯科的政治地位提高，最后成为领导俄罗斯民族反抗蒙古统治的中坚力量。这一时期俄罗斯教会也发展起辉煌的宗教艺术，进入其宗教艺术的"黄金时代"。

15—16世纪，是俄罗斯沙皇专制帝国形成时期，先后登上莫斯科大公宝座的伊凡三世（1462—1505年在位）、瓦西里三世（1505—1533年在位）和伊凡四世（1547—1584年在位）不断加强中央集权，消灭封建割据，终于在瓦西里三世时摆脱了蒙古人的统治，实现了俄罗斯独立和王权的统一。东正教会则成为俄罗斯实现统一和称霸欧洲的精神支柱。1453年君士坦丁堡陷落，东正教君士坦丁堡的牧首被土耳其人"保护"和控制，东正教会遂把"复兴"东正教的希望寄托在伊凡三世的身上。伊凡三世也因迎娶了拜占庭末世皇帝的侄女索菲亚·巴列奥列格为妻，自认为是拜占庭（第二罗马）的正统继承人，从此为自己树立了统一全俄罗斯，建立东正教大帝国的宏伟目标，并在积极向外扩张和镇压基督教"异端"的活动中与东正教会结成同盟。

到了瓦西里三世时期，莫斯科大公更加当仁不让地宣称自己是"统治全俄罗斯领土的君主之君主"，俄罗斯正教会的神职人员菲洛费也公开称颂"莫斯科是新的罗马帝国""是罗马和拜占庭的精神和物质遗产的继承者"，莫斯科大公"命中注定是这个基督教帝国的领袖"。一个叫普斯柯夫的修士甚至提出了俄国将成为"第三罗马帝国"，强调莫斯科正教会将是这个新罗马的教会,"与太阳争辉"①。他们相信,随着第一、第二罗马帝国的灭亡,第三罗马帝国当巍然屹立于俄罗斯的土地上,"第四个罗马帝国再不会出现"。

到了伊凡四世时期,这个"第三罗马"的宣言则成为俄罗斯对外扩张政策的信号。当伊凡四世正式加冕为沙皇时,俄罗斯的对外扩张就开始了。伊凡四世以东正教为旗帜,一方面向波罗的海一些信仰基督教的国家进攻;另一方面则击败了金帐汗国、克里米亚汗国、喀山汗国和阿斯特拉汗国,扩大了俄罗斯帝国的版图。但是,伊凡四世没能使俄罗斯教会摆脱君士坦丁堡牧首的控制。伊凡四世逝世后,在俄罗斯大贵族鲍里斯·费多诺维奇·戈东诺夫的努力下,俄罗斯正教会于1589年获得自主教会地位。

三　俄罗斯正教会的两次改革

1613年,在一场大规模的农民起义风暴之后,沙皇米哈伊尔·罗曼诺夫登位,建立了罗曼诺夫王朝。为了加强沙皇的权力,使俄罗斯正教会成为沙皇统治的精神支柱,1653年,在沙皇阿列克塞·米哈伊尔·罗曼诺夫(1645—1676年在位)的支持下,莫斯科牧首尼康进行了著名的"礼仪改革"。这次改革的目的是消除各地教会在宗教崇拜仪式上的差异,在教会内建立统一和集权。其内容有:1. 按照希腊正教原版《圣经》,修正俄罗斯正教经文,统一东正教祈祷词;2. 统一俄罗斯各正教会仪式,神职人员和教徒不能再用两个手指划十字,而是同希腊教会一样,用三根手指;3. 按照希腊风格样式绘制圣像;4. 举行礼拜式时,神职人员环绕教堂的礼仪不是自东向西,而是自西向东;5. 祈祷时不行跪拜礼,改行鞠躬礼;此处,还对于十字架的样式、唱赞美诗的遍数及行弥撒时的供奉进行了详细规定。尼康的礼仪改革受到了教会高级神职人员和大贵族的支持,但在教会下级人员中遭到抵制,许多教徒群众不肯改变旧有的习惯性的祈祷和礼仪方式。于是,教会内部产生矛盾和分裂,反对改革的一派从教会分裂出来形成"旧礼仪派"。后来,尼康因极力在改革中抬高教权、压制皇权而受到沙皇的排斥,被流放到俄罗斯北方的一所修道院中了却残生。但他的改革在俄罗斯正教会取得成功,成为俄罗斯正教礼仪所遵行的

---

① 张绥:《东正教和东正教在中国》,学林出版社1985年版,第140—141页。

原则。

17世纪末18世纪初，为改变俄罗斯经济落后、政治腐败、国力衰弱的局面，沙皇彼得一世（1682—1725年在位）决心进行全方位改革。在内政方面，他积极兴办工场、发展贸易，创办学校，改革军制、建立陆海军部队，加强中央集权。在外交上，发动对瑞典等北方国家的战争，夺取波罗的海出海口（1720年）；又南下与伊朗作战，夺得黑海出海口及阿塞拜疆、格鲁吉亚和亚美尼亚等中亚地区（1722年）。两次战争的胜利使俄国国力大增，在此基础上，彼得一世开始了他的教会改革。

彼得汲取以往教会牧首企图向沙皇夺权、居于沙皇之上的教训，在教会改革中致力于政治的严格控制，具体地说，就是限制牧首的权力。在经济上，彼得强化了国家对教会财产的控制，利用教会财富扩充国家的经济实力。这次教会改革运动虽然受到旧势力和正教牧首阿吉姆等人的反对，但最终还是取得了成功。1721年，沙皇宣布取消教会对皇权的独立，废除牧首制，设东正教事务管理局局长，置东正教会于沙皇管理控制下。在管理局长下设主教公会，进行集体领导，从而把东正教会变成国家机器的一个重要组成部分，把神职人员变为沙皇政府的附庸，把教会权置于沙皇直接控制下。从此，沙皇被称为东正教会的"最高牧首"和东正教义的"最高保护者"。

彼得一世还对东正教修会采取了限制、取缔的政策，以减轻社会负担，但他没能完全取缔所有的修道院，而是下令把一些修道院改成养老院。最后，沙皇彼得一世还采用种种措施使东正教会的神职人员时时处处歌颂和美化他自己，在社会生活中为沙皇效劳。他还特别要求神职人员在为平信徒行"告解"礼时窃取情报，把神职人员变成了沙皇的御用情报人员。从而将东正教会变成了沙皇手中的统治工具。因此，一些教会史上把沙皇1721年的改革敕令视为俄罗斯正教会成为沙俄国家教会的开端。

19世纪以后，沙皇政府继续实行对东正教的扶植、保护、发展和利用政策，并赋予东正教会种种特权，包括教育、传道、培养宗教后续人才、出版宗教书刊、进行对外宣传等，使东正教会成为旧制度的坚强捍卫者和一切革命运动的反对者及镇压者，在俄罗斯近代史上起到了遏制人民革命和社会进步的作用。

包容"异族人"的实践：19世纪俄罗斯文艺民族学家的平等意识

黄明慧

(华中师范大学历史文化学院，湖北武汉　430079)

摘　要：俄罗斯——一个横跨欧亚两洲的国家，自古以来就是东西文明交汇的热点。通过战争、商贸的形式，不同的族群之间彼此交流，丰富了俄罗斯的文化生活。本文透过探讨19世纪中叶后，由民族学与东方学带动而兴的研究观点，以及文艺民族学家实地探访"异族人"后的田野纪录与建言，进一步反思这项源自专业学科的贡献。始于1855年的民族考察任务，因为参与成员的背景迥异，其描述"异族人"的思路与风格以及普及的方式各有不同，但都促进并影响了阅众面对少数异族人的态度。当下的俄罗斯，多元族群共存的事实，提供各种他者在人们周遭立足生活的参照与论述；同时，也形塑出一种平等意识，让彼此之间的差异成为生态创新的利基。

关键词：污名；异族人；差异

19世纪的俄罗斯境内，少数民族问题成了政治舞台上的主调。这些非属斯拉夫族裔的同胞，随着帝俄向东拓展疆土的野心日增，以及民族学科的逐步建置，官方先以"他者"通称这些少数民族，却又在政治认同和税收的考量下，将之纳入"我辈"的范畴，个中机制，有其特殊的设想和运作方式。帝俄官方因政治利益的盘算，对诸多不见容主政当局的"异己"实施打压和排挤政策，或是推行"俄罗斯化"（Russification），避免少数民族因自决造成帝国的分崩离析。但另一方面，俄罗斯百姓自古以来在欧亚大陆的通道上经常遭遇不同人种、文化的经历，也促使其不断累积知识，并在生活中逐步建立了解彼此的方法和思维。

一　异族人：是"他者"，也是"我辈"

在俄国，"异族人"（inorodets）究其字根原指"非同类（rod）的人"，后逐渐被用来指称"根本地与众不同，且非属俄罗斯族的其他人口"。[1] 各家用以判别异族人"非我"的方式不同，早期以定居和游牧的生活形态作为区别差异的规则，如今已不能充当分辨彼此的标准。[2] 帝俄政府为了税收和司法的目的，必须依法赋予这些异族人一种身份，如此才能遂行法令。对帝俄当局而言，"异族人"的指称并无褒贬特定族群的用意，在法律面前，每一位都是当然的"国民"。随着帝俄版图日渐东扩，纳入行政管理的新国民人口也逐渐增多。[3] 然而，直到俄罗斯在俄日战争（1904—1905）中失利，俄国社会内部高喊族群和文化认同的氛围转浓，少数民族则沦为意识形态下的牺牲品；语言和信仰的差异，又成为区分他我的说词。

西方国家早期的海外殖民思想，并不适用于俄罗斯政府安置境内少数民族的政策上。观察帝俄的历史，那些他者并不是以"非我"的类别存在，而是以"共生"的概念被纳入体系。如俄国人种学家史坦伯格（Lev Shternberg，1861—1927）在对异族人进行观察和纪录的田调之后认为"种族、信仰或政治忠诚从来不是成为俄国人的先决条件"，只要能说俄语，就是真正的俄国人。[4] 这番言论的客观性极受肯定，但帝俄政府执行的成果却仍待检验。毕竟，仍有如卡塔诺夫（N. F. Katanov，1862—1922）

---

[1] Yuri Slezkine, *Arctic Mirrors: Russia and the Small Peoples of the North*, Ithaca: Cornell University Press, 1994, p. 53.

[2] 据考证，俄国最早用以管理异族人的法令条文由 M. M. Speranskii 于 1822 年制定。详见 *Ustav ob Upravlenii Inorodtsev Can be Found in Polnoe Sobranie Zakonov Rossiiskoi Imperii*, Vol. 38, No. 29126 (St. Petersburg, 1830). 关于 Speranskii 制定的规范，Marc Raeff 在其书中 *Siberia and the Reforms of* 1822 (Seattle: University of Washington Press, 1956) 有深入的讨论和分析。

[3] 在意识形态上被归纳成"异族人"的族群新成员，从3种扩增到13种类别，详见 "Inorodtsy", in *Entsiklopedicheskii slovar' Brokgauza i Efrona*, Vol. 25, St. Petersburg, 1894, pp. 224 - 225.

[4] L. Shternberg, "*Inorodtsy. Obshchii obzor*", in *Formy natsional'nogo dvizheniia v sovremennykh gosudarstvakh*, ed. by A. I. Kastelianskii St. Petersburg: Obshchestvennaia pol'za, 1910, p. 531. 相关俄文原文可见 *Elektronnaia Biblioteka "Nauchnoe Nasledie Rossii"*. http://www.e-nasledie.ru/ras/view/publication/browser.html? clear = true&perspective = popup&id = 43870022（last accessed 18 August 2013）.

的例子显示，一个专精突厥语研究的异族人，终究因为他的出身，无法被俄罗斯国家科学院接纳成为院士。① 对于沙皇政府而言，新国民的异文化背景和族谱身家并非帝国行政体系的重点关注；然而大斯拉夫族裔的传统优越感根深蒂固，不论是使异族人臣服、归化或融入的征服方式，都是一个漫长且艰辛的过程。尽管当局对于异族人的管理政策会随时局调整，但俄国民族学家面对差异的当下，立志实践众人平等的理想。同时，也不受目光所及暂时性的异同表现所影响，进而仓促地对人论定优劣。无论在帝俄境内推行这种意识和做法的成效如何，此番论点仍值得肯定。

受益于启蒙时代的理性思维，19 世纪的民族学强调以科学的方式进行研究。民族学者的田野经验，被视为主体有意识地共同参与建构和被观察者之间的对话，而非只针对特定"异他"的事实进行经验的阐述。美国人类学家博雅斯（Franz Boas，1858—1942）于 1897—1902 年间，主持并带领由当时美国自然历史博物馆馆长杰瑟普（Morris Jesup, 1830—1908）资助的"杰瑟普北太平洋考察团"（Jesup North Pacific Expedition）。根据记载，在考察探究过程中，每当遭遇未知领地的住民时，语言通常被作为辨识异族人的优先准则，而这套判别欧亚语种差异的系统分析，其实仍不免隐含狭隘的个人主观意识。对于以"欧洲中心主义"（Eurocentrism）的观点审视异国方言的态度，博雅斯认为不妥，并且忧心其可能导致的（语言）偏见。"欧洲中心主义"对于文化生活的诠释与评判，虽然传递出一套符合社会现状的规范与准则，但多数的认可不应抹杀少数例外的特殊与珍贵。博雅斯提醒着，应该转而留意多元文化可能带来的创新，而非将自己局限在标准化的常态里。对于任何一种"常态"的僵硬推断，都应该提高警觉，避免错译"非"常态可能透露关于异族人的"寻常"本质与真理。② 博雅斯的观点影响了一同参与考察团的俄国学者博格拉斯（V. G. Bogoraz，1865—1936）和史坦伯格。当时，两位俄国学者分别为流放楚科奇半岛和库页岛的政治犯，他们在参与"杰瑟普北太平洋考察团"工作期间，各自于被流放的所在地收集田野数据，并据以检视帝俄行政系统对异族人的管理措施，同时揭露其中的弊端和陋习，

---

① 参见 Robert P. Geraci, *Window on the East: National and Imperial Identities in Late Tsarist Russia* 专书第 9 章 "Nikolai F. Katanov: *Inorodets* in the Russian Academy", pp. 309 – 341.

② Roman Jakobson and Franz Boas, "Franz Boas' Approach to Language", *International Journal of American Linguistics*, Vol. 10, No. 4 (Oct., 1944), pp. 188 – 195.

以便作为帝俄政府日后改革民族政策的参考与依据。

民族学研究的风潮，扭转了当代人对异族人的观感与诠释。对于周遭陌生人、事的探索，除了参照传统的观点加以检验之外，还须随着时代持续进化思维，避免落入褊狭的主观认知。面对"不一样"的人文风俗，人们不再单纯地否定和拒斥，而是将其视为另一种文化创新的案例。这股风气不仅带动新一波民族志和文艺创作在实践上的手法与应用，也影响了民间大众面对"异常"的基本态度。

二 区辨：文艺民族学家的实践

1861 年发生于俄国的"农奴解放运动"（Emancipation Reform of 1861），被视为是造成社会阶层与生活形态剧烈变动的关键；突然倍增的独立农户，成了民族学家眼中描绘和纪录的绝佳对象。此外，城市建设和工业发展持续进行，社会结构的转变影响了各类人口（特别是少数民族和农民）的生活形态，这个契机也为民族学提供了茁壮发展的基础。民族学家利用这个时机，记录所有即将消失的传统、风俗，载明过渡时期的生活适应，供后继者参考研究。有系统地针对各地民俗风情展开搜集的任务始于 19 世纪 30 年代，其囊括的项目包含汇整民间的传说与词曲歌谣；到了 40 年代，再于俄罗斯皇家地理学会（Imperial Russian Geographical Society）下设立官方唯一的民族学研究部（Ethnographic Division），该部专研民族问题的成果于 90 年代中叶达到高峰；然而，直到 1918 年才于列宁格勒大学（今圣彼得堡大学）创立第一个隶属地理学研究院下的民族系所。

根据以往的经验，将生硬的官方统计资料转介给读者，作为大众熟悉各地民俗风情的方式，通常成效不佳。但始于 1855—1862 年间，由官方海事部（The Naval Ministry）筹资组成的一项"文艺考察团"（*Literaturnaia ekspeditsiia*），因参与的八位成员不同的专业背景，调查的结果反而有助于呈现帝俄多元的风貌。个别成员的分析与考察报告，通过定期刊物《海事选集》（*Morskoi Sbornik*）的出版流通，将帝国边陲的人文风俗转介到城市居民的生活中，让识字阶级同大众一同参与政府在偏乡地区的任务。这些被委任前往进行田调的成员们（*komandirovtsy*）又被称为"文艺民族学家"（literary ethnographer），职业包括作家、业余画家等。他们的考察报告深受当时文艺风格的影响,并以屠格涅夫(I. S. Turgenev, 1818—1883)《猎人笔记》(*Zapiski Okhotnika*, 1848—1852)与冈察洛夫(I. A. Goncharov, 1812—1891)《帕拉达护卫舰》(*Fregat Pallada*, 1853)的书写风格为鉴,真实地记录、呈现俄国农民日常生活中的多元与差异。迥异于19世纪前期的浪漫主义,文艺民族学家以生动的笔触描绘驻地特有的人文风俗,并掺杂些许个人对当地人、事观察后的建言与评价。他们在面对异文化的当下,浪漫的怀想被冲淡,取而代之的是对世局投射的殷切盼望。同时,他们亦深刻地体认到,抱持一视同仁的理想以实践社会平等,对于由多民族组成的俄罗斯帝国而言将至关重要。文艺民族学家对未来恳切期许的心情,透过文字刊物成功地散播到读者的门市厅堂。①

马克西莫夫(S. V. Maksimov, 1831—1901)是八位文艺民族学家中年纪最轻的一位,他的研究兴趣以地方语言和民间传说为主,受邀参与官方海事部民族考察任务期间,马克西莫夫远赴濒海的阿尔汉格勒斯克(Arkhangelsk)地区及白海(White Sea)沿岸考察民情。马克西莫夫冒着可能被当地住民视为沙皇政府密探的风险,期望通过深入交流以助开启对话。他从取自当地教会的档案资料推断,该地的住民以旧信徒(*Starovery*, Old Believers)为主,是17世纪俄国宗教改革之后,因教会分裂而被迫北迁的一支教派。这批旧信徒竭力反对新式改革,以生命捍卫固有的传统;而他们生活的共同记忆,则通过高立岑王子(V. V. Golitsyn, 1643—1714)②的事迹传递给后世。当地的人口组成除了北迁的旧信徒外,绝大多数的异族人多为芬兰—乌戈尔(Finno-Ugric)语系的人种。从相关的文献得知,19世纪的知识分子对极北沿海地区非斯拉夫住民的态度,是既尊重也包容。"从皮涅加河(Pinega)到克拉斯纳城(Krasnogorod)修道院的小路,每当高立岑王子漫步其上,他总是在村里稍坐,除了看居民跳着环形舞(khorovody),自己也教他们哼唱源自莫斯科的小

---

① 根据学者Catherine B. Clay研究,《海事选集》的销量成功地超越6万多份,在当时是令人满意的销售成绩,参见Catherine B. Clay, "Russian Ethnographers in the Service of Empire, 1856-1862", *Slavic Review*, Vol. 54, No. 1 (Spring, 1995), p. 53.

② 高立岑王子(1643-1714)在彼得大帝与其姊索菲娅的权力斗争过程中被波及,遭流放到今阿尔汉格尔斯克(Arkhangelsk)一带的Kargopol, Mezen和Kholmogory,终老一生。他是一位忠诚的旧信徒,也是一位受过教育的知识分子。

调"。① 马克西莫夫在阅读这些滨海的生活记录时发觉,在认知上,当地人对于俄罗斯"国民"与少数"异族人"的定义存在根本的歧义与冲突,而这些不相容的见解,是导致这些港口城市常发生骚动的原因。看着这些形色各异的庄稼汉辛苦勤奋,彼得大帝时期的田园风情在嘈杂的声浪中一闪而逝。② 文艺民族学家阿法纳西耶夫(A. S. Afanas'ev - Chuzhbinskii, 1817—1875)也书写过类似的边陲之地多元文化与信仰的景况。从宗教信仰的角度来观察,不只是东正教里新、旧教派的支持者,犹太教派、日耳曼天主教派、基督门诺教派或鞑靼伊斯兰信仰都在他的田野观察中留下记录。阿法纳西耶夫指出,人们习惯以旧信徒来标志那些保守、古老信仰的追随者,而忽略了那些个别的仪式其实隶属不同的文化传统,就算相似也不尽相同。因此,阿法纳西耶夫建议,倘若能进行一项兼容并蓄的政策,也许能消弭区辨他者的极端意识,进而达到帝国一统、族群融合的结果。③

从这些文艺民族学家驻地数月的报告中发现,渴望深入了解异地人民与风俗的行动和作为,虽然永远跟不上时局的变化,但这些持续的关注,却能将那些在遥远他处生活的异族人,真实地呈现在城市百姓的周遭,成为帝国共同记忆的一个组成部分。随着政策致力将个人与社会团体一并纳入行政系统管理,深入了解"异族同胞"的任务渐趋重要;也因为如此,"面向东方"(to the East)的新任务也开始筹备与推进。民族学的研究态度创造了一种氛围,早期对于异族人的浪漫想象,被追加了理性的观察,更燃起了知识阶级对于自由和社会改革的热情与希望。

三 东方作为设想"他者"的另类场域

关于"东方"(The Orient)的剖析,萨义德(E. Said, 1935—2003)的《东方主义》(*Orientalism*, 1978)经常被引述,供读者权衡各种评断他者的观点。权力和知识相互干预、纠葛的关系,影响他者于再现的过程中,被建构和解构的宿命。萨义德认为,西方国家对于东方的想象和呈

---

① S. Maksimov, *God na severe*, 3rd edition (St. Petersburg, 1871), pp. 588 – 590.
② S. Maksimov, *God na severe*, p. 615.
③ A. S. Afanas'ev-Chuzhbinskii, "Poezdka po nizov' iam Dniepra. (Prodolzhenie). (Levyi bereg) V. ot Kamenka do Aleshek", *Morskoi sbornik* XLIV, no. 11 (1859), neof., pp. 47 – 50.

现，很大程度上阻碍了东方对自己进行描述；双方在诠释所谓"东方"这个概念上的基本落差，让客观理解变得困难，也无法顺利开展对话。日积月累的误判和轻率，导致今日的仇恨与对峙，牺牲的多是无辜的生命；无法沟通的结果，造成西方各国对伊斯兰信仰的社会与人民持续嘲讽、敌视，也同时放任主张激进伊斯兰教义的圣战士，恣意杀戮。萨义德的东方主义提供了不同的思维和视野，他的论述暗示要寻求解套，跳脱被权力与政治所支配的困境，重新建立一种介于叙述文本和帝国殖民观点之间的"动态"交流。萨义德不讳言，划分"他"和"我"的界线，总挟带过多对于他者的假设、联想和推定。[1] 所谓的"文化秩序"（cultural order），其实是置外于他者而设立的标准，倘若将其适用于多人种的社会环境，这套标准便可能出现争议，一体适用的说法也让人存疑。

关于描述东方异地的人文风俗，早在蒙古（钦察汗国）统治俄罗斯的时期（1240—1480 年）便有记载，而喀山（Kazan）则是一处各种相异文化的交汇点。喀山虽然自 1552 年便被伊凡四世（在位期间 1547—1584 年）纳为统辖的领地，但该城市的人口组成至今还是以非斯拉夫族裔占多数，而其中又以鞑靼（Tatar）和楚瓦什（Chuvash）两个族群为大宗，属突厥语系，多信仰伊斯兰教。俄国东方学暨突厥学专家巴尔托德（V. V. Bartol'd, 1869—1930）曾在 1910 年针对帝俄政府实行少数民族语言政策的问题上提出个人的看法。他所主编的杂志《伊斯兰世界》（*Mir Islama*）中也同时论及，"本刊物视伊斯兰文化为一个复杂的历史现象，欲究其发展，不该仅视其信仰中有关教义和原则的问题。反之，必须尝试说明恪守伊斯兰信仰的人民，他们的生活形态实际上不只受信仰抽象的概念所影响，也主动或被动地受到各种文化和政治、经济情势所标定"[2]。

在俄国，东方学（*vostokovedenie*）的开端几乎与民族学的发展同时，却在 19 世纪晚期才逐渐成形。俄罗斯的东方学与欧美研究"东方"的殖民观点不同；俄罗斯东方主义研究的对象，不是关于"他们"的划界区分，而是关切"我们"的深入认识。萨义德的《东方主义》指出，19 世纪欧美的主流论述将东土（the Orient, 其实主要是近东地区 the near East, 今阿拉伯半

---

[1] Edward W. Said, *Orientalism*, New York: Vintage, 1979 [c1978], pp. 54 – 55.

[2] 参考 Bartol'd "Ot redaktsii 'zhurnala *Mir Islama*'", in V. V. Bartol'd's *Sochineniia*, Vol. 6 "*Raboty po istorii islama i arabskovo khalifata*" (Moscow, 1966), pp. 365 – 376.

岛上的国家）描绘成圣地，是一处充满异国风情的化外之地，吸引着人们探索并认识这片异域上的人物和历史。然而，萨义德未曾在其论述中提及"东土"之于俄国的意义，也不曾对俄国的东方学加以点评。但究其引据的经典，却能发现巴尔托德等俄国东方学学者的研究观点之于萨义德的影响；同时也可推测，俄国的东方主义现况不在萨义德所指责的层次里。[1] 俄罗斯的东方主义，不是萨义德批判传统欧美研究论述中的负面观点，而是随着研究学者的个人背景而生，一种面对原始住民及其与帝俄政府关系的客观诠释。[2] 在帝俄时期，西伯利亚相对于帝国首都（圣彼得堡）的位置而言，成为置放东方主义研究的最佳场域；作为一处曾经的蛮荒之地，西伯利亚转而成为孕育民主的摇篮，也是改革派向往平等的处女地。俄国政府与西伯利亚或中亚在风土民情的交流上，并非仅止于蜻蜓点水的接触，帝俄当局对"东土"（包含乌拉尔山以东的西伯利亚、中亚及远东地区）的态度和处置，不若萨义德批判欧美学者关于"东方"的研究那般肤浅。

对俄罗斯而言，那些投射在"东土"异族人的设想，并非将之视为次等的"异族"，而是"我辈手足"。每一项对于民族同胞多重意义的分析与解释，都因分析者的个人背景和学术历练而有所不同。相较于欧美东方学的研究与帝国主义的观点密切挂钩，帝俄的学者强调境内所有公民"和谐共存"的原则，以实现民族国家的愿望。尽管沙皇政府采取的手段不能全盘为人所接受，例如提倡并推行"自己的族人自己教"的学者伊尔明斯基（N. I. Il'minskii, 1822—1891）就认为，由政府主导进行"同化"与"归化"的宣传教育事倍功半，且设想不周。[3] 事实也证明，有意识地区别族群、人种的行为，不符合民族国家的发展蓝图。俄国东方主义

---

[1] 根据学者 Vera Tolz 的研究，萨义德的观点在很大程度上受到埃及学者 Anwar Abdel-Malek 早期的一篇著作"Orientalism in Crisis"（1963）的影响，而该文的首要批注便是引自俄国学者 V. V. Bartol'd 于 1925 年出版的专著《欧洲与俄国的东方研究史》（Istoriia izucheniia Vostoka v Evrope i Rossii），详见 Vera Tolz, "European, National, and (anti -) Imperial: The Formation of Academic Oriental Studies in Late Tsarist and Early Soviet Russia", Kritika: Explorations in Russian and Eurasian History, Vol. 9, No. 1 (2008), pp. 53 - 81.

[2] Vera Tolz, "Orientalism, Nationalism, and Ethnic Diversity in Late Imperial Russia", The Historical Journal, Vol. 48, No. 1 (Mar., 2005), pp. 127 - 150.

[3] 有关 Il'minskii 主张对异族人的教育问题与方式，可参见 Robert P. Geraci 的专著 Window on the East: National and Imperial Identities in Late Tsarist Russia 中，讨论 "Il'minskii's System and Russia's Own Aliens" (pp. 71 - 76) 的问题。

引发的诸多论述表明，那些被建制用以区辨他者的各种标准，在一个多种族共存的社会中，其适用性随着政经、社会的发展和变迁有所不同，反映在人道精神上的深度思维也呈现动态的趋势，并非一成不变。因此，当面对族群差异，应尝试非以划界排斥的立场拒绝沟通，而是调整自己以配合理解异族人的观念与生活方式。

每个时代区辨他我的机制皆受时空背景的影响，没有一体适用的版本或模式。19世纪末，俄罗斯的民族学与东方学研究促成一种意识的发展，亦即区别他者的明确分界在当下被各式族群的文化表现所凌驾，少见的异文化则因此逃脱僵化的判别标准，进入多层次的探究与诠释。活跃于19世纪俄罗斯学术界的民族学与东方学研究，促成一种渴求平等及一视同仁的风气在社会中逐渐扎根，更进一步影响大众面对异族人的态度和举措。异族人的命名，是由政府主导的种族辨识，周遭对其的标签、归类都逃不出政治的决定。异族人作为一种所属团体中的他者（亦即在斯拉夫民族之外的异族臣属），他们的栖所因为政治的因素被反复安顿。尽管他们的称谓、属性由人宰制，但其不断变动的特性反倒给予其特殊的地位，流动的意义和解释，让他们的存在不致因陈旧的思维抹杀了他们之于当下历史的意义。

俄国东方学研究里区辨他者的观点，在此得充当一种检视多元人种共存的新思维。在民族学的研究范畴里，所有个体都是被客观研究的对象，不涉及判别文明程度的高低，只专注发掘该等人物的特殊存在与其具备的文化意义。客观的分类标准，不仅将他者纳入多元族群的社会状态中分析，同时也包容分属不同类别性质团体中的个体，让这些特立独行的个人，因着异族人被国家收编的这项工程，也一并进入身份与阶级转换的机制中。回顾19世纪民族学到东方学的研究，可以发现，尽管研究的场域无法跳脱政治干预的因素，但在学界甚至文艺作品中，异族人作为一种既活跃又被关注的研究对象，为当时的社会环境提供了一种认识他者的途径，它的启发性之于大众遭遇他者时的对应，也具参考的价值。

四 小结

"异/常"的解释及划分，一如污名，总在一种相对的关系与状态下进行，亦即必须要有对照组，才能借之说明所处的位置。我们进行跨文化、跨领域比较的用意，不仅是为了理解一种现象在不同文化里的共通点或是相异处，更是为个别的存在找寻合乎情理的论证。在俄罗斯帝国囊括的疆域里，居住着各式人种；它的地理位置，也促使其不断与"异"文化发生交流。俄罗斯民族学家以客观的方式进行异族人的研究，并将田野考察的经历透过定期刊物呈现在城市居民的周遭。同时，异族人也为民族国家论述中的"他者"提供参照，供百姓从生活的习惯和宗教的观点来理解当前诸多的他者，进而相互尊重与包容。

19世纪中叶起，观察和记录异族人口的田野精神与宗旨，随着民族学的发展逐步确立方向；同时，一种面对异族人的社会态度与氛围也渐次成熟，这股潮流间接影响大众对于异常的观感及认知。换句话说，在人类文化的发展史中，透过民族学的视框对独立个体进行观察与验证的当下，被审视的个体大多能面对质疑其存在的眼光，主动积极地响应和解答；少数其余，则仰赖他人代为伸张。民族学研究秉持的科学精神，客观地提供读者大众另一种诠释的取向，展现一种面对人类历史发展的宏观视野；而被观察的个体，也能为了释疑，自行开始汇整所有关于"他/她"在别人眼中"寻常/异常"的说法。然而，这种双向的互动不是为了区分异同，而是间接证明，寻常和异常仅仅是一种相对而言的概念；并且，这个概念还不足以充当评判他人应否"在场"的条件。相遇是延伸知识的契机，透过往来互动，每当面对不同于自身文化的举措和惯习，避免以存疑（异）的眼光个别标示，而是理解其就物种发展的自然过程而言，原本就是合理的存在；如此，才不易被偏见遮蔽了其中值得深究的精彩。

东北亚古代民族
历史与文化

概论东北亚历史与东北亚文化特性

李宗勋

（延边大学人文学院，吉林延吉　133002）

摘　要：对东北亚历史、东北亚文化应该作为一个整体进行区域史研究，因为有相对独立的古代东北亚文化体系。至盛唐前后，东北亚文化达到鼎盛。传统时代已经形成过东北亚文化共同体，这是实现现代东北亚文化共同体的基础，借鉴意义深远；中、日、韩已经形成相互不能分离的经济一体化，中韩FTA已签订，实现东北亚经济共同体为时不远。

关键词：东北亚；历史；文化；特性

目前在中外学界，对东北亚历史、东北亚文化作为一个整体进行区域史研究者还不算多，更多的人仍以传统东亚文化圈的形式或以东北亚经济共同体视野研究相关课题，也就是说，作为区域史研究的东北亚历史或东北亚文化尚未构成学科体系或东亚文明中的重要研究对象。

一　相对独立的古代东北亚文化体系

一谈起东北亚，人们容易与东亚概念混用，这是由于过去学界习惯使用诸如"东亚文化""东亚秩序""传统东亚""东亚世界""东洋""东亚共同体"等词语，也觉得二者大概意思相近，混用未尝不可。不过，无论从地理学还是文化学角度讲，二者还是分清楚更好、更科学。就像当下我们已经将东南亚与笼统的东亚一词完全区别对待一样。目前，一般认为的东亚，地理上包括东南亚和东北亚，是指基于全球视野下的一个比较宽泛的地域，就像西亚、中亚一样。既然东亚在地理上是东南亚和东北亚的总和，东北亚也应与东南亚一样单独使用方能更为合理，不必总与东亚一词不加区别地混用。从文化的角度来讲，东北亚文化概念要比东亚文化概念更为严谨，内涵也更为清晰。过去学界常讲的东亚文化，实际上均指以中国、朝鲜、日本为主的东北亚文化，东南亚里的越南只是作为上述问题的补充部分而论及。

当然，东北亚文化与东亚文化的两种提法不能绝对分开，因为中国南部区域与东南亚关系相对密切，日本在历史上也存在不少东南亚的元素等。不过，笔者之所以总在强调东北亚历史与文化，是因从远古史前时代开始，东北亚曾经是文化相对独立的重要区域；秦汉建立统一封建帝国以后，以中国大陆、朝鲜半岛、日本列岛为主的东北亚区域成为同一律令化世界，相互间交融密切和影响深远；这一区域又是大乘佛教盛行、儒学文化认同深厚、汉字使用普及的文化共同体；自古至今，中国、朝韩、日本不但共享以汉文化为中心的东亚传统文化价值和思想，而且各自以不同的形式和角度共同促进了东北亚文化向更高水平、更深层次发展。总之，笔者认为，历史上东北亚曾是一个名副其实的文化共同体，学界应继续将东北亚历史和文化作为一个区域史或独立文化分支进行深入研究。

东北亚区域主要指中国大陆、朝鲜半岛和日本列岛，以及蒙古和俄罗斯远东地区。绝大多数东亚国家习惯称"东北亚"，但日本学界可能是受英语的影响更多称"北东亚"，但无论是东南亚还是东北亚，其核心字在于"东"上，也就是世界东部之意，"南"和"北"字均为"东"字的辅助方向意。同时，为便于东亚各国人的统一使用，作为东北亚文化共同体重要一员的日本学界也应改称"东北亚"，在这种无关紧要的用词问题上不必刻意特立独行。

古人类学家、遗传基因组序（DNA 线粒体）研究者们的多项研究表明，10 万—7 万多年前，起源于东非地区的智人（现代人）祖先路经欧亚大陆、印度洋沿岸地区和东南亚地区逐渐迁徙到东北亚地域，至一万年前后成为现代东亚蒙古利亚人（黄种人）的主体。[1] 现代黄种人的祖先大致分两支逐渐进入东亚地区，一支从东南亚经云南地区进入中国南部及中部；另一支则经由西伯利亚来到东北亚地区。随后不久，在现代黄种人主

---

[1] ［以］尤瓦尔·赫拉利：《人类简史》，林俊宏译，中信出版社 2014 年版。

要栖息的东亚区域，较早出现红山文化、仰韶文化、龙山文化、河姆渡文化、三星堆文化等新石器文明，后再经各自不同形式的青铜器时代先后出现国家规模的文明社会。

以西伯利亚黄种人为主体的东北亚区域从远古的史前时代开始就逐渐形成相对独立的文化圈。其文化特性比较鲜明，例如：游牧文化、狩猎文化和农耕文化相结合的生产生活方式，前二者为主，后者为辅；流行以红山文化为载体而构成的大型祭膜神君、包括龙在内的图腾信仰、祭拜各种神灵的萨满教等风俗；以石构积石为主的各种墓葬形式；以通古斯·阿尔泰语系为主的族系；以短剑等武器为主的青铜文化等。远古时代东北亚区域的上述文化特点，其根基大致起源于红山文化，因为红山文化的发掘区域及出土遗存基本上与东北亚地区史前社会的状况相吻合。

许多相关研究者主张，起源于内蒙古及辽海一带的红山文化应稍早于黄河流域的仰韶文化，但仰韶文化后来者居上，其辐射面更广，影响力更强。按严格的、狭义的地理学角度而言，中国大陆中的内蒙古和东北地区起初应属于东北亚区域的范畴，而史前时代的内蒙古和东北地区应在红山文化的辐射区内，亦即在古代东北亚文化圈之内，内蒙古、辽东半岛及辽东地区远古时代的历史文化特点也基本证实了这一点。

以仰韶文化、龙山文化为中心形成的新石器文明在中国中原地区迅猛发展，构成进入文明社会的坚实基础，后来以华夏族为主体产生的政治共同体逐渐扩大和发展，并与当时的东夷人一起建立世界性文明古国。在中国南部的长江流域，以河姆渡文化为中心形成新石器文化，在此基础上以苗人、越人为主体构建了不同程度的文明形式。在云贵高原以西南族群为主体形成了三星堆文明，在此后来形成独具特色的青铜文化。其实，上述中国各区域的新石器文明并不是呈线性发展，在其初期它们平行发展，各领风骚，代表着不同区域的文化特点，先进程度也是大同小异、各有千秋。[①] 随着以汉族为主体的统一中央集权国家秦国的建立，中国中部和南部的各种形式政体迅速联成一体，以强大的政治、经济、军事优势影响了中原地区以外的周边。总之，直到铁器文化出现之前，东北亚地区作为一种相对独立的文化形态扩展和传承，最终形成其独特的文化体系及文化共

---

① 以往学界有一种常见错误，黄河流域的新石器文化起源最早，一开始就以最先进的文化形式辐射其他地区的新石器文化，周边新石器文化都是在黄河流域新石器文化影响下发展起来。

同体雏形。

二 盛唐前后东北亚文化达到鼎盛

东北亚的历史是文化交流的历史，而文化交流也推动着东北亚历史的不断发展。如上所述，建立世界古老文明的中国中原文化以势不可挡的威力影响周边广阔区域，即向中国北方草原地区、朝鲜半岛和日本列岛扩展，使半岛及列岛的独特文化也逐渐成为构成东亚汉字文化圈的重要组成部分。

古代中国中原文化对东北亚区域的影响，是通过中国北方草原地区、辽东半岛、朝鲜半岛、日本列岛的路径形式展开的，然后再从朝鲜半岛和日本列岛向海远东地区延伸。从远古时期开始，朝鲜半岛的历史和文化就与中国的东北地区及中原具有密不可分的关系。在学术界广泛讨论"东夷族东移说"，反映了中国内地的部分族群向辽东及朝鲜半岛大量迁徙的历史过程，对"箕子朝鲜说"，虽然中外学者有分歧，但此说也在一定程度上折射出中国中原文化对辽西、辽东乃至朝鲜半岛的政治、文化的影响。公元前108年汉武帝征服卫氏朝鲜后，在辽东南部及朝鲜半岛北部地区实施直接的郡县统治，这便是历史上常讲的"汉四郡"。直接的郡县统治一直遭到原住民集团势力的不断抵抗，致使四郡的位置频繁迁移或有时废置。但在整个汉魏时期，中国先进的制度及文化对朝鲜半岛北部及辽东南部地区产生了直接深远的影响，并在当地形成乐浪文化，促进本地区生产力及社会经济的飞速发展，近数十年来在平壤及其周边地区出土的众多乐浪文化遗存有力地证实了上述情况。313年，汉魏对半岛的直接郡县统治彻底终结，但在此之前，原住民的各种集团势力也在一直积极吸收中国先进的技术和文化，并在与汉魏郡县统治争战过程中不断壮大自己，先后出现了高句丽、百济、伽倻、新罗等古代国家，奠定了半岛族群自主发展的基础。

汉文化进入日本社会，起初是通过朝鲜半岛的间接影响而展开的。如上所述，中国中原先进文化对东北亚影响的路径决定了日本古代社会发展深受朝鲜半岛文化影响。早在日本的弥生时代（约公元前5世纪至公元3世纪），通过朝鲜半岛引入稻米生产技术和其他文化，促进了日本农耕社会的形成和发展，并奠定了古代国家的经济社会基础。这一时期，从朝鲜半岛直接大批迁徙至日本的所谓"渡来人"和部分"秦人"发挥了重要作用。在汉征服朝鲜半岛及实施郡县统治时期,受其挤压的部分半岛原住民大量涌入日本西部的北九州地区,他们直接将中国及朝鲜的先进生产技术带进来,从而大大推动日本西部地区社会的快速发展。这一时期日本西部地区的各种遗存都在表明,弥生文化的主体是先进的外来文化。

日本除了主要通过朝鲜半岛引入大陆及半岛先进文化和技术之外,有时也直接与中国大陆接触和交流。早在中国的春秋战国及秦时期,就有迹象表明中国古代吴越一带的先民从海上前往日本列岛,这是日本最早的中国移民。徐福东渡的传说,实际上是秦汉之际中国人渡海移民到日本的一个缩影。古代文献也明确记载了中日之间的往来和文化交流,在中国东汉时期,汉光武帝赐金印于倭王,就是一个典型的实物例证。到了中国的魏晋南北朝时期,日本先有邪马台王国女王卑弥呼与曹魏的通使往来,继有大和奴隶制国家"倭五王"统治时期,遣使南朝刘宋,双方的交往非常频繁。

当历史发展到中国的隋唐时期,也就是中国古代封建王朝最辉煌时代,在对外交往中,唐帝国秉持儒家文化,坚持以德服人的观念,以海纳百川的气势向世界敞开胸怀,造就了中华文明的黄金时代。唐朝是中国前近代史上罕见的对外开放的封建帝国,当时周边各国皆实施慕华政策,纷纷来华学习汉文化及生产技术,特别是当时的新罗、日本、渤海以朝圣者的心态,不畏海波凶险,远涉万里,来唐朝学习先进文明。唐朝的制度、宗教、文化在新罗、日本、渤海生根发芽,[1] 成为形成东亚文明圈的根基。

基本完成统一半岛大业的新罗国,起初因在谁控制原百济和高句丽故土问题,与唐朝的政治关系紧张,甚至发生过战争。但不久两国又恢复了原有的密切关系,唐朝在处理域外藩属国问题时,对新罗总是采取相对宽松政策。从文武王到景德王大约一个世纪期间,新罗"社会经济显著发展,出现了所谓'圣代',仓廪积于丘山"。[2] 特别是在张保皋担任清海镇大使期间,新罗经营东亚海上交通,拥有大量技术娴熟的水手,建立唐、新罗、日本、渤海之间的贸易网络,可以说构筑了史上第一个东北亚经济

---

[1] 汪高鑫、程仁桃:《东亚三国古代关系史》,北京工业大学出版社2006年版,第42页。
[2] 金光洙、朴真奭等:《朝鲜简史》,延边大学出版社2008年版,第91页。

共同体。在文化领域，新罗从中国大陆广泛吸纳佛教文化，通过"会三归一"、花郎道与佛教的有机结合理念和借鉴百济、高句丽佛教中的有益元素极大地促进了大乘佛教发展，出现"五教九山"多元宗派盛况。佛教文化在整个新罗社会蔚然成风，修道精深的著名高僧大量涌出，佛迹布满疆土，甚至有许多新罗王族舍弃高贵奢侈生活，出家为僧。所以史上有称统一新罗为"黄金之国"之说，现存于韩国的四大天王寺、奉德寺、佛国寺、梵钟等众多佛教遗迹均为有力的见证。

此外，新罗佛教的外向型特点也很突出，对当时形成东北亚大乘佛教文化共同体贡献非凡。高僧慧超与唐玄奘一样赴印度次大陆求法，撰有著名的《往五天竺国传》，成为后世研究中西文化交流史的重要历史文献。园晓大师著有《法华经宗要》《金刚三昧经论》《涅槃经宗要》等多部佛典文献，他的佛教思想还影响了许多中国高僧。义湘来唐在华严宗第二代传人智俨门下修行，回国后建立新罗的华严宗，后又成为东亚华严宗的第三代传人贤首法藏。更值得一提的是，新罗王子金乔觉不远万里来到中国安徽九华山一带修行佛法，逐渐成为当地家喻户晓、名声大振的高僧，被中国佛教徒敬称为地藏菩萨，成为中朝佛教交流史上一段佳话。还有高僧园测、义渊，都曾来唐进行佛教交流。

统一新罗对日本佛教的影响同样深厚。例如：新罗神文王七年，王子金霜林将佛像、钵等佛具传给日本，同王九年又率50位僧侣赴日传教。王子金泰廉渡海来日，在建造东大寺过程中给予各种支援。还有沈祥和智凤分别为日本佛教华严宗和法相宗的建立发挥了重要作用。此等事例可谓举不胜举。除此之外，为数不少的日本僧侣也纷纷来新罗求法巡礼。

隋帝国成立不久，日本就积极派遣隋使来中国进行贸易及文化交流，特别是在苏我氏大臣和圣德太子的主导下，从中国大陆和半岛百济国大量引进佛教文化，建立了以佛教为国体的贵族政治体系。大规模兴建法兴寺、四大天王寺、法隆寺、广隆寺，表明当时日本飞鸟朝廷的政治意志。伴随着佛教文化的大量引进，日本也从中国大陆和半岛获取了各种文物制度和技术。这些从中国内地到日本的移民，大多身怀一技之长，他们带去了纺织技术，水稻技术，土木、水利工程技术；文教方面，带去了《论语》《千字文》以及卜书、历本、药书、天文、地理、遁甲方术等。飞鸟时代正是在大量输入汉文化的前提下应运而生的。

待世界性帝国大唐建立以后，日本更是敬仰和崇尚汉文化，继续频繁派遣唐使来取经，学习中国的治国方略和律令，并不惜通过血腥革命大化改新，将整个政权组织和社会转型为大唐式律令制国体，给日本的社会经济发展注入了新的生机和活力。日本在建立系统的律令制国家政体方面，几乎复制了唐代的各种制度，在引进律令文化方面比新罗有过之而无不及。特别是制定了"十七条宪法"、《大宝律令》《养老律令》等，建立了非常完备的官僚体系、制定清晰的治国理念，在此基础上还在全国上下掀起了唐风文化。

渤海王国对古代东北亚文化共同体形成的贡献最为突出。这是因为，渤海国地处辽东及现黑龙江省的大部分地区，还包括现俄罗斯远东和朝鲜半岛东北部一带，地理上几乎囊括了狭义上的东北亚区域。还有一点应特别指出，渤海国与日本的通交非常频繁，渤海使赴日本34次，日本使赴渤海国14次，反映出日本与渤海的特殊关系。当时的渤海使节从现延边地区的珲春出发，利用现俄罗斯远东或朝鲜的港口横渡日本海，可以说，这条航线是古代海上丝绸之路的最末端。渤海国另一突出贡献是对现今俄罗斯远东地区的开发和经营，当时图们江区域连成一片，都是渤海国疆域，这应该是自史前红山文化以来东西伯利亚地区的第二次大规模开发和经营，使古代东亚文化圈范围得以进一步扩大。渤海国作为东北亚强盛王国，被唐朝赞誉为"海东盛国"，它不与唐朝保持密切的朝贡册封关系，同时专门开辟营州道、新罗道、日本道、契丹道等，与周边东北亚各国进行直接密切交流。总之，渤海时期与周边各地区间的相互影响和大力地开拓边疆事业，促使东北亚区域文化的趋同性、广延性及一体化进程空前高涨。

9—10世纪，东北亚局势陷于极度动荡之中。在此之前，唐朝内部出现安史之乱，后又爆发声势浩大的黄巢农民起义，国力日衰。907年唐朝灭亡后，进入五代十国的混乱时期，不久北方又有辽国崛起。随之，朝鲜半岛也进入混乱不堪的局面，先是随着张保皋被杀新罗的东亚海上贸易中心地位迅速解体，然后统治阶级内部争权夺利斗争异常激烈，再次出现后三国的分裂格局，918年最终由王建建立的高丽政权再次统一半岛。面对上述局势，日本的对外关系也处于暂时停滞状态，并最终中止了派遣唐使的特殊事业。而渤海国在契丹辽国的军事强势下，于926年突然灭亡。

两宋时期，中国社会经济发展又一次出现高潮，致使中、朝、日三方的经济贸易和文化交流再次隆盛，特别是宋朝时期形成的后期儒学对半岛和日本产生了深刻影响，奠定了中、朝、日三国儒学文化圈的深厚基础。虽然10世纪以来，北方游牧及狩猎民族异常活跃，先后有辽朝、金朝、元朝在东北亚中心地区崛起，使东北亚区域的中原地区与内蒙古、外蒙、黑龙江北部地带的联系客观形成，相互影响不可避免。辽金时期，北方游牧民族政权虽在很大程度上影响了中国、朝鲜、日本间的官方交往，但民间经济贸易关系并未因此减弱。高丽朝在向辽和金称臣纳贡的同时，一直没有中止与两宋的传统关系。特别是在南宋时期，以中国东南地区为中心，中朝日三国在经贸、朱子学、禅佛、饮茶文化等方面的交流尤为兴盛，极大丰富了东北亚文化的内涵和趋同性。

至元明时期，可以说东北亚文化共同体态势呈现有增有减局面。元朝对中国的统一和长期统治，使东北亚的蒙古草原地区与中国大陆、朝鲜半岛连成一片，促进了这一地区文化一体化进程。元朝向高丽实施六次军事征伐，使高丽王朝彻底变成元朝的驸马国，高丽朝在政治、文化及血统等方面客观上深受蒙古的影响。这种影响集中表现在高丽国王及贵族们追崇蒙古礼仪、服饰和语言，许多蒙古贵族女子嫁给高丽国王，以监控高丽的政治动向，亦有个别高丽贵族女子嫁给元帝的事例，如元奇皇后等。总之，元朝对高丽朝近200年的间接支配和强权统治，对当时及后世两个民族间产生了较大影响。元朝征服高丽后，又分别于1274年和1276年联合高丽及部分南宋残军两次征战日本，由于蒙古人不谙海战，高丽及南宋残军的厌战情绪，以及海上经常发生所谓"神风"，元朝征服日本的企图未能得逞，也使日本成为免受元朝征服的极少数亚洲国家之一，确保了其主权地位和固有文化。但这一发生在东北亚地区的重大事件，使日本对元朝产生巨大恐惧感和憎恨心，也成为后世日本朝廷内萌发"大陆政策""征韩论"的源念。元朝征战日本200多年后，又发生了影响东北亚格局的特大事件——"壬辰倭乱"。日本分别在1592年和1598年对朝鲜进行两次大规模武装进攻，朝鲜面临将要灭亡境地，无奈向大明请求增援，中朝两国联军虽然最终击退了日军，但两国都付出了沉重的代价，亦对后世东北亚各国关系留下众多历史恩怨。

壬辰倭乱以后，朝鲜对明朝感恩戴德，对明实施全面事大政治，两国间形成典型意义上的朝贡册封关系。在明朝的影响及和平环境下，朝鲜的科技和以性理学为基础的儒学文化达到历史最高，在东北亚地区长期以"小中华"自居，诱使邻近女真部族和琉球王国向其称臣纳贡，鄙视日本，更有甚者，在心态上极度蔑视后金及清初的满族政权，视之为蛮夷国家。

因壬辰倭乱的关系，日本长期中断了与明朝的通交，但为了与明朝通商，曾一度恢复了与明的朝贡关系，日本派朝贡使至明朝。不过，明朝又实施长期的海禁及锁国政策，这又严重影响了日本与明朝经济贸易关系，致使明嘉靖年前后在中国沿海地区出现大量倭寇侵扰情况，中日关系又受到严重挫折。明朝时期，中日关系尽管出现很多波折，但日本幕府将军及各地方政权为壮大自己的利益，自受容宋代朱子学以来，一直尊崇儒学文化、编纂汉籍、普及汉字的风尚始终未断，同时通过与明朝的所谓勘合贸易形式，确保了长期经济关系和民间交往。

明清政权易鼎之际，朝鲜对清朝这个新的上国离心离德，但待大清实现对中国的统一、恢复原有中华文明之时，其又重新与清建立稳固的政治主从关系，甚至在国内形成倡导效仿清朝文化的北学派思潮。在此基础上及清朝的影响下，朝鲜后期掀起旨在改良封建体制、注重学术研究、崇尚实用技术、反对性理学思想的实学运动。明清之际，中国与朝鲜两国在典型朝贡册封体制下，两国文人间的文化交流异常活跃，在汉诗、诗话、游记、绘画、儒学等方面的修养水准难以分辨你我，文化趋同性大大增强，《皇花集》《朝天录》《燕行录》等珍贵的历史文化文献的问世皆有力地见证了当时这种盛况。

明清之际，东北亚区域还有一个重要小王国不应被忘记，这就是琉球王国（1429—1879）。它在地理上原本属于东南亚地区，由于其多与北方政权交流，也成为当时东北亚文化圈中的典型一员。琉球王国与明清之间一直保持着密切的朝贡册封关系，其亲近程度不亚于朝鲜与明清的关系。尽管从 1609 年开始逐渐为日本九州地区萨摩藩所控制，但江户幕府考虑到琉球与清的亲密政治关系，并要利用琉球国的中介作用保持与清的贸易交往，因而一直保留了琉球王国原有的政体及文化形态，使琉球国在律令政体、儒学、文物制度等各方面保持了浓厚的东北亚文化特点。与此同时，琉球国作为朝鲜的朝贡国，向朝鲜派遣使节达 50 余次，反映了当时东北亚文化共同体内各国间频繁的互动关系和相互影响。

三 东北亚共同体的未来——前途光明？暗淡无光？

近代以来，东北亚各国走了各自不同的发展道路，政治上遭遇异样的历史命运，文化形式及意识形态的变化更自不待言。在西势东渐和宪政变法的风潮下，传统东亚秩序分崩离析，东北亚的文化传统随之受到剧烈冲击，西方文化元素和各种文化间的冲突层出不穷。然而，积淀千年之久的东北亚文化不可能在历史瞬间消失，根深蒂固的传统思想仍具强大生命力。由于中、日、韩三国均为宗教观念比较淡薄的国度，都继续大量使用汉字，儒学文化传统及东亚价值观一时难以改变，使近代各种新文化并未能完全替代传统的东北亚文化。

晚清以来，作为古代东亚文化圈发源地及中心地的中华帝国，不但沦落为殖民地、半殖民地国家，而且将传统文化视为封建糟粕和阻碍民族发展的重要因素几近完全抛弃。日本作为后起的西方列强，全面实施脱亚入欧政策，强调文化完全西化，并构建以日本为中心的近代东亚新秩序。作为刚刚摆脱朝贡体制的朝鲜，起初难以从儒教独尊的泥潭中挣脱出来，后又盲目跟从周边大国，与它们若即若离，最终陷入亡国的境地。近代伊始，沙皇俄国大力实施东方扩张政策，最终将其势力延伸到远东地区，占据黑龙江、乌苏里江、图们江流域大片土地和重要出海口，成为东北亚区域的新生力量，远东地区的文化随之发生质的变化。

二战结束以后，特别是冷战形成以后，东北亚地区的地缘政治、意识形态、和平环境变得异常复杂，政体形式多样。内外蒙古完全分制，朝鲜半岛南北分裂和战争，美军驻扎日本和韩国，中苏从蜜月到严重冲突，中国陷入国内政治斗争和贫困的旋涡等，使东北亚成为世界冷战前沿及最危险区域之一。但这种相互隔绝、相互敌对、纷乱无序的格局不会长久，随着20世纪90年代初冷战体系逐渐瓦解，东北亚各国在现代化和民主政治的风潮下，又积极向着和解开放、交流合作、经济一体化方向发展，特别是中国的改革开放和全面崛起，至21世纪东北亚迎来了和平、合作、繁荣的新趋势，成为全世界经济发展最为迅猛的区域之一。

长期的和平稳定、经济发展、合作共赢，必然推动区域共同体的发展，进而寻求符合这一区域的意识形态，构建相应的文化体系。在这一过程中，日本、韩国、中国三国先后为东北亚文化共同体的重建发挥了各自不同的作用。

战后，日本在和平宪法政体之下，在经济稳固发展的基础上，学界广泛讨论"东亚世界""东亚文化圈""东亚世界中的日本"等学说，陆续产出众多相关研究成果，20世纪70年代西嶋定生将这一学说体系化。也就是说，战后日本率先重新审视传统时代的东亚社会结构、东亚文化价值，并将此作为一个整体或作为区域文化进行挖掘整理、深入研究、理论化和体系化。由此可以说，战后日本在重构东北亚文化和东北亚区域史上发挥了开创性作用和大量基础性研究。

韩国自20世纪80年代成为"亚洲四小龙"之一，创造了"汉江奇迹"，由一个满目疮痍、贫瘠分裂国家一跃成为令世界瞩目的东北亚重要国度。自然，韩国人也从中获取了民族自豪感和文化自信。一直以来，韩国对东北亚文化的贡献主要体现在儒教信仰、萨满文化的历史传承和文化产业化上，最终形成所谓的"韩流"文化现象，使东北亚文化以艺术、传媒形式被世界更广阔地区所认知。[①] 因日本"东亚共荣圈"的阴影，起初韩国学界不太喜欢用"东亚"一词，更愿意用"东北亚"，树立文化自信以后，不再拘泥于用词本身，而注重研究"东亚文化"价值，积极倡导东亚共同体理念。

中国作为儒学及道教文化的发源国家、东亚文化的中心地，中华文化延绵数千年至今，其体系及内涵博大精深，这种潜在中华大地及中国人心理深处的文化基因仍具强大生命力和感召力。中国在重构东北亚文化进程上稍晚于日本和韩国，但随着21世纪的重新崛起，中国成为影响世界格局的G2强国，也在努力构建符合国情的文化体系和价值体系，并以中国模式重振东北亚文化的辉煌。目前，中国正以极大的热情投入实施文化振兴战略，非常重视国学研究及社会普及，学界积极研讨中国文化古今体系、深邃与简单的表达方式、与东北亚文化的关系问题。同时，中国政府一直坚持"和平""和合""和谐"外交理念，探求和践行儒学文化在东北亚区域乃至全球化发展中的普适性意义。

探求新的现代东北亚文化共同体，最终是为实现东北亚共同体。区域

---

① 韩国被公认是相对典型的儒教信仰、萨满文化国度，因视儒家文化为准宗教式的价值文化体系，故更习惯将儒学称为儒教。

共同体的发展有多种形式，有文化共同体、经济共同体、命运共同体、政治共同体等；各领域发展程度不一，有单一、综合的和全方位的，逐步从初级向高级发展。但无论是什么形式和发展程度，寻求区域共同体的愿景和实践是历史发展必然和人类共同追求，因为其能消除各国的历史恩怨，克服战争和保护环境，促进区域社会经济共同发展和繁荣，造福区域人民。东北亚区域共同体发展之路，可以先从单一和初级形式开始，逐渐向高级发展。传统时代已经形成过东北亚文化共同体，这是实现现代东北亚文化共同体的基础，借鉴意义深远；中、日、韩已经形成相互不能分离的经济一体化，中韩FTA已签订，实现东北亚经济共同体为时不远，近年中、日、韩之间常出现的"政冷经热"现象证实了这一发展趋势；各国共同努力妥善解决朝鲜核危机、寻求安保合作、正视历史问题等均为建立东北亚命运共同体的诉求；业已建立的中日韩外交部长会谈机制、六方会谈机制、各国学界倡导的东亚共同体学说体现了早日实现东北亚共同体的强烈愿望；东北亚相关各国都在为开创东北亚区域共同体的发展道路而努力。

但令人特别遗憾的是，目前东北亚区域处于最危险时期，大国实力聚集，地缘政治复杂、军备竞赛不断，半岛局势异常紧张，东北亚局势遇到史上前所未有的挑战，中国与朝韩关系、中日关系、日本与朝韩关系、俄日关系、朝韩关系都在低谷中徘徊，特别是因朝核问题、萨德入韩事件、美国东亚政策的不确定性，使东北亚局势面临新的冷战格局和发生战争的可能性。解决目前这些危机，还需东北亚相关国家领导人发挥东亚文明的智慧，以东北亚命运共同体意识，达到"中庸""和合""和而不同"的最终目的。这也是东北亚区域发展及继续形成东北亚共同体的唯一出路。

黑河市西沟古城与室韦地理分布初探

王禹浪

(黑河学院远东研究院,黑龙江黑河 164300;
大连大学中国东北史研究中心,辽宁大连 116622)

摘　要：黑河市西沟古城经文物工作者多次实地调查，积累了一定的成果，但学术界始终未能从黑龙江流域古代筑城与族群关系、历史地理的空间分布、迁徙路线和古代行政建置、道路交通的角度对该古城给予必要的关注和深入研究。本文在梳理地方志文献和历次考古调查收获的基础上，拟对西沟古城与历史文献中古代族群地理分布关系方面进行梳理与研究，进而深刻揭示黑龙江流域上游右岸古代民族筑城史研究的认识，从而深入研究西沟古城会大有裨益。

关键词：西沟古城；北室韦吐纥山；唐室韦都督府；落坦室韦

西沟古城分为南北二城，分别位于黑龙江省黑河市爱辉区西沟村以西3.5公里、西南7.5公里公别拉河左岸的小兴安岭高山台地上，西沟古城俗称老羌城、老枪城或西沟古城，依据考古学遗址命名的规律，现统称为西沟古城南北二城。由于西沟古城南城较大，周长2.7千米，习惯称为大西沟古城，西沟古城北城周长2.1千米，故称小西沟古城。（以下均称西

＊ 本文是黑河市爱辉区西沟古城系列研究第三篇，前两篇《黑河市西沟古城发现金代经略使司之印研究》《地方志文献所见黑河市西沟古城及其调查经纬》，已经分别发表在《哈尔滨学院学报》2017年第10、11期。

沟古城）西沟古城位于黑龙江中、上游结合部右岸支流公别拉河的中、下游左岸之地，是黑龙江流域右岸中、上游结合部重要的古代民族筑城。西沟古城地势险要，形制复杂，规模宏大，由大、小两座山城组成，扼守公别拉河通往黑龙江右岸的水陆要冲之地。尤其是小西沟古城更是坐落在通往肥沃的爱珲盆地的隘口，站在小西沟古城的山口可以眺望开阔的爱辉平原。由大、小西沟古城沿公别拉河上溯，可以直达黑河地区的山地最高峰大黑山，并沿着山谷川地直达墨尔根与嫩江上游。应该说这里是我国东北腹地松嫩、松辽大平原通往黑龙江中、上游地区左、右两岸，结雅—布列亚河盆地与黑龙江中、下游地区的交通要道和枢纽。

一 室韦研究概况

　　黑河市爱辉区西岗子镇的西沟南北二城，究竟是何年何月何族所建，在浩如烟海的历史文献中我们找不到任何痕迹。实际上，这两座古城属于历史上迷失的城池。我们要想弄清这两座城池的建筑年代、历史背景、民族属性、文化特征，就必须要下工夫从历史文献中寻找蛛丝马迹，并结合田野调查、考古发现与民族学、人类学调查方法进行综合研究。从目前学术界已经取得的成果中，我们可以清晰地看到东北古代民族的分布特点与黑河地区古代民族分布的规律。众所周知，黑河地区正处在嫩江上游、黑龙江中上游、小兴安岭山地地区，是历史上索离族、室韦民族的活动范围，因此要想弄清黑河地区公别拉河流域西沟古城的建筑年代与族群关系，就必须要深入了解室韦民族的地理分布。实际上黑河地区应该是室韦与靺鞨的重要交汇区域，它的民族文化与考古学文化上所显示的特征具有两种文化的特点。黑河地区特殊的地理环境，嫩江的发源地大、小兴安岭的结合部与黑龙江流域上中游的节点，本地区丰富的水资源与河流纵横交错、多大峡谷的特点都为古代室韦民族的活动提供了重要的空间。

　　室韦是北魏至辽金时期分布于黑龙江流域上游及嫩江流域的古老民族。学术界一般认为，室韦在北魏时期主要分布于大兴安岭东麓，小兴安岭西麓的嫩江上中游流域地区。隋朝时其范围不断扩大并向外拓展至额尔古纳河流域和黑龙江流域上游与中游部分地区，形成了南室韦、北室韦、大室韦、钵室韦和深末怛室韦。《隋书·室韦传》云：南室韦"分二十五部"，北室韦"分为九部落"，钵室韦"人众多北室韦，不知为几部落"，大室韦和深末怛室韦的部落分布情况未见记载。唐朝时，五部室韦进一步分化和扩张，演变为二十余部。唐朝为了有效管辖室韦部落，在嫩江流域专设了羁縻府机构——室韦都督府。晚唐以后，见诸史籍的室韦部落名称大量减少，文献中多以"室韦"泛称；黑龙江上游一带室韦故地的室韦部族，接受了突厥语族部落对室韦的泛称——达怛。契丹人则称这一时期西迁入蒙古高原的室韦部落为"阻卜"。黑车子室韦、大黄室韦、小黄室韦、臭泊室韦、兽室韦等为文献中新见之室韦部落名称。辽代为管理室韦各部，也在嫩江流域唐代室韦都督府的基础上专门设了室韦大王府予以统辖。这一时期的室韦分化较为严重，处于族群解体阶段，并与周边其他族群融合，形成了新的族群。靠近蒙古高原地区的室韦部族多融入蒙古，靠近黑水靺鞨的东室韦部落则融入靺鞨族系，靠近契丹的南室韦多融入契丹，黑龙江以北地区外兴安岭一带的室韦部族后来被称为兀惹、兀者，元代则称之为森林百姓，又有"林中百姓"之称。从东北地区的嫩江、黑龙江流域左右两岸直至蒙古高原，均有室韦及其后裔的分布。

自20世纪初至今，我国学者关于室韦的研究取得了一定成果，民国时期的成果如丁谦的《魏书外国传地理考证》[1]、吴廷燮的《室韦考略》[2]、王国维的《鞑靼考》[3]和《黑车子室韦考》[4]、王静如的《论阻卜与鞑靼》[5]、方壮猷的《室韦考》[6]和《鞑靼起源考》[7]、冯家昇的《东北史中诸名称之解释》[8]和《述东胡系之民族》[9]、冯承钧的《辽金北边部族考》[10]等。方壮猷翻译了日本东洋史学家白鸟库吉的《失韦考》[11]，王

---

[1] 丁谦：《魏书外国传地理考证》，《浙江图书馆丛书》第一集。
[2] 吴廷燮：《室韦考略》，《四存月刊》第14期，1922年10月。
[3] 王国维：《鞑靼考》，《国学论丛》1卷3号，1928年4月。
[4] 王国维：《黑车子室韦考》，《国学论丛》1卷3号，1928年4月。
[5] 王静如：《论阻卜与鞑靼》，《中央研究院历史语言研究所集刊》第2卷第3期，1931年4月。
[6] 方壮猷：《室韦考》，《辅仁学志》第2卷第2期，1931年9月。
[7] 方壮猷：《鞑靼起源考》，《国立北京大学国学季刊》第3卷第2期，1932年6月。
[8] 冯家昇：《东北史中诸名称之解释》，《禹贡》第2卷第7期，1934年12月。
[9] 冯家昇：《述东胡系之民族》，《禹贡》第3卷第8期，1935年。
[10] 冯承钧：《辽金北边部族考》，《辅仁学志》第8卷第1期，1939年6月。
[11] ［日］白鸟库吉：《室韦考》，《史学杂志》第30编第8号，1919年；氏著：《东胡民族考（下）·失韦考》，郑培凯主编：《近代海外汉学名著丛刊（中外交通与边疆史）》，山西人民出版社2015年版。

国维翻译了津田左右吉的《室韦考》①和箭内亘的《鞑靼考》②。这些著述无疑奠定了室韦研究的基石。中华人民共和国成立后，亦邻真的《中国北方民族与蒙古族族源》③一文掀起了室韦史研究的热潮，相关成果主要出现在20世纪80—90年代。重要论文有干志耿、孙进己合撰《室韦地理考述》④，郑英德的《室韦地理新探》⑤，王德厚的《室韦地理考补》⑥，张久和的《室韦地理再考辨》⑦等。张博泉等撰著的《东北历代疆域史》⑧、谭其骧主编《〈中国历史地图集〉释文汇编·东北卷》⑨[是书第二章"南北朝隋唐时期"之"失韦（室韦）与失韦诸部"由郭毅生撰写]、孙进己和冯永谦主编《东北历史地理》⑩均对不同时期室韦地理分布有所考述。室韦专著类主要有孙秀仁等合著的《室韦史研究》⑪以及张久和的《原蒙古人的历史：室韦—达怛研究》⑫。需要特别指出的是，日本学者白鸟库吉和津田左右吉的观点和理论对后世学者影响颇大，如孙秀仁、干志耿、孙进己等合著《室韦史研究》深受白鸟库吉和津田左右吉观点的影响。张久和的《原蒙古人的历史：室韦—达怛研究》代表了目前国内室韦史研究的最高水平，该书博采众家之长，从探索蒙古族族源的角度综合梳理了前人研究成果，并在此基础上提出了一系列新观点。2009年，由金昭、阿勒得尔图主编的《蒙古民族发祥地考论》将国内外室韦史研究与蒙古起源的研究成果汇集成册，为我们了解室韦史的研究提供了方便。⑬

---

① [日]津田左右吉：《室韦考》，《满鲜历史地理研究报告》第一册，1915年；又见王国维《观堂译稿（下）》，载《王国维遗书》（第14册），上海书店出版社1983年版。
② [日]箭内亘：《鞑靼考》，《蒙古史研究》，刀江书院1930年版。
③ 亦邻真：《中国北方民族与蒙古族族源》，《内蒙古大学学报》1979年第3、4期。
④ 干志耿、孙进己：《室韦地理考述》，《社会科学战线》1983年第3期。
⑤ 郑英德：《室韦地理新探》，《社会科学辑刊》1983年第4期。
⑥ 王德厚：《室韦地理考补》，《北方文物》1989年第1期。
⑦ 张久和：《室韦地理再考辨》，《中国边疆史地研究》1998年第1期。
⑧ 张博泉、苏金源、董玉瑛：《东北历代疆域史》，吉林人民出版社1981年版。
⑨ 谭其骧主编：《〈中国历史地图集〉释文汇编·东北卷》，中央民族学院出版社1988年版。
⑩ 孙进己、冯永谦主编：《东北历史地理》，黑龙江人民出版社2013年版。
⑪ 孙秀仁、孙进己等：《室韦史研究》，北方文物杂志社1985年版。
⑫ 张久和：《原蒙古人的历史：室韦—达怛研究》，高等教育出版社1998年版。
⑬ 金昭、阿勒得尔图主编：《蒙古族发祥地考论》，文化艺术出版社2009年版。

室韦最初以"失韦"一词出现在《魏书》中，隋时演化为五部，至唐进一步壮大，分部二十余。后范围不断扩大，并向西迁徙至蒙古高原，与蒙古族源关系密切；向东与靺鞨族融合；向南与松嫩平原南部嫩江下游的索离人后裔融合后融入契丹。北魏至辽金时期，正是东北地区民族大融合时期，东胡、索离、肃慎这三大民族的融合促进了东北古代民族与古代文明的繁荣，中原先进的文化，在北方民族的不断南下和北上中不断融入，族群的地域特征日益明显。黑河地区则成为这一历史时期中的重要分水岭和接触地，这一地区的民族文化与考古文化的多样性都是值得注意的现象。辽末金初后，室韦族逐渐消失于史书记载中。可见不同历史时期室韦诸部的地理分布较为复杂，学术界的观点也是众说纷纭，莫衷一是。近年来，在室韦分布区，特别是黑龙江流域上游的呼伦贝尔地区发现了大量与室韦相关的考古学文化遗存，尽管学术界对室韦族及各部的历史脉络与地理分布已经形成了初步认识，但对其各部的地理分布以及唐代室韦都督府、辽黑车子室韦国王府与辽代室韦国王府治所的位置还模糊不清。黑河地区嫩江县发现的伊拉哈古城①为辽金时期古城，两道城垣呈回字形，据王禹浪、孙文正考证，此城当为唐代室韦都督府、辽代室韦国王府、金代乌古敌烈统军司所在地，而黑河地区爱辉区西岗子镇西沟古城则是隋唐时期北室韦的九部之一。②

二 黑河地区西沟古城与北魏失韦地理分布

室韦在北魏时期又写作"失韦"。关于北魏失韦的地理分布，《魏书·失韦传》记载："失韦国，在勿吉北千里，去洛六千里。路出和龙北千余里，入契丹国，又北行十日至啜水，又北行三日有盖水，又北行三日有犊了山，其山高大，周回三百余里，又北行三日有大水名屈利，又北行三日有刃水，又北行五日到其国。有大水从北而来，广四里余，名捺水。"通过上述文献可知，北朝失韦的地理位置应在"勿吉北千里"、距洛阳六千里、和龙（今辽宁朝阳）以北数千里、契丹至失韦国历时27日里程。文献中还出现了啜水、盖水、犊了山、屈利水、刃水、捺水等众多

---

① 见孙文政《辽代室韦国王府考》，未刊稿。
② 见王禹浪《金代乌古敌烈统军司新考》，《哈尔滨学院学报》2013年第6期。

古地名，但榇水的地望无疑对判断失韦的地理分布最为关键。

　　白鸟库吉认为榇水为黑龙江，他在俱伦泊为今呼伦湖观点的基础上进一步论证："由此湖水流出之室建河（《新唐书》作望建河）即今 Argun 河也。又此河注入之那河，即今黑龙江；而《魏书》之榇水，与《唐书》之那河为同名，亦黑龙江之古称也。《朔方备乘》《黑龙江舆地图》等著者考订那河为嫩江者，盖徒拘泥于声音上之类似，而未尝深考《唐书》之本文，故有此误也。"且认为榇水、那河、难河均为蒙古语"碧河之义"。故将北魏失韦地望锁定在瑷珲、海兰泡一带。"位于瑷珲东南八日程之屈利大水，必为近嫩江无疑也。"① 津田左右吉则依行进里程将失韦考订在今齐齐哈尔附近，并认为："如是，则其国中自北来之榇水即今之嫩江。嫩江，魏时谓之难河，唐称那河。榇水之名，与之相合也。"② 后世学者多从此说，认为榇水即今嫩江，"榇"系"嫩"的同音异写。但失韦分布在嫩江流域的具体河段尚存争议。

　　张博泉等认为失韦当在今嫩江上游至今黑龙江一带。③ 谭其骧主编《〈中国历史地图集〉释文汇编》认为在今额尔古纳河流域，绰尔河以北、扎格德山以南的地区，东至黑龙江以东的结雅河流域。④ 干志耿、孙进己的《室韦地理考述》则认为室韦在今齐齐哈尔附近⑤，孙秀仁、干志耿等人合撰《室韦史研究》认为在齐齐哈尔以北⑥。

　　王德厚考证，"如果以啜河为今霍林河，犼了山为今太平岭，可以将啜河之北三日行的盖水，比定为今洮儿河上游；犼了山北三日行之屈利大水，比定为今绰尔河，右北行三日之刃水，比定为今雅鲁河；再北行五日所到之榇水，当即今嫩江"。"北魏时的失韦当以嫩江中游齐齐哈尔以北的嘎仙洞一带为中心，向其东、南、西、北诸方广为分布较为合适。"⑦

　　张久和通过分析北朝失韦东邻豆莫娄、西毗地豆于、东南与勿吉邻

---

① ［日］白鸟库吉：《室韦考》，《蒙古民族发祥地考论》，文化艺术出版社 2009 年版。
② ［日］津田左右吉：《室韦考》，《满鲜历史地理研究报告》第一册，1915 年；又见王国维《观堂译稿（下）》，载《王国维遗书》（第 14 册）。
③ 张博泉、苏金源、董玉瑛：《东北历代疆域史》，吉林人民出版社 1981 年版，第 72 页。
④ 谭其骧主编：《〈中国历史地图集〉释文汇编·东北卷》，中央民族学院出版社 1988 年版，第 54 页。
⑤ 干志耿、孙进己：《室韦地理考述》，《社会科学战线》1983 年第 3 期。
⑥ 孙秀仁、干志耿：《室韦史研究》，北方文物杂志社 1985 年版，第 15 页。
⑦ 王德厚：《室韦地理考补》，《北方文物》1989 年第 1 期。

近、北与乌洛侯相连的相对关系，认为其分布在以乌洛侯"石室"即嘎仙洞为坐标的南部地区，沿嫩江中下游及以西各支流居住，中心地域在雅鲁河和阿伦河之间。活动于甘河流域的乌洛侯也应包括在室韦之中。[1] 这即是说，今黑河地区嫩江县、五大连池市、北安市等均应是北魏失韦的分布范围。孙进己、冯永谦主编《东北历史地理》以"啜水"为绰尔河则过远，为霍林河则过近，改定其为今洮儿河上游交流河或归流河，"盖水"为绰尔河，犊了山为今大兴安岭东侧的雅克山，屈利水为雅鲁河，刃水则为阿伦河，榛水为嫩江，故失韦应在嫩江和讷河之间为宜。[2]

《魏书·失韦传》中记载了啜水、盖水、犊了山、屈利水、刃水、榛水等众多古地名，因年代久远，学术界对上述地名的地望争议颇大，众说纷纭。由于文献对各地名仅有日程的记载，没有更多依据，故难以认定。但只有屈利、榛水被称为"大水"，"屈利大水"则必为黑龙江南部的支流嫩江无疑，故北魏失韦地望当在今黑河爱辉区一带。至于今嫩江与榛水的音转关系，可能是古人错误地将嫩江误认为本应为今黑龙江的榛水，致使该名称沿用至今。如若此说不误，今黑河爱辉区一带正是北魏失韦的活动地域。《魏书·失韦传》载失韦"夏则城居，冬逐水草"，其实应为"夏逐水草，冬则城居"的误记，表明失韦人已经筑城居住。西沟古城的南北二城可能正是北魏时期所建。西沟古城虽尚无法进一步断定其始建与室韦有关史料，但其所处地域及其周邻环境与北魏失韦活动区域却是吻合的。至少我们可以推断，西沟古城所在的地理位置当与北魏时期失韦活动地域相合。

最近，黑河学院西沟古城研究课题组会同黑河市自然与文明千里行项目田野科考队在西沟古城进行第8次科考工作中，在原来辽金古城垣的外围又发现了一道叠土筑城的城垣，城垣的沟壑与城墙痕迹非常明显，从辽金时期古城垣的外侧一直伸向两侧的山崖。这充分说明此城的建筑年代并非始于辽金，而是早于辽金时期，可能是北魏时期的室韦或隋唐时期的室韦所建。[3]

---

[1] 张久和：《室韦地理再考辨》，《中国边疆史地研究》1998年第1期。

[2] 孙进己、冯永谦主编：《东北历史地理》（上），黑龙江人民出版社2013年版，第391—392页。

[3] 见王禹浪等《黑河学院西沟古城综合调查报告》，未刊稿，2017年9月。

三　黑河地区西沟古城与隋唐北部室韦地理分布考

北魏失韦在隋代进一步分化为南室韦、北室韦、大室韦、钵室韦、深末怛室韦等五大部。据《隋书·室韦传》记载："南室韦在契丹北三千里，土地卑湿，至夏则移向西北贷勃、欠对二山，多草木，饶禽兽，又多蚊蚋，人皆巢居，以避其患。渐分为二十五部，每部有余莫弗瞒咄，犹酋长也。死则子弟代立，嗣绝则择贤豪而立之。其俗丈夫皆被发，妇人盘发，衣服与契丹同。乘牛车，籧篨为屋，如突厥毡车之状。渡水则束薪为筏，或以皮为舟者。马则织草为鞯，结绳为辔。寝则屈为屋，以籧篨覆上，移则载行。以猪皮为席，编木为藉。妇女皆抱膝而坐。气候多寒，田收甚薄，无羊，少马，多猪牛。造酒食啖，与靺鞨同俗。婚嫁之法，二家相许，婿辄盗妇将去，然后送牛马为娉，更将归家。待有娠，乃相随还舍。妇人不再嫁，以为死人之妻难以共居。部落共为大棚，人死则置尸其上。居丧三年，年唯四哭。其国无铁，取给于高丽。多貂。"可知南室韦位于契丹以北，地势低洼潮湿。附近有贷勃、欠对二山作为夏季聚居地，说明南室韦有季节性的移动迁徙的习惯。从地域分布上看贷勃、欠对二山的地理位置，当在大兴安岭地域中寻找。南室韦国内缺少铁矿资源，但高句丽控制辽东地区后，实现了对铁矿的资源占有，二者间遂开展了交换、贸易铁矿石或铁制品的活动，这一点至关重要，说明南室韦与高句丽显然相距不会过于遥远。高句丽北境大概在今长春吉林地区，高句丽千里长城的北端起点"扶余城"便在这一带。因此，南室韦应在今长吉地区以西地域活动，可能与阿尔山地区和乌兰浩特地域有关系。"衣服与契丹同""与靺鞨同俗"说明南室韦可能还同时靠近契丹、靺鞨，"以猪皮为席"表明南室韦有养猪习惯，这与肃慎族系"好养猪，食其肉，衣其皮"有共通之处，这也正是"与靺鞨同俗"的重要表现。这一时期契丹主要活动在和龙（今辽宁朝阳）以北的西拉木伦河和老哈河流域，即以木叶山为核心的区域内。靺鞨的分布区已远远超过其族源肃慎、挹娄的分布地域，这是源于勿吉的强力扩张。勿吉是南北朝时期在我国东北地区强盛一时的重要民族，曾占领北沃沮，袭扰高句丽，驱逐夫余国，地域范围不断扩张，以三江平原为依托，最终南下至第二松花江流域上游，形成了勿吉七部，隋唐时期发展为靺鞨（靺羯）七部。与南室韦相邻之室韦大概是活动地域偏南和偏西的粟末靺鞨、安车骨靺鞨。

通过对与室韦相邻各部族或政权地理分布的阐述，可以大概锁定南室韦活动范围，即今西辽河流域以北、第二松花江以西的区域内，可以推断为以阿尔山、乌兰浩特、白城、齐齐哈尔、大庆为中心的嫩江、洮儿河、哈拉哈河流域。干志耿、孙进己等认可了津田左右吉"《隋书》去契丹三千里，失之夸大"的观点，认为："这三千里很可能是三百里之误，这才与一般部落间的距离相合。"[1] 王德厚在此基础上进一步提出"三千里"可能为"千里"之误。笔者赞同此说，这一地区至契丹活动区域正好大约千里。南室韦夏季移居的贷勃、欠对二山则在大兴安岭中段某两座山峰。贷勃、欠对二山的地名表现形式，显然是利用汉文字的书写形式对少数民族地名发音的表音文字。因为只是表音而不是表意，所以造成后世学者们的众多猜测。不过，重要的是这种地名毕竟用汉字进行了表音的记载，而使得这一历史地名得以流传下来。

北室韦的记载见《隋书·室韦传》："南室韦北行十一日至北室韦，分为九部落，绕吐纥山而居。……气候最寒，雪深没马。冬则入山，居土穴中，牛畜多冻死。饶獐鹿，射猎为务，食肉衣皮。凿冰，没水中而网射鱼鳖。地多积雪，惧陷坑阱，骑木而行。俗皆捕貂为业，冠以狐狢，衣以鱼皮。"自今齐齐哈尔一带的南室韦故地北行十一日路程，以日行百里计算，合一千余里，（隋唐里数以步为计算单位，300步为一里，相当于今天的300米）正好到达今黑河地区一带。今黑河地区的公别拉河、锦河、法必拉河流域当为北室韦的活动范围。可见，北魏时期的失韦后来发展为北室韦，南室韦则是失韦族中南迁的一支。根据上述文献记载可知，北室韦分为九大部落，均环绕吐纥山而居。目前学术界对吐纥山地望亦存在诸多争议，因而对吐纥山地望的确定无疑最为关键。谭其骧主编《〈中国历史地图集〉释文汇编·东北卷》以《旧唐书》载望建河流经落俎室韦南后东流与那河、忽汗河会，《新唐书》载室建河流经落坦部后东流与那河、忽汗河会，地望位于嫩江上游为切入点，认为："由嫩江上游东至黑龙江之间的小兴安岭北端，当即北室韦九部围绕而居的吐纥山；嫩江上游

---

[1] 干志耿、孙进己：《室韦地理考述》，《社会科学战线》1983年第3期。

地区至今黑龙江东苏境结雅河下游东岸地区，当即北室韦的分布区。"[①]王德厚依据《魏书·失韦传》载啜河到失韦国历十七日、《隋书·室韦传》载"南室韦北行十一日至北室韦"，日程的减少表明："北室韦朝贡路线从西向东移动，避开了难行的西部山区之路，所以日程相对减少。"北室韦可能就是北魏失韦，其地望当为嫩江中游今齐齐哈尔西北之地。因北室韦诸部分布于大兴安岭两侧，故今大兴安岭东侧的古利牙山（大吉鲁契那山）为吐纥山较为合理。[②] 张久和以北室韦在乌洛侯以北，故吐纥山应为今伊勒呼里山，北室韦即在伊勒呼里山周围。[③] 孙进己等主编《东北历史地理》反驳谭图释文汇编，认为："唐代北室韦九部无分布于小兴安岭以东者。且今结雅河流域于唐代为落坦室韦之所在，此部不属北室韦诸部中。故不取此说。拟吐纥山为今讷河以西的萨起山，北室韦为讷河附近的嫩江流域地。"[④] 综上可知吐纥山存在小兴安岭说、古利牙山说、伊勒呼里山说、萨起山说等说法。其实，吐纥山即今黑龙江省黑河市辖区的大黑山，"吐纥"即"大黑"的同音异写的关系，二者为不同时代的人对同一处大山的不同表音文字。在今天黑河地区大黑山之南部地区，爱辉区西南与嫩江县东北的山地结合部位置有一个重要的地名——九水山，九水山海拔 680 余米。在大黑山与九水山周围恰好分布着九条水，为流入嫩江与黑龙江水系的一个重要分水岭。大黑山位于黑河市爱辉区罕达气乡南部的小兴安岭脊上，其海拔为 867.4 米，是公别拉河、法比拉河、锦河、逊必拉河、卧都河、门鲁河、科洛河、墨尔根河、讷谟尔河的发源地。这两座山距离很近，同属于小兴安岭北麓山脉，可以把九水山与大黑山看作同一区域。特别是九水山这一地名非常值得揣摩，如果从地名语源学角度考察，九水山很可能就是根据北部室韦的九个部落的居住地而起的名字，九部室韦便是环绕此山而居。大黑山则是北室韦所居的山名即吐纥山。从语音学上看，"吐"音如果演变成重音发声，那么吐音就会接近"大"或"多"音，而"纥"音则自然脱变成"黑"音，至今为止在山东、辽东

[①] 谭其骧主编：《〈中国历史地图集〉释文汇编·东北卷》，中央民族学院出版社 1988 年版。

[②] 王德厚：《室韦地理考补》，《北方文物》1989 年第 1 期。

[③] 谭其骧主编：《〈中国历史地图集〉释文汇编·东北卷》，中央民族学院出版社 1988 年版。

[④] 孙进己、冯永谦主编：《东北历史地理》，黑龙江人民出版社 2013 年版。

半岛及环渤海地区称大黑山,均为"大贺山"或标注为"达赫山""大和尚山"等,这说明东北地区的许多地名是因为民族迁徙和语言的融合而出现了许多同音异写的地名。因此,黑河地区在同一山地内出现了与北室韦相关联的九水山与大黑山地名不是一种偶然现象,其中必含有重要的历史地名演变的意义。

此外,北室韦所居之地山高、林密、水深,多獐鹿鱼鳖狐貂等野生动物,正与大黑山及其周边包括西沟古城(老羌城)附近的自然地理环境相符。"气候最寒,雪深没马。冬则入山,居土穴中,牛畜多冻死。饶獐鹿,射猎为务,食肉衣皮。凿冰,没水中而网射鱼鳖。地多积雪,惧陷坑阱,骑木而行。俗皆捕貂为业,冠以狐狢,衣以鱼皮"。①

另外,上文我们引用谭其骧先生主编的《〈中国历史地图集〉释文汇编·东北卷》一书,以《旧唐书》载望建河流经落俎室韦南后东流与那河、忽汗河合,"其北大山之北有大室韦部落,其部落傍望建河居。其河源出突厥东北界俱轮泊,屈曲东流,经西室韦界,又东经大室韦界,又东经蒙兀室韦之北,落俎室韦之南,又东流与那河、忽汗河合,又东经南黑水靺鞨之北,北黑水靺鞨之南,东流注于海。乌丸东南三百里,又有东室韦部落,在猚越河之北。其河东南流,与那河合"。②

《新唐书·室韦传》"直北曰讷比支部,北有大山,山外曰大室韦,濒于室建河,河出俱伦,迤而东。河南有蒙瓦部,其北落坦部;水东合那河、忽汗河,又东贯黑水靺鞨,故靺鞨跨水有南北部,而东注于海。猚越河东南亦与那河合,其北有东室韦,盖乌丸东南鄙余人也"。③

《新唐书》载室建河流经落坦部南后东流与那河、忽汗河合,谭其骧先生认为:"由嫩江上游东至黑龙江之间的小兴安岭北端,当即北室韦九部围绕而居的吐纥山;嫩江上游地区至今黑龙江东苏境结雅河下游东岸地区,当即北室韦的分布区。"④ 其实,这一观点对于唐代北室韦的历史地理研究具有重大的突破,但遗憾的是研究者并没有做进一步的研究和论证。尤其是没能做实地调查,这就导致了这一观点的局限性。其实,《旧

---

① 见《隋书·室韦传》,卷84列传第49,中华书局1973年版。
② 见《旧唐书·室韦传》,卷199下列传第149,中华书局1975年版。
③ 见《新唐书·室韦传》,卷219列传第144,中华书局1975年版。
④ 谭其骧主编:《〈中国历史地图集〉释文汇编·东北卷》,中央民族学院出版社1988年版。

唐书》与《新唐书》对其中的"望建河"与"室建河"的记载是非常重要的变化，《新唐书》纠正了《旧唐书》的记载，将望建河改为室建河。今黑河地区发源于大黑山东流的一条重要的河流即什锦河，又写成"石金河""石匠河"，今人讹传转写为锦河。实际上这条河流就是保留了唐代的"室建河"所固有的同音异写的地名，无论是"石匠河""石金河""什锦河""锦河"其实都与室建河为同一条河流，说明唐代人对黑龙江地理的认识与今人有很大的差别，确定了室建河的地理位置，就能够厘定落坦室韦的分布地理位置，从而对室建河"东流入海与那河、忽汗河会"就会有明确的认识。那河即今嫩江，忽汗河即今牡丹江，今锦河（石金河）入黑龙江东流与第一松花江在同江地段相汇合，而那河（嫩江）、忽汗河（牡丹江）均为第一松花江的支流，此即唐代的黑龙江与松花江、嫩江的地理概念。

《〈中国历史地图集〉释文汇编·东北卷》一书，推定北部室韦九部地望在嫩江上游东至黑龙江之间的小兴安岭北端是非常正确的。这一推断与今日黑河地区的大黑山（即吐纥山）的地理位置相合，以黑河地区的大黑山与九水山为中心的地域包括公别拉河、法必拉河、锦河、逊必拉河、卧都河（椀都河谋克）、门鲁河（金代谋鲁坚谋克）、科洛河等九条河流，即隋唐北室韦九部的居住区。落坦部室韦即今俄罗斯境内的结雅河地域，今俄罗斯境内的旧瑷珲城当为落坦部室韦的重要城池，旧瑷珲城实际上就修筑在落坦室韦的城池之上。锦河流经旧瑷珲城后东流，与新、旧唐书"室建河流经落坦室韦南后东流与那河、忽汗河合"[①]的记载相合。今天黑河地区所保留下来的锦河与石金河的名称，当为唐代对黑龙江的称谓，魏晋称完水，"完"与"乌"相通，即为乌水，亦可解释为黑水，而《旧唐书·室韦传》中则写成望建河，"望""乌""完"皆为同音异写，均可解释为黑水，而望建河为什么在《新唐书》中改写为"室建河"则是颇为有趣的问题。是否就是室韦人居住的金河之意，而被缩写成室建河呢，尚无定论待考。然而，今黑河地区所保留下的石金河、什锦河则与古称的室建河的地名音近，则很可能是保留了唐代对黑龙江的称谓的蛛丝马迹，这一点是值得我们注意的问题。从黑河地形图上可以清晰地看到石金河发源于大黑山西侧东流，在黑龙江流域左岸精奇里江入黑龙江口处的东

[①] 见《旧唐书·室韦传》，卷199下列传第149，中华书局1975年版。

偏北地方注入黑龙江后东流。从地望上观之石金河（什锦河）恰好流经古之旧瑷珲城之南①，即落坦室韦之南。根据俄罗斯学者扎比亚卡·安德烈先生②提供的资料，瑷珲旧城的准确地理位置是东经 127 度 30 分 32 秒，北纬 50 度 02 分 57 秒，这个数字经过航拍专家刘中堂先生矫正，当为旧瑷珲城的中心坐标。其海拔高度为 125 米，地理位置在瑷珲区外三道沟东南 1.7 公里黑龙江左岸。西距结雅河口 22.5 公里，南距瑷珲镇 7.6 公里。今属俄罗斯阿穆尔州布拉戈维申斯克韦肖洛耶风景旅游区，其北有科鲁格洛耶湖和大片湿地。实际上旧瑷珲城与新瑷珲城隔黑龙江在一条南北垂直的直线上。旧瑷珲城周长约 3 公里，经刘中堂在地图上测距得出的结论是 2.6 公里，古城为椭圆形，古城中间有两道隔开的城墙。旧城濒临黑龙江左岸，古城右侧的黑龙江水道附近有深入江中的滩头和港湾。瑷珲旧城所在的地理位置当是落坦室韦的南侧，旧瑷珲古城可能是沿用了落坦室韦的旧城。

　　室韦五大部在唐代进一步分化后，除大室韦因最为遥远仍保留其名称外，其余四部名称皆已消失，取而代之的是新出现的室韦二十余部。《旧唐书》与《新唐书》均对室韦五部分化后诸部相对的地理方位有较清晰的记载。《新唐书·流鬼传》对达姤部及其与黄头室韦关系的记载尤为重要，使该两部成为唐代室韦中地理位置相对明确者。《通典》所记"北室韦"实为"山北室韦"；"讷婆萵室韦"实为"讷北室韦"和"婆萵室韦"，"北室韦"三字脱漏。《旧唐书》《新唐书》均记载了八部，唯有《通典》记载了缺漏之"达末室韦"，九部室韦始告齐备。干志耿等先生认为所缺一部当为东室韦。③据张久和先生对《通典》《旧唐书》《新唐书》的比定和梳理，室韦部落凡二十部——岭西室韦、山北室韦、黄头室韦、大如者室韦、小如者室韦、讷北室韦、婆萵室韦、达末室韦、骆驼室韦、乌素固、移塞没、塞曷支、和解、乌罗护、那礼、大室韦、西室

---

① 旧瑷珲城在今俄罗斯境内黑龙江左岸结雅河入黑龙江口之东侧，即今中国瑷珲区二道沟对岸，东经、北纬。

② 扎比亚克·安德烈是俄罗斯阿穆尔国立大学宗教教研室主任、教授，专门从事黑龙江流域文明研究。

③ 干志耿、孙进己：《室韦地理考述》，《社会科学战线》1983 年第 3 期。

韦、蒙兀室韦、落俎室韦、东室韦。① 郑英德则认为，历史上的乌洛侯、乌丸、达姤、鞠、对豆于—霅、俞折等不同时期的族群部落均应属于室韦。② 其中的达末室韦可能就是达末娄国的后裔之人加入到室韦族群的共同体。讷北室韦应该就是地域概念，居住在讷谟尔河以北的室韦部落。今黑河地区有讷谟尔河，发源于五大连池东北部的大黑山与九水山地区小兴安岭山地，入五大连池流出后西流入嫩江。由此可知，古代的讷河、那河、榛水、难河的历史地理分布的概念与今人的地理概念是有区别的。

婆莴室韦即隋代钵室韦，位于活动在今黑河的北室韦以北地区。屠寄《蒙兀儿史记》卷一云："伊勒呼里山之阴有苹果河，一作潘家河，北流入黑龙江。苹果即婆莴之异文，古婆莴室韦所属之水。"因此，谭其骧先生主编《中国历史地图集·释文部分·东北卷》将盘古河流域定为婆莴室韦分布区。③ 张久和亦将其考订在盘古河流域的大兴安岭北部的额木尔山附近。④ 这一说法很有道理，"钵""婆莴""盘古"均系同音异写。《旧唐书·室韦传》记载："又东北有山北室韦，又北有小如者室韦，又北有婆莴室韦，东又有岭西室韦……"可知婆莴室韦以南有小如者室韦，即在今盘古河流域以南，大概在伊勒呼里山东麓的呼玛县至黑河市一带。"如者"即勿吉的同音异写，勿吉在隋唐及其后历代王朝先后被写成靺鞨、靺鞨、兀惹、乌惹、兀的改、乌第、兀者、斡拙、吾者、如者、乌稽、窝集等。可知小如者室韦可能是室韦与靺鞨的混合部落。无独有偶，在西沟古城东南有逊比拉河，其流域所在的逊克县干岔子乡河西村南约5000米，黑河与孙吴交界处的一架山至逊必拉河河口的弯月形山脉中部，有一座规模宏大的河西古城。其实，逊必拉河之"逊"即是黑水靺鞨思慕部之"思慕"的快读，二者实为同音异写。因此，构造复杂、拥有四道城垣的河西古城可能是黑水靺鞨思慕部的核心筑城。《新唐书·靺鞨传》云："初，黑水西北又有思慕部……"河西古城及其所处之逊必拉河流域正位于唐黑水都督府故址萝北江岸古城之西北方位。因此，河西古城

---

① 张久和：《北朝至唐末五代室韦部落的构成和演替》，《内蒙古社会科学》1997年第5期。
② 郑英德、刘光胜：《室韦部落新探》，《中央民族学院学报》1982年第2期。
③ 谭其骧主编：《〈中国历史地图集〉释文汇编·东北卷》，中央民族学院出版社1988年版。
④ 张久和：《室韦地理再考辨》，《中国边疆史地研究》1998年第1期。

很可能为思慕部中心城址，逊必拉河即思慕河。河西古城四道城垣的筑城形制及城内发现的铁箭镞显然与当时的战争形势有关。由此可见，黑河地区正是室韦与靺鞨的交界地带，两大族群可能存在军事冲突，小如者室韦便是二者接触融合的产物。小如者室韦以南为山北室韦，即小兴安岭以北的室韦部。今黑河爱辉区大概处于小如者室韦和山北室韦的杂处地带，从距离来看更加靠近山北室韦的活动地域。

近日，一位笔名为"黑水布衣"的网友在微信公众号中发表了《老羌城（西沟古城）之室韦国王城》一文，将其定性为北魏室韦国王城。认为："老羌城居山邻水，是目前黑龙江中上游右岸发现的年代最久、规模最大的古城遗址之一，从现存的城墙、瓮门、马面、穴居坑等遗址规模可以推断，应该是《魏书》中记载的室韦国王城。此处古城在北魏乃至早以前建立，在随后的历朝历代的发展中，由于室韦族的不断分化融合，古城被多个部族不断修葺和使用后，因各种原因废弃。"笔者认为，"黑水布衣"将西沟古城推定为北魏时期的室韦人居住之地的论述有一定道理。然而，由于仅仅是推测而无依据支撑，因此其说难以说服读者，其观点有悬空之感。其中的一些观点和结论笔者难以苟同，欲与其商榷如下：从目前所见老羌城即西沟古城的考古调查资料来看，尚无法将其断代为北魏时期。《中国文物地图集·黑龙江分册》中，将西沟古城的年代确定在汉魏时期的依据不足，且将年代漫展数百年，实为一种模糊或难以定论的观点。"黑水布衣"对西沟古城年代的推测虽有很大进步，但还是缺乏依据。从大西沟古城现存城垣、瓮门、马面等特征上观察，其当为辽金时期所建，北魏时期的古城还很少发现马面痕迹。因为北魏时期乃至唐朝在黑龙江流域的古城中尚没有发现这种马面结构，马面与瓮门的出现是随着冷兵器的发展和攻城器械的变化与进步才逐渐出现的。这一点，在北宋人编辑的《营造法式》[①]一书中已经有明确的记载。

此外，西沟古城南北二城的穴居坑等遗迹的发现，也并非西沟古城为

---

① 《营造法式》是宋将作监奉敕编修的。北宋建国以后百余年间，大兴土木，宫殿、衙署、庙宇、园囿的建造此起彼伏，造型豪华精美铺张，负责工程的大小官吏贪污成风，致使国库无法应付浩大的开支。因而，建筑的各种设计标准、规范和有关材料、施工定额、指标急待制定，以明确房屋建筑的等级制度、建筑的艺术形式及严格的料例功限以杜防贪污盗窃被提到议事日程。哲宗元祐六年（1091），将作监第一次编成《营造法式》，由皇帝下诏颁行，此书史曰《元祐法式》。

北魏绝对年代的充分依据。因为，黑龙江流域的古代民族穴居的习惯完全是因为气候条件而为之的适应生存、躲避严寒而发明的一种特殊的居住形式。在肃慎、挹娄、勿吉、室韦等民族中均有这种居住习俗，因此轻言断定此种习俗为室韦人所独有是不客观的。"黑水布衣"所说的该城"被多个部族不断修葺和使用"却有一定的道理。目前为止，我们仅仅能够确定的是黑河市爱辉区所在的公别拉河流域之西沟古城一带，确系北魏至隋唐以来室韦或失韦人活动的地域，尤其是隋代北室韦九部中某部和唐代小如者室韦、山北室韦在此活动的遗迹的可能性较大，西沟古城的形制是两座具有强烈的军事防御性质的古城。①

总之，西沟古城目前虽然尚无法得出其为北魏室韦"王城"的结论，但是从其地理位置与古城的特征来看，当是北室韦部落中较为重要的筑城，其下限虽为辽金，但是其建筑的年代可能始于室韦。此外，如果说西沟古城是目前黑龙江上游流域右岸规模较大的古城遗址之一，则是正确的。然而，我们应该更加宏观地看待西沟古城，要从整个黑龙江流域中、上游左、右岸尚存的逊克县河西古城、西石砬子古城、萝北县江岸古城等观察。更为重要的是我们尚没有全面开展黑龙江流域上、中游右岸的调查工作，也很难断定在这一广大区域内再不会有其他古城的发现。更为重要的是，在历史文献中尚没有发现有关北魏时期的室韦国王城的记载，而只有室韦国。唐设室韦都督府，辽设室韦国王府，显然上述作者所说的西沟古城即老羌城之室韦国王府的推断，虽然证据不足但是其说值得学术界揣摩。

依据上述考证，西沟古城所在的公别拉河流域在北魏时期，当属室韦部落之一无疑，而在隋唐则属于北部室韦中的九部之一，这九部室韦就是《隋书》《旧唐书》《新唐书》《唐会要》中记载的北部室韦。我们还需要进一步分析文献，深入考证公别拉河流域的西沟古城到底属于室韦的哪一部落。西沟古城的辽金时期特征，说明了辽金时期被沿用的可能性。有趣的是，西沟古城的南北二城都修筑在公别拉河的左岸之地，似乎是构成了对右岸的防御态势，这一点是值得思考的。特别是西沟古城南北二城所发现的大量的穴居坑，既与室韦人冬则入山穴居有关，也与黑水靺鞨人的生活习惯相近，唐朝时期黑水靺鞨人曾经受渤海人的北攻战略，迫使黑水靺

---

① 详见王禹浪《北室韦吐纥山新考》，未刊稿。

鞨的发展空间只能沿着黑龙江向西发展。西沟古城地处东部室韦的地域，距离黑水靺鞨较近，这些具有大量穴居坑的古城是否属于黑水靺鞨西渐东部室韦的一种现象呢？这一点还需要深入研究。

最近，治东北史地大家魏国忠先生和治西北史地学家杨富学先生连续发表了数篇文章，为考证西沟古城的唐代室韦与黑水靺鞨的关系提供了重要的旁证资料。

四　唐设室韦都督府的历史背景与西沟古城关系

正如魏国忠先生指出："由于黑水靺鞨人所固有的'恒为邻境之患'的传统，其势力的扩张并不限于牡丹江流域中游一带的拂涅部故地，以及阿什河流域的安居骨部故地和那河流域上游一带和今吉林、黑龙江两省交界地带的拉林河流域的伯咄部故地；也完全可能利用此前东突厥汗国和薛延陀政权相继败亡后、黑龙江流域西部地带一时之间并无新的强大势力出现的机遇，而逐渐地向邻近的达末娄、乌罗护、室韦诸部的地界进行蚕食和扩张，即将其势力范围扩展到了松嫩平原的一些地面；不止于此，似也不能排除其向今大兴安岭地区一带进行扩张的可能性，甚至于岭西一带的霫部或白霫都有可能成为其蚕食和渗透的目标。这都表明，在高丽灭亡后的十来年间，主要是由于黑水靺鞨人的四处扩张活动而使当时的黑龙江地区处于动荡不定的局面，从而给各族人们的社会生产和生活带来不小的冲击和干扰。"于是，唐朝为了阻止黑水靺鞨向西扩张，就组织了东征靺鞨的重大战役。

这种东征靺鞨的事实，虽然在文献中尚没有发现更多的线索。但是在2009年夏季，蒙俄考古队在蒙古地区的中央省发现了一通重要的石碑，其碑文中有"东征靺羯"之语。这验证了魏国忠先生的推断是正确的。尤其是对解释黑河市爱辉区西沟古城出现的时间与历史背景，有了较为重要的旁证。为了更深入一步了解这通石碑的发现经过，我们根据《中原与域外》杂志上刊登的台湾政治大学历史系所撰写的文章中引用了该碑文。[1]

该文介绍了2009年夏天，蒙俄考古队在蒙古中央省扎马尔县发掘了

---

[1] 根据台北《中原与域外》杂志，台湾政治大学历史学系，2012年。

一座唐代墓葬，出土了一件重要的唐代墓志铭。① 墓志为正方形、石质，边长75×75厘米。志盖篆体文字为"大唐金/徽都督/仆固府/君墓志"，墓志首题为"大唐故右骁卫大将军金徽州都督上柱国林中县开国公仆固府君墓志铭并序"。墓志共28行，行31字。内容如下：

  公讳乙突，朔野金山人，盖铁勤之别部也。原夫石纽开基，金峰列构，疏枝布叶，拥/□塞而推雄，茂族豪宗，跨龙城而表盛。亦有日碑纯孝，泣画像于汉宫，日逐输忠，/委□□于銮邸。求诸史谍，代有人焉。祖歌滥拔延，皇朝左武卫大将军、金/徽州都督。父思匐，继袭金徽州都督。并志识开敏，早归皇化，觇风请谒，匪/独美于奇肱，候日虔诚，本自知于稽颡。公幼而骁勇，便习驰射，弯弧挺妙，得自乘/羊之年，矫箭抽奇，见赏射雕之手。及父殁传嗣，遂授本部都督，统率部落，遵奉/声教。回首面内，倾心尽节。俄以贺鲁背诞，方事长骛，爰命熊黑之军，克剿犬羊之/众。公乃先鸣制胜，直践寇庭，无劳拔帜之谋，即取塞旗之效。策勋叙绩，方宠懋官，/诏授右武卫郎将，寻授护军，封林中县开国子，俄除左武卫大将军。至麟德二年，/銮驾将巡岱岳，既言从塞北，非有滞周南，遂以汗马之劳，预奉射牛之礼。服既荣/于饰玉，职且贵于衔珠，厚秩载隆，贞心逾励。及东征靺鞨，西讨吐蕃，并效忠勤，丞/摧凶丑。哀录功绩，前后居多，寻除右骁卫大将军，依旧都督，加上柱国，林中县开/国公，食邑一千户。频加宠授，载践崇班，迈彼毡裘之乡，参兹缨冕之列。光/膺启国，既锡茅土之封，趋步升朝，且曳桃花之绶。方谓高情壮志，媲金石而同坚，/岂图脆质小年，与风露而俱殒。奄辞白日，长归玄夜。以仪凤三年二月廿九日遘/疾，终于部落。春秋卌有四。/天子悼惜久之，敕朝散大夫、守都水使者天山郡开国公麹昭，监护吊

---

① 见，台北《中原与域外》，台湾政治大学历史系，2012年出版，无作者名。2009年夏，由蒙古国游牧文化研究国际学院的敖其尔（A. Ochir）教授和俄罗斯考古学家丹尼洛夫（S. V. Danilov）率领的蒙—俄联合考古队，在蒙古国的中央省（Töv Aimag）扎马尔县（Zaamar Süm）的 Shoroon Bumbagar 地方，发掘了一座大型唐代墓葬，出土各类器物770余件。从所出墓志看，墓主人为仆固乙突。仆固乙突墓的外垣长宽110×90米。墓高5—6米，墓封土堆的直径为30米。墓室底部距地表6米。墓室长宽3.6×3.5米。墓室内的木质棺椁中有男性骨骸一具，棺椁外有陶俑和木俑70余件。陶质骑马俑和站立俑与唐墓通常所见者基本相类，木俑一部分带有麻布衣裙，一部分没有。木质俑中还有相当一部分动物俑，如山羊、马、鹅和鱼等等。

祭，/赗物三百段，锦袍金装带弓箭胡禄鞍鞯等各一具。凡厥丧葬，并令官给，并为立/碑。即以其年岁次戊寅八月乙酉朔十八日壬寅，永窆于缬硇原，礼也。生死长乖，/哀荣毕备，深沉苦雾，方结惨于松茔，飔飑悲风，独含凄于薤铎。对祁连而可像，寄□勒而有词，述德表功，乃为铭曰：/西峙葱山，北临蒲海，土风是系，英杰攸在。叶贯箭锋，花分骑彩，孙谋有裕，祖袭无/改。束发来仪，腰鞬入侍，/天德斯溥，人胥以洎。献款毕同，输忠靡异，临危效节，致果为毅。畴庸启邑，疏爵命/官，从军拥旆，拜将登坛。赫弈光显，荣名可观，方奉/明时，遽归幽夕。壮志何在，瑰容共惜，鹤陇俄封，鸡田罢迹。月落无晓，云来自昏，鸟/切响于鸿塞，人衔悲于雁门，庶清尘而不泯，纪玄石而长存。

对于上述碑文的考订，除了我国台湾政治大学历史系的上述文章外，主要是治西域史地研究的著名学者杨富学先生与东北史地大师魏国忠先生，两位先生对该碑文的考订各有侧重，杨富学先生主要针对墓志的主人仆固乙突的家世及其内回鹘九姓进行了认真的梳理和考证，并对铁勒部的分布进行了校雠。[①] 魏国忠先生则从碑文中所见的"东征靺羯"一语，进行了全背景下的历史背景考证，尤其是对于唐朝派遣仆固乙突率邻近部落，诸如达末娄、乌洛侯、室韦等族，组织了一场阻止黑水靺鞨向西扩张的东征靺羯之役。这里碑文中明确用的是"东征"而不是"东击"，而"靺羯"即所谓靺鞨，更进一步说明这个时期在黑龙江流域的就是黑水靺鞨。这也说明了，这是一场旷日持久的征伐战或征讨战，乙突是代表唐朝对黑水靺鞨进行征讨，绝不是一次战役所能够解决的。

应该说，这是由许多个小的战役构成的一次远征之役。此时的靺鞨已经不是靺鞨七部时期的靺鞨，而是在靺鞨七部彻底分化以后形成的南北二大部落，南部粟末靺鞨建立了渤海国，北部黑水靺鞨强盛时吞并了周边诸部如安车骨、伯咄等，建立了强大的十六部落联盟。唐朝为了分化黑水靺鞨与渤海的关系，在黑水靺鞨中设立了黑水军、黑水州与黑水都督府。黑

[①] 见杨富学《西与研究》，《唐代仆固部世系考——以蒙古国新出土仆固氏墓志铭为中心》2012年第1期。墓志称仆固乙突死于高宗仪凤三年（678），年四十四，则其生年应是唐太宗贞观九年（635），金徽州设立时他已经十三岁。

水靺鞨向松花江以南发展的势头被渤海国于唐朝所阻。于是，黑水靺鞨开始沿着黑龙江流域向中上游地区发展。由此，黑水靺鞨就势必与黑龙江流域中、上游地区的室韦、达末娄、乌洛侯等族发生了冲突。在这样的历史背景下，这些居住在黑龙江上中游地区，包括嫩江上游地区的大、小兴安岭地域的室韦等族，在唐朝的带领下联合多部开始了东击黑水靺鞨的战争。所以，在仆固乙突的墓志铭中所出现的"东征靺羯"实际上就是东征黑水靺鞨。[1] 仆固乙突是铁勒部人，亦即铁丽，又写成丁零，也是辽金时期的敌烈部。仆固乙突死后被埋葬在自己的故乡即唐代的金徽州之地。碑文记载了仆固乙突死于高宗仪凤三年（678），由此可以推断他所率领的东征靺羯大军的时间只能在此前而不会在其死后，我们推断当在高句丽被灭亡（668年）之后。也就是说，仆固乙突率众征伐黑水靺鞨的时间不超出668—678年这十年间。因为，高句丽被灭亡后，东北南部、中部出现短暂的真空。黑水靺鞨趁机西扩、南扩，占有了松花江流域中游和下游，以及黑龙江流域的中游地区，甚至包括嫩江上游地区，而黑河地区所属的西沟古城、四方山古城、河西古城、西石砬子古城、库尔滨河古城等等可能就是黑水靺鞨沿着黑龙江逆流而上时所建立的重要军事据点。黑水靺鞨势力的做大不仅使周边其他部族受到了威胁，对于唐朝在嫩江、松花江、黑龙江流域上游都有严重的冲击。

　　仆固乙突墓志发现的最大意义，就是重新确定了唐代金徽州的所在地问题，同时也考证了铁勒诸部的分布地域。特别是纠正了由谭其骧先生主编的《中国历史地图集》中将金徽州确认在蒙古东部的肯特山一带，即今鄂嫩河流。"由于仆固乙突墓的发掘和仆固乙突墓志的出土，我们可以肯定地知道，仆固部的中心地区应在今蒙古国中央省与布尔干省交界处的图拉（即土拉）河流域，比过去学者估计的要靠西。以此为基准，铁勒各部的位置都要重新考察。"[2] 黑河地区的西沟古城很可能就是建于黑水靺鞨西进、唐军东征靺羯的时间段。因为，西沟古城南北二城的建筑特点及其选择的地理位置，以及大量发现的穴居坑都说明黑水靺鞨的文化已经在这里出现。

---

　　[1] 见魏国忠《浅议黑水靺鞨的勃兴》，《渤海大学学报》（哲学社会科学版）2016年第4期。

　　[2] 见台湾政治大学历史系《中原与域外》，《蒙古国出土的唐代仆固乙突墓志》2012年6月。

唐朝灭亡高句丽之后，立即在其地分置都督府九、州四十二、县一百，并置安东都护府以统之，将高句丽故地置于唐朝的直接管辖之下，并大有继续向东北发展的趋势。在这样的背景下，唐朝政府利用铁勒部及其周邻地区各部族由西向东沿黑龙江流域上游直捣黑龙江中游地区的靺鞨，此为东征靺羯之役的历史背景。其具体东征靺羯时间可能在673年前后，进军路线是由西向东。乙突实际上是作为这次唐朝政府委派的铁勒等诸部联军的指挥官，他所率领的诸部联军实际上是沿着黑龙江上游沿江而下，水陆并用东征靺鞨（黑水靺鞨）。与此同时，唐军可能也在嫩江上游一线布置了由契丹、室韦、乌洛侯等部族的联军，以防黑水靺鞨西窜或南下。唐朝在东征靺羯取得战果后看到了居住在嫩江以东、黑龙江以西之地的北部室韦的九姓是值得利用的力量，于是加强了唐朝在北部室韦地区的控制，公元630年（唐贞观三年）设立师州。公元8世纪初，唐朝看到东北地区渤海国崛起，想要控制渤海国做大，唐朝又及时调整了方略，即与黑水靺鞨联合控制渤海国，在黑水靺鞨地设立黑水州、黑水军与黑水都督府，在嫩江流域上游设立室韦都督府，在渤海国设立忽汗州都督府。此并分置于营州、安东都护府管辖，黑水靺鞨西进受挫，便积极加强其沿牡丹江南下和沿松花江南下的意图，很快便占领了大片土地。黑水靺鞨的不断做大引起唐朝营州方向的注意，并开始阻止其南下。于是，就导致了唐朝与黑水靺鞨在粟末水之战事件的发生。①

  黑河地区的西沟古城当然受到了室韦都督府的管辖，室韦都督府辖区包括今石勒喀河、鄂嫩河、黑龙江上游、嫩江流域，北至外兴安岭一带。唐朝末年至五代初，室韦族诸部逐渐被契丹人所吞并或与之融合，室韦都督府也随之解体，前后存百余年。继唐朝之后的辽朝在吞并了南部室韦之后，为了统治北部室韦等诸部，又设置了辽朝室韦国王府。

---

① 见魏国忠《唐与黑水靺鞨之战考》，《社会科学战线》1985年第3期。

魏晋南北朝时期东北亚肃慎民族"楛矢石砮"之贡浅析

张 捷

（淮阴师范学院运河与漕运文化研究中心，江苏淮安 223001）

摘 要： 肃慎民族的"楛矢石砮"之贡复兴于曹魏、发展于两晋、繁荣于南北朝。肃慎的朝贡既决定于族群自身的发展历程，也受制于中原政权的政治治乱、经济强弱和文明兴衰，还与陆运、河漕、海漕等交通因素密切相关。"楛矢石砮"之贡是东北冰雪"丝绸之路"形成的媒介与纽带，其促进了中原与东北地区的商贸交流，加速了中国民族大融合的历史进程。

关键词： 魏晋南北朝；肃慎民族；楛矢石砮

肃慎，又称息慎、稷慎，是中国东北地区见诸文字记载的最古老的民族之一，是同中原联系最早、最为密切的一族。远在帝舜有虞氏二十五年（公元前2231年），"楛矢石砮"之贡就已先期载入史册。禹定九州，周边各族来贡，东北夷中就有肃慎。周武王时，肃慎入贡"楛矢石砮"。周成王时，肃慎来朝，成王命大臣荣伯作"贿息慎之命"。周康王时，肃慎又至。周人在列举其疆土四至时称：肃慎、燕、亳，吾北土也。由于海外肃慎一直来服，这使"肃慎来贡"也成了圣王威德远播的丰功伟绩，为后世所景仰。到了魏晋南北朝时期，肃慎向分裂对峙的中原政权频繁朝贡，呈现出不同于以往的新特点。总之，在长达两千五百多年的时间里，肃慎与中原的每次联系均以"楛矢石砮"为首贡。"楛矢石砮"甚至成为一种品牌，它既是肃慎及其后裔族系的社会发展阶段的标志物和徽记，更是肃慎最早开辟黑龙江冰雪"丝绸之路"的主要媒介和纽带。

一 三国时期挹娄民族"楛矢石砮"之贡的复兴

战国以后，肃慎人被称为"挹娄"，有时也称肃慎，《后汉书》载"挹娄，古肃慎之国也"。《三国志》中也有相同的记载。挹娄人自汉开始就臣属夫馀，所谓"尔后千余年，虽秦汉之盛不能致也"。后由于税赋过重，在黄初［曹丕年号］中叛离夫余国。挹娄摆脱夫余国的统治，表明挹娄人已经有了强大的政权组织、较为发达的经济实力以及规模宏大的城池。在曹魏青龙年间（233—237年），肃慎恢复了对中原政权的朝贡。

《三国志·魏书·明帝纪》载：

青龙四年（236）五月，"丁巳，肃慎氏献楛矢"。①

青龙是魏明帝曹叡第二个年号。曹叡，字元仲，沛国谯（今安徽亳州）人，魏文帝曹丕之子。能诗文，与曹操、曹丕并称魏之"三祖"。曹叡继位为帝后，指挥曹真、司马懿等人成功防御了吴、蜀的多次攻伐，平定了鲜卑，颇有一番建树。正是在明帝文治武功的影响下，青龙四年（236），肃慎朝贡楛矢，这是继春秋朝贡以后的首次贡献。此后，肃慎与曹魏建立直接的隶属关系，曹魏将其划归辽东郡管理。

关于"楛矢石砮"，《汉书》记载道："史记鲁哀公时，有隼集于陈廷而死，楛矢贯之，石砮，矢长尺有咫。陈闵公使使问仲尼，仲尼曰：'隼来远矣！昔武王克商，通道百蛮，使各以其方物来贡，肃慎贡楛矢，石砮长尺有咫。'"② 其实，楛矢是用长白山区的楛木（或桦木）制作的箭杆，石砮即石制的箭头。《三国志·魏书·东夷传》记载："其弓长四尺，力如弩，矢用楛，长尺八寸，青石为镞，古之肃慎氏之国也。善射，射人皆入目。矢施毒，人中皆死。"③ 可见，与肃慎时代比较，挹娄时代的"石

---

① 《三国志》卷三《魏书·明帝纪》，中华书局1959年版，第107页。
② 《汉书》卷二十七下之上《五行志下之上》，中华书局1964年版，第1463页。
③ 《三国志》卷三十《魏书·东夷 挹娄传》，中华书局1959年版，第847—848页。

䇹"有很大改进和发展，这首先反映在"簇皆施毒，中者即死"。

曹魏景元年间（260—264年），肃慎再一次前来朝贡。《三国志·魏书三少帝纪》载：

> 景元三年（262），"四月，辽东郡言肃慎国遣使重译入贡，献其国弓三十张，长三尺五寸，楛矢长一尺八寸，石弩三百枚，皮骨铁杂铠二十领，貂皮四百枚"。①

景元是魏元帝曹奂的第一个年号。曹奂，本名曹璜，字景明，魏武帝曹操之孙，燕王曹宇之子。甘露三年（258），被封为常道乡公，故后来有"常道乡公景元末来贡，献楛矢、石弩、弓、甲、貂皮之属"。② 甘露五年（260），魏帝高贵乡公曹髦被成济弑杀，司马昭与众臣商议，立曹奂为帝，从而成为曹魏政权的第四个皇帝。不过，曹奂虽名为皇帝，实为司马氏的傀儡。

景元三年（262），"辽东郡言肃慎国遣使重译入贡"，由于曹魏时挹娄归辽东郡管辖，故由辽东郡言肃慎国入贡的事。而肃慎氏因言语不通，也需要借助翻译来献贡，所贡的品种和数量都十分可观，比如"国弓三十张""石弩三百枚""皮骨铁杂铠二十领""貂皮四百枚"，但在史家眼中，最重要的物产仍是楛矢。③

不过，上述《三国志·魏书 三少帝纪》载"国弓三十张，长三尺五寸，楛矢长一尺八寸"，但是，《三国志·魏书·东夷》载"其弓长四尺，力如弩，矢用楛，长尺八寸，青石为镞"。可见，同书所记的楛矢的长度相同，但弓的长度前后不一，具体原因不明。

景元三年（262）肃慎来朝贡后，魏元帝则以工艺饰物、丝绸绵帛等作为"赏赐"，《三国志注补·魏书 三少帝纪》载"及文帝作相，魏景元末来贡楛矢、石弩、弓甲、貂皮之属，魏帝诏归于相府，赐其王褥鸡锦罽、絺帛"。④ 锦罽，一是指丝织品和毛织品，二是指有纹彩的毡毯。絺，

---

① 《三国志》卷四《魏书 三少帝·陈留王纪》，中华书局1959年版，第149页。
② 《通典》卷一八六《边防二·东夷下·挹娄》，中华书局1988年版，第5021页。
③ 马明达、纪宗安主编：《暨南史学》（第9辑），广西师范大学出版社2014年版，第17页。
④ （清）赵一清：《三国志注补》卷四《魏书 三少帝纪》，上海古籍出版社2007年版，第78页。

同"绵",縣帛是丝绵绢帛的总称。这与周成王时是有不同的,因为周成王伐东夷后,肃慎来贺,"王赐荣伯作贿肃慎之命",① 即成王以"币"贿赐肃慎之来贺。

对于肃慎朝贡的物品,"魏帝诏归于相府",《晋书·文帝纪》亦载:"(景元)三年夏四月,肃慎来献楛矢、石砮、弓甲、貂皮等,天子命归于大将军府。"② 相府,即司马昭的大将军府。至于相府的方位,具体见《洛阳伽蓝记》中"建中寺"条:"(延年里刘腾宅)。东有太仆寺,寺东有乘黄署,署东有武库署,即魏相国司马文王府。"③ 司马文王即司马昭,三国河内温县人,司马懿之子。继其兄司马师为魏大将军,专国政,并日谋代魏。

可见,魏帝将贡品归于大丞相府,也充分体现了曹奂政权对司马昭的倚重程度。再者,肃慎朝贡也被曹魏视为皇威远被万邦协和的象征。比如《三国志·魏书·钟会传》记载,景元四年(262),钟会伐蜀,"会移檄蜀将吏士民曰:'今主上圣德钦明,绍隆前绪,宰辅忠肃明允,劬劳王室,布政垂惠而万邦协和,施德百蛮而肃慎致贡。'"④

据《后汉书》和《三国志》记载,肃慎人的渔猎业非常发达,狩猎工具以弓箭为主。肃慎人"乘船寇抄""喜乘船寇抄""至冬船道不通",其寇抄活动才宣告结束。可见,船是肃慎人的主要交通工具,从事水上运输也是肃慎人特别擅长的事。

再据《后汉书》《三国志》等史料所载,挹娄"在夫余东北千余里,东滨大海,南与北沃沮接,不知其北所极"⑤。此外,《太平御览》《文献通考》中也有相似的记载,其地域相当于现在的松花江下游、黑龙江和乌苏里江流域,东至日本海,北至俄罗斯远东地区。⑥ 这里水网密布,水路交通条件优越。

挹娄人不仅开发了乌苏里江等水路交通,而且其境内能够通航的河流

---

① 《通志》卷三下《三王纪三下》,中华书局1987年版,第50页。
② 《晋书》卷二《文帝纪》,中华书局本1974年版,第37页。
③ (北魏)杨衒之撰;韩结根注:《洛阳伽蓝记》,山东友谊出版社2001年版,第40页。
④ 《三国志》卷二十八《魏书·钟会传》,中华书局1959年版,第788页。
⑤ 《后汉书》卷八五《东夷列传·挹娄》,中华书局1965年版,第2812页。
⑥ 《女真兴衰全史》,中国长安出版社2015年版,第11页。

如黑龙江、松花江等水路交通都相应得到开发和利用。① 可见，景元三年（262）肃慎所贡的大量贡品，诸如"国弓三十张""石弩三百枚""皮骨铁杂铠二十领""貂皮四百枚"，很可能主要以船为运载工具，借助松花江、乌苏里江等自然水道实现远距离运输。而且，由于我国东北地区每年有半年左右的冰封期，在这条遥遥数千里的大通道上，夏日宽阔平缓的江面上可用舟船运送货物；冬季则在千里冰封的江面上利用爬犁搭人载物，于是形成了一条冰雪丝绸之路。正是通过这条通道，肃慎带去了东北的"楛矢石砮"等珍宝与风土人情。②

二 两晋十六国时期肃慎民族"楛矢石砮"之贡的发展

两晋时期，肃慎之名又重新出现，《晋书·四夷·东夷传》记载，"肃慎氏一名挹娄，在不咸山北，去夫馀可六十日行。东滨大海，西接寇漫汗国，北极弱水"。③ 不咸山即现在的长白山，弱水④则为今东流松花江及黑龙江下游。⑤ 可见，肃慎具体分布区为张广才岭以北，完达山、太平岭、老爷岭以北，东流松花江中、下游以南，这正与汉魏遗址群分布的小三江平原地区相合。⑥ 两晋十六国时期，肃慎继续向分裂对峙中的诸政权进贡楛矢。

《晋书·四夷·东夷传》载：

> 至武帝元康初，复来贡献。元帝中兴，又诣江左贡其石砮。至成

---

① 赵立兴、高福顺、张淑贤主编：《东北亚历史问题研究》，吉林文史出版社2001年版，第250页。
② 参阅董濮、韩新君编著《兴凯湖新开流肃慎文化研究》，黑龙江人民出版社2014年版，第160页。
③ 《晋书》卷九十七《四夷·东夷 肃慎氏传》，中华书局1982年版，第2534页。
④ 孙进己、冯永谦总撰：《东北历史地理》（第二卷），黑龙江人民出版社1989年版，第51—52页，认为"弱水为东流松花江之说则可为定论"。
⑤ 谭其骧：《〈中国历史地图集〉释文汇编·东北卷》，中央民族学院出版社1988年版，第30页。
⑥ 范恩实：《靺鞨兴嬗史研究：以族群发展、演化为中心》，黑龙江教育出版社2014年版，第92页。

帝时，通贡于石季龙，四年方达。季龙问之，答曰："每候牛马向西南眠者三年矣，是知有大国所在，故来"云。①

西晋武帝司马炎，字安世，河内温县（今河南省温县）人，晋朝开国皇帝。司马懿之孙，司马昭嫡长子，晋元帝司马睿从父。司马炎重视生产，劝课农桑，兴修水利，民和俗静，家给人足，牛马遍野，余粮委田，出现了四海平一、天下康宁的升平景象，史称"太康盛世"，又称"太康之治"。肃慎等民族受到太康盛世的吸引，开始向西晋武帝政权朝贡了。

上文"武帝元康初，复来贡献"显然有误。根据《晋书·四夷传》"校注四"载："《武纪》献楛矢、石砮在咸宁五年。'元康'为惠帝年号，大误。按：咸宁五年十二月使来，翌年春改元太康，疑'元康'为'太康'之误。"② 再据《元经》载："东夷五国者，扶余、三韩、肃慎、倭人、裨离也，在玄菟东北，并武帝太康曾献方物。东晋置东夷校尉以统之。"③ 可见，太康初年，肃慎献贡之事确实存在。另外，《晋书·武帝纪》也记载说，咸宁五年（279）十二月，"肃慎来献楛矢石砮"。④ 因此，晋武帝时肃慎来朝或为两次，一次在咸宁五年（279），一次在太康初年。

《晋书·四夷·东夷传》载：肃慎氏一名挹娄。可见，来贡者就是《三国志·魏书·东夷传》所记载的挹娄人。所不同的是，此时这一支来贡的挹娄人已经发展到早期国家阶段。根据安东尼·史密斯有关族类—族团的观点，这一支挹娄人显然已是一个有了一定内部群体意识的族团。可见，魏晋时期的肃慎是中原王朝依传统的对周边部族的命名系统赋予新近前来朝贡的挹娄人族团的新称。也就是说，魏晋肃慎与先秦肃慎并不是延续数百年的同一个族团。⑤

316年，西晋被北方蛮族灭亡后，北方又陷于混乱，进入了匈奴、鲜卑、羯、羌、氐等五胡乱华时期。317年，晋室南渡，皇室后裔司马睿在

---

① 《晋书》卷九十七《四夷·东夷 肃慎传》中华书局1974年版，第2535页。
② 《晋书》卷九十七《四夷·东夷 肃慎传》，中华书局1974年版，第2552页。
③ （隋）王通：《元经薛氏传》卷六，（明）程荣 纂辑：《汉魏丛书》第12册，吉林大学出版社1992年版，第74页。
④ 《晋书》卷三《武帝纪》，中华书局1974年版，第70页。
⑤ 范恩实：《靺鞨兴嬗史研究：以族群发展、演化为中心》，黑龙江教育出版社2014年版，第89页。

建邺建立东晋，又称"中晋"（寓以晋室中兴之意）或称"江左"（统治地区大部分在江东）。据上引的《元经》卷六可知，东晋设置了东夷校尉，以统包括肃慎在内的东夷五国。

东晋元帝中兴，肃慎"又诣江左贡其石砮"，《晋书·元帝纪》亦载，太兴二年（319）"八月，肃慎献楛矢石砮"。① 又《山海经·大荒北经》载："大荒之中有山，名不咸。有肃慎氏之国。郭璞云：'今肃慎国去辽东三千余里……晋太兴二年②，平州刺史崔毖遣别驾高会，使来献肃慎氏之弓矢，箭镞有似铜骨作者。'"③ 可见，东晋太兴二年（319），肃慎先是通过东北水路将贡品送至平州，然后由东夷校尉派人从海路或内河漕运转至建邺。

当然，肃慎还向北方五胡十六国的后赵、前秦献贡。后赵（319—351）是十六国时期羯族首领石勒建立的政权。历七主，共三十二年。319年，石勒在襄国（今河北邢台）自称王，史称后赵。329年石勒灭前赵，次年（330）称帝。石勒开拓疆土，灭前赵，占有除辽东、河西以外的北方地区。后赵前期仍采取胡汉分治政策，但注意笼络汉族士人，减轻租赋，发展农业生产，推行儒家教育，社会呈现丰裕景象。《晋书·载记·石勒下》载："时高句丽、肃慎致其楛矢，宇文屋孤并献名马于勒。"④ 韩国文献也记载说："美川王三十一年（晋成帝咸和五年，即330年），遣使后赵贡楛矢。"⑤

肃慎第二次朝贡后赵，在晋成帝咸康五年（339），后赵处于石虎统治时期。石虎，字季龙，羯族，上党武乡（今山西榆社）人，后赵明帝石勒堂侄。333年，石勒驾崩，其皇位由儿子石弘继承。第二年，石虎废杀石弘，自立为王。至335年，其首都由襄国（今河北邢台）迁至邺（今河北邯郸市临漳县城西南20公里邺城遗址）。上文中，肃慎通贡于石季龙时，"季龙问之，答曰：'每候牛马向西南眠。'"这里的"之"，应

---

① 《晋书》卷六《元帝纪》，中华书局1974年版，第152页。
② 范恩实：《靺鞨兴嬗史研究：以族群发展、演化为中心》，黑龙江教育出版社2014年版，第291页，认为"其事于太兴三年（320），本文证其事在太兴二年"。
③ 袁珂校注：《山海经校注》第十七《大荒北经》，上海古籍出版社1980年版，第421页。
④ 《晋书》卷一百五《载记·石勒下》，中华书局1974年版，第2747页。
⑤ ［韩］朴容大等编著：《增补文献备考》卷一七一《交聘考》一，明文堂出版社2000年版，第1007页。

该指肃慎朝贡的使者。"候"指问候、探望，此指拜见、朝拜。"牛马"是自谦自贱之称。"西南眠"指朝向西南而睡，以表内诚恭奉之意。这是肃慎氏通过使臣向石虎表示恭顺之意的言辞。后因用为异族臣服之典。[1]可见，肃慎此次朝贡先通过东北水道运输，至后赵境内，由通往邺城的漕运线将贡品直接送至首都。

据史料记载，石季龙还把挹娄进贡的楛矢作为礼物，送给蜀汉李寿。比如，石季龙派李宏出使蜀地，"李宏既至蜀汉，李寿欲夸其境内，下令云：'羯使来庭，献其楛矢。'季龙闻之怒甚"[2]。"羯使"是对石季龙政权的蔑称。

肃慎朝贡前秦，发生在苻坚统治时期。352年苻坚称帝，定都长安，与东晋断绝。之后，苻坚成功抵御东晋人之屡次讨伐，国势渐固。苻生继立后，淫杀无度，苻坚杀而代之。苻坚崇尚儒学，奖励文教。他得王猛辅政，得以集权中央，经济提升，国势大盛，史称"关陇清晏，百姓丰乐"，一派"小康"气象。随着前秦势力渐渐强大，苻坚集中了氐族武装力量，开始统一黄河流域的征战，继而统一整个北方，达到鼎盛，并与东晋形成南北对峙局面。正是在这样的背景下，肃慎等国前来朝贡了。

《晋书·载记·苻坚上》载：

> 坚自平诸国之后，国内殷实。……鄯善王、车师前部王来朝，大宛献汗血马，肃慎贡楛矢，天竺献火浣布，康居、于阗及海东诸国，凡六十有二王，皆遣使贡其方物。[3]

《十六国春秋·前秦录》亦载：

> 建元十七年，鄯善王、车师前部王来朝。大宛献汗血马，肃慎贡楛矢，天竺国献火浣布，羌抑摩献羊，六角二口、四角八口。新罗遣使贡其方物，在百济东，去长安九千八百里，其人食麦。康居、于阗

---

[1] 辛夷、成志伟主编：《中国典故大辞典》，北京燕山出版社1991年版，第476页。
[2] 《晋书》卷一百六《载记·石季龙上》，中华书局1974年版，第2772页。
[3] 《晋书》卷一百一十三《载记·苻坚上》，中华书局1974年版，第2904页。

及海东诸国凡六十有二王，皆遣使贡其方物。①

可见，建元十七年（381），鄯善王、车师前部王、大宛、肃慎、天竺、抑摩、新罗、康居、于阗及海东诸国等六十二王都派来了使者，向前秦贡献方物特产。此时，肃慎所贡特产仍为"楛矢"。

至于所贡楛矢的尺寸，《晋书·四夷·东夷传》载：肃慎"有石砮，皮骨之甲，檀弓三尺五寸，楛矢长尺有咫"，"咫"指八寸（合现市尺六寸二分二厘）。肃慎的檀弓三尺五寸，楛矢长一尺八寸。这不同于《三国志·魏书·东夷传》所载"其弓长四尺，力如弩，矢用楛，长尺八寸，青石为镞，古之肃慎氏之国也"。前者显然与景元三年（262）肃慎来贡，"献其国弓三十张，长三尺五寸"相一致。②

这是因为《晋书·四夷传》的内容晚于被《三国志·魏书》所引用的《魏略》的内容，它是在肃慎不断前来朝贡，从而对其有了更深入的了解之后获得的相关知识。③ 也有学者指出：或如《晋书斠注》所说，"弓矢长短尺寸，说各不同，盖皆得之传闻"；或为当时使用的弓矢，并非像今天现代工厂所造产品，按同一规格制出，原始的手工制品，必然有大有小；或依据的尺度本身就大小不一，自然不可能有一致的说法。④

在距今1700年左右的黑龙江省宁安县东康遗址中，考古发现了仿金属工具制造的圆铤双翼石镞，还出土了三棱形骨镞。东康遗址坐落在牡丹江支流马莲河左岸二级台地上，地处东京城盆地的东南边缘。东康文化是我国先秦战国时期至魏晋时期的文化遗存，距今2300年到1700年之间，与历史上东北地区之挹娄大致吻合，可以说东康文化遗址是东北挹娄人的遗存。⑤ 另从考古资料看石砮的石材主要有黑曜石、玛瑙石、青石等，这

---

① （南北朝）崔鸿：《十六国春秋辑补》卷三十五《前秦录五 苻坚》，《丛书集成新编》第114册，史地类，台北：新文丰出版公司1985年版，第277页。
② 《三国志》卷四《魏书三少帝·陈留王纪》，中华书局1959年版，第149页。
③ 范恩实：《靺鞨兴嬗史研究：以族群发展、演化为中心》，黑龙江教育出版社2014年版，第91页。
④ 杨保隆：《肃慎挹娄合考》，中国社会科学出版社1989年版，第35页。
⑤ 黑龙江省博物馆：《东康原始社会遗址发掘报告》，《考古》1975年第3期，第158—168页；宁安县文物管理所：《黑龙江宁安县东升新石器时代遗址调查》，《考古》1977年第3期，第173—175页；林秀贞：《宁安县东康遗址第二次发掘记》，《黑龙江方物丛刊》1983年第3期，第42—47页。

些在今天的白山黑水很容易见到。①

三　南北朝时期勿吉民族"楛矢石砮"之贡的兴盛

《魏书·勿吉传》载："勿吉国，在高句丽北，旧肃慎国也。邑落各自有长，不相总一。其人劲悍，于东夷最强。言语独异。"② 由此可见，《魏书》认为勿吉便是古肃慎。"勿吉"意为"丛林"，即"丛林之人"。一般认为勿吉为女真族系继肃慎、挹娄称号后使用的第三个族称。南北朝时期，勿吉对中原政权的朝贡十分频繁。

刘宋（420—479年）是南朝四个朝代存在时间最久、疆域最大、国力最盛的王朝。特别是在宋武帝至文帝时期，社会安定，生产发展，号称"元嘉之治"。《建康实录》载，宋文帝元嘉十八年（441），"十二月，河南、肃慎、高丽、林邑、苏摩黎并令使贡献"。③

454年，宋孝武帝即位后，对元嘉时期制度多有改革，但他的改制除少数有积极作用外，大多祸国殃民，从而导致元嘉之治呈现衰败局面。不过，在孝武帝大明初年，肃慎也进行了朝贡。《南史·宋本纪》记载，"是岁（大明三年，459年），婆皇、河西、高丽、肃慎等国各遣使朝贡"。④ "《佛藏》曰：是年（大明四年，460年），广州献三角牛，河南献舞焉，肃慎献楛矢"。⑤

建元元年（479），萧道成迫使宋顺帝刘准禅位，灭宋建齐。同年三月，宋帝禅位，下诏曰："是以辫发左衽之酋，款关请吏，木衣卉服之长，航海来庭，岂惟肃慎献楛，越裳（尝）荐翚而已哉！"⑥ 可见，刘宋还将肃慎贡献"楛矢"视为治国的政绩之一。从"航海来庭，岂惟肃慎

---

① 董濮、韩新君编著：《兴凯湖新开流肃慎文化研究》，黑龙江人民出版社2014年版，第159页。
② 《魏书》卷一百《勿吉传》，中华书局1974年版，第2219页。
③ （唐）许嵩撰，张忱石点校：《建康实录》卷十二《太祖文皇帝》，中华书局1986年版，第435页。
④ 《南史》卷二《宋本纪》，中华书局1975年版，第62页。
⑤ （清）李清：《南北史合注》卷二《宋本纪中第二 南史二》，《续修四库全书》史部287册，上海古籍出版社2013年版，第52页。
⑥ 《南齐书》卷一《高帝上》，中华书局1972年版，第20页。

献楛"来看，肃慎献贡至刘宋境内，应该是利用了海上漕运线。

肃慎朝贡一事，也常常被写入诗词加以称颂，比如"时邕纷纷，六合同尘。……天地弗违，以和神人。既戡庸蜀，吴会是宾。肃慎率职，楛矢来陈。韩濊进乐，均协清《钧》，西旅献獒，扶南效珍。蛮裔重译，玄齿文身。我皇抚之，景命惟新"。又如《晋四厢乐歌》载"扶南假重译，肃慎袭衣裳"。①

北魏时期，勿吉逐渐发展成为东北少数民族中的一支强大力量，和中原北魏政权的友好往来更加频繁了。据《魏书·勿吉传》载：

> 去延兴中，遣使乙力支朝献。太和初，又贡马五百匹。乙力支称：初发其国，乘船溯难河西上，至太沵河，沉船于水，南出陆行，渡洛孤水，从契丹西界达和龙。自云其国先破高句丽十落，密共百济谋从水道并力取高句丽，遣乙力支奉使大国，请其可否。诏敕三国同是籓附，宜共和顺，勿相侵扰。乙力支乃还。从其来道，取得本船，泛达其国。九年，复遣使侯尼支朝献。明年复入贡。
>
> 其傍有大莫卢国、覆钟国、莫多回国、库娄国、素和国、具弗伏国、匹黎尒国、拔大何国、郁羽陵国、库伏真国、鲁娄国、羽真侯国，前后各遣使朝献。
>
> 太和十二年，勿吉复遣使贡楛矢方物于京师。十七年，又遣使人婆非等五百余人朝献。景明四年，复遣使侯力归等朝贡。自此迄于正光，贡使相寻。尒后，中国纷扰，颇或不至。②

上文"延兴中"即延兴五年（475）③，勿吉派乙力支向北魏朝贡。据《魏书·高祖纪》载，太和二年（478）八月，"丁亥，勿吉国遣使朝献"。④ 可见，文中的"太和初年"即指太和二年，肃慎献贡的马匹数量多至五百匹。

太和二年，勿吉认为已经有能力与高句丽相抗衡，便想联合百济，从

---

① 《宋书》卷二十《志·乐二》，中华书局1974年版，第586、589页。
② 《魏书》卷一百《勿吉》，中华书局1974年版，第2220—2221页。
③ 参阅马明达、纪宗安主编《暨南史学（第9辑）》，广西师范大学出版社2014年版，第19页。
④ 《魏书》卷七《高祖纪上》，中华书局1974年版，第146页。

水路并力讨伐高句丽，但这一计划因未得到北魏的支持而中止了。据乙力支称："初发其国，乘船溯难河西上，至太沵河，沉船于水，南出陆行，渡洛孤水，从契丹西界达和龙。""难河"指今嫩江、第一松花江及黑龙江下游，"太沵河"亦指今洮儿河，"洛孤水"指今西辽河上游之西喇木伦河。可见，勿吉人的活动中心基本上是在今依兰、哈尔滨以东一带。

从松花江水系来看，太沵河由西而东，先与由北而来的嫩江汇流，然后东流注入松花江。因此，乙力支所走的交通路线是：初发其国，溯松花江而上，转入嫩江，再入洮儿河，待到水浅不能行舟处（应为当时的渡口，水陆交通的节点），便沉船陆行，沿着契丹的西界南下至和龙。然后，再通过中原与东北的交通线前行。这条水陆联运交通线应当是勿吉与北魏、东魏、北齐间联系的重要交通线，而且其利用率也是相当高的。

乙力支还说"先破高句丽十落，密共百济谋从水道并力取高句丽"，再结合勿吉、高句丽等地理位置进行分析，可知勿吉欲取的水道当是由其国溯难河西上，然后再转入今第二松花江，上溯至今吉林市一带。从这一事实可以看出，第二松花江的水路交通也早已被人们所熟知。[①]

太和九年（485），勿吉使者侯尼支再次来北魏朝贡，"明年"即太和十年（486）再来朝贡。另外，肃慎附近的大莫卢国、复钟国、莫多回国、库娄国、素和国等国，"前后各遣使朝献"。可见，东北地区与中原北魏政权间的联系之广、商贸交流程度之高。

上文载"太和十二年（488）勿吉复遣使贡楛矢方物于京师"，明确提到朝贡地点为京师。由于北魏天兴元年（398），拓跋珪迁都至平城（今山西大同市），直到北魏太和十七年（493），孝文帝拓跋宏才将都城迁至洛阳。因此，太和十二年朝贡的京师即是指平城。

太和十七年（493），勿吉灭亡邻近的夫余，领土扩展到伊通河流域松辽平原的中心，成为东北一支强大势力。这一年，勿吉又遣使人婆非等率"五百余人"的团队朝贡，这是肃慎朝贡史上首次有确切的人员记载，在五百人的团队中，必然有一部分商人随行。

景明四年（503），勿吉又遣使候力归等朝贡。此后，"迄于正光，贡

[①] 赵立兴、高福顺、张淑贤主编：《东北亚历史问题研究》，吉林文史出版社2001年版，第252页。

使相寻"。此事详见于《魏书·世宗纪》①《魏书·肃宗纪》②。朝贡的具体时间多为二月和八月,在延昌三年、延昌四年、熙平二年和神龟元年,肃慎均有两次朝贡。到了北魏正光以后,由于受政局不稳等因素的影响,勿吉的朝贡一度停止了。

永熙四年(535),北魏正式分裂为东魏、西魏。之后,勿吉不断向东魏朝贡,这与东魏地域广、人口多、经济发达等因素有关。比如,东魏天平三年(536)十二月,"乙酉,勿吉国遣使朝贡"。③东魏兴和二年(540)六月,"遣使石久云[《北史》作石文云]等贡方物,至于武定不绝"。④另据《魏书·孝静纪》⑤所载,从东魏兴和二年至武定年间,勿吉一直与东魏有朝贡往来。

又据《北史》记载:"兴和二年六月,遣石文云等贡方物。以至于齐,朝贡不绝。"⑥"齐"即"北齐"。550年,文宣帝高洋取代东魏建立齐,建都邺城(今河北省临漳县)。《北齐书·文宣纪》记载:天宝五年(554)七月,肃慎遣使朝贡。⑦又北齐武平三年(572),"是岁,新罗、百济、勿吉、突厥并遣使朝贡"⑧等。

据统计,从延兴年间始至北齐武平六年(471—575)100年左右的时间里,勿吉人同中原政权的联系载入史书者就达37次,⑨东北地区路线基本上也是沿着上文所说的松花江—嫩江—洮儿河,然后陆行至和龙。百年之内朝贡多达37次,可见东北地区水陆联运交通线的繁忙程度。

综上所述,魏晋南北朝时期,挹娄、勿吉都是对肃慎的改称,是中原人对这一族群的他称。由于族群自身处在不断的发展变化之中,自肃慎至

---

① 《魏书》卷八《世宗纪》,中华书局1974年版,第196—214页,勿吉朝贡时间为:景明四年八月、正始四年二月、永平元年二月、永平二年八月、永平三年八月、永平四年八月、延昌元年八月、延昌二年九月、延昌三年七月和九月。

② 《魏书》卷九《肃宗纪》,中华书局1974年版,第221—232页,勿吉朝贡时间为:延昌四年正月和十月、熙平二年正月和十月、神龟元年二月和八月、正光二年六月。

③ 《魏书》卷十二《孝静纪》,中华书局1974年版,第300页。

④ 《魏书》卷一百《勿吉》,中华书局1974年版,第2221页。

⑤ 《魏书》卷十二《孝静纪》,中华书局1974年版,第304—310页,勿吉朝贡时间为:东魏兴和二年、兴和三年、武定二年、武定四年、武定五年。

⑥ 《北史》卷九十四《勿吉传》,中华书局1974年版,第3125页。

⑦ 《北齐书》卷四《文宣纪》,中华书局1972年版,第58页。

⑧ 《北齐书》卷八《补帝纪·后主高纬》,中华书局1972年版,第106页。

⑨ 傅郎云、杨旸:《东北民族史略》,吉林人民出版社1983年版,第71页。

挹娄、勿吉，也标志着这一族群的发展与演变。这一时期，肃慎的朝贡复兴于曹魏，发展于两晋，繁荣于南北朝，尤以北朝为甚。朝贡的规模与频率决定于族群内在发展的进程，也受制于外在中原政权的影响，具体表现在：一是政权吸引力。比如春秋以前肃慎献贡方物，是由于"畏威而怀德"。二是政权稳定性。比如北魏后期政局混乱，所谓"中国纷扰，颇或不至"。三是区域优势。与南方政权相比，曹魏、西晋尤其是北魏，所受的朝贡较为频繁。四是水运交通。朝贡不仅利用东北的江河、湖海之便，还要利用中原政权的黄河、辽水等水道之便，甚至要通过渤海海运，以及运河漕运。总之，"楛矢石砮"之贡是肃慎与中原交往的佳话，由此形成的冰雪"丝绸之路"加强了肃慎与中原政权的商贸联系，促进了民族之间的交流与融合。后来，部分肃慎部族逐渐内迁，日益成为推动中原政局平稳发展的重要力量。

黑龙江省依克明安旗与柯尔克孜族由来考

宝音初古拉

(赤峰学院,内蒙古赤峰　024000)

摘　要：从清中叶至解放前夕保持建制的依克明安旗,是清代附隶于黑龙江将军的厄鲁特蒙古辅国公巴桑所属依克明安部和扎萨克一等台吉阿卜达什所属鄂吉格斯部、克什克特台吉后裔所领帖良古惕部、兀良哈台吉博东齐所领杜尔伯特部四个部落组成的扎萨克旗。

关键词：依克明安旗；柯尔克孜族；黑龙江

乌裕尔河,是嫩江左岸的黑龙江省最大的内陆河。元代称之为"忽兰叶儿河",清代文献中称其为"呼雨哩河""呼裕尔河""乌雨尔""瑚裕尔""乌羽尔"等,在清代蒙古各部分布地图中用满文书写为"ho-yer"①,均为"洪水河"或"两河"之意,是蒙古语的音译。"两河"之名可能与汇入乌裕尔河的两大主要支流润津河、鳌龙沟河有关,此名可能是较晚期的命名。近、现代以来,在有关资料和图籍中并用乌裕尔河和呼裕尔河。乌裕尔河流是著名扎龙自然湿地形成的水源地,也是清中叶以来黑龙江厄鲁特蒙古人和吉尔吉斯蒙古人世代驻牧繁衍生息的肥沃草原。

从清中叶至解放前夕保持建制的依克明安旗,是清代附隶于黑龙江将军的厄鲁特蒙古辅国公巴桑所属依克明安部和扎萨克一等台吉阿卜达什所属鄂吉格斯部、克什克特台吉后裔所领帖良古惕部、兀良哈台吉博东齐所

---

①　参见光绪三十三年(1907)依克明安旗地图。

领杜尔伯特部等四个部落组成的扎萨克旗。"依克明安"是蒙古语，其词义为"第一千户"或"首千户"，即大千户。

成吉思汗元年（1206）建立大蒙古国时将直属于自己四大汗斡耳朵的怯怜口群体命名为"成吉思汗御前第一大千户"（cinggis qahan-u yeke minggatu），亦称"豁勒千户"（hool-un minggatu）。《史集》载："豁勒为成吉思汗的御前千户，共一千人，由他的四大斡耳朵的全部侍臣与隶属于那些斡耳朵的人们组成。"① 该千户未被列入大蒙古国万户正规军编制，因为该机构是直属于成吉思汗四大斡耳朵的千户机构，蒙古依克明安部之名来源于此。

乾隆二十二年（1757）十月二十六日，黑龙江将军派人迎接依克明安部到通肯河、乌裕尔河流域草原驻牧。1948年，嫩江省人民政府撤销依克明安旗建制，将依克明安旗分别划归富裕县和依安县为止，依克明安旗以独立建制存在了191年之久。

民国初年，旗扎萨克贝子巴勒济尼玛（巴桑第七世孙、依克明安旗第十一任扎萨克）昏庸地响应《通垦新章》，无休止地招民开垦，将贝子府所在地以外的六十八万八千五百余垧地，全部租给关内灾民，导致整片依克明安旗草原演变成汉人聚落的农耕区域，政府先后在依克明安旗领土上设立了克山、拜泉、依安、明水、克东等县，与旗分治，依克明安旗名存实亡，最终从地图上彻底消失。

当初依克明安部迁徙到黑龙江乌裕尔河流域时，有近百户，300余人口。清末，依克明安旗厄鲁特蒙古人口增长到近二百户，1000余人口。据1990年全国人口普查统计数据，黑龙江富裕县厄鲁特蒙古人口已达2636人之多（其中含少数外来蒙古人口）。

黑龙江省厄鲁特蒙古人目前仍然保留着依克明安、鄂吉格斯、杜尔伯特、帖良古惕四大姓氏，此外还有少数土尔扈特、和硕特人后裔的姓氏，如今他们主要聚居在富裕县和依安县两地，包括富裕县富海镇小泉子村（蒙古名为德日艾里）、大泉子村西第五、第六组（蒙古名为道日艾里）、富海镇五兴三、四组（蒙古名为古日板格日）、富裕牧场的后八家屯和前八家屯（蒙古名为奈曼格日），富裕牧场的七家地屯（蒙古名为多伦塔日延格日）。另外依安县新屯乡有东新屯（蒙古名为准西尼艾里）、腰新屯

---

① 《史集》，第一卷第二分册，第363页。

（蒙古名为敦达西尼艾里）、西新屯（蒙古名为巴伦西尼艾里）。

从阿卜达什所属鄂吉格斯部（kirkis-monggol）发展而来的富裕县柯尔克孜族今日已发展壮大。他们已经恢复吉尔吉斯民族身份，在黑龙江省生活的柯尔克孜族共计2000余人，其中居住在富裕县的就有1400人。他们主要聚居在友谊、塔哈民族乡和富裕牧场等地。鄂吉格斯部仍然保留着塔奔、额其克、嘎普韩、散德尔、博勒特尔、格尔额斯（吉尔吉斯的音变）六大姓氏。其中"塔奔"蒙语为五家子（塔奔格日）演变为"吴"姓和"敖"姓；"额其克"（可能是鄂吉格斯的音变）演变为"常"姓；"嘎普韩"演变为"韩"姓；"散德尔"演变为"蔡"姓；"博勒特尔"演变为"郎"姓；"格尔额斯"演变为"司"姓。由于卫拉特化的鄂吉格斯部人长期与蒙古族人居住在一起，所以在语言方面受蒙古族语言的影响很大。他们信奉萨满教，祭祀"苍天""敖包"、树神，祭太白金星、北斗七星。祭祀时，柯尔克孜族人杀猪宰羊，举行赛马、射箭比赛等。这些都是长期受到卫拉特蒙古文化的影响所致。据伪满时期日本学者的社会调查报告记载，在伪满时期，依克明安旗部分鄂吉格斯部老人还能说一些柯尔克孜的本民族语言。楢原正人在其《访柯尔克孜族》的调查报告中写道："在宝君的向导下，访问了大泉子屯柯族常姓一家。殿敦（按：藏名丹丁的卫拉特口语音译 dëmdin——笔者），七十六岁父……共计七口人，殿敦老人具有典型的突厥系面目，长长雪白的髯须，除柯尔克孜语外，其它语一概不会。"①

据相关资料记载，附隶于黑龙江将军的依克明安旗，驻牧地占地面积为其"东界自小兴安岭大青山西麓讷谟尔河及乌裕尔河河源，延至通肯河西岸；西界自九道沟子一带至嫩江东岸，延至讷谟尔河入嫩江口岸；南界自明水县南，延至林甸县东北边一带，北界以讷谟尔河为界。东西三百五十余里，南北三百二十余里"。② 依克明安旗昔日这些驻牧地的大概地理位置包括今日黑龙江省的讷河、德都南部地区以及北安、克东、克山、拜泉、依安、富裕、明水、林甸北部地区。

---

① ［日］楢原正人著，敖乐奇译：《访柯尔克孜族》，《黑龙江民族丛刊》1986年第2期，第50页。

② 姜黎：《黑龙江依克明安旗始末》，《北方文物》1986年第2期，第103页。

历史由来

附隶于黑龙江将军的乌裕尔河厄鲁特蒙古依克明安旗的人员成分较为复杂。清政府虽然设立扎萨克旗安置他们，但是，依克明安旗的管理体制与其他内、外扎萨克蒙古旗和内属蒙古各旗稍有区别。依克明安旗不设盟，附隶黑龙江将军节制。除分土列爵、世袭不绝、扎萨克全权管辖治理旗民等基本权限外，朝廷给予的恩礼等优厚也不及其他蒙古旗。在扎萨克下并未设置协理台吉、管旗章京、甲喇章京、佐领等职位，旗内行政、司法、财政、征派赋役等具体旗务，采纳了以依克明安旗卫拉特四部各部族首领作为管理体制，军政事宜由各部头人自行负责的原始部落管理体制。因此，在依克明安旗，第五任扎萨克阿卜达什后裔毛诺海于道光十五年（1835）执政以后为改变所属旗以往这种管理体制，因集权而与各部头人发生了激烈的利益冲突，引起民愤，道光二十四年（1844）被褫职，最终他因非阿卜达什家族血统而被削爵。从此，巴桑后裔辅国公乌尔图那逊接管依克明安旗扎萨克权力，他采取折中的办法，在旗扎萨克下设置佐领2人、骁骑校3人，管理日常旗务，所属四部仍延续部落头人自行管理的模式。

上述依克明安旗与众不同的管理模式与该旗部众复杂的民族成分有直接的关系。

辅国公巴桑部众为卫拉特蒙古的依克明安部。依克明安部的历史由来比较曲折。他源于成吉思汗四大斡耳朵的直属机构"豁勒首千户"（中央第一千户），史称成吉思汗御前第一千户。成吉思汗临终前将自己直属的十万军队和四斡耳朵的"豁勒首千户"作为遗产赐给幼子拖雷夫妇，"豁勒首千户"不能再沿用昔日的响亮名称，被蒙古人俗称"依克明安"，即大千户。成吉思汗豁勒首千户的大部分人员被拖雷夫人唆鲁禾帖尼别乞所属好陈察哈尔吸纳，其余部分人口则以依克明安（大千户）的形式遗留下来，归属拖雷幼子阿里不哥。唆鲁禾帖尼别乞去世时将拖雷和自己所属察哈尔和依克明安在内的部众（即也可兀鲁思所属部落）传给其幼子拖雷兀鲁思的阿里不哥汗继承。从此，也可兀鲁思的所属部众包括斡亦剌、吉利吉思等诸多森林部落俱为阿里不哥及其后裔所有，代代相传。至元朝和北元中期脱脱不花岱宗汗即位为止，阿里不哥后裔一直是漠北中、西部一些部落和漠西瓦剌等森林诸部落的传统宗主。瓦剌称雄时的绝大多数瓦拉可汗都出身于阿里不哥家族。依克明安部因此融入瓦拉蒙古集团中，成为瓦剌四万户的一个小部落。准格尔汗国称雄时期，依克明安部首领为巴桑台吉。有些学者认为他的原祖是元朝时期斡亦剌惕的孛罕。绰罗斯·孛罕是斡亦剌惕部联盟最早的首领。绰罗斯·孛罕之子绰罗斯·乌林达为瓦剌首领时担任北元太师。其子绰罗斯·浩海达裕为瓦剌首领时，扶持阿里不哥后裔额勒伯克为北元大汗。但是，认为巴桑是他们后裔的观点是错误的。绰罗斯部出身者绝不可能充当台吉，这是违反蒙古人传统宗族观念之大忌。而据《蒙古源流》记载："鄂尔多斯万户首领麦力艮济弄之子为巴特玛萨摩瓦，其领户为左翼察哈惕、明阿惕、豁尼赤、豁儿胡赤四部。"①众所周知，麦力艮济弄和俺答汗为平定兀良哈万户叛乱而六次北征兀良哈各部，两次征讨瓦剌，留下子孙统治其部。因此，种种迹象表明依克明安部台吉应该是麦力艮济弄之子巴特玛萨摩瓦后裔。巴桑是出身于达延汗黄金家族的台吉，有资格掌管大千户依克明安部，因此人称依克明安旗台吉。在准格尔汗国各部中，依克明安部势力单薄，附牧于卫拉特蒙古的辉特部。而乞列古惕兀鲁思在《俺答汗传》中多次替代辉特部落群出现。乾隆二十年（1755）清朝远征达瓦齐抵达伊犁时，巴桑领所部依克明安部三百余户归附清朝。乾隆皇帝在热河接受其入觐，并赐宴，诏封辅国公，赍白金千五百两，命其回漠北塔米尔河流域游牧。乾隆二十二年（1757）准格尔汗国阿睦尔撒纳对抗清廷，辉特诸部叛清，一同驻牧于塔米尔河的依克明安部台吉巴桑和鄂吉格斯部（吉尔吉斯）台吉阿卜达什、帖良古惕部首领兀良哈台吉克什克特等人为躲避战乱逃亡科布多地区，被清军俘获。后定边左副将军策布登扎布为其澄清事实，证明他们并非辉特部，且未追随阿睦尔撒纳叛逆而获准入觐热河后，命其徙牧呼伦贝尔草原。策布登扎布委派属下章京端多布，将巴桑等依克明安等四部部人一路护送到呼伦贝尔驻牧，途中因鞍马劳顿巴桑夫人病故。辅国公巴桑后裔汉姓为包，也能证明他们是黄金家族台吉成员无疑。

鄂吉格斯部是吉尔吉斯的谐音。蒙古国的喀尔喀蒙古方言中至今将"柯尔克孜"（kirkis）发音为"e-qrkis"，例如：吉尔吉斯古墓"e-qrkis-kegr"。鄂吉格斯的发音与俄罗斯的"哈卡斯"，中国古籍的"黠戛斯"的发音有某种粘连和连带关系。吉利吉斯部在《元朝秘史》的复数标音

---

① 萨囊彻辰：《蒙古源流》，内蒙古人民出版社1980年版，第395—396页。

为"乞儿吉速惕"（Qirqisud）。

森林吉利吉思部是拖雷兀鲁思的领户，他们是古代黠戛斯人的后裔，是大蒙古国和元朝时期居住在谦河流域的森林民族。唆鲁禾帖尼别乞曾派人去吉利吉思地方淘金，而其"别乞大营盘"的东营地则位于吉利吉思地方。"他（阿里不哥）的夏营地在阿勒台（波老舍本译作兀里阿速秃），冬营地则在帖客和乞儿吉思。其间三日途程。唆儿忽黑塔尼—别吉曾在该处。"① 因此，当时的吉利吉思人可能就像日本学者楢原正人在富裕县五家子屯调研时，偶然发现柯尔克孜人早就自称"吉利吉思——蒙古"了，"他们不论大人小孩都自称柯尔克孜蒙古，也回答是同新疆厄鲁特蒙古族同来的"。② 但是，卫拉特蒙古人不是很认可他们是同族，仍然排外，称他们为卡日成蒙古（外来蒙古）。如楢原正人在五家子（塔奔）屯调研时发现五家子屯柯尔克孜族的汉姓"吴"和"敖"是"塔奔"（五）的谐音，还有常、韩、王、蔡、司等六个姓氏。吴姓的柯尔克孜姓为别喜·卡日成、常姓的柯尔克孜姓为五敦·卡日成、王姓的柯尔克孜姓为王卡日成等有趣的发现。③

鄂吉格斯部是阿卜达什的直属部落，这个部落很有可能是附隶于辉特部的吉利吉思一支。卫拉特蒙古人将命名为吉利吉思人统称为布鲁特（borod）人。清朝借用此名，有清一代称吉利吉思人为布鲁特人。因此，清廷出于该部落的特殊性考虑，才委任鄂吉格斯部首领阿卜达什为依克明安旗首任扎萨克，并设置了其他蒙古扎萨克旗和内属蒙古旗稍有不同建制的依克明安旗，旗的管理模式是扎萨克一等台吉的统管下，四部首领各自为政。一开始巴桑所属以依克明安为主的部落群和阿卜达什所属以鄂吉格斯为主的部落群很难融合到一起。据富裕县档案记载："巴桑、阿卜达什等迁徙到达呼伦贝尔后，当时，朝廷把他们分为两个营地驻牧，当时两个驻营地之间相处的也不是太融洽。因此，朝廷先将巴桑部迁徙至通肯、乌裕尔河流域。后来为编旗需要，才将阿卜达什的鄂吉格斯部、克什克特的帖良古惕部和博东齐的杜尔伯特三部相继迁往乌裕尔河流域的。

---

① 《史集》，第二卷，第365页。
② ［日］楢原正人著，敖乐奇译：《访柯尔克孜族》，《黑龙江民族丛刊》1986年第2期，第49页。
③ ［日］楢原正人著，敖乐奇译：《访柯尔克孜族》，《黑龙江民族丛刊》1986年第2期，第49页。

当时为编旗需要，朝廷整理了依克明安公花名人口数目，依克明安公巴桑等户口十二，大小口五十三名，内除中途公妻病故。现在十二户，大男廿一口、大女十四口、小男十一口、小女六口，共大小五十二口。奉旨安插在通肯呼裕尔地方游牧，并将户口造册咨送理藩院。"① 从档案的信息分析，两个部落群不和，似乎是辅国公巴桑部落领先去通肯河和乌裕尔河流域驻牧。

阿卜达什，人称克列努惕台吉。据笔者向柯尔克孜族学者咨询，"阿卜达什"在古代吉利吉思人名中比较常见，近、现代时期则很少见。在阿拉伯语中词根"阿卜"为"水"，达什为人名所用的后缀。"克列努惕"是"克噜惕"的复数。也许他们曾经是唆鲁禾帖尼别乞在吉利吉思东营地的服侍人员即吉利吉思出身的斡耳朵服务人员而被称作"克列努惕"（宫廷随从）也未可知。据符拉尔基米佐夫考证，克列努惕部就是吉利吉思。② 克列努惕是四卫拉特强盛时期辉特部的主要成员。在《俺答汗传》中克列努惕以"乞列古惕兀鲁思"（Kirahud）之名经常出现。③ 但是，阿卜达什是台吉，是统治吉利吉思部的阿里不哥后裔还是格埒森扎后裔，现已无从考证。

据蒙古史料记载，原兀良哈万户成员格列努惕后成为七鄂托克喀尔喀成员。"格埒森扎长子阿什海名下有乌讷格惕、札剌亦儿鄂托克；次子诺颜泰名下有别速惕、也勒济艮鄂托克；三子诺诺忽名下有克列努惕（克噜惕）、郭尔罗斯鄂托克；四子阿敏名下有忽啰忽、库哩野鄂托克；五子达唻名下有库克亦惕、合答斤鄂托克；六子德勒登名下有唐古惕、撒儿塔兀勒鄂托克；七子萨木独占兀良哈鄂托克"。④ 显然在札剌亦儿洪台吉时期，喀尔喀七鄂托克中有克列努惕部。后来克列努惕部又为何回归卫拉特蒙古集团，可能和后来的喀尔喀与卫拉特两部之间的长期战乱有关。

迁徙安置

依克明安部等卫拉特四部从塔米尔河迁徙至呼伦贝尔的时间是乾隆二

---

① 富裕县档案馆卷号08 铎抄乾隆年间依克明安旗移驻通肯呼裕尔地方原案。
② 符拉尔基米佐夫：《蒙古社会制度史》（汉版），中国社会科学出版社1980年版，第204页。
③ 珠荣嘎校注：《阿拉坦汗传》，民族出版社1984年版，第66、68页。
④ 巴·巴根校注：《阿萨拉格齐史》，民族出版社1984年版，第118页。

十二年（1757）初。他们从塔米尔河出发，途径热河省、乌珠穆沁草原抵达呼伦贝尔索伦旗地界。① 迁徙途中缺衣少粮，马驼因长途跋涉在途中损失殆尽，且缺乏朝廷的补给，就连辅国公巴桑的夫人和帖良古惕部首领兀良哈台吉克什克特都在途中丧命，可见该四部人口损失极其惨重。② 抵达呼伦贝尔索伦旗驻牧时，依克明安等四部人口统计数据能够说明这一点。辅国公巴桑所领依克明安部的户数仅剩十三户，五十二口；一等台吉阿卜达什所率鄂吉格斯部仅剩十余户，一百余口；博东齐台吉所率杜尔伯特部仅剩十余户，八十余口；兀良哈台吉克什克特所率帖良古惕部有五十余户，一百二十余口，四部人口共计九十余户三百余口。③ 巴桑于乾隆二十年降清时献籍三百余户而诏封辅国公，④ 阿卜达什曾以兵三百为清军充当前哨打探敌情。⑤ 从当初依克明安及鄂吉格斯二部的规模来讲，每部都相当于迁徙呼伦贝尔后四部人口的总和，因此，在战乱和迁徙途中，该四部人口的损失已经达到了四分之二三左右。

来到呼伦贝尔索伦旗地界后，有可能将鄂吉格斯在内的该四部厄鲁特分壮丁编入索伦八旗，剩下的部分就是迁往通肯河和乌裕尔河的三百余口。在呼伦贝尔期间分驻两营，而两营之间不睦，另外水土不服，草场拥挤等诸多原因，依克明安公巴桑于乾隆二十二年（1757）十月先行迁移到黑龙江将军所辖通肯河流域驻牧。后因人口太少，无法编旗，清廷又将驻牧呼伦贝尔的其余鄂吉格斯、帖良古惕、杜尔伯特三部相继迁来乌裕尔河流域，最终将他们编为依克明安旗，附隶黑龙江将军节制，但仍有部分人口留居呼伦贝尔索伦旗。清廷诏封阿卜达什为一等扎萨克台吉，职掌依克明安旗，依克明安公巴桑为该旗闲散辅国公，世袭罔替，俸银二百两，俸缎七匹。从格列努惕台吉阿卜达什起，其后裔承袭扎萨克职五代。道光二十四年（1844）因依克明安旗四部内部的台吉纷争，旗扎萨克职位转移到巴桑后裔手中，从此依克明安旗被扎萨克辅国公职掌。

---

① 兴安局编：《郭尔罗斯前旗、郭尔罗斯后旗、杜尔伯特旗、依克明安旗土地调查报告》，昭和十四年（1939）。
② 富裕县档案馆 03 号卷宗，依克明安公从新疆迁徙乌裕尔之呈述。
③ 《龙江省依克明安旗一般情况》。
④ 包文汉等整理：《蒙古王公表传》第一辑，内蒙古大学出版社 1998 年版，传第九十九，厄鲁特辅国公巴桑列传。
⑤ 包文汉等整理：《蒙古王公表传》第一辑，内蒙古大学出版社 1998 年版，传第九十九，厄鲁特扎萨克一等台吉阿卜达什列传。

表1　　　　　　　　依克明安旗历代扎萨克一览表

扎萨克	族属	职位与爵位	袭职年代
阿卜达什	格列努惕台吉	扎萨克一等台吉	乾隆十九年
德勒格尔	阿卜达什子	扎萨克一等台吉	乾隆二十六年
厄齐尔	德勒格尔子	扎萨克一等台吉	乾隆四十八年
托克托霍	厄齐尔子	扎萨克一等台吉	嘉庆七年
毛诺海	托克托霍子	扎萨克一等台吉	道光十五年
巴桑	依克明安公（莽鼐公）	闲散辅国公	乾隆二十年
色楞德济特	巴桑子	闲散辅国公	乾隆二十六年
尼玛赞木布	色楞德济特长子	闲散辅国公	乾隆五十五年
乌尔图那逊	尼玛赞木布子	闲散辅国公	道光六年
乌尔图那逊	尼玛赞木布子	扎萨克辅国公	道光二十四年
巴克莫德道尔济	乌尔图那逊孙	扎萨克辅国公	同治二年
巴勒济尼玛	巴克莫德道尔济子	扎萨克辅国公	光绪二十八年
巴勒济尼玛	巴克莫德道尔济子	扎萨克镇国公	民国元年
巴勒济尼玛	巴克莫德道尔济子	扎萨克贝子	民国二年
哈钦苏荣	巴勒济尼玛子	扎萨克贝子	民国十九年至民国二十三年

　　黑龙江依克明安旗四个部落驻牧的具体地理位置是，巴桑从呼伦贝尔索伦旗前来乌裕尔河流域后，起初驻牧莽鼐岗，因此，人称"莽鼐公"。编旗后迁移到乌裕尔河北岸驻牧。乌裕尔河北岸有大小两处泉子，一大一小，冬季不冻，四季均能饮用，依克明安旗牧民视为神泉。大泉子位于西，辅国公因为其爵位高，按照蒙古人传统习俗，他领所部依克明安部众驻牧于大泉子西侧草原，扎萨克一等台吉阿卜达什则领所部鄂吉格斯部众驻牧于大泉子东侧草原。克什克特台吉后裔领所部帖良古惕部众驻牧于小泉子西侧草原，博东齐台吉领所部杜尔伯特部众驻牧于小泉子东侧草原，其余土尔扈特、和硕特等少量人口则夹杂在四部之中驻牧。[①] 依克明安旗

---

①　敖佳鹏：《黑龙江省富裕县敖姓蒙古人族源考》，《西部蒙古论坛》2016年第1期，第11页。

当初的牧场分布井然有序，各自为单位，过着自由自在的原始部落游牧生活。

清朝末年，取消封禁政策，依克明安旗扎萨克一方面迫于压力，另一方面贪得无厌，将所属旗土地悉数开荒招民，发展农耕，导致该旗逐渐被各县包围，最终被其土地上林立的各县吞并，撤销了旗的建制。

黑龙江佛教史料稽考

张 勇

(四川大学文学与新闻学院,四川成都 610044)

摘 要：相对于关内而言，黑龙江地区的佛教不是很兴盛，但其历史依然很悠久，且留存了一批佛教文物文献。本文根据历代记载、现存实物等，对黑龙江佛教史料稍作稽考查，以期有助于东北亚宗教文化研究云尔。

关键词：黑龙江；佛教；渤海国；储庆寺；兴隆寺

一般而言，迄至目前的佛教著述很少论及黑龙江佛教乃至于整个东北佛教，众多重要问题尚多付阙如。今不揣简陋，仅就黑龙江地区佛教史料问题，略申己见，以就教于大方。

佛教何时入传黑龙江地区，迄今并无明论。或不论时代，仅言"佛教在黑龙江地区是一种历史久远、分布较广的宗教。最早传入的是汉传佛教，而后传入藏传佛教；日本佛教是随日本侵占东北而传入，又随日本投降而消失"。或称，"黑龙江地区汉传佛教的大量传入始于唐代渤海国时期"。[①]

确实，保存至今的黑龙江佛教文物文献极少，据之实难以彰显历史本来面貌。

唐武则天万岁通天元年（696），粟末部长大祚荣乘契丹人李尽忠据

---

① 黑龙江省地方志编纂委员会编纂，柴夔生、王占英主编：《黑龙江省志》第五十五卷《宗教志》第一篇"佛教"第一章"佛教传入"，黑龙江人民出版社1999年版。

营州（今辽宁朝阳）之乱，率领部分靺鞨人和高丽遗民逃离营州，东渡辽河，到达靺鞨故地。唐武则天圣历元年（698），在东牟山（今吉林敦化）和奥娄河（今牡丹江上游）一带建立了震国，也称靺鞨。玄宗先天二年（713），唐鸿胪卿崔忻奉使宣劳靺鞨，封大祚荣为左骁卫大将军、渤海郡王，以其所治为忽汗州，以大祚荣为该州都督。从此不用震国或靺鞨名号，专称渤海。渤海国盛时，占有松花江以南至日本海一带。五代后唐天成元年（926。辽太祖天显元年），契丹侵入，渤海末王大諲撰被迫出降，国亡。改称其故地为东丹，以契丹太子倍为东丹王。

在渤海国所历十五王，约二百二十九年期间，大部分时间与中原的李唐、后梁和后唐保持着臣属关系，文化交流也相当顺畅和频繁。① 自然，渤海国的佛教也应该相当兴盛，惜所存史料寥寥。

大武艺钦茂大兴十九年（755），渤海国迁都至忽汗城（今宁安县西南渤海镇），称其为上京龙泉府。又建立其他四京，即中京显德府（故址在今吉林敦化西南敖东城，一说吉林桦甸东北苏密城）②、东京龙原府（故址为今吉林珲春八连城）、南京南海府（故址在今朝鲜咸兴，一说今咸镜北道镜城，或今咸镜南道北青郡新昌附近）、西京鸭渌府（故址在今吉林浑江市旧临江县，一说今浑江市旧临江县西南鸭绿江南岸长城里）。在忽汗城内，有九座以上的寺院，其风格同于中原。③ 其他四京，应该也有一定数量的佛教道场。

位于今牡丹江市宁安县渤海镇西南，即原渤海国国都忽汗城内的兴隆寺，俗称南大庙。这是黑龙江现存年代最早的佛教寺院。现知该寺始建于康熙十一年（1672），清光二十八年（1848）遭雷击火焚，咸丰十一年（1861）重建，并新添钟楼、鼓楼和配殿。《宁安县志》："兴隆寺原有三重佛殿，道光二十八年大火焚毁部分殿宇，咸丰五年开始重建，咸丰十一年建成。"

其实，兴隆寺就建在原渤海国佛寺的遗址之上。寺内还保存有两件渤海国时期的文物：

---

① 方学凤、郑永振主编：《渤海文化研究》，吉林人民出版社2005年版。
② ［朝鲜］李能和：《朝鲜佛教通史》下编"梁传县始宣教句骊""平壤及浿水辨"条则曰："《辽史》：渤海显德府，本朝鲜地。箕子所封平壤城。辽破渤海，改为东京。即今之辽阳县是也。以此推之，辽阳县为一平壤也。"
③ 黑龙江省地方志编纂委员会编纂，柴藜生、王占英主编：《黑龙江省志》第五十五卷《宗教志》第一篇"佛教"第一章"佛教传入"第一节"汉传佛教"。

一者，石灯幢。俗称石灯塔。具体雕造年代不详。位于大雄宝殿和三圣殿之间。乃"唯一保存比较完好的渤海遗物"①，也是"黑龙江现存佛教文物中唯一完整无缺的巨型组合石雕"②。高近6米。以玄武岩雕琢而成，呈灰褐色。全幢可分为十二层，虽由卯榫相衔接，却浑然一体。造型古朴浑厚，做工精致。实为珍品。

二者，大石佛。存于三圣殿内。与石灯幢为同一时代。高达丈余。康熙年间，"鼻端微损"。其后，石首附地。再后来，又将然头部"琢而小之"，故已非旧貌。③ 1977年，有关部门参考唐代佛像的风格和本地出土渤海时期铜佛的形态，对佛像作了修复。④ 其实，这种修复是不必要的，甚至可以说是又一次破坏。

渤海国原寺虽毁，因石佛犹存，故俗称遗址处为石佛寺。

此外，兴隆寺内还有一些渤海国时期的大型佛教石刻。

渤海上京遗址博物馆内，曾收藏有20世纪80年代在上京故城遗址出土的大型舍利函，约半米见方；由外向内，依次为石椁、铁函、铜函、漆匣、银函、银罐和陶瓶，共七层套装而成。瓶内为舍利。惜今下落不明。⑤

考古还发现了一些渤海国时期的其他寺庙遗址和塔基之类。⑥

至于文献所载渤海国佛教，实难寻觅。

东丹国佛教的情况，史料中可略见端倪。

《辽史》地理志有云："神册四年，葺辽阳故城。以渤海汉户建东平郡，为防御州。天显三年，迁东丹国民居之，升为南京，城名天福。……宫墙北有让国皇帝御容殿。大内建二殿，不置宫嫔，唯以内省使副判官守之。〈大东丹国新建南京碑铭〉在宫门之南。外城谓之汉城，分南北市，

---

① 孙玉良：《渤海史料概论——〈渤海史料类编〉前言》"渤海的文物考古资料"，载氏著《史林遗痕》，兰州大学出版社2010年版，第248页。
② 黑龙江省地方志编纂委员会编纂，柴夔生、王占英主编：《黑龙江省志》第五十五卷《宗教志》第一篇"佛教"第四章"寺庙"第三节"文物"。
③ 孙玉良：《渤海史料概论——〈渤海史料类编〉前言》，载氏著《史林遗痕》，第248页。
④ 黑龙江省地方志编纂委员会编纂，柴夔生、王占英主编：《黑龙江省志》第五十五卷《宗教志》第一篇"佛教"第四章"寺庙"第三节"文物"。
⑤ 黑龙江省地方志编纂委员会编纂，柴夔生、王占英主编：《黑龙江省志》第五十五卷《宗教志》第一篇"佛教"第四章"寺庙"第三节"文物"。
⑥ 孙玉良：《渤海史料概论——〈渤海史料类编〉前言》"渤海的文物考古资料"，载氏著《史林遗痕》，兰州大学出版社2010年版，第248页。

中为看楼；晨集南市，夕集北市。街西有金德寺、大悲寺、驸马寺，铁幡竿在焉；赵头陀寺；留守衙；户部司；军巡院，归化营军千余人，河朔亡命，皆籍于此。"东丹国南京之天福城，金德寺、大悲寺、驸马寺和赵头陀寺四座寺院皆在外城。① 按，契丹天显三年（928），契丹迁东丹国都于神册四年（919）新葺辽阳故城而建的东平郡（今辽宁辽阳市附近），升该郡为南京。② 需要注意的是，天福城所在的"辽阳县，本渤海国金德县地"③；升南京时，"迁东丹国民居之"，所迁人氏定有来自今黑龙江境内者：故无论是考查东丹国佛教，还是论述黑龙江佛教源流，都应该加以考虑。另外，东平郡本以"渤海汉户"所建，上述寺院又在被称为"汉城"的外城，这些佛寺当属于汉族佛教道场矣。

这则记载还透露出一个信息：东丹国佛教信徒很可能主要为其辖境内的汉人。

辽太祖耶律阿保机（872—926年）长子耶律倍，小字突欲（一作"托云"），为首任东丹王。"后唐天成初，为契丹阿保机攻扶余城，下之，改扶余为东丹府，命其子突欲留兵镇之。"④ 后失职，奔后唐。⑤ 夫人夏氏，在耶律倍供职后唐期间，因其太过残忍，出家为尼。"庄宗皇帝嫡夫人韩氏，后为淑妃，伊氏为德妃。……夫人夏氏，最承恩宠。后嫁契丹托云，名李赞华，所谓东丹王，即安巴坚长子。先归朝，后除滑州节度使。性酷毒，侍婢微过，即以刀割火灼。夏氏少长宫掖，不忍其凶，求离婚。归河阳节度夏鲁奇家，今为尼也。"⑥ 这可算是东丹国有关佛教的一则轶闻。

五代僧义楚集《释氏六帖》卷二十一《国城州市部第四十三》"海外

---

① （元）脱脱等撰：《辽史》卷三十八〈志第八·地理志二·东京道〉，中华书局1974年版，2003年再版，第456页。

② 《辞海》编辑部编、复旦大学历史地理研究所修订：《辞海》地理分册（历史地理）"南京"条，上海辞书出版社1982年版，第181页右栏。

③ （元）脱脱等撰：《辽史》卷三十八〈志第八·地理志二·东京道〉。

④ （元）脱脱等撰：《宋史》卷四百九十一《列传第二百五十·外国七·渤海国》，中华书局1985年6月新1版，2007年5月北京第6次印刷。

⑤ （北宋）薛居正等：《旧五代史》卷四十一："东丹王托云越海来归国。"注曰："《契丹国志》：东丹王失职怨望，率其部四十人越海归唐。"中华书局1976年版。

⑥ （五代）孙光宪：《北梦琐言》卷十八"韩伊二妃 夏夫人附"条，贾二强点校，中华书局2002年版。按，事又见：1. （北宋）薛居正等：《旧五代史》卷四十九〈唐书第二十五·后妃列传一〉"德妃伊氏庄宗次室"之小注。2. （北宋）欧阳修等：《新五代史》卷十四〈唐家人传第二〉，中华书局1974年版，第146页。

诸国"条："《山海经》《十洲记》等云：有耽浮罗国。女国，无男，井中窥影，有胎。高丽国，都利府。东岛有九部。渤海国，都里府，南海府。杂罗国，鸡林府。瀛洲国，玄州，上出神仙。"① "海外"者，四海之外也，指中原王朝直辖范围之外的边远地区。《诗·商颂·长发》："相土烈烈，海外有截。"郑玄笺："四海之外率服。"《史记·孟子荀卿列传》："先列中国名山大川，通谷禽兽，水土所殖，物类所珍，因而推之，及海外之所不能睹。"北宋曾巩《送江任序》："或中州之人，用于荒边侧境山区海聚之间，蛮夷异域之处；或燕、荆、越、蜀，海外万里之人，用于中州，以至四遐之乡相易而往。"义楚是书成后，进于后周，世宗柴荣（954—959年在位）敕付史馆颁行，并赐"明教大师"之号。所以，其视渤海国为"海外诸国"，反映的应该是中原观点。而且，这也表明，当时中原佛教界还是比较熟悉这些"海外"国家的。

金熙宗完颜亶天眷元年（1138），以京师会宁府为上京（故址在今黑龙江省阿城县南白城）。清末，在上京故都遗址北城外，发现了宝严大师塔铭。该塔铭略述了宝严的化迹，谓其生于辽天庆年间（1111—1120年），自天德三年（1151）始居会宁，卒于大定十五年（1175）。根据塔铭，当时会宁府内有兴王寺、宝胜寺。②

至于会宁城内，则有庆元寺、储庆寺、兴元寺、光林寺等寺院。③ 其中最著名的为储庆寺，南宋志盘于宝祐六年（1258）撰就《佛祖统纪》，即记有该寺的盛况：

宗讳亶，太祖嫡孙，改元天眷。诏海慧大师于上京（官）［宫］侧建大储庆寺，普度僧尼百万，大赦天下。又诏海慧、清慧二禅师住储庆寺，迎旃檀像于本寺积庆阁供养。海慧迁化，帝奉舍利五处立塔，谥"佛觉佑国大禅师"。复赐清慧"佛智护国大师"号，并金襕衣。④

---

① 《大藏经补编》，第13册，No.79，第433页A栏。
② 黑龙江省地方志编纂委员会编纂，柴夔生、王占英主编：《黑龙江省志》第五十五卷《宗教志》第一篇"佛教"第四章"寺庙"第三节"文物"。
③ 黑龙江省地方志编纂委员会编纂，柴夔生、王占英主编：《黑龙江省志》第五十五卷《宗教志》第一篇"佛教"第一章"佛教传入"第一节"汉传佛教"。
④ （南宋）释志盘：《佛祖统纪》卷四十八《法运通塞志第十七之十五》。《大正新修大藏经》，第49册，No.2035，第437页A栏。

据此可知，从大储庆寺建于天眷元年（1138）。元念常（1282—1341）《佛祖历代通载》则称，大储庆寺建于皇统二年壬戌（1142），诏海惠、清慧禅师在皇统三年（1143）："（壬戌）……金国。英悼太子生日，诏海惠大师于上京宫侧靭造大储庆寺，普度僧尼百万，大赦天下。（癸亥）金诏海惠、清慧二禅师住储庆寺，迎瑞像于本寺积庆阁中供养。"① 元宝州觉岸（1286—？）《释氏稽古略》又讲，创寺在皇统三年，诏请二位禅师在次年。②

迎传说中优阗王所刻旃檀瑞像事，元仁宗孛儿只斤爱育黎拔力八达延佑三年丙辰（1316）翰林承旨程巨夫所撰《敕建旃檀瑞像殿记》亦有记载，内中有曰："北至燕京，居今圣安寺十二年。北至上京大储庆寺，二十年。南还燕宫内殿，居五十四年。"③《释氏稽古略》谓，大安二年庚午（1210），佛像到金国已经十二年："庚午 嘉定三年旃檀佛像至是庚午计二千二百二年矣 大安二年 西夏 旃檀瑞像 是岁止金国十二年矣。十月迎赴上京禁庭供养。按翰林程巨夫《瑞像殿记》曰：……北至燕京，居圣安寺十二年。北至上京大储庆寺，二十年。南还燕宫内殿，居五十四年。"④ 大储庆寺供奉旃檀瑞像计二十年，这也是该寺的鼎盛期。

海慧、清慧二位禅师，以海慧更为著名，因现有几种僧传皆以海慧为传主，而将清慧附后。《大明高僧传》："释海慧，金国人也。……金皇统三年六月，英悼太子创造大储庆寺于上京宫侧告成，极世精巧，幻若天宫。慕师道价，降旨请为开山第一代；说法赐牒，普度境内童行有籍于官者百万为僧尼。次年，诏迎旃檀瑞像供养于寺之积庆阁。皇统五年，海慧入寂。火浴，获舍利五色无算，光明彻于空表，异香弥旬。金主偕后太子

---

① （元）释念常：《佛祖历代通载》卷二十。《大正新修大藏经》第 49 册，No.2036，第 687 页 A 栏。

② 《释氏稽古略》卷四："癸亥 绍兴十三年皇统三年 西夏 金夏六月，英悼太子生。诏海慧大师于上京宫侧创造大储庆寺，普度境内童行；有籍于官者为僧尼，道士亦如之：通百万计。次年，诏留海慧、清慧二禅师居大储庆寺，迎瑞像供养本寺积庆阁。（金志寺记）"《大正新修大藏经》，第 49 册，No.2037，第 890 页 A 栏。

③ （元）释念常：《佛祖历代通载》卷二十二。《大正新修大藏经》，第 49 册，No.2036，第 730 页 C 栏。

④ （元）释觉岸：《释氏稽古略》卷四。《大正新修大藏经》，第 49 册，No.2037，第 898 页 B 至 C 栏。

亲王百官设供五日，奉分五处建塔。谥曰佛觉佑国大师。"① 此传很重要，可据于确定上述文献中的数点疑惑或抵之处：海慧，本为金国人；大储庆寺成于皇统三年（1143）六月，海慧为开山主持；旃檀佛像到寺，则在皇统四年（1144）；海慧寂灭于皇统五年（1145）。所附清慧传，则仅寥寥数语："次年正月，诏清慧禅师住持储庆，赐号佛智护国大师。命登国师座，特赐金缕僧伽梨衣，并珍异瓶垆宝器。金主、后妃、太子顶礼双足，奉服法衣。其震丹国王致敬沙门，古所未若于是时也。"② "其震丹国王致敬沙门，古所未若于是时也"，指的是清慧和海慧二人；将金国视为震丹③之国王，亦不同于义楚目渤海为海外之国也。

二僧之事迹，亦见于《古今图书集成》《新续高僧传》卷十六《金上京大储庆寺沙门释海慧传》清慧附。④ 唯几为重复，兹不再叙。

总之，大储庆寺的信众主要为皇家贵族，享有至高无上的皇家寺院的地位。不过，该寺的极盛期不过二十年。金世宗完颜雍迁都燕之后，在新都敕建大庆寿寺，又在东京开创清安寺，大储庆寺的地位遂不复旧状矣。

---

① （明）如惺：《大明高僧传》卷七：《上京大储庆寺沙门释海慧传十六》。《大正新修大藏经》，第50册，No. 2062，第929页B栏至C栏。

② （明）如惺：《大明高僧传》卷七：《上京大储庆寺沙门释海慧传》附清慧。《大正新修大藏经》，第50册，No. 2062，第929页C栏。

③ 张子开：《佛藏中的"真丹"观》，甘肃省文物局、瓜州县人民政府、甘肃省敦煌学学会、酒泉市文物管理局联合举办"2015锁阳城遗址与丝绸之路历史文化学术研讨会"（2015年8月10日至12日，甘肃瓜州县）论文。

④ 《大藏经补编》第27册，No. 151，第141—142页栏。

东北民族萨满教的女神崇拜及其现代意义

李春尧　贾海涛

(暨南大学历史系中印比较研究所,广东广州　510000)

摘　要: 萨满教是东北民族的文化血脉。以《天宫大战》为例探讨萨满教的女神崇拜不难发现,在以满族为代表的东北少数民族的萨满教神话中,女神是绝对的主角,她们同时担纲了"生殖女神""祖先女神"的双重角色。萨满教精神与生态女性主义的契合,西方生态女性主义者的论述与古老的萨满教之间存在着某种精神上的呼应。虽然产生于不同的语境,但不容否认的是,生态女性主义关心的议题,即人与自然的和谐、两性之间的和谐,同样也是萨满教产生之初的关切。

关键词: 东北民族;萨满教;女神崇拜;生态女性主义

一　萨满教与东北民族

(一) 萨满

"萨满"这一名词,最早出现于《三朝北盟会编》[1]。在这部著作中,作者徐梦莘(1126—1207)有如下记载:"兀室奸猾而有才……国人号为珊蛮。珊蛮者,女真语巫妪也,以其通变如神。"根据这条史料可知:"珊蛮(萨满)"是女真语的音译,意为"巫妪",其特点是"通变如神"。1692年(清康熙三十一年),莫斯科大公的使节伊达斯偕同布兰特

---

[1] 《三朝北盟会编》,上海古籍出版社1987年版。"三朝",即宋徽宗朝、宋钦宗朝、宋高宗朝。

来华访问。他们在旅行笔记中记载了满族萨满的活动,由此,"萨满"渐为外国所知。

据现代语言学分析,"萨满"是通古斯语,词根为"Sar",义为"知晓""知道"。在萨满教史诗《乌布西奔妈妈》中,"萨满"被解释为"晓彻",即"通晓神意"。据此,似可以将"萨满"理解为"智者"。

然而,令人遗憾的是,由于文化隔膜,"萨满"一词的内涵长期以来并未得到准确地阐释。在1981年出版的工具书《宗教词典》①中,"萨满"被解释为"因兴奋而狂舞的人"。这一解释,虽然从一个侧面捕捉到了"萨满"的某些特点,但是,这一定义却与"萨满"的精神内涵相去甚远。在宗教学家埃利亚德看来:"萨满不只是神秘主义者,萨满确实可以称得上是部族传统经验知识的创造者和保护者。他是原始社会的圣人,甚至可以说是诗人。"②萨满教研究专家王宏刚先生在讲解"萨满"的含义时也反复强调:从词根出发,"萨满"最重要的特质就是"通晓神意""与神沟通";这是"萨满"区别于其他人的根本之处;"兴奋而狂舞",只是"萨满"在某些特定场合下的表现,这一表现不足以揭示"萨满"的本质。③

"萨满"被视为氏族的精神领袖。富育光、王宏刚两位先生曾将其文化功能归纳为如下十点:

(1)为本氏族驱秽治病。(2)是氏族或部落举行萨满教祭礼的主祭人。(3)创造并传承本氏族祭乐、神器、神像、神谱、神服,培养新萨满与侍神人。(4)协助氏族长筹办和组织定期的瞻谱、拜谱、续谱等阖族大事。(5)萨满为氏族生产、生活观测地理、天象、星状、地貌、风态、云色、居宅、洪涝、地震、雪况等,绘制雪况、地貌、星图等。(6)参与氏族首领的重要决策,常作社交使臣。(7)萨满是本氏族族史的权威承袭者和讲述者。(8)被公推为最具权威性的氏族之间或氏族内部的纠纷、选拔、竞比的仲裁人,常以神示、神判和卜象等办法仲裁事件。(9)萨满主持或参与如孕生、育

---

① 任继愈主编:《宗教词典》,上海辞书出版社1981年版。
② 《世界宗教资料》1983年第3期,第40页。
③ 王宏刚教授是笔者(李春尧)在上海社会科学院攻读硕士学位时的老师。上述观点,据笔者的听课笔记。

子、成年、婚礼、寿礼、葬礼等人生礼仪,在人生的重要抉择期传授氏族传统知识与集体英雄主义教育。(10)萨满主祭的祭礼中,相当一部分是传承狩猎、网罟、农耕、航运等生产技艺及相关的天文、地理、医学知识。①

(二) 萨满教

"萨满教"因"萨满"而得名。不过,作为自然形成的原始宗教,"萨满教"的内涵与外延并不清晰。在当前的学术研究话语中,"萨满教"至少有广狭两种定义。② 其中,狭义的萨满教指"北半球的北部尤其是以北亚、东北亚为典型的原始宗教"③,或曰"萨满教是广布于北亚、北欧、北美温带、亚寒带、寒带地域等,以氏族为本位的原始宗教"。④ 另有一些学者认为"世界各地的原始宗教都类似'萨满现象'"⑤,所以,他们"将人神相通的原始宗教通称萨满教"⑥。是为广义的理解。本文拟探讨我国东北地区的萨满教,对"萨满教"的理解基于前一种定义(狭义)。

(三) 萨满教:东北民族的文化血脉

王宏刚先生根据他20余年的田野调查得出结论:"萨满教保留了相当完整和生动的自然宗教特点,是古代文化的聚合体,包括宗教、哲学、历史、经济、道德、婚姻、文艺、民俗、天文、地理、医学等文化内容,有多方面综合性的文化史价值。萨满教传承了北方先民某些健康的文化基因,记录了他们文化精神发展的历史步履。萨满教可视为人类童年文化的一个典型。""萨满教的重要价值之一就是其保存了北方古人类自人猿揖

---

① 参见富育光《萨满论》,辽宁人民出版社2000年版,第70—72页;王宏刚《通古斯萨满教的文化史价值(三)》,《满语研究》2006年第2期。

② 除了下文将要提及的两种定义之外,还有学者从语言学的角度界定"萨满教":萨满教,是操阿尔泰语系满—通古斯语族诸语言的族群的原始宗教形态。显然,这种定义比下文提及的两种定义更为严格。

③ 王宏刚、王海冬、张安巡:《追太阳——萨满教与中国北方民族文化精神起源论》,民族出版社2011年版,第7页。

④ 王宏刚、于国华:《满族萨满教》,台北:东大图书公司2002年版,第3页。

⑤ 王宏刚、于国华:《满族萨满教》,台北:东大图书公司2002年版,第3页。

⑥ 王宏刚、王海冬、张安巡:《追太阳——萨满教与中国北方民族文化精神起源论》,民族出版社2011年版,第7页。

别后,在漫长的蒙昧时期、母系氏族时期萌生形成的文化精神及部分表现形态"。①

在中国历史上,鲜卑族、契丹族、女真族、蒙古族、满族相继建立了魏、辽、金、元、清这五个强大的封建王朝,开拓了祖国疆土,护卫了北方边陲。这五个王朝的统治时间总计约800年,在此期间,王朝内部的各族文化平等交流,华夷界限逐渐消弭;同时,这几个强大的王朝也对东北亚、北亚、中亚的政治、文化格局产生了深远的历史影响。

从语言角度来说,这五个民族均属于阿尔泰语系;从宗教角度来说,这五个民族皆以萨满教为其原始信仰。萨满教,作为"阿尔泰语系民族文化精神发展的载体"②,在其勃兴过程中起到了非常重要的凝聚作用。

现代东北的少数民族与上述五个古代民族有着非常紧密的亲缘关系。虽然面临着现代化与全球化的冲击,但萨满教作为民族文化血脉,仍旧留存在东北少数民族的精神魂魄之中。这一点,在东北满族、朝鲜族、鄂伦春族、鄂温克族、锡伯族、赫哲族之中表现得尤为突出。

二 萨满教的女神崇拜——以《天宫大战》为例

何谓女神?根据叶舒宪先生的观点,女神是"以女人为原型的一种神话形象,是神化、圣化女性的多棱镜中折射出的形象"③。"女神崇拜"则至少包含以下两个要素。

第一,"女神崇拜"是对女性生殖能力的崇拜。在此意义上,"女神"可被称为"生殖女神"。

古代社会没有成熟的剖腹产技术,先民很容易直观认识到:人皆孕育于母腹之中,且经由母亲产道(女性阴道)来到人世。所以,"把女性神圣化,把女性和其生殖器官当作生殖之神来崇敬,这是很自然的,而这一信仰又为母系氏族社会尊重妇女的风尚所巩固。先民崇拜女性首先是崇拜她们的生育能力,很自然地便把崇拜重点放在女性身体的生育部位,并用

---

① 王宏刚、王海冬、张安巡:《追太阳——萨满教与中国北方民族文化精神起源论》,民族出版社2011年版,第28页。
② 王宏刚、王海冬、张安巡:《追太阳——萨满教与中国北方民族文化精神起源论》,民族出版社2011年版,第29页。
③ 叶舒宪:《千面女神》,上海社会科学院出版社2004年版,第2—3页。

造型艺术加以表现。这是一种世界性的史前宗教现象,已为各地考古资料所证实"。①

第二,"女神崇拜"又表现为对女性祖先的崇拜,这表现在"女始祖创世神话"之中。在此意义上,"女神"可被称为"祖先女神"。

"祖先女神"和"生殖女神"的区别在于:前者主要负责创建、维持、保护氏族的安定团结,而后者则主要负责繁衍。在造像方面,"生殖女神"的生殖部位被特别强调,而"祖先女神"则拥有较为完整的女性形象。比如,东北辽西地区的牛河梁女神面部器官完好,神情栩栩如生,虽然同时出土的残块中也有乳房等部位,但是并没有被刻意夸张,所以,牛河梁女神被认为"不是严格意义上的生殖女神,而是始祖女神,是氏族的保护神"。②

"女神崇拜"的这两点要素,在萨满教中都有所体现。下面,本文结合萨满教的神话、传说略作说明。

王宏刚先生研究指出:"在形态各异的萨满教祭礼中有许多女神崇拜,而女神崇拜观念主要反映在萨满教创世神话《天宫大战》中。"③《天宫大战》讲述了在创世过程中善神与恶神的斗争。这类故事,在东北的满族、鄂伦春族、鄂温克族,甚至是西伯利亚地区的阿尔泰语系民族之中都有流传,最典型的则是满族萨满教传承的版本。

现存的《天宫大战》故事由富希陆、吴纪贤两位先生记录于1937年,故事的讲述者是一位满族萨满,名叫"白蒙古"。这位萨满口述的故事被称为"乌车始乌勒本",意为"神龛上的故事"。由于故事的主要内容是善神、恶神的斗争,所以记录之后被称作"天宫大战"。④ 这个故事共有九个"腓凌"(可以理解为"章"),处处洋溢着"女神崇拜"的色彩。

第二章(贰腓凌)介绍了世界的创生:

---

① 牟钟鉴、张践:《中国宗教通史(修订本)》,社会科学文献出版社2003年版,第25—26页。

② 牟钟鉴、张践:《中国宗教通史(修订本)》,社会科学文献出版社2003年版,第48页。

③ 王宏刚、王海冬、张安巡:《追太阳——萨满教与中国北方民族文化精神起源论》,民族出版社2011年版,第29页。

④ 参见王宏刚、王海冬、张安巡《追太阳——萨满教与中国北方民族文化精神起源论》,民族出版社2011年版,第331页。

> 世上最古最古的时候是不分天不分地的水泡泡，水泡里生出阿布卡赫赫。她像水泡那么小，可她越长越大，有水的地方，有水泡的地方，都有阿布卡赫赫。她小小的像水珠，她长长的高过寰宇，她大得变成天穹。她身轻能漂浮空宇，她身重能深入水底。无处不生，无处不有，无处不在。她的体魄谁也看不清，只有在小水珠中才能看清她是七彩神光，白亮湛蓝。她能气生万物，光生万物，身生万物……阿布卡赫赫下身裂生出巴纳姆赫赫（地神）女神，上身裂生出卧勒多赫赫（希里女神），好动不止，周行天地，司掌明亮……阿布卡气生云雷，巴纳姆肤生谷泉，卧勒多用阿布卡赫赫眼发生顺（太阳）、毕牙（月亮）、那丹那拉呼（小七星）。三神永生永育，育在大千。①

由本章故事可知，在萨满教的观念中，宇宙万物的创生过程是：混沌的水泡——阿布卡赫赫——阿布卡赫赫分裂出巴纳姆赫赫、卧勒多赫赫——三女神创造日月群星，山河林泉。关于宇宙的发生过程，我们可以归结为以下几个要点：宇宙始于混沌中出生的女神；生命的增殖始于女神的自我分裂；三女神合作创造了世间万物。

第三章（叁腓凌）讲述了女神造人的故事：

> 阿布卡赫赫和卧勒多赫赫两神造人，最先造出来的全是女人，所以女人心慈性烈。……阿布卡赫赫见世上光生女人，就从身上揪块肉做个敖钦女神，生九个头，八条臂，侍守在巴纳姆赫赫身旁。阿布卡赫赫、卧勒多赫赫这回同巴纳姆赫赫造男人。巴纳姆赫赫因身边有个捣乱的敖钦女神不得酣睡，姐妹又在催促快造男人，她忙三迭四不耐烦地顺手抓下一把肩胛骨和腋毛，还有姐妹的慈肉、烈肉，搓成了一个男人，所以男人性烈、心慈，还比女人身强力壮。因为是骨头做的，不过是肩骨和腋毛合成的，所以男人身上比女人须发髯毛多。肩胛骨常让巴纳姆赫赫躺卧压在身下，肩胛骨有泥，所以男人比女人浊泥多，心术比女人叵测。巴纳姆赫赫慌慌忙忙从身边的野熊胯下要了个"索索"，给男人的胯下安上了。所以，男人的"索索"跟熊罴的

---

① 富育光、王宏刚：《萨满教女神》，辽宁人民出版社1995年版，第78—79页。

"索索"长短模样相似。①

这段故事说明：女人先来到世上，而男人则是女神"忙三迭四""慌慌张张"的作品；男人虽然身强力壮，但是不及女人精致、纯净；男性生殖器（"索索"）是从熊的身上借来的。由此可见，同是女神的造物，但是男人的质量要远比女人低。

在第四章（肆腓凌）中，敖钦女神学会了各种本领，和三女神之一的巴纳姆赫赫产生了矛盾。在争斗之中，巴纳姆赫赫用两块山尖击中了敖钦女神，一块变成了头上的角，一块变成了胯下的"索索"，敖钦女神变成了"九头八臂"的两性怪神。此后，她自我生育，产生了"耶鲁里大神"，从此之后，"恶神之首"耶鲁里大神处处与三女神作对。② 这段故事记述了众神纷争的起源：敖钦女神长出了"索索"。这似乎向我们暗示，男性生殖器即是不和谐的根源。

第五章（伍腓凌）讲述了"世上最早、最惨烈的拼争"③：耶鲁里凌辱三女神，三女神在战事中屡陷绝境。紧接着，第六章（陆腓凌）讲述了恶神耶鲁里袭击了阿布卡赫赫，阿布卡赫赫被烧，身体融解，变成了森林、河流……在第七章（柒腓凌）中，多位善神在与耶鲁里的斗争中牺牲，善神阵中的西斯林女神因为玩忽职守被剥夺了神牌，从此改投恶神阵营，还变成了男性神。

第八章（捌腓凌）是"天宫大战"的高潮部分。在这一章中，战争一波三折，耶鲁里与阿布卡赫赫单独对决，耶鲁里败阵逃走。此章中，"三百女神一齐出战，为战胜以耶鲁里为代表的黑暗势力殊死相搏，创造了适于人类生存的光明世界"。④ 但是，耶鲁里逃跑后留下的魔气化成了疾病、恶瘴，人间并不安乐。

---

① 富育光、王宏刚：《萨满教女神》，辽宁人民出版社 1995 年版，第 80—82 页。王宏刚、王海冬、张安巡：《追太阳——萨满教与中国北方民族文化精神起源论》，民族出版社 2011 年版，第 332—333 页。

② 参见王宏刚、王海冬、张安巡《追太阳——萨满教与中国北方民族文化精神起源论》，民族出版社 2011 年版，第 333—334 页。

③ 王宏刚、王海冬、张安巡：《追太阳——萨满教与中国北方民族文化精神起源论》，民族出版社 2011 年版，第 334 页。

④ 王宏刚、王海冬、张安巡：《追太阳——萨满教与中国北方民族文化精神起源论》，民族出版社 2011 年版，第 340 页。

第九章（玖腓凌）叙述了大战的结局：三女神最终打败了耶鲁里，并把他变成了九头恶鸟。另外，阿布卡赫赫又派神鹰哺育了一个女婴，教导她成为世界上第一个大萨满。有趣的是，神鹰还"用耶鲁里自生自育的奇功诱导萨满，使她有传播男女媾育的医术"。①

在《天宫大战》中，阿布卡赫赫并不是一个战无不胜的女神形象，相反地，在和恶神耶鲁里的斗争中，她常常被逼入绝境，颇为狼狈。王宏刚先生分析认为："这就意味着萨满教的主神并没有天生的无敌神力，她有的仅仅是孕生众神与人类的生育能力，母性生殖能力的高扬，才使阿布卡赫赫成为主神，而她的神力的获得来自于众神祇，也就是说，她凝聚了整个善神集团的整体力量，才真正无敌于天地。"② 阿布卡赫赫并不像男性至上神（如宙斯）那样具有压倒性的支配力；她是由于自己的生殖能力，才登上众神之首的尊位。人间的第一个女萨满是阿布卡赫赫安排的。我们可以认为，女萨满就是阿布卡赫赫的化身。她既是人类的始母，也是人间的智者。与男性（男神）主导的希腊神话相比，萨满教的《天宫大战》展现出另一种艺术魅力。"在古希腊神话中，也有许多有关女神的优美传说，但从总体看，女神毕竟成了男神的附属，它是父系英雄时代的精神产物，而《天宫大战》不仅再现了一个较为完整的女神王国，而且女神充满了历史主动性，它是母系时代的精神娇女。"③

《天宫大战》还记录了萨满教的"三百女神神系"。其中较为重要的女神有：

天地三姊妹尊神阿布卡赫赫、巴纳姆赫赫、卧勒多赫赫；
生命女神多喀霍；
突姆女神；
领星星神那丹那拉呼；
太阳女神顺；

---

① 王宏刚、王海冬、张安巡：《追太阳——萨满教与中国北方民族文化精神起源论》，民族出版社2011年版，第342页。
② 王宏刚、王海冬、张安巡：《追太阳——萨满教与中国北方民族文化精神起源论》，民族出版社2011年版，第344—345页。
③ 王宏刚、王海冬、张安巡：《追太阳——萨满教与中国北方民族文化精神起源论》，民族出版社2011年版，第346页。

月亮女神毕牙；

百草女神雅格哈；

花神依尔哈；

护眼女神者固鲁；

迎日女神兴克里；

登高女神德登；

大力女神福特锦；

九彩神鸟昆哲勒；

大鹰星嘎思哈；

西方女神洼勒格；

东方女神德立格；

北方女神阿玛勒格；

南方女神朱勒格；

中位女神都伦巴；

女门神都凯；

计时女神塔其妈妈；

鱼星神西离妈妈；

天母侍女白腹号鸟、白脖厚嘴号鸟；

九色花翅大嘴巨鸭；

人类始母神女大萨满；

盗火女神其其旦。

  以上女神都有独立的故事。除此之外，"九层天宇中有各层的女神神系：一九雷雪女神 30 位；二九溪涧女神 30 位；三九鱼鳖女神 30 位；四九天鸟长翼女神 30 位；五九地鸟短翼女神 30 位；六九水鸟肥腿女神 30 位；七九蛇、獝追日女神 30 位；八九百兽金洞女神 30 位；九九柳芍银花女神 30 位，共计 270 女神。实际上，在《天宫大战》中，出现或提及的女神要超过三百位，统称三百女神"。[①] 在整部神话中，男神的数量相对很少，地位不高；恶神耶鲁里、西斯林也都是从女神变身而来。由此可

[①] 王宏刚、王海冬、张安巡：《追太阳——萨满教与中国北方民族文化精神起源论》，民族出版社 2011 年版，第 346—347 页。

见，整部神话的性别倾向非常明显。

在另一部满族萨满教史诗《乌布西奔妈妈》中，也记载了"三百女神"的名讳。这和《天宫大战》中的记录可以互相参看。其中的神名，"大部分是女真语或萨满教通用的通古斯古语，今已难确考，但从中已经看到一个相当完整的女神王国"。① 相比较而言，《天宫大战》的三百女神多为自然女神，"内容与形式都更为古老与原始，更有人类童蒙文化的意蕴与特色"②。

参观完萨满教的"万神殿"，我们回顾《天宫大战》的故事情节，不难发现：在以满族为代表的东北少数民族的萨满教神话中，女神是绝对的主角，她们同时担纲了"生殖女神""祖先女神"的双重角色。一代代的萨满，将女神的英雄事迹深情传颂，纵使千百年后，闻之犹能动容。

三 萨满教精神与生态女性主义的契合③

生态女性主义兴起于20世纪70年代，是女性主义的一个新流派，是女性解放运动与生态运动结合的产物。该派别认为，人类对自然的剥削类似于男性对女性的压迫，两者都立足于男性家长制的逻辑。所以，女性解放与生态保护可以兼容，二者可以在同一个过程中完成。生态女性主义在赞美女性本质的同时，批判男权和父权的价值观，反对人类中心主义和男性中心主义。她们认为，男权的思维逻辑必然导致二元对立，随之便是剥削、统治、攻击、征服，在这套逻辑的运行下，女性和自然同为受害者。

从哲学角度来说，生态女性主义的攻击矛头直指西方哲学的沉疴顽疾：二元论思维，以及近现代兴起的机械论、科学主义。由是之故，前现代的世界观便获得了生态女性主义者的青睐。在前现代的思维中，世界是一个不可分割的有机整体；自然本身即具有内在价值；男人和女人、人类与动植物，所有的物种都有平等存在的权利。

具体说，在生态女性主义者的信念中，女性更加接近于自然，但在男

---

① 王宏刚、王海冬、张安巡：《追太阳——萨满教与中国北方民族文化精神起源论》，民族出版社2011年版，第348页。

② 王宏刚、王海冬、张安巡：《追太阳——萨满教与中国北方民族文化精神起源论》，民族出版社2011年版，第349页。

③ 本章仅为粗浅的探讨，进一步的论述有待日后撰文。

性主导人类历史之后，自然与文化、动物与人类、男性与女性都被迫进入了二元分立的状态，而且，女性与自然被归属于一类，男性与文化被归为一类，前者被贴上繁殖标签，后者被贴上生产的标签。如此一来，女性与自然都固定在了被宰制的地位。生态女性主义同时认为，地球上的众生是互相联系的，高低、上下的等级之分是后来人为强加的；世间万物的平等是自然而然的；等级的制定与区隔，正是男权思维逻辑运转的结果。

显而易见，这些思想和萨满教精神具有一种内在的默契。在萨满教的神话史诗中（如《天宫大战》），世界原本是混沌的水泡，之后才有了女神阿布卡赫赫。阿布卡赫赫下身裂生出巴纳姆赫赫，上身裂生出卧勒多赫赫，之后又一步步化生出三百女神，虽然产生有先后，但是在与恶神的战斗中，她们一直是精诚合作的。作为主神，阿布卡赫赫可以被视为"众神之首"，但从史诗的描述来看，她更像是三百女神之中的大姐，毫无家长之风，更谈不上什么特权。在《天宫大战》中，恶神耶鲁里是男神，他是敖钦女神长出"索索"之后出现的。这个情节似乎暗示，在萨满教的思维中，"索索"（男性生殖器）是战乱的根源，有了"索索"，灾难就随之而来。如此的情节安排，可能是因为信仰萨满教的先民发现，男性掌握统治权以后，人与自然的关系同时也开始改变，人类社会渐渐失去了和谐。

在神话中，人间的万物皆是女神的创造，从这个角度说，万物是平等的。天体、山河，大都是女神的身体器官所变化，本身即具有神圣性，当然不能被贬低为供人任意使用的客体。男人和女人也同样由女神创生，女神赋予了男性身强力壮的属性，但男性并不因此比女性尊贵，相反，根据创生的顺序、创造的精细程度，女性反倒是优于男性的。

总之，在研读西方生态女性主义者的论述时，我们很容易发现它与古老的萨满教之间存在着某种精神上的呼应。虽然产生于不同的语境，但不容否认的是，生态女性主义关心的议题，即人与自然的和谐、两性之间的和谐，同样也是萨满教产生之初的关切。

试论唐代"徐福东渡"记述的生成及其在唐代政治话语中的影响

刘啸虎

（南开大学历史学院，天津　300350）

摘　要：唐代独特的"徐福东渡"记述，乃是自秦汉时代而起、经千年内容不断扩充、由历代对海洋与求仙等各方面认知不断附会于其上，最终"层累地造成"。其在唐代政治话语中更具有一定独特性，即作为帝国的政治教训而存在，这在唐代人的话语和认知中占有分量极重的地位，其中同样暗含"层累"之意味。而其背后则或许隐藏着探寻长时段汉唐帝国乃至中古变革意义的新契机。

关键词：徐福东渡；唐代；层累；政治话语；汉唐

　　有关徐福东渡的研究由来已久，自20世纪80年代开始围绕这一主题的学术著作、论文集及研究内容的著述不胜枚举。及至近年来，有关徐福东渡的研究仍不断出现，对徐福东渡的真实性、海路海船、对日韩文化的影响、现实意义等问题均进行了全面而深入的研究，但对徐福东渡在中国历史上后世特定朝代的意义及其所扮演的角色仍鲜有探讨。若论及徐福东渡对后世朝代的影响，唐代尤不可忽略。徐福东渡距唐代已有千载，于唐代人而言不啻为遥远的古老传说。不过，唐代作为开放空前、国力强大的繁盛帝国，唐代人对这一"求仙海外"的传说又自有其独特理解。本文试图就这一问题加以初步探究。

一 唐代徐福记述的"层累造成"

唐代人眼中的徐福，可见于彼时流传甚广的诸笔记小说。如《仙传拾遗》及《广异记》不但对唐代的徐福传说有颇为详尽的记载，更让时人与长居"海外"、身入"仙班"的徐福有了近身接触，这是前代文献中见所未见的：

> 徐福，字君房，不知何许人也。秦始皇时。大宛中多枉死者横道，数有鸟衔草，覆死人面，皆登时活。有司奏闻始皇，始皇使使者赍此草，以问北郭鬼谷先生。云是东海中祖洲上不死之草，生琼田中，一名养神芝，其叶似菰，生丛，一株可活千人。始皇于是谓可索得，因遣福及童男童女各三千人，乘楼船入海。寻祖洲不返，后不知所之。逮沈羲得道，黄老遣福为使者，乘白虎车，度世君司马生乘龙车，侍郎薄延之乘白鹿车，俱来迎羲而去。由是后人知福得道矣。又唐开元中，有士人患半身枯黑，御医张尚容等不能知。其人聚族言曰："形体如是，宁可久耶？闻大海中有神仙，正当求仙方，可愈此疾。"宗族留之不可，因与侍者赍粮至登州大海侧，遇空舟，乃赍所携，挂帆随风。可行十余日，近一孤岛，岛上有数百人，如朝谒状。须臾至岸，岸侧有妇人洗药，因问彼皆何者。妇人指云："中心床坐，须鬓白者，徐君也。"又问徐君是谁。妇人云："君知秦始皇时徐福耶？"曰："知之。""此则是也。"顷之，众各散去，某遂登岸致谒，具语始末，求其医理。徐君曰："汝之疾，遇我即生。"初以美饭哺之，器物皆奇小，某嫌其薄。君云："能尽此，为再飨也，但恐不尽尔。"某连啖之，如数瓯物致饱。而饮亦以一小器盛酒，饮之致醉。翌日，以黑药数丸令食，食讫，痢黑汁数升，其疾乃愈。某求住奉事。徐君云："尔有禄位，未宜即留，当以东风相送，无愁归路遥也。"复与黄药一袋，云："此药善治一切病，还遇疾者，可以刀圭饮之。"某还，数日至登川，以药奏闻。时玄宗令有疾者服之，皆愈。

这番材料中的信息量颇丰，值得详加分析。首先，《仙传拾遗》及

《广异记》之记载并非孤例,关于所谓沈羲得道成仙时,黄老派徐福来接引其升天、并特意指出徐福乘"白虎车"为"接引使"的记载,又载于东晋葛洪之《神仙传》。可见"后人知福得道矣"的观念于魏晋时即流传已广:

> 沈羲者,吴郡人,学道于蜀中。但能消灾治病,救济百姓,不知服食药物。功德感天,天神识之。羲与妻贾共载,诣子妇卓孔宁家还,逢白鹿车一乘,青龙车一乘,白虎车一乘,从者皆数十骑,皆朱衣,仗矛带剑,辉赫满道。问羲曰:"君是沈羲否?"羲愕然,不知何等,答曰:"是也。何为问之?"骑人曰:"羲有功于民,心不忘道,自少小以来,履行无过。寿命不长,年寿将尽。黄老今遣仙官来下迎之。侍郎薄延之,乘白鹿车是也;度世君司马生,青龙车是也;迎使者徐福,白虎车是也。"

众所周知,最早《史记》中仅言:"(秦始皇)于是遣徐市发童男女数千人,入海求仙人。"对于徐福东渡后的下落,并无记载。徐福初次入海,"伪辞曰:'臣见海中大神'",并向"海中大神"代秦始皇"请延年益寿药"遭拒,亦不见徐福本人得仙药或成仙之说法。托名西汉刘向的《列仙传》,记有号为"千岁翁"的仙人"安期先生",其曾与东游至海滨的秦始皇"语三日三夜",并对秦始皇"曰:'后数年求我于蓬莱山。'始皇即遣使者徐市、卢生等数百人入海,未至蓬莱山,辄逢风波而还。"有学者指出,《列仙传》与《史记》一样,尚未将徐福入海与成仙,即抵达海中仙山联系在一起,这大概是徐福故事在秦代流传的特点。亦有学者指出,流传于彼时秦汉的求仙神话,集中附会在了秦皇汉武两位烜赫一时的帝王身上。比如《史记·封禅书》中,方士李少君对汉武帝言:"'臣尝游海上,见安期生,安期生食巨枣,大如瓜。安期生仙者,通蓬莱中,合者见人,不合则隐'。于是天子始亲祠灶,遣方士入海求蓬莱安期生之属,而事化丹沙诸药齐为黄金矣……而方士之候伺神人,入海求蓬莱,终无有验。"可见"安期生"(即"安期先生")自秦至西汉都是颇为流行的海外仙人形象,下自民间方士上至秦皇汉武皆对其有所了解,甚至深信不疑。而最重要的是:秦汉时期随着徐福东渡故事的流传,安期生的故事被比附到徐福东渡故事之中。安期生以自身在彼时广为人知的海外仙人形象，自然扮演了徐福"发童男女数千人入海求仙人"的对象。徐福东渡求仙有了明确的对象，这让传说中徐福最终抵达海外仙山直至成仙有了合理的逻辑铺垫，让徐福东渡与"海中异境""海外仙人"的意象联结更为紧密，更说明了徐福东渡故事本身在漫长的流传过程中内容是如何得到不断扩展的。

至东汉，《汉书》中言"秦始皇初并天下，甘心于神仙之道，遣徐福、韩终之属多赍童男童女入海求神采药，因逃不还，天下怨恨"，对"入海求神采药"加以强调的同时，其进一步称"徐福得平原大泽，止王不来。"这即是说，时人已相信徐福找到了"海外仙山"。南朝《后汉书·东夷列传》在此基础之上所记更为详细："会稽海外有东鳀人，分为二十余国。又有夷洲及澶洲。传言秦始皇遣方士徐福将童男女数千人入海，求蓬莱神仙不得，徐福畏诛不敢还，遂止此洲。世世相承，有数万家，人民时至会稽市。会稽东冶县人有入海行遭风，流移至澶洲者。所在绝远，不可往来。"可见魏晋南朝时期的观念中，徐福的"海外仙山"已经有了专属名称，以及相应的地理坐标。其实西晋成书的《三国志》中，"海外仙山"的地理坐标已然相当明确："（孙权）遣将军卫温、诸葛直，将甲士万人，浮海求夷洲及澶洲。澶洲在海中，长老传言，秦始皇帝遣方士徐福，将童女数千人入海，求蓬莱神山及仙药，止此洲不还。世相承，有数万家。其上人民，时有至会稽货布；会稽东县人海行，亦有遭风，流移至澶洲者。所在绝远，卒不可得至，但得夷洲数千人还。"显而易见，从秦汉至魏晋南北朝时期的徐福东渡故事，乃是在漫长的历史中持续流传，内容不断扩展，即一种"层累地造成"。前揭文引东晋葛洪《神仙传》，更是在徐福已达"海外仙山"的"层累"之上"更进一层"，直言徐福已经成仙得道，且为黄老派回来接引新得道的沈羲升仙。有关"海外仙山"意象的扩展和地理坐标的明确，应与秦汉至魏晋南北朝时期海外交通的发展、人们对海洋的了解增加有关；至于徐福成仙，则应与彼时盛行的修真求仙之风尚有直接关联。

相应地，唐代有关徐福的记述，同样是魏晋南北朝之后继续"层累"的后果。"患半身枯黑"之士人入海求药遇徐福的记载，与魏晋间方士假托东方朔之名所作《海内十洲记》有明显的接续关系。其曰：

祖洲近在东海之中，地方五百里，去西岸七万里。上有不死之草，草形如菰苗，长三四尺，人已死三日者，以草覆之，皆当时活也，服之令人长生。昔秦始皇大苑中，多枉死者横道，有鸟如乌状，衔此草覆死人面，当时起坐而自活也。有司闻奏，始皇遣使者赍草以问北郭鬼谷先生。鬼谷先生云："此草是东海祖洲上，有不死之草，生琼田中，或名为养神芝。其叶似菰苗，丛生，一株可活一人。"始皇于是慨然言曰："可采得否？"乃使使者徐福发童男童女五百人，率摄楼船等入海寻祖洲，遂不返。福，道士也，字君房，后亦得道也。

《仙传拾遗》及《广异记》之记载无疑是在《海内十洲记》的基础之上，以祖洲"不死之草"和徐福渡海寻药为背景而生的传奇故事。又有学者指出，《海内十洲记》非一时一人之作，其形成经历了逐渐增补的过程，即东汉之前十洲地理博物部分已经形成，至东汉末好奇之士给十洲增补上奇闻轶事，魏晋方士又将海外仙岛、昆仑与十洲部分合并在一起，为全书构造了叙述框架并添加了神仙叙述。换言之，《海内十洲记》本身即一种"层累地造成"。于是，经"层累之层累"，终于"造成"了唐代笔记小说中有关徐福不同于前朝的记述。

二 "徐福东渡"在唐代政治话语中的影响

关于唐代徐福记述的独特性，曾有学者指出，这位"患半身枯黑"之士人入海求药的方式是"遇空舟，乃赍所携，挂帆随风，可行十余日"，即去海中求仙不再依靠仙人的指引，而是自己乘舟前往，这反映了唐代海上交通条件的改善；"因与侍者赍粮至登州大海侧"，该士人从登州启程入海，说明符合赴日航线。笔者认同以上分析，但同时认为唐代徐福记述的真正独特之处不仅限于此，而更体现在唐代另一部重要笔记小说《传奇》之中：

唐大中初，有陶太白、尹子虚老人，相契为友。多游嵩华二峰，采松脂茯苓为业。二人因携酿酝，陟芙蓉峰，寻异境，憩于大松林下，因倾壶饮，闻松梢有二人抚掌笑声。二公起而问曰："莫非神仙乎？岂不能下降而饮斯一爵！"笑者曰："吾二人非山精木魅，仆是秦之役夫，彼即秦官女子。闻君酒馨，颇思一醉。但形体改易，毛发怪异，恐子悸栗，未能便降。子但安心徐待，吾当返穴易衣而至，幸无遽舍我去。"二公曰："敬闻命矣。"遂久伺之。忽松下见一丈夫，古服俨雅；一女子，鬟髻彩衣。俱至。二公拜谒，忻然还坐。顷之，陶君启神仙何代人，何以至此？既获拜侍，愿怯未悟。古丈夫曰："余秦之役夫也，家本秦人，及稍成童，值始皇帝好神仙术，求不死药，因为徐福所惑，搜童男童女千人，将之海岛。余为童子，乃在其选，但见鲸涛蹙雪，蜃阁排空，石桥之柱敧危，蓬岫之烟杳渺，恐葬鱼腹，犹贪雀生。于难厄之中，遂出奇计，因脱斯祸。归而易姓业儒，不数年中，又遭始皇煨烬典坟，坑杀儒士，缙绅泣血，簪绂悲号。余当此时，复是其数。时于危惧之中，又出奇计，乃脱斯苦。又改姓氏为板筑夫，又遭秦皇欻信妖妄，遂筑长城，西起临洮，东之海曲。陇雁悲昼，塞云咽空。乡关之思魂飘，砂碛之劳力竭。堕指伤骨，陷雪触冰。余为役夫，复在其数。遂于辛勤之中，又出奇计，得脱斯难。又改姓氏而业工，乃属秦皇帝崩，穿凿骊山，大修茔域，玉埤金砌，珠树琼枝，绮殿锦宫，云楼霞阁。工人匠石，尽闭幽隧。念为工匠，复在数中，又出奇谋，得脱斯苦。凡四设权奇之计，俱脱大祸。知不遇世，遂逃此山，食松脂木实，乃得延龄耳。此毛女者，乃秦之宫人，同为殉者。余乃同与脱骊山之祸，共匿于此。不知于今经几甲子耶？"二子曰："秦于今世，继正统者九代千余年。兴亡之事，不可历数。"

这位"古丈夫"的描述极具文学色彩，其中隐含对秦始皇的讥诮嘲讽。在他的讲述之中，徐福东渡与焚书坑儒、修筑长城、起骊山陵一样，皆为秦始皇暴政不仁、滥用民力、百姓为之痛苦不堪的象征。晚唐裴铏借这位仙人屡屡自绝境中脱困而出，反衬秦代无数百姓殒身破家的事实，其背后直指秦亡之祸与晚唐之局，旨趣无疑与中唐杜牧的千古名篇《阿房宫赋》有异曲同工之妙。就记述本身来说，这是唐代人借本朝野史对秦汉正史中的徐福东渡予以定性，即对其完全否定。

对"徐福东渡"的否定，其实自汉代而始。《汉书》中记"徐福东渡"而不归，随之明言其后果："于是百姓悲痛愁思，欲乱者十室而九。"

西汉距徐福东渡事未远，更经历了汉武帝与之相差无几的海外求仙，故时人对徐福东渡的否定和批判甚为尖锐。如西汉桓宽《盐铁论》中整理彼时"贤良文学"之言："古圣人劳躬养神，节欲适情，尊天敬地，履德行仁。是以上天歆焉，永其世而丰其年。故尧秀眉高彩，享国百载。及秦始皇览怪迂，信禨祥，使卢生求羡门高，徐市等入海求不死之药。当此之时，燕、齐之士，释锄耒，争言神仙。方士于是趣咸阳者以千数，言仙人食金饮珠，然后寿与天地相保。于是数巡狩五岳、滨海之馆，以求神仙蓬莱之属。数幸之郡县，富人以赀佐，贫者筑道旁。其后，小者亡逃，大者藏匿；吏捕索掣顿，不以道理。名宫之旁，庐舍丘落，无生苗立树；百姓离心，怨思者十有半。书曰：'享多仪，仪不及物曰不享。'故圣人非仁义不载于己，非正道不御于前。"时人全然将徐福东渡视作秦亡之肇始，乃"仁义"与"正道"的反面。此后时隔约五十载，汉成帝因无子嗣，日渐信事鬼神方士，引起朝野不安。谷永遂作《说成帝距绝祭祀方术》一文，对成帝加以劝谏。其文曰："昔周史苌弘欲以鬼神之术，辅尊灵王，会朝诸侯，而周室愈微，诸侯愈叛。楚怀王隆祭祀，事鬼神，欲以获福助，却秦师，而兵挫地削，身辱国危。秦始皇初并天下，甘心于神仙之道，遣徐福、韩终之属多赍童男童女入海求仙采药，因逃不还，天下怨恨。"谷永指出，秦始皇遣徐福东渡求仙，前堪与苌弘、楚怀王错事鬼神的教训相并列，后更与汉代新垣平等诸方士借神仙之说祸乱朝纲的教训相仿佛。本朝教训的结果是"平等皆以术穷诈得，诛夷伏辜"，故谷永借徐福东渡对成帝明言规劝："唯陛下距绝此类，毋令奸人有以窥朝者。"就《汉书》记载来看，这番规劝产生了一定效果："谷永说上，上善其言。"东汉于此全然延续自西汉，应劭《风俗演义》中言："谨于太史记：秦始皇欺于徐市之属，求三山于海中，通甬道，隐形体，弦诗想蓬莱，而不免沙丘之祸。"以上可见，"徐福东渡"的故事在汉代的政治话语中据有一席之地，其本身的意义即充当帝王盲信鬼神、滥用民力的象征，作为帝国的政治教训而存在。徐福东渡故事在这一意义上，对后世隋唐有着深远的影响。

魏晋南北朝时期，"徐福东渡"故事虽继续不断"层累"，却并未能像汉代一样进入实际的政治话语。虽有南朝的梁元帝萧绎在已撰《金楼子》中特意将其列入《箴戒篇》，视为政治与修身之殷鉴，却未能脱离文学上自我表达的范畴。北周甄鸾《笑道论》中斥曰："又道家方术，以升仙为神。因而诳惑，偷润目下。昔徐福欺妄，分国于夷丹。文成五利，妖伪于汉世。"这种对"徐福东渡"的批判只是见诸北朝佛道之争乃至北周武帝灭佛的大背景之下，与徐福东渡在汉代承载的意义并不相同。这当与魏晋南北朝时期天下分崩、秦汉式的庞大统一帝国不复存在有关。如"徐福东渡"般须倾整个帝国之力方得成行的大规模活动，已不再成为可能。无论彼时崇佛侫佛还是修仙求道的风尚，其所滥用之民力与规模影响都无法与统一帝国之下的徐福东渡相提并论。故徐福东渡在魏晋南北朝时期难以进入实际的政治话语，无法成为彼时政治层面上被实际论及的问题。而这一情况在唐代，即又一个统一的庞大帝国建立之后，发生了根本性的变化。

《旧唐书》中，唐太宗贞观元年（627）十二月，即位仅一年多的太宗皇帝以徐福东渡为例，明确表达了自己对修真求仙之事的看法：

> 十二月壬午，上谓侍臣曰："神仙事本虚妄，空有其名。秦始皇非分爱好，遂为方士所诈，乃遣童男女数千人随徐福入海求仙药，方士避秦苛虐，因留不归。始皇犹海侧踟蹰以待之，还至沙丘而死。汉武帝为求仙，乃将女嫁道术人，事既无验，便行诛戮。据此二事，神仙不烦妄求也。"

太宗皇帝宣布"神仙不烦妄求也"，这与其在贞观初年节约尚俭、休养民力的国策同为一体，实际乃其施政理念与政治构想的反映。太宗皇帝借此表明，初建的大唐帝国不会如上一个大一统的秦汉帝国那样，做出如徐福东渡般不计代价而徒为满足帝王一己之欲的行为。这实为接续汉代传统，从政治层面论徐福东渡，将徐福东渡纳入唐代的政治话语。太宗皇帝后期虽仍不免于盲信方士、服食丹药，但对于此国策始终无改。而这种对汉代的接续，似乎如"徐福东渡"故事本身的流传和扩展一样，也在汉唐政治层面上隐隐有了一点"层累"的意味。

无独有偶，唐宪宗元和五年（810）七月，一直对修真求仙颇有兴趣的宪宗皇帝与大臣有过一番对话：

> 乙亥，上顾谓宰臣曰："神仙之事信乎？"李藩对曰："神仙之说，出于道家；所宗《老子》五千文为本。《老子》指归，与经无

异。后代好怪之流，假托老子神仙之说。故秦始皇遣方士载男女入海求仙，汉武帝嫁女与方士求不死药，二主受惑，卒无所得。文皇帝服胡僧长生药，遂致暴疾不救。古诗云：'服食求神仙，多为药所误。'诚哉是言也。君人者，但务求理，四海乐推，社稷延永，自然长年也。"上深然之。

唐宪宗对修真求仙之事稍有试探，即引起李藩的警觉，马上以徐福东渡为反面教训，大加劝谏，力图消弭这种可能会给大唐帝国带来政治风险的苗头。宪宗皇帝口头虽表示赞同，实际依然故我。《新唐书·裴潾传》载，元和后期，"帝喜方士，而柳泌为帝治丹剂，求长年。帝御剂，中躁病渴"。《旧唐书》同传中所载更详："宪宗季年锐于服饵，诏天下搜访奇士。宰相皇甫镈与金吾将军李道古挟邪固宠，荐山人柳泌及僧大通、凤翔人田佐元，皆待诏翰林。宪宗服泌药，日增躁渴，流闻于外。"起居舍人裴潾遂如西汉谷永谏汉成帝一般上书劝谏，其中照例举"徐福东渡"事："若乃远征前史，则秦、汉之君，皆信方士，如卢生、徐福、栾大、李少君，其后皆奸伪事发，其药竟无所成。事著《史记》、《汉书》，皆可验视。"结果此谏触怒宪宗皇帝，裴潾遭贬为江陵令。不过，"穆宗即位，柳泌等诛，征潾为兵部员外郎，迁刑部郎中"。

彼时以徐福东渡相讽谏者远非裴潾一人。早在元和四年（809），白居易即作讽喻组诗《新乐府》五十首，其中第四首《海漫漫·戒求仙也》曰："海漫漫，直下无底傍无边。云涛烟浪最深处，人传中有三神山。山上多生不死药，服之羽化为天仙。秦皇汉武信此语，方士年年采药去。蓬莱今古但闻名，烟水茫茫无觅处。海漫漫，风浩浩，眼穿不见蓬莱岛。不见蓬莱不敢归，童男丱女舟中老。徐福文成多诳诞，上元太一虚祈祷。君看骊山顶上茂陵头，毕竟悲风吹蔓草。何况玄元圣祖五千言，不言药，不言仙，不言白日升青天。"如陈寅恪先生所言："观元和五年宪宗问李藩之语，知其已好神仙之道。乐天是时即在翰林，颇疑亦有所闻知。故《海漫漫》篇所言，殆陈谏十几先者。"白居易完全凭"徐福东渡"独当一面，支撑起其中的讽喻，可见徐福东渡在唐代具有何其重的分量。到唐武宗时，陈陶《蒲门戍观海作》干脆从最根本上否定"徐福东渡"，认为徐福从未曾到达过"海上仙山"，东渡求仙全然是一场幻梦："徐市惑秦朝，何人在岩廊。惜哉千童子，葬骨于眇茫。"其与白居易之作用意相若,更与前揭文晚唐裴铏在《传奇》中借"仙人"之口所表达的理念并无二致。唐代徐福东渡的意义,于此体现愈发鲜明。

三 结语

综全文之所述,由秦汉至唐代,徐福东渡传说乃是一种"层累地造成"。由最初《史记》中不过数百字的记载,在上千年的漫长历史中内容不断扩充,不同时代人们对海洋、求仙以及外部世界等方面的各种认知不断附会于其上,最终形成了唐代笔记小说中有关徐福的独特记述。这样的记述更反映出徐福东渡在唐代政治话语中的独特性,即充当帝王盲信鬼神、滥用民力的象征,作为帝国的政治教训而存在,这在唐代人的话语和认知中占有分量极重的地位。作为秦汉之后又一个大一统的帝国,唐代在政治层面上完整继承了汉代对徐福东渡的定性和表述,并以此使其在庙堂之上发挥实际的作用,同样暗含"层累"之意味。尤其值得注意的是,这应为长时段汉唐帝国在政治、文化与社会延续性上的表现。唐代之后,徐福东渡故事的内容基本固定下来,不再有"层累地造成",亦不再作为实际的政治话语而出现于官修正史,只被作为文学典故使用。相比汉唐时期的史学价值,徐福东渡在中古之后更多只能以文学意义论之。因此,若以徐福东渡为切入点,对此问题加以更深层次的考察,则或能对汉唐时期及后世不同的政治与文化认知得出新的看法,乃至对其中蕴含的中古变革意义有新的理解,亦未可知。

辽代长城修筑位置与原因研究综述

陈笑竹

(哈尔滨师范大学,黑龙江哈尔滨 150080)

摘 要:辽代长城问题一直是学界研究的重点。现学界对于辽代长城修筑位置、修筑原因等问题看法不一。本文将对辽代镇东海口长城、鸭子江与混同江之间古边壕、呼伦贝尔西部古边壕分别进行研究综述,力图找到不同长城与边壕中所争论的不同问题并进行具体的分析。

关键词:辽代;长城;边壕;位置;原因

长城,作为中国古代特有的军事防御系统闻名于世界。虽提起长城,人们首先想到的仍属秦、明长城,但是随着考古的发现以及研究的深入,其他朝代特别是北方民族所修筑的长城逐渐走进了人们的视线。那么,由契丹族建立的辽朝,在它兴衰存亡的两百多年间是否也修筑过长城呢?

在《辽史》中对于辽代修筑的海疆长城仅有一句记载。对于北方边境长城,《辽史》中并未有确切记载,仅记载了一些可能与之相关的防御工事。现学界对于辽代长城的讨论主要集中于以下三道:镇东海口长城、鸭子江与混同江之间古边壕和呼伦贝尔西部古边壕。由于这三道长城与边壕的研究现状、争论的问题等不尽相同,下文将对具体长城问题进行具体分析。

一 镇东海口长城

《辽史·太祖本纪》所载,太祖耶律阿保机二年(908)冬十月乙亥朔，"建明王楼。筑长城于镇东海口。遣轻兵取吐浑判入室韦者"。① 这也是《辽史》中对于辽代海疆长城的唯一记载。因记载过于简略，其修筑的确切位置、原因等至今仍无定论。学界对于此段长城的争论也主要围绕修筑的确切位置、主要防御的对象而展开并存有不同看法。

对于镇东海口长城，金毓黻先生较早提出了自己的看法。他认为镇东海口疑指《辽史·地理志》中所载的镇海府，位于今盖平迤南。他又考《旧唐书·高丽传》所载："其王建武惧伐其国，乃筑长城，东北自扶余城，西南至海，千有余里。"他认为辽初的这段海疆长城很有可能是在高句丽长城旧址上修筑加固的。②

金殿士先生对镇东海口（镇海府）的位置有自己的看法。他认为其位于今鸭绿江附近的娘娘城，辽初所筑的长城便以此为起点。对于修筑此长城的原因，他认为是为防御邻敌渤海的侵袭。③

张博泉先生认为镇东海口即镇海府，地在今盖县以南。④

以上学者虽对镇东海口位置的看法不尽相同，但均认为找到镇海府的位置便找到了镇东海口长城的位置。而冯永谦先生认为辽在太祖二年时，还未有行政建置，此时还未有镇海府，所以不能以寻找镇海府的位置来确定镇东海口长城。冯永谦先生通过考古调查并对比了金代王寂《鸭江行部志》与明代毕恭《辽东志·地理志》所载，认为在大连市金州之南关岭附近的岗地上发现的城墙遗址正是辽代长城，它两端抵海，横断大连湾和金州湾。⑤ 2001 年，冯永谦等学者再次对城墙遗址进行了考察，⑥ "遗址位于今辽宁省大连市甘井子区大连湾镇，南起盐岛村，北至土城子村的烟筒山一线，整体呈东北—西南走向，全长约 12 华里（6 公里），西北距金州约 9 公里"。

田广林先生认为镇东海口长城即《南唐书》卷 18《契丹列传》所载的镇东关，具体位置应在辽东半岛南端的大连地区，是辽为了强化对辽东

---

① （元）脱脱：《辽史·太祖本纪上》第一册，卷一，中华书局 2016 年版，第 4 页。
② 金毓黻：《东北通史》，五十年代出版社 1941 年版。
③ 金殿士：《试论辽太祖耶律阿保机经略辽东》，《沈阳师范学院学报》1984 年第 1 期。
④ 张博泉：《东北地方史稿》，吉林大学出版社 1985 年版。
⑤ 冯永谦、米文平：《岭北长城考》，《辽海文物学刊》1990 年第 1 期。
⑥ 冯永谦：《东北古代长城考辨》，《东北亚历史与文化》，辽沈书社 1991 年版。

半岛与山东半岛之间海上通道的管理而建。辽朝晚期镇东关称苏州关。①

景爱先生认为镇东海口长城位于金州（金县）。金州以南有南关岭，地势比较高，岭东是大连湾，岭西是金州湾，其间陆地只有5公里，是辽东半岛最狭窄的地方。在此设防，便可以阻止海上来客进入渤海境内。并且，景爱先生认为金代王寂在《鸭江行部志》中所记载的苏州关与镇东海口长城有关，它应是长城上的重要关隘，并对出入辽东半岛的行人进行检查。对于镇东海口长城修筑的原因景爱先生是据《辽史·太祖本纪下》记载"所谓两事，一事已毕，惟渤海世仇未雪，岂宜安驻！"②所推断的。阿保机这句话是在天赞元年（922）讨伐甘州回鹘取胜以后所说，证明了阿保机灭渤海的决心。渤海曾是唐朝的附属国，在五代初年仍与中原地区有着密切的联系。阿保机欲灭渤海，必先阻断其与中原地区的往来，防止渤海受到中原地区的援助。他进一步认为镇东海口长城是阿保机为阻断渤海与中原的联系，并进一步灭渤海而建。③ 对此，金殿士先生也有相似看法。④

二　鸭子江与混同江之间古边壕

对于鸭子江与混同江之间的古边壕，《辽史》中虽未有明确记载，但《宏简录·李俨传》载："清宁初，同知南院宣徽使事。四年（1058），城鸭子、混同二水间，拜北院宣徽使。"此边壕位于今吉林省北部第二松花江与拉林河之间。⑤ 对于此段边壕，学界认为其在辽代修筑，修筑原因是为防御女真族的侵扰。现学界主要是通过一些与之相关的文献资料所载来进行讨论的。

以下为引用较多的相关史料：

《辽史·圣宗本经》载，辽圣宗太平六年（1026）二月己酉，"以迷

---

① 冯永谦：《大连辽代长城调查考略》，《大连文物》2001年第1期。
② （元）脱脱：《辽史·太祖本纪下》第一册，卷二，中华书局2016年版，第23页。
③ 冯永谦：《东北地区的古代长城》，《辽海讲坛》第5辑历史卷，辽宁教育出版社2009年版。
④ 金殿士：《试论辽太祖耶律阿保机经略辽东》，《沈阳师范学院报》1984年第1期。
⑤ 冯永谦：《东北地区的古代长城》，《辽海讲坛》第5辑历史卷，辽宁教育出版社2009年版。

离己同知枢密院，黄翔为兵马都部署，达骨只副之，赫石为都监，引军，城混同江、疏木河之间。黄龙府请建堡障三、烽台十。诏以农隙筑之。"①

《宏简录·李俨传》记载："清宁初，同知南院宣徽使事。四年（1058），城鸭子、混同二水间，拜北院宣徽使。"

宋朝使金的许亢宗在他所著的《乙巳奉使行程录》载："第三十五程，自漫七离一百里至和里间寨。漫七离行六十里即古乌舍寨，寨枕混同江湄，其源来自广漠之北，远不可究……过江四十里，宿和里间寨。第三十六程，自和里间寨至句孤孛堇寨。自和里间东行五里，即有溃堰断堑自南而北，莫知远近，界隔甚明，乃契丹昔与女真两国界也。八十里至来流河……以船渡之，五里至句孤寨。"②

1984年春夏，在吉林省舒兰县西部地区考古发现古界壕一条，烽火台两个、堡寨三座、城址两座。景爱先生根据上述史料及考古发现推测舒兰县溪河界壕便是许亢宗所见的"溃堰断堑"的东段。又结合《辽史·地理志》③所载，认为第二松花江（混同江）以北的古界壕是兀惹人迁来之后所建，目的是防御女真人的侵扰。溪河界壕附近的堡寨和古城皆修筑于辽圣宗时期。他进一步认为分布在溪河界壕沿线上的两个烽火台以及榆树县境内的两个烽火台（现已不存），很有可能是《辽史·圣宗本经》中所载，黄龙府请建的"烽台十"组成部分。④

据《辽史·圣宗本经》《乙巳奉使行程录》等文献的记载，冯永谦先生认为黄龙府请建的这些堡障、烽台规模不大，应当是为防御女真南侵而设，方便观察和传报边情，地点在第二松花江。并且他认为这些堡障、烽火台应设在当时的交通道路上。⑤ 景爱先生对此也有着相似的观点，并且他认为城堡、烽台是为了戍守边壕而建，二者相互配合、相互补充，构成了一个完整的军防体系。边壕与城堡应是同时修建，或前后修建时间相差不远。⑥

部分学者也参考了其他文献资料。朱耀廷等先生据《辽史·地理志》

---

① （元）脱脱：《辽史·圣宗本纪八》第一册，卷十七，中华书局2016年版，第223页。
② 田广林：《辽朝镇东关考》，《社会科学战线》2006年第4期。
③ （元）脱脱：《辽史·地理志二》第二册，卷三十八，中华书局2016年版，第532页。
④ 《五代宋金元人边疆行记十三种疏证稿》，中华书局2004年版，第249—251页。
⑤ 《五代宋金元人边疆行记十三种疏证稿》，中华书局2004年版，第249—251页。
⑥ 景爱：《关于呼伦贝尔古边壕的时代》，《社会科学战线》1982年第1期。

载"统和十七年（909），迁兀惹户，置刺史于鸭子、混同二水之间，后升。兵事隶黄龙府都部属司"①。认为此段边壕由兀惹人戍守，用以防御女真族。②

罗哲文先生据《宏简录·李俨传》载"清宁初，同知南院宣徽使事。四年（1058），城鸭子、混同二水间，拜北院宣徽使"，和《辽史·耶律俨传》载"耶律俨，字若思，析津（今北京人）。本姓李氏。父仲禧，重熙中（1032—1055年）始仕。清宁初，同知南院宣徽使事。四年（1058），城鸭子、混同二水间，拜北院宣徽使"③，认为辽道宗于清宁四年（1058）从鸭子江（今松花江）到混同江（今第二松花江）之间修筑了一道边壕，长24里。④

三　呼伦贝尔西部古边壕

呼伦贝尔古边壕的位置始于额尔古纳右旗库力河西岸河滩，沿根河向西至四卡折向西南，至红山嘴越过额尔古纳河，进入俄罗斯外贝加尔，至外贝加尔斯克小镇后又进入满洲里市，经新巴尔虎右旗进入蒙古国东方省、肯特省，最后终止于鄂嫩河源与乌勒吉河源之间的沼泽地中。全长近700公里，中国境内全长155公里。⑤

此边壕是文中所提到三道中分歧最大、争论最多的一道边壕。其中，分歧与争论的焦点就在于这道边壕的修筑年代。

俄国学者克鲁泡特金公爵最早将此边壕称为"成吉思汗"边墙。⑥ 现学界普遍认为此观点是错误的，但因此观点提出时间较早，所以影响很大。1897年，屠寄在《黑龙江舆图》中将此边壕命名为"金源边堡"。⑦ 此后，学界开始重视这道边壕。1922年，张家璠著《呼伦贝尔志略》称

---

① （元）脱脱：《辽史·地理志二》第二册，卷三十八，中华书局2016年版，第532页。
② 景爱、董学增：《吉林舒兰县古界壕、烽台与城堡》，《考古》1987年第2期。
③ （元）脱脱：《辽史·耶律俨传》第四册，卷九十八，中华书局2016年版，第1557页。
④ 景爱、苗天娥：《辽金边壕与长城》，《东北史地》2008年第2期。
⑤ 朱耀廷、郭引强、刘曙光：《古代长城—战争与和平的纽带》，辽宁师范大学出版社1996年版。
⑥ 罗哲文：《长城》，北京美术摄影出版社2000年版。
⑦ 屠寄：《黑龙江舆图》，光绪二十五年（1899）石印套色本，第36—38页图。

此边壕为"兀术长城";① 苏联学者阔尔马左夫著《呼伦贝尔》将其称为"拓跋鲜卑的国界";② 张伯英著《黑龙江志稿》在附图中标注其为"兀术长城"。③ 寿鹏飞著《历代长城考》在所附地图上标注此边壕为"汉光禄城""成吉思汗城"。④ 1969 年绘制的地图标注此边壕为"成吉思汗长城"。1976 年绘制的陈巴尔虎旗地图,标注其为"成吉思汗边堡"。翦伯赞著《内蒙访古》认为此边壕为金代所筑并认为其与塔塔儿人有关。⑤ 对此边壕的看法,可谓是众说纷纭,但随着时间的推移和研究的深入,现学界对于此边壕的修筑时间主要集中在两种观点上。第一种观点认为是辽代所筑,第二种观点则认为是金代所筑。

认为此边壕为辽代所筑的学者也存在不同看法。孙秀仁先生根据调查发现此边壕与胪朐河(即今克鲁伦河)的流向平行,认为此边壕的分布与《辽史·地理志》所载辽朝中部区北界"北至胪朐河"基本一致⑥。此边壕内侧纵深广大范围内很少发现金代遗迹遗物。但是,在呼伦贝尔市西南部牧业四旗境内都发现了辽代蓖纹灰陶、少量辽三彩和辽代古城址,如陈巴尔虎旗的浩特陶海、鄂温克旗辉河右岸的西索木及辉道、新巴尔虎左旗吉公社等古城。⑦ 孙秀仁先生进一步认为此边壕修建时间不会早于辽朝中期,是辽朝在特定历史时期为巩固中部区,防御属部羽阙、室韦,北阻卜族窜犯而修筑的军事防御工程。⑧

景爱先生认为此段边壕为辽代所筑。他据《辽史》所载会同二年(939)"以乌古之地水草肥美,命(欧昆石烈)居之。三年,益以海勒之地为农田"⑨,又称"诏以于谐里胪朐河之近地,给赐南院欧堇突吕、乙勒勃、北院温纳河剌三石烈人为农田"⑩。此时,乌古、敌烈被赶出了呼

---

① 朱耀廷、郭引强、刘曙光:《古代长城——战争与和平的纽带》,辽宁师范大学出版社 1996 年版。
② 张家璠:《呼伦贝尔志略》,上海太平洋印刷公司民国十一年版。
③ 阔尔马左夫:《呼伦贝尔》,东省铁路经济调查局民国十八年版。
④ 张伯英:《黑龙江志稿》,民国二十一年版。
⑤ 寿鹏飞:《历代长城考》,民国三十年版。
⑥ (元)脱脱:《辽史·地理志一》第二册,卷三十七,中华书局 2016 年版,第 496 页。
⑦ 翦伯赞:《内蒙访古》,《翦伯赞论文选集》,人民出版社 1980 年版。
⑧ 孙秀仁:《黑龙江历史考古论述(上)》,《社会科学战线》1979 年第 1 期。
⑨ (元)脱脱:《辽史·营位志下》第二册,卷三十三,中华书局 2016 年版,第 436 页。
⑩ (元)脱脱:《辽史·太宗下》第一册,卷四,中华书局 2016 年版,第 50 页。

伦贝尔牧场迁至更北的偏远地方。统和六年（988），"乌隗于厥部以岁贡貂鼠、青鼠非土产，皆于他处贸易以献，乞改贡"。① 贡非所出并思念家园，这激起了乌古、敌烈部的反抗斗争。故而，景爱先生认为此边壕是在北方边患最为严重的辽圣宗、辽兴宗时期所建，目的是防御乌古、敌烈部的南下侵袭。据实地调查，发现在边壕内侧每隔一段距离便修筑一座或两座城堡，用以屯驻士兵。②

徐俐力先生等认为此边壕是辽代为防御乌古、敌烈、黑车子室韦等部的侵袭而修筑。③

冯永谦先生则认为此边壕为金代所修的"岭北长城"。他对该边壕在中国境内分布的地段进行了详实的考察，绘制了边壕走向示意图以及边堡平面图。结合文献记载并把此边壕带回到金初时期的历史大背景中去看其修筑的必要性，得到的结论是"绵亘于克鲁伦河及额尔古纳河这道界壕即金初之旧疆，是极为明显的，并从中可以窥见这道界壕的修筑年代……而今所论之金初界壕，亦是我国中古时期在大兴安岭北部留下的又一道规模宏伟的长城，且为我国最北的一道长城"④。

---

① （元）脱脱：《辽史·圣宗三》第一册，卷十二，中华书局2016年版，第141页。
② 冯永谦：《东北地区的古代长城》，《辽海讲坛》第5辑历史卷，辽宁教育出版社2009年版。
③ 徐俐力、张泰湘：《辽代边墙考》，《北方文物》2003年第1期。
④ 冯永谦、米文平：《岭北长城考》，《辽海文物学刊》1990年第1期。

阿骨打先祖函普身世考

——《金史》相关资料解读

王明星

（烟台大学，山东烟台 264003）

摘　要：金王朝开国皇帝阿骨打先祖函普的身世问题在学术界一直是个争论不休的问题。有人认为函普是新罗人，有人认为他是高句丽人，有人则认为他是高丽人，还有人认为函普是一个居住在高丽境内的靺鞨人或女真人。笔者认为，函普的身世即其国籍和族属问题牵涉到一系列重大的历史问题，因而其身世有进一步研究的必要。

关键词：阿骨打；函普；女真人

金王朝开国皇帝阿骨打先祖函普的身世问题在学术界一直是个争论不休的问题。有人认为函普是新罗人，有人认为他是高句丽人，有人则认为他是高丽人，还有人认为函普是一个居住在高丽境内的靺鞨人或女真人。笔者认为，函普的身世即其国籍和族属问题牵涉到一系列重大的历史问题，因而其身世有进一步研究的必要。

一

关于金始祖函普的身世，据宋人洪皓《松漠纪闻》[①] 一书记载："女

---

① 洪皓、字光弼、宋朝鄱阳（今江西波阳）人，建炎三年（1129）以徽猷阁待制、假礼部尚书为大金通问使。金人迫其仕齐国刘豫，皓不从，先后被流放到冷山、燕京，前后流徙金国十五年。回宋后，洪皓将其在金见闻编辑成书，因冷山在唐朝隶松漠都督府，故洪皓将其书命名为《松漠纪闻》。

真酋长（指函普——引者注）乃新罗人。"① 由于洪皓在金国滞留长达 15 年之久，其对女真人的了解程度当时的宋朝官员中无人能出其右，受洪皓的影响当时人一般都认为函普是新罗人。② 然而，元人写的《金史》却说："金之始祖讳函普，初从高丽来。"③ 受上述两种观点影响，有人认为金始祖出自新罗，④ 有人则认为金始祖出自高丽。⑤

　　上述两种说法看似矛盾，后者的观点与《金史》作者的观点相同，认为金人的祖先来自于高丽，而前者则主张金人的祖先来自于新罗。仔细探讨不难发现，其实未必如此。众所周知，统一新罗与高丽是古代朝鲜半岛前后相接的两个封建王朝，高丽王朝创立于 918 年，而统一新罗王朝灭亡于 935 年，后人研究高丽史一般认为高丽王朝的历史开始于 918 年，而事实上此时统一新罗王朝尚未灭亡。于是，统一新罗与高丽这两个封建王朝在统辖时间上就产生了一段长达十几年的重叠时间，凡在此期间发生的事既可以说是发生在统一新罗时期，也可以说是发生在高丽时代。如此说来，上述有关金人祖先由来的两种观点，在一定的条件下也可以归纳为同一种观点。所以，很久以来学术界就有一种观点认为，女真人源出于高丽，金人与高丽人同种同源。

　　近来，学术界的研究一般认为，传统研究只记载金始祖出自哪个国家，并没有说明金始祖属于哪个民族，而与国籍相比，学者们更注重金始祖出身民族的研究。对此，学者们观点也不尽一致。有学者认为"函普兄弟三人为靺鞨——女真人"；⑥ 有学者则认为函普是女真人；⑦ 还有学者认为"女真始祖函普很可能是早年去往新罗的靺鞨人的后裔"。⑧

---

① 洪皓：《松漠纪闻》，长白丛书初集本，吉林文史出版社 1986 年版，第 11 页。
② 参见徐梦莘《三朝北盟会编》、李心传《建炎以来朝野杂记》、陈均《九朝编年备要》等书。
③ 《金史·世纪》。
④ （清）阿桂等《满洲源流考》："金始祖本从新罗来，号完颜氏，所部称完颜部。新罗王金姓，则金之远派出于新罗。"
⑤ 《高丽史》："或曰：昔我平州僧今俊遁入女真，居阿之古（按出虎）村，是谓金之先。或曰：平州僧金幸之子克守初入女真阿之古村，娶女真女生子曰古乙太师，古乙生活罗太师，活罗多子，长曰劾里钵，季曰盈歌。盈歌最雄杰，得众心。"
⑥ 孟古托力：《女真及其金朝与高丽关系中几个问题考论》，《满语研究》2000 年第 1 期。
⑦ 程妮娜等：《东北史》，吉林大学出版社 2001 年版，第 189 页。
⑧ 李治亭等：《东北通史》，中州古籍出版社 2003 年版，第 252 页。

二

关于函普的身世，《金史》的记载如下：

"金之始祖讳函普，初从高丽来，年已六十余矣。兄阿古乃好佛，留高丽不肯从，曰：'后世子孙必有能相聚者，吾不能去也。'独与弟保活里俱。始祖居完颜部仆干水（今黑龙江省牡丹江——引者注）之涯，保活里居耶懒。……始祖至完颜部，居久之，其部人尝杀它族之人，由是两族交恶，哄斗不能解。完颜部人谓始祖曰：'若能为部人解此怨，使两族不相杀，部有贤女，年六十而未嫁，当以相配，仍为同部。'始祖曰：'诺。'乃自往谕之曰：'杀一人而斗不解，损伤益多。曷若止诛首乱者一人，部内以物纳偿汝，可以无斗，而且获利焉。'怨家从之。乃为约曰：'凡有杀伤人者，征其家人口一、马十偶、牸牛十、黄金六两，与所杀伤之家，即两解，不得私斗。'曰：'谨如约。'女直之俗，杀人偿马牛三十，自此始。既备偿如约，部众信服之，谢以青牛一，并许归六十之妇。始祖乃以青牛为聘礼而纳之，并得其赀产。后生二男，长曰乌鲁，次曰斡鲁，一女曰注思板，遂为完颜部人。"[①]

显然，这段记载告诉我们如下几个信息：第一，函普来自高丽。第二，函普原本兄弟三人生活在一起，函普行二，其兄阿古乃，其弟保活里。后来，函普和其弟因故远赴他乡谋生，其兄阿古乃一人留守故乡。第三，离开家乡后，函普迁居仆干水之涯，保活里则迁居耶懒。第四，在仆干水之涯函普利用自己一个外来者的中立身份成功地化解了女真完颜部与当地另一个部族之间的一场仇杀纠纷，因此被完颜部纳为婿并成为女真完颜部的部落成员。后来，其八世孙阿骨打统一女真各部落并建立了金王朝。

三

据前引《金史》记载可知，函普是孤身一人离开家乡前往仆干水之涯谋生的。由此可见，要弄清函普的国籍和族属问题，首先必须弄清函普

---

① 《金史·本纪一》。

的出生地在哪里，也就是说必须首先弄清在去仆干水之前，函普究竟住在哪里。

据《金史》记载，当函普要离开家乡前往仆干水之涯时，其"兄阿古乃好佛，留高丽不肯从，曰：'后世子孙必有能相聚者，吾不能去也。'"① 也就是说，当其两个兄弟远赴他乡谋生之际，其兄阿古乃选择了留守故乡，以待他日"后世子孙相聚"。既然如此，为了方便"后世子孙相聚"，一般情况下阿古乃必须一直留住故乡，决不会轻易移居他乡的。

正如阿古乃所料，到阿骨打时代，函普与阿古乃的后世子孙们果然相聚了。辽天庆六年（公元1116年、金太祖收国二年），东京原渤海国遗民不堪忍受契丹人的统治杀死契丹东京留守起事，辽东京裨将高永昌乘机率戍卒3000人反辽，驱逐大公鼎、高清明等辽朝官员，占据东京，自称"大渤海皇帝"，建国号"大元"、年号"隆基"，攻占辽国东京道五十余州。辽天祚帝派萧韩家奴张琳率军讨伐高永昌，高永昌被迫向北面新兴的金国求援，金太祖完颜阿骨打以增援高永昌为名，乘机占领东京地区。金太祖要求高永昌取消帝号，高永昌不听。于是，金太祖便击败高永昌的渤海军，占领东京，并擒斩高永昌。从此，辽东京道54州归入金国。

金太祖之所以能够迅速击败高永昌，这与高永昌所辖葛苏馆地区的女真人部落投降金军、对高永昌反戈一击有很大关系。对此，《金史》有如下记载："胡十门者，曷苏馆人也。高永昌据东京，招曷苏馆人，众畏高永昌兵强，且欲归之。胡十门不肯从，召其族人谋曰：'吾远祖兄弟三人，同出高丽。今大圣皇帝（阿骨打——引者注）之祖（函普——引者注）入女直，我祖（阿古乃——引者注）留高丽，自高丽归于辽。吾与皇帝皆三祖之后，皇帝（阿骨打——引者注）受命即大位，辽之败亡有征，吾岂能为永昌之臣哉！'"②

值得我们注意的是，胡十门号称与阿骨打同族同宗并因此归顺阿骨打。那么，联系前面引证的相关记载可知，胡十门应该就是函普之兄阿古乃的后裔。《金史》另外的相关记载似乎也可以印证我们的这一推测："世祖兄阿古乃留高丽中，胡十门自言如此，盖自谓阿古乃之后云。"③ 既

---

① 《金史·本纪第一·世纪》。
② 《金史·始祖以下诸子传二》。
③ 《金史·始祖以下诸子传二》。

然阿古乃的后人胡十门住在葛苏馆,并且阿古乃与函普离别时曾约定后世子孙将在故乡相聚。所以,阿古乃后人胡十门的居住地葛苏馆就应该是阿古乃和函普的故乡。

那么,葛苏馆在哪里呢?葛苏馆又称"合苏款",或称"曷撒罕"。关于葛苏馆的由来,史籍有如下记载:

> "契丹阿保机乘唐衰乱,开国北方,并吞诸蕃三十有六,女真其一焉。阿保机虑女真为患,乃诱其强宗大姓数千户,移置辽阳之南,以分其势,使不得相通。迁入辽阳著籍者名曰合苏款(改作哈斯罕),所谓熟女真者是也。自咸州之东北分界入山谷,至于粟沫江中间所居,隶属咸州兵马司者,许与本国往来,非熟女真亦非生女真也。"①"曷苏馆路,置节度使。天会七年,徙治宁州,尝置都统司,明昌四年废。有化成关,国言曰曷撒罕关。"②

近来有学者考证,契丹灭渤海后,"契丹诱女真豪右数千家处之辽阳之南,谓之葛苏馆"③。如此说来,葛苏馆应在辽阳之南,并且居住在这个地区的居民都是辽灭渤海后被强制迁入该地的女真人。

然而,为什么胡十门说:"今大圣皇帝(阿骨打——引者注)之祖(函普——引者注)入女直,我祖(阿古乃——引者注)留高丽,自高丽归于辽。"对此,我们应该如何理解?既然葛苏馆位于辽阳之南,那么这里就不应该是高丽,因为高丽时期领土面积最大时也就是到鸭绿江边,从来也没有越过鸭绿江,更不可能到达辽阳附近。既然如此,胡十门为什么说当函普前往仆干水之涯时其祖阿古乃留在高丽呢?其实,胡十门下面的话告诉我们,他在这里所说的高丽应该是"高句丽旧地"。因为胡十门接下来说,其祖后来又"自高丽归于辽"。显然,既然高丽的领土不可能到达辽阳附近,自然葛苏馆也就谈不上"自高丽归于辽"。

笔者认为,胡十门所谓的"自高丽归于辽"应该是"自渤海归于辽"之误。因为葛苏馆地区曾经在渤海国的领土范围之内,10世纪初辽灭渤

---

① 《金史·始祖以下诸子传二》。
② 《金史·地理志》。
③ 《大金国志》,转引自吕思勉《中国民族史》,东方出版中心1987年版,第143页。

海后，葛苏馆地区自然也就归于辽。对此，《金史》有如下记载："五代时，契丹尽取渤海地，而黑水靺鞨附属于契丹。"① 所以胡十门这里所说的"高丽"事实上就是渤海国。众所周知，渤海国是高句丽遗民——粟末靺鞨人所建立的国家，或许正是因此胡十门将渤海国说成了"高丽"。严格说来，胡十门所谓的"高丽"实质上应该是高句丽旧地渤海国。

由此可知，函普既不应该是新罗人，也不应该是高丽人，而是契丹灭渤海后被强制迁往葛苏馆地区的渤海国遗民——女真人。

四

那么，函普是何时、因何故离开故乡葛苏馆前往仆干水之涯的呢？关于这个问题，史籍缺乏确切记载。对此，我们可以根据相关记载做一个大致的推测。

首先分析关于函普离开葛苏馆前往仆干水之涯的具体时间问题。据《金史·本纪一》记载：函普的六世孙金景祖乌古乃诞生于辽圣宗太平元年（1021），如果按照大约相隔每20年为一代来推算，那么函普生活的年代大约在乌古乃诞生的一百年以前，即公元921年前后。另外，据记载阿骨打是函普的八世孙，阿骨打诞生于辽道宗咸雍四年（1068），同样也按照每隔二十年为一代推算，函普生活的年代大约在阿骨打诞生的140年以前，即928年前后。照此推算，函普的诞生年代大约在10世纪20年代前后。

按常理推测，函普应该是遭遇了生活方面的巨大变故而被迫远走他乡的。那么，10世纪20年代前后，在函普原本生活的葛苏馆地区究竟发生了什么变故迫使函普远走他乡呢？据史籍记载，此间发生于葛苏馆地区的最大变故应该是926年契丹灭渤海国，并且这还与葛苏馆这一地名的由来直接相关。据上引吕思勉的考证，葛苏馆地区居住的居民都是辽灭渤海后强制迁入该地的女真人。由此可知，当时居住在葛苏馆地区的居民主要是原来渤海国的豪族大户。

契丹灭渤海后，为管理那些被征服的渤海国遗民，最初契丹在渤海旧地设"东丹国"（意为"东契丹之国"），耶律阿宝机封皇太子耶律倍为

---

① 《金史·本纪第一·世纪》。

"东丹国"国王，称"人皇王"，都城仍设于渤海故都上京龙泉府，只是将之改名为天福城（今中国黑龙江省宁安县）。东丹国按照中国中原汉法治理，君主有权任命百官，每年向契丹贡纳细布5万匹、粗布10万匹、马1000匹。然而，东丹国刚建立一年，太祖耶律阿宝机去世。耶律倍的弟弟耶律德光继位，是为契丹太宗。太宗继位后，立即对东丹国的管理体制做出重大调整。天显三年（928）十二月，耶律德光改东丹的东平郡为契丹国南京（今中国辽宁省辽阳市北），将东丹国都城从天福城迁至契丹南京。与此同时，强行将大批渤海人迁至以辽阳为中心的辽东地区。如上所述，葛苏馆这个地名就是随着大批渤海遗民迁往契丹南京而出现的，函普兄弟三人也应该是在此时被迫迁往葛苏馆地区的。

契丹太宗采取这种移民政策的目的主要如下：第一，将渤海遗民迁到靠近契丹政治中心的地区集中居住便于管理，以防他们东山再起。第二，加强对东丹国国王耶律倍的控制，以防东丹国独大，形成尾大不掉之势。同时，最重要的是防止自己的侄子耶律倍对自己的王位形成威胁。显然，契丹对东丹国管理政策的调整是契丹王朝内部权力斗争的产物。随着这种政策的实施，在宫廷斗争中失利的东丹国王耶律倍被迫于天显五年（930）逃往南唐，东丹国建国不满三年便宣告名存实亡。于是，天显六年（931），契丹在南京设立中书台行使中央集权制的直接统治，正式废撤东丹国。

如上所述，由于渤海被契丹所灭，函普兄弟三人被迫迁居葛苏馆。再加上耶律倍和耶律德光二人之间的权力斗争，葛苏馆地区的局势在渤海国灭亡后的一段时间内一直动荡不安，这一系列变故必然会对函普兄弟三人及其家庭的生活产生巨大影响。因此，除大哥留守故乡外，函普和三弟保活里被迫远走他乡。

如果上述推测成立，函普应该是居住在契丹境内依附于渤海国的女真人。这也正符合了《金史》一书对金人源流的描述："金之先，出靺鞨氏。靺鞨本号勿吉。勿吉，古肃慎地也。元魏时，勿吉有七部：曰粟末部、曰伯咄部、曰安车骨部、曰拂涅部、曰号室部、曰黑水部、曰白山部。隋称靺鞨，而七部并同。唐初，有黑水靺鞨、粟末靺鞨，其五部无闻。粟末靺鞨始附高丽，姓大氏。李绩破高丽，粟末靺鞨保东牟山。后为渤海，称王，传十余世。有文字、礼乐、官府、制度。有五京、十五府、六十二州。黑水靺鞨居肃慎地，东濒海，南接高丽，亦附于高丽。尝以兵十五万众助高丽拒唐太宗，败于安市。开元中，来朝，置黑水府，以部长为都督、刺史，置长史监之。赐都督姓李氏，名献诚，领黑水经略使。其后渤海盛强，黑水役属之，朝贡遂绝。五代时，契丹尽取渤海地，而黑水靺鞨附属于契丹。其在南者籍契丹，号熟女直；其在北者不在契丹籍，号生女直。生女直地有混同江、长白山，混同江亦号黑龙江，所谓'白山黑水'是也。"①

《金史·高丽传》的记载也基本一致："唐初，靺鞨有粟末、黑水两部，皆臣属于高丽。唐灭高丽，粟末保东牟山渐强大，号渤海，姓大氏，有文物礼乐。至唐末稍衰，自后不复有闻。金伐辽，渤海来归，盖其遗裔也。黑水靺鞨居古肃慎地，有山曰白山，盖长白山，金国之所起焉。"② 近来有学者考证"熟女真为西女真，地在白头山大干长岭之西，鸭绿江之西；生女真为东女真，在长岭之东，豆满江之南北"③。

《金史》所记载的女真历史大致如下：唐代，高句丽强大时，粟末靺鞨和黑水靺鞨都归属高句丽。唐灭高句丽后，粟末靺鞨建立渤海国；渤海国势力强大后，黑水靺鞨也归属渤海国。"五代时，契丹尽取渤海地，而黑水靺鞨附属于契丹。其在南者籍契丹，号熟女直；其在北者不在契丹籍，号生女直。"④ 也就是说，胡十门所说的"高丽"应该是"渤海"，因为黑水女真是于契丹灭渤海后而归属契丹的，而渤海是高句丽旧地，所以又被胡十门说成了"高丽"。

由此可见，渤海国强大时，黑水靺鞨归属渤海国；契丹灭渤海后，女真归属于契丹。契丹人为了加强对女真的控制，强行将一部分黑水女真人迁至葛苏馆地区，并"籍契丹"，时称之为"熟女真"。函普及其部族或许正是此时被迁至葛苏馆地区居住的女真人，因不满于被"籍契丹"，即不愿被编入契丹户籍，函普与其弟保活里迁居他乡，为便于日后兄弟相聚，其兄阿古乃留居原地——葛苏馆。

"金人源出高丽"说能以讹传讹并流传下来的主要原因除一部分学者没有系统、仔细阅读历史资料，仅凭只言片语轻率下结论之外；另一个非常重要的原因是古人历史概念的混乱，确切地说就是因为中国古人在

---

① 《金史·本纪第一·世纪》。
② 《金史·高丽传》。
③ 吕思勉：《中国民族史》，东方出版中心1987年版，第142页。
④ 《金史·世纪》。

"高丽"这个名词使用上的混乱，从而导致这一错误说法流传下来并产生广泛影响。具体说来可以归纳为如下三点：

第一，统一新罗与高丽是朝鲜半岛前后相接的两个封建王朝，高丽王朝创立于公元918年，而统一新罗王朝灭亡于公元935年，两者之间有一段长达十几年的并存时间，凡在此期间发生的事既可以说是发生在统一新罗，也可以说是发生在高丽。

第二，一般情况下，人们历史意识的变化相对于历史事实的发展变化具有一定的滞后性，很有可能在统一新罗灭亡一段时间后，人们还会习惯性地将新生的高丽王朝统治下的朝鲜半岛国家称为新罗。

第三，中国古人所使用的"高丽"一词，并非仅指918—1392年间存在于朝鲜半岛的封建王朝。除此之外，"高丽"一词还经常用来表示其他两个概念：首先，在某些场合下，"高丽"一词等同于"高句丽"。由于对高句丽和高丽的历史关系不了解，在一部分人心目中，"高丽"就是"高句丽"，"高句丽"就是"高丽"。高丽是在统一新罗衰落后，由地方豪强王建战胜后百济和统一新罗后建立的一个封建王国。由于高丽建国时，中国正处于分裂割据的五代十国时期，中原地区陷入长期的军阀混战局面。所以，这一时期中国中原地区的汉族政权以及少数民族政权大都无心顾及朝鲜半岛政局的变化。因此，很多中国人误以为高句丽和高丽就是一个国家。①

这一概念混乱显然对后来《金史》的作者也产生了影响。前引《金史·本纪一》有关金人源流的记载中就有如下一段文字："唐初，有黑水礼乐、官府、制度。有五京、十五府、六十二州。黑水靺鞨居肃慎地，

---

① 这可以在中国各王朝官修史书的《高丽传》中得到印证。例如：《旧五代史·高丽传》有如下记载："高丽本扶余之别种。其国都平壤城，即汉乐浪郡之故地，在京师东四千余里。东渡海至于新罗，西北渡辽水至于营州，南渡海至于百济，北至靺鞨，东西三千一百里，南北二千里。……（唐）高宗命李勣率军征之，遂拔其地，分其地为郡县。及唐之末年，中原多事，其国遂自立君长，前王姓高氏。《新五代史·高丽附录》：高丽，本扶余人之别种也。……当唐之末，其王姓高氏。……至长兴三年，权知国事王建遣使者来，明宗乃拜建玄菟郡都督，充大义军使，封高丽国王。"《宋史·高丽传》的记载也大致如此："高丽，本曰高句丽。禹别九州，属冀州之地，周为箕子之国，汉之玄菟郡也。……唐末，中原多事，遂自立君长。后唐同光、天成中，其主高氏累奉职贡。长兴中，权知国事王建承高氏之位，遣使朝贡，以建为玄菟郡都督，充大义军使，封高丽国王。……周广顺元年，遣使朝贡，以昭为特进、检校太保、使持节、玄菟郡都督、大义军使、高丽国王。……（北宋开宝）九年，佶遣使赵遵礼奉土贡，以父没当承袭，来听朝旨。授佶检校太保、玄菟郡都督、大义军使，封高丽国王。"

靺鞨、粟末靺鞨，其五部无闻。粟末靺鞨始附高丽，姓大氏。李勣破高丽，粟末靺鞨保东牟山。后为渤海，称王，传十余世。有文字、东濒海，南接高丽，亦附于高丽。尝以兵十五万众助高丽拒唐太宗，败于安市。"①在这段文字中，作者明显将古代的"高句丽"和10世纪初诞生的"高丽"混为一谈。毫无疑问，7世纪"尝拒唐太宗"的"高丽"不可能是10世纪才诞生于朝鲜半岛的"高丽"。尽管有时两者都称为"高丽"，但却风马牛不相及。既然如此，那么，"尝助高丽拒唐太宗"的"黑水靺鞨""臣属于"的不可能是10世纪才诞生于朝鲜半岛的"高丽"，而应该是"高句丽"。对此，《高丽史》的记载可以佐证："女真本靺鞨遗种，隋唐间为高句丽所并。"②

其次，有些时候，"高丽"一词也可用来表示"高句丽旧地"。例如：前引函普之兄阿古乃的后人胡十门自述自己家世时的说法就是很好的例证。而正是由于胡十门将"高句丽旧地"说成了"高丽"，所以阿骨打的先祖函普便也就成了一个来自"高丽"或者"新罗"的"高丽人"。于是乎，所谓"女真源出高丽"的说法也就堂而皇之地被人们记入了史籍，在后人看来也就"于史有据"了。

综上所述：第一，阿骨打先祖函普是一位居住在契丹境内的女真人，契丹灭渤海后，因不堪契丹人的统治而远走他乡并加入了女真完颜部。后来，函普的八世孙阿骨打创立了金王朝。第二，金朝创立过程中，为了招揽散居各地以及高丽境内的女真人，女真太师盈歌利用其民族历史早期的传说以及人们对"高丽"这一历史概念的模糊性，打着"女真、渤海本一家""女真、高丽本一家"的旗号到处扩张。第三，后世的学者们因为混淆了"高丽"和"高句丽"这两个不同的古国概念，从而导致"女真源出高丽"说得以流传下来并以讹传讹。

总之，金朝创始人阿骨打的祖先函普既不是高丽人，也不是新罗人，而是原本居住于葛苏馆地区的渤海国遗民——女真人。

---

① 《金史·本纪第一·世纪》。
② 《高丽史·尹瓘传》。

金迁都于燕京、重建上京宫殿的研究

韩光辉　王洪波　彭静杨　姜舒童

（北京大学城市与环境学院历史地理研究中心　100871；
北京市社会科学院历史所　100101；深圳市外国语学校　518083）

摘　要：金朝海陵王迁都于燕京，削上京之号。世宗重建上京，使之成为金代六京之一。在这里就围绕着中都大兴府、上京会宁府有关的问题，包括海陵王迁都燕京、世宗重建上京经过，做一较系统的探讨，应该是有学术价值的。

关键词：迁都；燕京；复建上京

金朝迁都燕京，重建上京是中外学术界关注的学术问题。迁都燕京是海陵王的行动，他作为政治家，把京城从上京迁到燕京，改名中都，是有眼光的，但在实现"天下一家，然后可以为正统"第二步时，就"空国以图人国，遂至于败"[1]。金世宗登基，大定十三年（1173），才恢复会宁府为上京，形成了金朝六京制度；再到大定二十一年（1181）至二十三年（1183），用三年时间，重建上京宫殿，六京的布局，尤其中都与上京、北京、东京并立稳定了金代后期六十年对东北地区的统治，加强了中央政府与广大东北地方的政治、经济与文化的联系。

一　海陵王迁都于燕京

金天德五年（贞元元年，1153），金朝迁都燕京，是一个重要的历史

---

[1]《金史》卷5《海陵王》，第117页。

事件，开始了北京城市向国都转变的新纪元，今年是北京作为国家都城的第 865 年。

金天辅六年（1122），女真人攻克燕京，次年，北宋以巨额"岁币"收赎燕京，改析津府为燕山府。历时三年，即天会三年（1125），金人复下燕山府，仍称燕京，府曰析津，并置燕京路领之。贞元元年（1153）海陵王迁都燕京，改称中都，并改燕京路为中都路，析津府为大兴府，属中都路。贞元二年（1154），改析津县为大兴县。从此辽之陪都燕京上升为金代都城，至宣宗贞祐二年（1214）迁都南京（宋汴京），中都作为金朝都城达六十余年。

从天会三年至天德三年（1151）二十五年间燕京城市形制一如辽南京，只是"天眷三年（1140），熙宗幸燕，始备法架，凡用士卒万四千五十六人，摄官在外"①。金熙宗自是年九月至皇统元年（1141）九月，驻跸燕京长达一年之久。熙宗虽然驻跸燕京一年，但没有迁都的设想。

完颜亮弑熙宗即位后，"上书者咸言上京临黄府（按当为会宁府）僻在一隅，官艰于转漕，民难于赴愬，不如都燕，以应天地之中"②。降金的宋人亦曰："燕京自古霸国，虎视中原，为世之基。陛下应修燕京，时复巡幸"③。关于燕京形胜，汉官梁襄认为："燕都地处雄要，北倚山险，南压区夏，若坐堂隍，俯视庭宇。本地所生，人马勇劲。亡辽虽小，止以得燕，故能控制南北，坐致宋币。燕盖京都之选首也，况今又有宫阙井邑之繁丽，仓府武库之充实。百官家属皆处其内，非同曩日之陪京也。居庸、古北、松亭、榆林等关东西千里，山峻相连，近在都畿，易于据守，皇天本以限中外，开大金万世之基而设也。"④ 这些宣扬，对海陵王的迁都思想产生了明显影响。

海陵王在宫中宴饮，因问梁汉臣："朕栽莲二百本而俱死，何也？汉臣曰：自古江南为橘，江北为枳，非种者不能生，盖地势然也。上都气寒，唯燕京地暖，可以栽莲。帝曰：依卿所请，择日而迁。萧玉谏曰：不可，上都之地，我国旺气，况是根本，何可弃之。兵部侍郎何卜年亦请

---

① 《金史》卷 41《仪卫志》，第 928 页。
② （元）孛兰肹等撰，赵万里校辑：《元一统志》卷 1《大都路·建置沿革》，中华书局 1966 年版。
③ （金）佚名撰：《炀王江上录》，清钞本。
④ 《金史》卷 96，《梁襄传》，第 2134 页。

曰：燕京地广土坚，人物蕃息，乃礼义之所，郎主可以迁都。上都黄沙之地，非帝都也。汉臣又曰：且未可遽，待臣为郎主起诸州工役，修整内苑，然后迁都。帝从其言。"① 海陵王采纳了多数官员的意见，决计扩建燕京并迁都，实现他"天下一家，然后可以为正统"② 愿望的第一步。

迁都之前，海陵王进行了各方面的准备。

首先，制造迁都舆论。天德三年（1151）三月壬辰，"诏广燕城，建宫室"；四月丙午，"诏迁都燕京"，诏曰："昨因绥抚南服，分置行台，时则边防未宁，法令未具，本非永计，只是从权，既而人拘道路之遥，事有岁时之滞，凡申疑而待报，乃欲速而愈迟，今既庶政惟和，四方无侮，用并尚书之亚省，会归机政于朝廷，又以京师粤在一隅，而方疆广于万里，以北则民清而事简，以南则地远而事繁，深虑州府申陈，或至半年而往复，闾阎疾苦，何由期月而周知，供馈困于转输，使命苦于驿顿，未可时巡于四表，莫如经营于两都，眷惟金燕，实为要会，将因宫庙而创官府之署，广阡陌以展西南之城，勿惮暂时之艰，以就得中之制，所贵两京一体，保宗社于万年，四海一家，安黎元于九府，咨尔中外，体予至怀。"③

其次，规划设计燕京城池宫室制度。"遣画工写京师（汴梁）宫室制度，至于阔狭修短，曲画其数，尽以授之左相张浩辈按图以修之。"④ 在参考汴京宫室制度的基础上，规划设计燕京城池宫室，然后"图上燕城宫室制度"⑤，在辽南京基础上向东、南、西三面均扩展三里，形成"周围五千三百二十八丈"⑥ 的大城。

再次，组织城市营建领导集体。主持规划建设的是"提点缮修（东京）大内"张浩，"天德三年，广燕京城，营建宫室。浩与燕京留守刘筈、大名尹卢彦伦监护工作"⑦。当时刘筈任燕京留守，天会二年（1124）"知（上京）新城事。城邑初建，卢彦伦为经画，民居、公宇皆有法"，

---

① （宋）宇文懋昭撰：《大金国志》，卷13，海陵王纪。
② 《金史》卷129《佞幸·李通传》，第2783页。
③ （宋）李心传：《建炎以来系年要录》卷162，绍兴二十一年十二月，中华书局1985年版。
④ （宋）宇文懋昭撰：《大金国志》，附录二《金虏图经·宫室》。
⑤ 《金史》卷5《海陵纪》，第97页。
⑥ 《明太祖实录》卷30，洪武元年八月戊子，台北"中央研究院"历史语言研究所，1962年。
⑦ 《金史》卷83《张浩传》，第1862页。

到"天德二年（1150）出为大名尹。明年，诏彦伦营造燕京宫室"①。以张浩为核心的指挥团体保证了燕京城池宫室的建设。

第四，调集城市建设队伍，集中各方面人力物力。苏保衡累官同知兴中尹"天德间，缮治中都，张浩举保衡分督工役。改大兴少尹，督诸陵工役。再迁工部尚书"②。"发诸路民夫，筑燕京城……调诸路夫匠，筑燕京宫室"③，"役天下军民夫匠，筑宫室于燕，会三年而有成"④。燕京工程之巨，"役民夫八十万，兵夫四十万，巧匠来自汴京，材料取自真定（正定），土石则运自涿州"⑤。"天德三年作新大邑，燕城之南，广斥三里"⑥，"西南广斥一千步"⑦。事实上，燕京东面亦广斥三里，形成了周长37里、面积21.5平方公里的大城。

营建燕京"作治数年，死者不可胜数"⑧。当时，"既而暑月，工役多疾疫，诏发燕京五百里内医者，使治疗，官给药物，全活多者与官，其次给赏，下者转运司举察以闻"⑨。"郡众聚居，病疫所起，君（东平贾氏）出己俸市医药，有物故者，又为买棺葬之。"⑩ 建造中都城的高强度劳动致使民夫大量疾疫死亡。

新增广的"都城之门十二，每一面分三门，一正两偏焉。其正门四（按应为二）旁皆又设两门，正门常不开，惟车驾出入，馀悉有傍两门焉。其门十二各有标名：东曰宣耀，曰施仁，曰阳春；西曰灏华，曰丽泽，曰新（彰）义；南曰丰宜，曰景风，曰端礼；北曰通元（玄），曰会城，曰崇智"⑪。《金史·地理志》所谓城门十三较此十二门增加的"光泰门"，多见于金代以后的文献，诸如《金史》《析津志》《永乐大典》，可见光泰门增辟于金代中后期。有学者认为光泰门增辟于金世宗和金章宗

---

① 《金史》卷75《卢彦伦传》，第1716页。
② 《金史》卷89《苏保衡传》，第1973页。
③ 《大金国志》卷13《海陵炀王纪》。
④ 《大金国志》附录二《金虏图经》。
⑤ （宋）范成大撰：《揽辔录》，中华书局1985年版。
⑥ 《元一统志》卷1《大都路·古迹·大觉寺》。
⑦ 《元一统志》卷1《大都路·古迹·十方万佛兴化院》。
⑧ （宋）范成大撰：《揽辔录》，中华书局1985年版。
⑨ 《金史》卷83《张浩传》，第1862页。
⑩ （金）元好问：《遗山集》卷34《东平贾氏千秋录后记》，四库全书本。
⑪ 《大金国志》附录二《金虏图经·京邑》。

时期，修建中都城东北离宫琼华岛万宁宫时，亦不无道理。①

在城市中央，在丰宜门与通玄门轴线上规划营建了皇城和宫城。皇城南以宣阳门，北以拱辰门，东以宣华门，西以玉华门为界，周回九里余；宫城则南以应天门，东以东华门，西以西华门为界，形成宫城和皇城套合形势，宫室格局与景观："内城之正东曰宣华，正西曰玉华，北曰拱辰门。内殿凡九重，殿凡三十有六，楼阁倍之。正中位曰'皇帝正位'，后曰'皇后正位'。位之东曰'内省'，西曰'十六位'，乃妃嫔居之。西出玉华门曰同乐园，若瑶池、蓬瀛、柳庄、杏村，尽在于是。"燕京"制度如汴"，"金碧翠飞，规模壮丽"。②（图1）

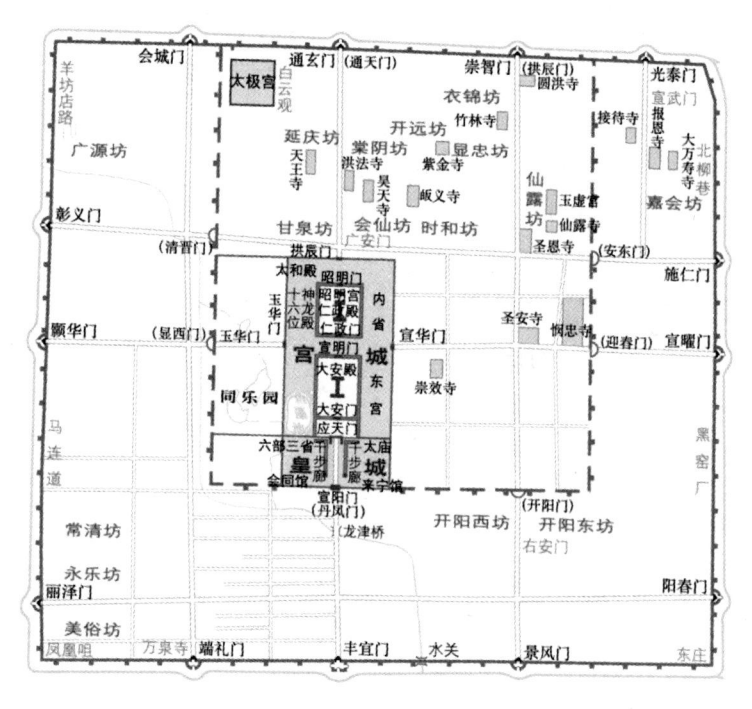

图1 金中都平面复原图

图片来源：《北京历史地图集》。

---

① 于杰、于光度：《金中都》，北京出版社1989年版，第21页。
② 《大金国志》卷33《燕京制度》。

天德五年（贞元元年，1153）三月乙卯（二十六日），"以迁都诏中外"，①《诏书》曰："朕以天下为家，固无远迩之异；生民为子，岂有亲疏之殊？眷惟旧京，邈在东土。四方之政，不能周知；百姓之冤，艰于赴诉。况观风俗之美恶，察官吏之惰勤，必宅所居，庶便于治。顾此析津之分，实惟舆地之中。参稽师言，肇建都邑，乃严宗庙之奉，乃相宫室之宜，遂正畿封，以作民极。虽众务之毕举，冀暂劳而久安。逮兹落成，涓日莅止。然念骤兴于役力，岂无重扰于黎元？凡有科徭，皆其膏血，遂至有司之供具，亦闻享上以尽心，宜加抚存，各就休息。载详前代赦宥之典，多徇一时姑息之恩，长恶惠奸，朕所不取。若非罚罪而劝善，何以励众以示公？今来是都，寰宇同庆。因此斟酌，特有处分，除不肆赦外，可改天德五年（1153）为贞元元年。燕本列国之名，今为京师，不当以为称号。燕京可为中都，仍改永安析津府为大兴府。上京、东京、西京依旧外，汴京为南京，中京为北京。又爵禄所以励世而磨钝也。前此官吏，每有覃转资级，贤否不辩，何补治功？缘今定都之始，所冀上下协众，恪恭乃事，若俾一夫不获其所，则何以副朕迁都为民之意？故特推恩，以示激励，可应内外大小官职，并与覃迁一官。于戏！京师首善之地，既昭示于表仪，诏令责成之方，其勿怠于遵守。咨尔有众，体予至怀。"②诏书规定："改燕京为中都，府曰大兴"，并"改天德五年为贞元元年"；五月，"以京城隙地赐朝官及卫士"③，即以京城隙地赐随朝大小职官及护驾军。

都城地位的确立、城市的扩展及工役、居民的疾疫死亡提出了填实城市人口的要求。在增广燕京城池将京城隙地赐给朝官和卫士的同时，采取了移民实中都的政策："凡四方之民，欲居中都者，给复十年，以实京师"。加以休养生息，到大定中（1161—1189），"京师士民辐辏"④。金章宗泰和中城市总人口已达到40万人左右，其中汉人约33万人，女真、契丹人约7万人。⑤

金朝迁都燕京，改名中都，成为当时北部中国的政治和文化中心，开启了北京城市发展的新纪元，具有里程碑意义。

---

① 《金史》卷5《海陵纪》，第100页。
② （宋）李心传：《建炎以来系年要录》卷164，绍兴二十三年三月，中华书局1985年版。
③ 《金史》卷5《海陵纪》，第100页。
④ 《金史》卷90《移剌道传》，第1995页。
⑤ 韩光辉：《北京历史人口地理》，北京大学出版社1996年版，第67页。

二　金世宗重建上京

据《金史·地理志》，金"上京路，即海古之地，金之旧土也。国言金曰按出虎，以按出虎水源于此，故名。金源建国之号盖取诸此，国初称为内地，天眷元年号上京。海陵贞元元年迁都于燕，削上京之号，止称会宁府"。天会"初为会宁州，太宗以建都升为府，天眷元年置上京留守司，以留守带本府尹兼本路兵马都总管，后置上京曷懒等路提刑司，户三万一千二百七十……东至胡里改六百三十里，西至肇州五百五十里，北至蒲与路七百里，东南至恤品路一千六百里，至曷懒路一千八百里。县三，会宁倚，与府同时置"。文献较详尽地列举了天会、天眷年间太宗、熙宗建置上京路所属会宁府，"领节镇四、防御一、县六、镇一"①，还介绍了所属蒲与路、合懒路、恤品路、胡里改路等行政范围。上京所属行政区域北起外兴安岭，东至海，西南与东京路和临潢府路相邻的广大地区。这里物产丰富，女真人活跃。

1. 大定重建上京

贞元元年（1153）三月，"以迁都诏中外"②，开始了金朝迁都燕京的行动。正隆元年（1156）十月，"葬始祖以下十帝于大房山"，第二年八月，"罢上京留守司"，"命会宁府毁旧宫殿、诸大族第宅及储庆寺，仍夷其址而耕种之"。③据《金史·地理志》上京路注释，"正隆二年命吏部郎中萧彦良尽毁宫殿、宗庙、诸大族邸第及储庆寺，夷其址，耕垦之"。金上京宫殿、第宅在海陵王时期只保留了不足五年时间，即被海陵王夷为农田。他先在上京设都，又迁都于燕京，后改上京为会宁府，使上京失去了陪都地位。大定十三年（1173）七月，"复以会宁府为上京"④，上京在被冷落了十六年之后，又恢复了上京名号和陪都地位。大定二十一年（1181），"复修宫殿，建城隍庙"，二十三年（1183），"以甓束其城。有皇武殿，击球校射之所也。有云锦亭，有临漪亭，为龙鹰之所，在按出虎

---

① 《金史》卷24《地理志》，第551页。"领节镇四、防御一、县六、镇一"，会宁府所属节镇、防御、县镇所属年代有待考察。
② 《金史》卷5《海陵纪》，第100页。
③ 《金史》卷5《海陵纪》，第108页。即"削上京之号"。
④ 《金史》卷7《世宗纪》，第159页。

水侧"①。复修上京，开始于大定二十一年，完成于大定二十三年，包括宫殿、城坊及活动场所。

根据《金史·地理志》：

宫室有乾元殿，天会三年建，天眷元年更名皇极殿。

庆元宫，天会十三年建，殿曰辰居，门曰景晖，天眷二年安太祖以下御容，爲原庙。

朝殿，天眷元年建，殿曰敷德，门曰延光，寝殿曰宵衣，书殿曰稽古。

明德宫、明德殿，熙宗尝享太宗御容于此，太后所居也。凉殿，皇统二年构，门曰延福，楼曰五云，殿曰重明。

东庑南殿曰东华，次曰广仁。

西庑南殿曰西清，次曰明义。重明后，东殿曰龙寿，西殿曰奎文。

时令殿及其门曰奉元。有太和殿，有武德殿，有熏风殿。

行宫有天开殿，爻剌春水之地也。

混同江行宫。

太庙、社稷，皇统三年建，正隆二年毁。

原庙，天眷元年以春亭名天元殿，安太祖、太宗、徽宗及诸后御容。春亭者，太祖所尝御之所也。天眷二年作原庙，皇统七年改原庙乾文殿曰世德，正隆二年毁。大定五年复建太祖庙。

兴圣宫，德宗所居也，天德元年名之。

兴德宫，后更名永祚宫，睿宗所居也。

光兴宫，世宗所居也。

根据上文记载，这应该是金世宗复修上京宫殿的全部建筑物，形成规划齐整、规模宏大的宫殿区。宫殿区与会宁府城共同形成宫城、皇城与外城的三重城（图2）。对于上京宫殿区的构成和布局，还要做深入细致的研究。

2. 上京的行政管理机构

海陵王迁都燕京，改名中都，中央政府最高行政机构尚书省、都元帅府和六部及相关机构都迁入了中都，上京失去了陪都地位。大定十三年（1173）恢复上京之号，设置最高行政与军事官府即上京留守司及本府尹

---

① 《金史》卷24《地理志》，第551页。

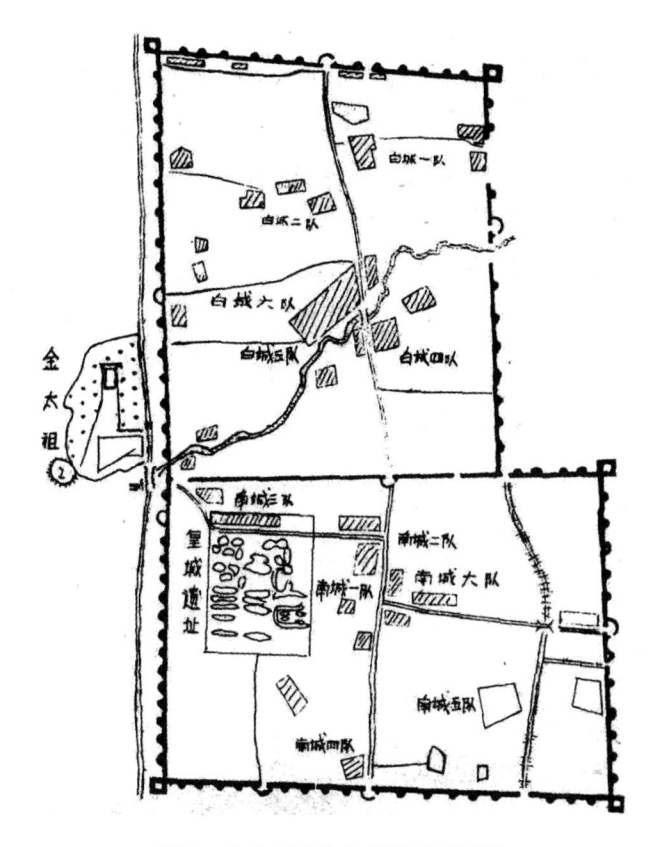

图 2　金上京城会宁府遗址平面图

图片来源：《中国古建筑全览》，天津科学技术出版社1996年版。

兼本路兵马都总管，管理上京路会宁府所属州县院司及蒲与路、合懒路、恤品路、胡里改路。

据《大金国志》卷38《京府州军》记载，金朝"京都留守司六处"，其中包括上京会宁府。上京留守司，"留守一员，正三品，带本府尹兼本路兵马都总管。同知留守事一员，正四品，带同知本府尹兼本路兵马都总管。副留守一员，从四品，带本府少尹兼本路兵马副都总管。留守判官一员，从五品。都总管判官一员，从五品。掌纪纲总府众务、分判兵案之事。推官一员，从六品，掌同府判，分判刑案之事，上京兼管林木事。司狱一员，正八品。司吏。女直司吏，上京二十人……汉人司吏……三万户以上二十四人……译人，上京三人……通事二人。知法，女直、汉人各一员……抄事一人，掌抄录事目、书写法状。公事百人。"

在"罢上京留守司"的十六年间，只保留了会宁府机构，到大定十三年，"复以会宁府为上京"，上京留守司机构才得以恢复，应该是大定年间的官制。

会宁总管府，"诸总管府谓府尹兼领者。都总管一员，正三品，掌统诸城隍兵马甲仗，总判府事。同知都总管一员，从四品，掌通判府事，惟婆速路同知都总管兼来远军事兵马。副都总管一员，正五品，所掌与同知同。总管判官一员，从六品，掌纪纲总府众务，分判兵案之事。府判一员，从六品，掌纪纲众务，分判户、礼案，仍掌通检推排簿籍。推官一员，正七品，掌同府判，分判工、刑案事。知法一员"。会宁总管府机构组成应该是在"正隆官制"基础上形成的官制。

"诸京警巡院使一员，正六品，掌平理狱讼，警察别部，总判院事。副一员，从七品，掌警巡之事，判官二员，正九品，掌检稽失签判院事，司吏女直……上京二人……汉人……上京四人……上京无副使。"① 这是金章宗时期，会宁府城市管理机构的基本状况。关于上京警巡院，由警巡使、判官、司吏组成，不包括警巡副使。警巡院掌上京城市民事，包括北城及南城宗室将军户口。

会宁府属倚郭会宁县（与会宁府同时置），管理上京会宁府城市外围城镇乡村，与曲江、宜春（均大定七年置），及会宁府附属肇州录事司与始兴县、隆州录事司与利涉县和信州司侯司与武昌县②，录事司与司侯司管理城市民事，县管理乡下行政事务。

3. 迁移猛安女真实上京

金太宗、熙宗、海陵王及世宗以来，会宁府已有大批的女真人迁移到关内，史称"尽起本国之土人，棋布星罗，散居四方。令下之日，比屋连村，屯结而起"③。因此，到大定二十四年十一月"丙午，尚书省奏：徙速频、胡里改三猛安、二十四谋克以实上京"④。尚书省建议从速频、胡里改两路迁移三个猛安，二十四谋克的女真人，以实上京。速频路位于阿里门河（乌苏里江）流域，东临大海；胡里改路位于混同江（黑龙江下游）流域，东北临海，与库页岛相邻。实上京的三猛安女真人就是从

---

① 《金史》卷57《职官志》，第1313页。
② 韩光辉：《金代城市行政管理机构研究》，《中国史研究》2013年第1期。
③ 《大金国志》卷8《太宗纪》。
④ 《金史》卷8《世宗纪》，第188页。

这一广大地区迁移来的。

大定二十五年四月"甲子，诏于速频、胡里改两路猛安下选三十谋克为三猛安，移置于率督畔窟之地，以实上京"①。金世宗同意并下诏，从速频、胡里改两路迁移三猛安三十谋克于上京的计划。除迁移速频、胡里改大批女真人于上京外，金世宗特别注意宣扬上京风物，并努力带动社会风尚。他对身边群臣说："上京风物，朕自乐之。每奏还都，辄用感怆。祖宗旧邦，不忍舍去。万岁之后，当置朕于太祖之侧，卿等无忘朕言。丁丑，宴宗室宗妇于皇武殿，大功亲赐官三阶，小功二阶，缌麻一阶，年高属近者加宣武将军，及封宗女，赐银、绢各有差。曰：朕寻常不饮酒，今日甚欲成醉，此乐亦不易得也。宗室妇女及群臣故老以次起舞，进酒。上曰：吾来数月，未有一人歌本曲者，吾为汝等歌之，命宗室子弟叙坐殿下者皆坐殿上听，上自歌。其词道王业之艰难及继述之不易，至慨想祖宗宛然如睹，慷慨悲激不能成声，歌毕泣下。右丞相元忠率群臣宗戚捧觞上寿，皆称万岁，于是诸夫人更歌本曲，如私家之会。既醉，上复续调，至一鼓乃罢。"世宗认为这次回到上京，是因"朕久思故乡，甚欲留一二岁，京师天下根本，不能久于此也。太平岁久，国无征徭，汝等皆奢纵，往往贫乏。朕甚怜之，当务俭约，无忘祖先艰难，因泣数行下。宗室戚属皆感泣而退"。②金世宗迁移速频、胡里改两路，三猛安三十谋克女真人，共计九千人丁，约五万六千口，"以实上京"，增加了上京猛安谋克人口，活跃了上京的社会气氛，而且囤积了女真军事力量。同时，金世宗宴请宗室宗妇于皇武殿，使上层社会生活又进入了一个新的高潮。

4. 大定重建上京的深层原因

大定十三年（1173）三月，金世宗说："会宁乃国家兴王之地，自海陵迁都永安，女直人寖忘旧风。朕时尝见女直风俗，迄今不忘。今之燕饮音乐，皆习汉风，盖以备礼也，非朕心所好。东宫不知女真风俗，第以朕故，犹尚有之。恐异时一变此风，非长久之计。甚欲一至会宁，使子孙得见旧俗，庶几习效之。"③ 四月，"上御睿思殿，命歌者歌女直词。顾谓皇太子及诸王曰：朕思先朝所行之事，未尝暂忘，故时听此词，亦欲令汝辈

---

① 《金史》卷8《世宗纪》，第188页。
② 《金史》卷8《世宗纪》，第188页。
③ 《金史》卷7《世宗纪》，第158—159页。

知之。汝辈自幼惟习汉人风俗，不知女直纯实之风，至于文字语言或不通晓，是忘本也。汝辈当体朕意，至于子孙，亦当遵朕教诫也"①。大定十四年（1174）四月，世宗又称："上御垂拱殿，顾谓皇太子及亲王曰：人之行，莫大于孝弟，孝弟无不蒙天日之祐。汝等宜尽孝于父母，友于兄弟。自古兄弟之际，多因妻妾离间，以至相违，且妻者乃外属耳，可比兄弟之亲乎。若妻言是听，而兄弟相违，甚非理也。汝等当以朕言常铭于心。"② 在几个月内，金世宗连续强调了女真人应该"子孙得见旧俗，庶几习效之"，并与国家政治联系在一起。世宗恢复上京宫殿、城坊及活动场所等建筑，开始于大定二十一年（1181），完成于大定二十三年（1183）。第二年（1184）二月，金世宗"朕将往上京，念本朝风俗，重端午节，比及端午到上京，则燕劳乡间宗室父老"。

大定二十四年（1184）三月，世宗"谕之曰：上京祖宗兴王之地，欲与诸王一到，或留三二年，以汝守国，譬之农家种田，商人营财，但能不坠父业，即为克家子，况社稷任重，尤宜畏慎，常时观汝甚谨，今日能纾朕忧，乃见中心孝也。皇太子再三辞让，以不谙政务，乞备扈从。上曰：政事无甚难，但用心公正，毋纳谗邪，久之自熟。皇太子流涕，左右皆为之感动。皇太子乃受宝。……又顾六部官曰：朕闻省部文字，多以小不合而驳之，苟求自便，致累岁不能结绝，朕甚恶之，自今可行则行，可罢则罢，毋使在下有滞留之叹"③。五月，"己丑至上京，居于光兴宫。庚寅朝谒于庆元宫，戊戌宴于皇武殿。皇武殿是击球校射之所，不在宫殿区之内。上谓宗戚曰：朕思故乡积有日矣，今既至此，可极欢饮，君臣同之，赐诸王、妃主、宰执百官命妇各有差，宗戚皆霑醉起舞，竟日乃罢"④。金世宗回到上京活动场所光兴宫、庆元宫、皇武殿，应该是恢复上京宫殿中的主要殿堂。七月，"乙未，上谓宰臣曰：天子巡狩当举善罚恶，凡士民之孝弟姻睦者举而用之，其不顾廉耻，无行之人则教戒之，不悛者则加惩罚"。⑤

大定二十五年（1185）一月丁亥，"宴妃嫔、亲王、公主、文武从官

---

① 《金史》卷7《世宗纪》，第159页。
② 《金史》卷7《世宗纪》，第161页。
③ 《金史》卷8《世宗纪》，第186页。
④ 《金史》卷8《世宗纪》，第187页。
⑤ 《金史》卷8《世宗纪》，第187页。

于光德殿，宗室、宗妇及五品以上命妇，与坐者千七百余人，赏赉有差。"四月癸亥，"幸皇武殿击毬，许士民纵观。"丁丑，"宴宗室、宗妇于皇武殿，大功亲赐官三阶，小功二阶，缌麻一阶，年高属近者加宣武将军，及封宗女，赐银、绢各有差……宗室妇女及群臣故老以次起舞，进酒。"① 金世宗宴请宗室宗妇于皇武殿，使上层社会生活又进入了一个新的高潮。"己卯，发上京。庚辰，宗室戚属奉辞。"② 金世宗启程回中都。六月庚申，守国"皇太子允恭薨"。③ 九月己酉，"至自上京。是日，上临奠宣孝皇太子于熙春园"，④《金史·世纪补》也记载了"世宗至自上京，未至入国门，先至熙春殿致奠，恸哭久之。"⑤ 世宗回到了中都，这次巡视上京与往返沿途共用了一年半的时间。

　　大定二十五年（1185）十月"丙辰，尚书省奏：亲军数多，宜稍减损。诏定额为三千。宰臣退，上谓左右曰：宰相年老艰于久立，可置小榻廊下使少休息。甲子，禁上京等路大雪及含胎时采捕。上谓宰臣曰：护卫年老出职而授临民手字尚不能画，何以治民人胸中明暗外不能知，精神昏耄已见于外，是强其所不能也。天子以兆民为子不能家家而抚，在用人而已。知其不能而强授之，百姓其谓我何"⑥。十二月，世宗"闻有女直人诉事，以女直语问之，汉人诉事，汉语问之，大抵习本朝语为善，不习则淳风将弃。汝弼对曰：不忘本者，圣人之道也。斡特剌曰：以西夏小邦，崇尚旧俗，犹能保国数百年"。在回到中都的途中，金世宗和手下大臣讨论保持女真淳风的重要性，认为"事当任实，一事有伪，则丧百真。故凡事莫如真实也"；"不忘本者，圣人之道也"⑦。从大定二十四年（1184）二月癸酉到二十五年（1186）九月己酉，他们在上京及往返途中活动丰富多彩，君臣之间关系融洽，世宗要求不忘女真淳风，一直是他说教的重要内容。

　　上京的恢复与重建使金朝境内形成六京制，有十三个总管府，是为十

---

① 《金史》卷8《世宗纪》，第188页。
② 《金史》卷8《世宗纪》，第189页。
③ 《金史》卷8《世宗纪》，第189页。
④ 《金史》卷8《世宗纪》，第190页。
⑤ 《金史》卷19《世纪补》，第415页。
⑥ 《金史》卷8《世宗纪》，第190页。
⑦ 《金史》卷8《世宗纪》，第190—191页。

九路。东北地区则有三京（上京，东京，北京），二总管府（咸平、临潢府），共五路。因此，《金史·地理志》所谓"袭辽制，建五京，置十四总管府，是为十九路"，是海陵王时期的区划。

5. 上京的衰落

卫绍王大安三年（1211）十月"上京留守徒单镒遣同知乌古孙屯将兵二万卫中都"；"十一月，以上京留守徒单镒为右丞相，金中都在城军"，在不断的削弱上京军事实力。宣宗贞祐二年（1214）迁都南京（开封；"五月壬午，车驾发中都"）。贞祐三年（蒙古太祖十年，1215）春，辽东宣抚使蒲鲜万奴据东京（今辽阳）"逼上京，德（纥石年烈德）与部将刘子元战而却之"①。四月，蒲鲜万奴"复掠上京城，遣都统兀颜钵辖拒战"②；五月，中都失守（"五月庚申，中都破"）。"冬十月，金宣抚蒲鲜万奴据辽东，僭称天王，国号大真，改元天泰"③。上京已陷于风雨飘摇之中。贞祐五年（蒙古太祖十二年，1217）四月，蒲鲜万奴"破金兵于大夫营，转入女真故地，自称东夏国，改金上京会宁府曰开元，都之"④。蒲鲜万奴计划以金上京为东夏国都城，称开元。兴定元年（1217），上京行省"太平受万奴命，焚毁上京宗庙，执元帅承充，夺其军……杀太平，复推承充行省事，共伐万奴"⑤。上京仍在金朝政权与地方割据势力的博弈中。蒙古太宗五年（1233）二月，"诏诸王议伐万奴，遂命皇子贵由及诸王按赤带将左翼军讨之"⑥。《元史·地理志》，"元初癸巳岁（太宗五年、1233），出师伐之，生擒万奴，师至开元、恤品，东土悉平。"《元史·石抹阿辛传》也讲了这一事件："从国王（贵由）军征万奴，围南京，城坚如利铁……大军乘之，遂克南京。"《新元史》总结这段事件，九月，"围其南京，城坚如立铁……大军乘之，城遂拔，开元、恤品两路，亦先后下，万奴就擒斩之"⑦。蒲鲜万奴从乙亥年（金宣宗二年，1215）僭号，到蒙古太宗五年（1233）被杀，前后"凡十九

---

① 《金史》卷128《纥石烈德传》，第2773页。
② 《金史》卷103《纥石烈桓端传》，第2279页。
③ 《元史》卷1《太祖纪》，第19页。
④ 《新元史》卷134《蒲鲜万奴传》，第1188页。
⑤ （元）脱脱：《金史》卷122《梁持胜传》，第2666页。
⑥ 《元史》卷2《太宗纪》，第32页。
⑦ 《新元史》卷134《蒲鲜万奴传》，第1188页；《元史·太宗纪》：蒙古太宗五年九月，"擒万奴"，太宗五年九月，"围其南京"。南京指东夏国都城，位于今吉林省延吉城子山城。

年"。这十九年间，上京宫殿区遭到严重破坏，尤其贵由带领蒙古骑兵攻灭东夏国，回师途中乘势又攻陷了上京城。

"兴王之地"的上京，金世宗认为"女真人浸忘旧风"，"自幼惟习汉人风俗，不知女直纯实之风，至于文字语言或不通晓，是忘本也"。至大定十三年（1173），金世宗以会宁府为上京，重修上京宫殿，恢复了上京的陪都地位，要求女真人"不忘女真淳风"，并采取有效措施，保证了女真兴王之地的淳实风俗和这块洁净的疆土，"复以会宁府为上京"，连同不同时期建置的北京、东京、西京和南京，形成了金代六京制度。金代六京以中都为政治中心，其他五个陪都，尤其是"邈在东土"的上京，地位更加重要。中都是上京、北京和东京的后盾，上京、北京、东京又是中都的前沿阵地，相互支撑。加强了中央政府与广大东北地方的联系。在"邈在东土"的外兴安岭以南，库页岛以西广袤大地上，金朝又建置了蒲与、胡里改、速频三路，在蒲与路属下，有生女真建置的火鲁火疃谋克，活动在外兴安岭以南地区。金世宗更在速频、胡里改二路迁移三猛安、三十谋克近五六万人到上京，活跃了地方社会生活。

入元，"金会宁府，属上京路，旧领会宁、曲江、宜春三县，后俱废"。蒙古太宗七年"即其地置开元、南京二万户府，至元四年改辽东路总管府，二十三年又改开元路，领咸平府。……至元二十七年开元路宁远县饥，是本路有宁远一属，其省并年分阙。户四千三百六十七，至顺钱粮户数"①。金末蒙古国初年，上京路所属会宁府行政建置俱废，新置的开元、南京二万户府及开元路治所也离开了金代上京会宁府城址。至顺年间（1330—1332），开元路总管府户数只有 4367 户，这也已不是上京城址上的户籍户口。蒙古太宗时期之后的上京宫殿区，已成为一片废墟。近代以来，才有中外学者进行上京遗址的考察和研究，不断有不同学科的成果问世。

元代，在辽阳行省以下，建置了开元路和水达达路，更有驿站和驿路直达征东元帅府和失宝赤万户府。明代，黑龙江流域活动着北山女真部和海西女真部，建置了奴儿干都司和更多的卫所和站赤。仅在苦兀岛（库页岛）上就建置了囊哈儿、兀烈河和波罗河三卫，如果建制满员，卫下属兵丁应在 1.5 万人。清代更建置了吉林和黑龙江将军辖区，外兴安岭以

---

① 《元史》卷 59《地理志》第 1400 页，《新元史》卷 47《地理志》，第 363 页。

南，库页岛以西有更多的行政建制和人口活跃在这一地区，只是清末被沙俄强行占据了黑龙江以北，乌苏里江以东的一百六十多万平方公里的中国领土。中国人不应忘记这段屈辱的历史。

综上所述，海陵王从上京迁都燕京，改称中都，燕京在历史上第一次被确定为国家的都城。天德五年三月乙卯，即公元1153年4月21日，金朝正式下诏迁都燕京，因此建议把4月21日定为北京建都纪念日。之后，元明清三代相继建都于北京，金朝建都中都奠定了历朝建都的政治、经济和文化的基础。金代建都于上京，成为最早建都于东北地区的都城。尤其金世宗恢复上京加强了对广大东北地区的统治及对经济的开发，推动了民族融合和区域社会发展。金世宗之功不可没。

"俄国威胁论"与日本明治初期的国家战略*

张礼恒

（聊城大学历史文化学院，山东济南　252000）

摘　要："俄国威胁论"或"俄国警戒论"，在日本是一个弥久日新的话题。从幕末起到明治初期，"俄国威胁论"就成为日本政界挥之不去的梦魇，如同幽灵一般游荡在日本的上空，掌控着日本的思想，操纵着日本的行动，甚至把持着日本的国家整体走向。在北方领土归属问题上，日本渲染"俄国威胁论"，带有明确的内向性，是对来自俄国现实威胁的真实反映。在朝鲜问题上，日本渲染"俄国威胁论"则呈现外向性特征，是对本国整体战略的遮掩，带有明显的欺骗性。

关键词：日俄北方领土争端；俄国威胁论；征韩论

"俄国威胁论"对日本近代历史的走向产生了十分重大的影响。中国史学界对此少有研究。日本史学界虽有研究，但其研究过于笼统、粗疏，既未能厘清日本政府在不同时段渲染"俄国威胁论"的用意、特征，又没有剖析"俄国威胁论"与明治日本国家整体战略的依存关系。本文将就此问题进行探讨，以期深化、拓宽日本近代史和东亚国际关系史的研究。

---

* 基金项目：本文为2013山东省重大社科规划办项目"从闭关到开放：'朝士视察团'研究"（项目编号：13BLSJ02）的阶段性成果。

一　日本史学界研究现状

日本学界对幕末、明治初期的"俄国威胁论"给予了高度关注，出版了一批广有影响的学术著作和专论，涌现出一批大师级的史学专家。冈义武、① 信夫清三郎、② 安冈昭男、③ 山室信一、④ 池井优⑤是其中的代表人物。总体而言，日本学界对"俄国威胁论"的研究，在阐释了其由来、经过、形成原因的同时，得出了一个颇具共识的结论：无论当时俄国的威胁是否存在，"俄国威胁论"都是明治初期政要们有意扩大渲染的结果。因为客观上，当时的俄国尚无南下长驱直入朝鲜的实力，政要们却蓄意将朝鲜问题与"俄国威胁"紧紧捆绑在一起，将其作为日本制定对朝鲜外交政策、东亚战略、强化国力、整军经武的前提和依据。换而言之，"俄国威胁论"是明治政府实施对外扩张国策的内在动力。

安冈昭男认为，"幕末、明治初年至1880年期间，'俄国威胁论'的产生，首先由日俄两国就北方虾夷、桦太领土归属问题所致。其次又以1860年俄国在《北京条约》中获得乌苏里江以东的沿海地区，致使俄朝两国领土邻接，加之俄国以在此地建立符拉迪沃斯托克市（中国称之为海参崴——引者注）为契机，延伸出朝鲜半岛问题。而1861年俄国军舰攻占对马之举，则进一步加深了日本对俄国威胁朝鲜半岛的深刻认识"。此事件也成为明治初期山县有朋、大久保利通、岩仓具视、黑田清隆、井上馨等人渲染"俄国威胁论"的绝佳素材。日本"进入明治以后，始终高度关注俄国南下的动向。对明治日本来说，俄国威胁是与虾夷、桦太问题和朝鲜半岛问题紧密相连的"⑥。

---

① ［日］冈义武：《黎明期的明治日本》，未来社1964年3月版。
② ［日］信夫清三郎：《日本外交史：1853—1972》，第一册，每日新闻社1974年版；《千岛、桦太交换条约》，《国际政治》日本外交史，1955年版。
③ ［日］安冈昭男：《明治前期大陆政策史研究》，法政大学出版局1998年版；《有关明治初期俄国威胁论的考察——围绕朝鲜半岛的分析》，《法政史学》第13号，法政大学史学会，1960年。
④ ［日］山室信一：《日俄战争的世纪——从连锁的视点看日本与世界》，岩波书店2005年版。
⑤ ［日］池井优：《日本外交史概说》，庆应通信，1973年增补版。
⑥ ［日］安冈昭男：《明治前期大陆政策史研究》，第59页。

池井优则重点从修建西伯利亚铁路之传说、英国的鼓噪等方面,探讨了日本渲染"俄国威胁论"的成因。他认为:"明治初期的日本政府面临着两大外交课题:一个是条约改正,即与欧美各国交涉修改有关幕末时期签订的不平等条约;另一个则是领土问题。而在领土问题上,又集中表现在明治政府如何应对北方强大的俄国威胁、确保日本领土安全方面。当时,俄国主要精力在西方,东方对其来说是第二位的。加之西伯利亚铁路尚未动工,俄国在东北亚的扩张仅在运输方面就十分欠缺。事实上,对日本边疆防御来说,俄国的威胁并不那么严峻,但是,日本政要们的对俄观,并不是建立在对俄国国情和实际状况进行严密细致分析的基础上形成的,而一开始就从'北门的强敌'这一意识出发来判断的。形成俄国威胁论的原因主要有三个方面:(1)与俄国在地理地域上的接近;(2)对1861年俄国军舰攻占对马事件尚记忆犹新;(3)英国,特别是巴夏礼公使对日本有意灌输的对俄警戒心的结果。"① 池井先生并对此进行了深入剖析,指出:"明治初期,日本尚无独自收集俄国情报的手段,对俄国的认识和有关俄国的信息主要来自英国和其他国家的情报。因此,英国的巴夏礼一旦宣扬俄国恐怖,日本对俄国的警戒心就会成倍增长,其结果便导致了明治政府的一些要员认为,日本北方存在着重大威胁,那就是俄国,政府必须采取必要措施确保日本对外安全系数。1871年12月,山县有朋、川村纯义、西乡从道等人就有关充实陆海军和沿岸防卫问题,以'北门的强敌正在逼近'为依据,明确提出要严密警戒俄国的南进政策。""虽然此前在逼迫日本开港的诸列强中,俄国是最稳健的国家,为此在日本尚有一部分人主张亲俄,但是,自发生了俄国舰队攻占对马事件之后,政府要员们所提警戒俄国威胁的言论便成为主流。"②

田村纪之、曾田毅则着重剖析了"俄国威胁论"中的英国因素。田村纪之认为,"对日本渲染俄国威胁的是英国外交官阿礼国。……他曾告诫英国政府,对于俄国在远东地区的入侵活动必须给予足够的重视。对于具有领土野心的俄国,英国必须采取坚决果断的态度,也就是说,在此事上有必要发挥帝国主义的机能,这应该是英国政府的基本方针,同时要不断地向日本幕末的官员宣传此主张"。"巴夏礼是阿礼国路线的继承者,

---

① [日]池井优:《日本外交史概说》,第33页。
② [日]池井优:《日本外交史概说》,第34页。

于1868年起作为英国驻日公使，前后共计18年，他忠实地执行了英国的基本方针。"① 曾田毅则指出，"对阿礼国来说，作为英国驻日公使，首先要维护公使馆的经营及与幕末政府交涉各种事务。在众多的事务之中，阿礼国的难题之一便是应对1861年3月俄国占领对马岛事件。在此之前，英国已经对俄国在东亚的动向和行动有了高度的警觉。当时俄国不但已经由西伯利亚侵入中国东北地区，同时还从桦太北部南下，引起日俄疆界纷争。阿礼国赴任前，英国外交大臣约翰·罗素在给他的训令中指示：收集俄国在东亚入侵活动情报；努力说服日本，使其不割让任何日本领土给俄国；英国在日本对抗俄国问题上，不会对日本伸手援助。1861年，俄国海军舰队占领对马岛，对马藩主对此虽然进行制止却毫无成效"。俄国占领对马岛事件的发生，使阿礼国改变了对日方针，"阿礼国与英国海军提督相商并决定派军舰前往。于是，从6月开始，英国舰队数次前往该岛探查动静，之后对俄国的警戒丝毫没有松懈"。②

日本史学家们的研究佐证了一个质朴而又永恒的道理：历史是由胜利者书写的。后世的史学工作者正是依据明治时期日本政要们的言论，梳理了"俄国威胁论"的来龙去脉，剖析了日本渲染"俄国威胁论"的用意所在。明治初年的档案资料显示，此时的"俄国威胁论"主要与日本确定对朝鲜交涉的方针政策相关联。换言之，欲实现开拓万里波涛的帝国伟业，必先自征服朝鲜始；欲实现征服朝鲜之蓝图，必先解除来自"北方的威胁"始。可以说，俄国威胁如同悬在明治政府头上的一把剑，使其常怀恐惧之心。探讨"俄国威胁论"与朝鲜关系也就成了日本制定内政、外交政策的重要依据，自然也就成了政要们的关注重点。

二 "俄国威胁论"的由来

"俄国威胁论"在日本的出现，是由幕府时期日俄两国围绕北方虾夷、桦太领土归属问题而引起的。1861年3月，俄国海军占领对马岛事件，使"俄国威胁论"达到了顶峰。此后，随着明治政府侵朝政策的出

---

① ［日］田村纪之：《近代朝鲜与明治日本——19世纪末的人物群像》，现代图书2012年版，第211—212页。

② ［日］曾田毅：《幕末时期的英国人》，神户大学研究双书刊行会，有斐阁1970年版，第72—73页。

台,"俄国威胁论"的指向对象由日本本土扩大到了朝鲜,成为日本制定国家战略的强劲动力。

(一) 俄国在北部地区的蚕食,催生了"俄国威胁论"

17世纪初,俄国人就出现在千岛群岛。从1711年起,俄国就向千岛群岛派出"探险队",绘制地图,沿岛南下,向当地居民征收毛皮税。以此为开端,在此后几十年的勘探中,俄国人发现,整个千岛群岛"仅有松前(虾夷)一岛在日本国王统治之下,而其他岛屿则无人管辖",① 遂对"无主之地"实行占领,强迫乌鲁朴岛(即得抚岛)、伊土鲁朴岛上的原居民加入俄国国籍,并于1794年向得抚岛移民,建立首个殖民地。此时独享日本对外贸易特权的荷兰人,出于保护垄断地位的考虑,散布"俄国居心叵测的谣言",成为"俄国威胁论"的始作俑者。俄国对南千岛的持续染指,引起了日本当局的警觉。1799年德川幕府将原归松前藩管辖的东虾夷地(北海道东部和千岛)改为直辖领地,加速开发,防御俄国南侵。随后在择捉岛树立界标,宣示主权,拒绝俄国提出的贸易要求。俄国则采取了武装入侵的方式予以报复。从1806年10月至1807年7月,俄国武装船只袭击择捉岛上的日本驻军,抢劫粮食,焚烧货物,长达10个月之久。后来几经冲突、反复谈判,到1855年2月,日俄签订《下田条约》,又称《日露和亲条约》,划定了两国在千岛群岛上的国界,规定千岛群岛中择捉岛以南归日本所有,以北归俄国领有。随着"克里米亚战争"的惨败,俄国从黑海南下的企图被扼杀。更随着1860年《中俄北京条约》的签订,俄国割占了黑龙江以北、乌苏里江以东40万平方公里的土地,与中国、朝鲜比邻而居,"与日本形成隔着日本海而直接对峙的形势"。② 日俄关系再度紧张,"俄国威胁论"骤然喧嚣。

1861年3月,俄国为了"确保日本海至黄海的航路自由,而一旦有事之时,则可作为破坏欧洲各国与日清两国通商的根据地","阻止欧美列强建立接近俄国新领土(滨海州)的根据地",③ 指派毕留列夫率领军舰"波萨得尼克"号驶进对马岛的尾崎浦,4月,侵入对马岛的芋崎村古

---

① [苏联]纳罗奇尼茨基等:《远东国际关系史》第一册,商务印书馆1976年版(下同略),第71页。
② [日]信夫清三郎:《日本外交史》上册,商务印书馆1980年版,第88页。
③ [日]大塚武松:《幕末外交史研究》,宝文馆1967年版,第40页。

里浦，水兵登陆，砍伐树木，建筑兵营，构筑永久性设施，5月，提出租地要求，史称"对马事件"。幕末政府在无力驱逐的情况下，只得向欧美列强求援。英国驻日公使阿礼国出于维护远东利益的考虑，决定调派军舰，强力介入。8月15日，英国舰队司令官率舰出发前往对马。"28日，英国海军司令率领的两艘军舰到达对马，诘责俄国舰队的行为是违约行为，要求其撤出对马。结果俄国舰队撤出了芋崎港，对马事件至此落下帷幕"。①

桦太岛归属问题，是日俄北方领土之争的另一焦点。桦太岛，俄称萨哈林岛，中国称库页岛。该岛原本是中国领土。成书于西汉初年的《山海经》，在《海外东经》篇中就有关于该岛原居民"毛氏"的记载。《后汉书·东夷列传》、元代《开元新志》、明朝《殊域周咨录》和《万绂图考》、清朝《圣武记》，都有关于该岛情况的介绍，如该岛居民"人身多毛""女多男少"等。《万绂图考》就明确载有"库页岛即古女国，亦名毛人国"。这些记载表明，早在两千多年以前，中国就对该岛的基本状况有过了解。与此同时，从唐代开始，中央王朝就在黑龙江下游置府设使，管辖包括库页岛在内的广大地区。日本关于该岛的最早记载始于1635年。是年，江户幕府松前藩藩主松前公广派家臣村上扫部左卫门带兵巡视该岛。此后又于1650年、1689年、1700年先后委派家臣巡视该岛。俄国人到达该岛的时间最晚。1738年至1739年，俄国人什潘别尔克中尉在探测日本航线期间，从虾夷人处获悉了该岛的存在。1742年，俄国人舍利京克到达该岛，并对该岛东海岸进行了勘察。到18世纪末，日俄两国在库页岛形成南北割据态势。从1806年10月开始，日俄两国为该岛的归属问题，进行了长达70年之久的争夺战。1875年5月7日，日俄签订《桦太千岛交换条约》。据此俄国将千岛群岛北部给予日本，日本则放弃对桦太岛（库页岛）的主权，全岛归俄国管治。至此，日俄之间长达160多年的北方虾夷、桦太领土归属争端暂告结束。

从日俄围绕北方虾夷、桦太领土归属问题进行争夺的全过程来看，在160多年的时间里，基本的态势是俄国强，日本弱；俄国进攻，日本防御。日本此时渲染"俄国威胁论"带有明确的内向性，是对来自于俄国现实威胁的真实反映。与此相反，在朝鲜问题上，日本渲染"俄国威胁

---

① ［日］曾田毅：《幕末时期的英国人》，第78页。

论"则呈现外向性特征，是对本国整体战略的遮掩，带有明显的欺骗性。

（二）为了争夺朝鲜，渲染"俄国威胁论"

弱肉强食的国际环境，欧美列强的群体示范效应和岛国民族的冒险性与效颦性，催生了日本近代的扩张与侵略。为了完成"八纮一宇"的宏大战略，实现"布国威于四方"的既定国策，明治日本依照"丛林法则"，首先将朝鲜锁定为征服的对象。幕末思想家吉田松阴所提"失之于美俄者，取偿于邻国"，成为明治日本外交实践的指导思想。在以何种方式获取朝鲜问题上，当时日本国内存在两种意见，一为"征韩派"，一为"迂回派"，两派之间虽有方式、手段上的歧义，但终极目标是一致的。鉴于以英国为首的欧美国家对朝鲜均表现出浓厚的兴趣，宗主国中国又对保护藩属国朝鲜表达了强烈的意愿，加之自身整体国力有限，精明的日本人便利用了英国、中国对俄国南下，染指朝鲜的担忧，渲染"俄国威胁论"。

1869 年 9 月 25 日，"维新三杰"之一的木户孝允在《朝鲜国一件伺书》中，阐述了朝鲜问题与俄国威胁之间的关系。他认为："假令不能使（朝鲜——引者注）成为皇朝之藩属，也要永世保存其国脉。眼下包括俄国在内，其他各列强都将朝鲜视为口中之肉，垂涎不已。为此，我皇朝应以公法维持，承匡救扶绥之任，除此之外，别无他策可选。若皇朝将其搁置度外，那么俄狼等强国必定乘机吞噬而来，此为皇朝永世之大害，燃眉之急也。"[①] 同一天，时任日本外交省权全丞的宫本小一郎在《朝鲜论》中也表达了类似的意见。他说道："与朝鲜交际虽无益处，但不能搁置不顾。如搁置不顾，俄必将其蚕食，此为日本最极之害也。故我国帮助朝鲜就是爱护朝鲜，爱护朝鲜就是爱护日本。"[②]

1873 年 10 月，被誉为"维新三杰"之一的大久保利通上奏《意见七条书》，反对"征韩论"。在第五条意见中，他从日本与英、俄关系入手，围绕着俄国对朝鲜的威胁问题，表达了反对"征韩论"。他认为："俄国在北方占地屯兵，有紧逼桦太，一举南征之势。不仅如此，如今彼我之间

[①] 日本外务省调查部编：《大日本外交文书》第二卷，第二册，"四八八"，日本国际协会，1936 年版，第 856 页。

[②] 日本外务省调查部编：《大日本外交文书》第二卷，第二册，"四八八"，第 863 页。

亦有不快之事，彼我之关系可谓让人忧虑。如果此时与朝鲜操戈动武，如同鹬蚌相争，俄国坐收渔翁之利，此点尤为注意。为防止俄国，我国也不能与朝鲜操戈。"①"征韩论"的鼓吹者副岛种臣、西乡隆盛则表达了完全相左的意见。他们坚持认为，为了防止俄国侵占朝鲜，确保日本的对外战略，日本必须早于俄国出兵朝鲜。为此，"征韩论"者极力渲染俄国即将南下，侵略朝鲜，倡言"俄国威胁论"。1874年1月，西乡隆盛甚至称："俄国今日内来袭必定无疑，到那时，小队长要身先士卒，率领同志勇敢作战，当今政府更要觉醒。我定要出征征讨俄兵。"② 1875年1月，榎本武扬就桦太、朝鲜问题递交意见书。书中写道："我国要先于支那指导朝鲜，让其与我交谊敦厚，使朝鲜国内深感我国之威德。俄国虽然对朝鲜已有野心，但鉴于其地理位置以及内政外交缓急事务，目前尚无见到其对朝鲜出手。在此问题上，我国必须先于俄国行动。若不然，万一俄国像攻占我对马之地一样攻占朝鲜某地的话，那时我国的海防将失其功效。"③

上述史料表明，无论是力主"征韩"的木户孝允、副岛种臣、西乡隆盛，还是反对"征韩"的大久保利通，都深谙朝鲜对于日本开土拓疆、走出海岛染指大陆的重要性，皆视朝鲜为日本国运的生命线、日本战略的延长线。同时，他们也深知，如果朝鲜一旦落入"仇国"俄国囊中，就等于关上了日本西进的大门，卡死了日本通往亚洲大陆的命脉，日本将局促于海岛一隅，依旧品尝千年来与大陆隔绝的苦涩。此种局面一旦成为现实，庞大的国家战略将成为水中花，镜中月，日本将继续成为欧美国家砧板上的鱼肉，任人宰割，难有翻身之日。为防止噩梦成真，渲染"俄国威胁论"自然也就在情理之中。

1870年7月28日，外务大臣柳原前光在《朝鲜论稿》中写道："近年各国中频繁到彼地（朝鲜——引者注）探测国情，窥视者皆不少。比如俄罗斯已经蚕食满洲东北，而其蚕食朝鲜之势亦不可估量。"④ 为此，提议政府应加强对朝鲜信息情报的搜集，制定富有成效的针对性措施。明治政府采纳并实施了柳原前光的建议，派出了大批官员分赴朝鲜边境等

---

① 日本史籍协会编：《大久保利通文书》五，东京大学出版会复刻1968年版，第58—63页。
② ［日］安冈昭男：《明治前期大陆政策史研究》，第64页。
③ 日本外务省调查部编：《大日本外交文书》第八卷，"七一"，第174页。
④ 日本外务省调查部编：《大日本外交文书》第三卷，"九四"，第149页。

地，进行实地调查，收集相关情报。1874 年 8 月，曾任日本驻釜山领事馆的森山茂在给外务卿寺岛宗则的报告书中，汇报了与朝鲜暗行御使的谈话内容。他说："俄国占领满洲之地，又沿鸭绿江逼近贵国国境，清国萎靡不振，无能力救助贵国，吾国与贵国有同感之处。吾国亦与俄国边境比邻，不能不警戒防备。如果贵国被俄国人加害，我土亦不得安宁。"① 这是目前看到的日本向朝鲜推销"俄国威胁论"，宣扬日朝一体、唇齿相依的最早记录。1876 年 6 月，井上馨在东京两次向朝鲜修信使金绮秀渲染"俄国威胁论"。据金绮秀记录："井上馨，春间来沁都之副官也，来访馆所，谓余曰：'露西亚之有动兵之渐，吾于沁都，已有言之者，而我国之人，每往彼地，见其日造兵器，多积粮于黑龙岛，其意将何为？贵国须先事而备，缮器械，练兵卒，以为防御之策可也。'并再三表示，'所以勤勤以此告贵国者，愿贵国先事而谋，俾无他日之悔也。幸先生归去必申勤致语于贵朝廷，无负此至意，区区之望也'。"② 当金绮秀登门拜访时，井上馨再次灌输"俄国威胁论"。对此，金绮秀记载道："议官井上馨宅赴会，宫本小一偕焉。堂设女乐，酒半，井上曰：'日昨申告之事，公非有心人耶？露西亚之注心贵国，吾已言之缕缕，吾非疾风伤性之人，苟无所见，则何必不惮烦至此也。公之归去，须勿弁髦我言，力告于贵朝廷，早自为备可也。'仍出地球全图一轴曰：'以此奉赠，携归去，时时观察一度，度各有程里，以此推一定之规，露西亚之距贵国几里，亦可知也。吾今奉使欧罗诸国去，六七年后方可归来，苟无所见，何苦为此缕缕之言也？公可以谅此苦心也。'"③ 通篇读来，字里行间流溢着井上馨对俄国威胁的恐惧，跃动着对朝鲜命运的"担忧"，而在这些文字表层的背后透露出的却是对独霸朝鲜的渴望，对日本国运的焦虑。

三 "俄国威胁论"下的国家战略实施

明治日本渲染"俄国威胁论"，兼具国内、国际双重因素，既是争取外部有利环境、统合国内力量的重要手段，更是实施宏大国家战略的精明

---

① 日本外务省调查部编：《大日本外交文书》第七卷，"二一四"，第 391—392 页。
② ［韩］金绮秀：《日东记游》（网络版），第 55 页。
③ ［韩］金绮秀：《日东记游》（网络版），第 56 页。

设计。

　　"俄国威胁论"是明治日本整军经武战略的重要考量。明治维新之后，日本迅速走上了扩军备战之路，高度重视军队建设。陆军效法德法，史称"陆军从德国、法国制"①"海军取法于英吉利国"②，力争建设一支攻守兼备的近代化陆海军。为了争取国内舆论、财政预算的支持，"俄国威胁论"成为必打牌。1870年，日本兵部省提出了一个庞大的海军建设方案，计划建造200艘军舰。在递交的《积极创建海军书》中，流露出浓厚的警戒俄国威胁的色彩。书中指出，俄国南下政策在地中海遭到英法的遏制未能得逞，必定强化在远东地区的攻势，威胁日本的生存，"现俄国拥有海军，如虎添翼，其欲则远近皆知。去年美国军舰进入品海观察内地情况。总体而言，外国诸国皆轻视我国，其中俄国不但频繁骚扰入侵我北境，还将目标指向我对马，而海军的建成必将助俄国达成夙愿。俄国志在将两大州合二为一，占为己有"。"近年俄国沿黑龙江占取满洲之地，与我北海道及朝鲜国境比邻相接，压进皇国、支那、朝鲜北境。如果其侵入东海，获一良港，待海军整备完善时，其欲望则不可制止，此乃两大洲之害。我皇朝从现在起，务必对此警戒，并断然采取措施阻止。"③

　　为抵御俄国可能的威胁，确保日本国土安全，必须制定新的国家战略防御计划。1871年12月24日，兵部大辅山县有朋、少辅川村纯义、西乡从道联袂上书，指出"方今俄国颇为骄傲猖獗，违背盟约，将其军舰驻进黑海，在南方占取诸国，染指印度，西越满洲之境，穿梭往返黑龙江"，日益逼近日本，威胁日本国土安全。为防患于未然，日本应调整国家战略，进行具有针对性的战备建设，具体而言，就是"内地守备，沿海防御，强化军备"。④

　　"俄国威胁论"成为日本实施富国强兵国策的强大动力。明治时期的日本政要大都具有深深的忧患意识，时常在自觉与不自觉之中，将国家战略与俄国可能的入侵联系在一起。1874年11月，驻俄公使榎本武扬在给外务卿寺岛宗则的信中，就俄国将修筑西伯利亚铁路的传闻，表达了其

---

　　① [韩] 李宪永：(55)《闻见事件》，《朝士视察团关系资料集》，韩国国学资料院2001年版（下同略），第2篇，第12卷。第503页。
　　② [韩] 沈相学：(49)《日本闻见事件草》，第242页。
　　③ [日] 安冈昭男：《明治前期大陆政策史研究》，第63页。
　　④ [日] 安冈昭男：《明治前期大陆政策史研究》，第63页。

"俄国威胁论"。他指出,"中亚细亚铁路有志者们的夙愿,迟早会建成。我认为通往符拉迪沃斯托克的铁路50年之内必定完成。在这之前,我与俄国短兵相见时,彼兵跨越印度洋而来,从陆路而来则无可能"。① 但一旦横跨欧亚大陆的西伯利亚大铁路修建完毕,俄军将饮马太平洋,横扫日本海,经略东北亚,威逼日本国土。后来的事实证明了榎本武扬的误判。1892年俄国开始修筑西伯利亚铁路,此时离榎本武扬所说仅仅过去了不到20年的时间。尽管如此,此事表现出了明治政要对日本国家前途命运的超前预判和深深的危机感。无独有偶,1880年11月30日,时任陆军中将、参谋本部长的山县有朋向天皇奉呈《进邻邦兵备略表》,又称《邻邦兵备略》。此书虽是主要记述清朝中国兵制、军备之作,但其中仍然高度重视俄国对朝鲜的威胁。书中写道:"审视此时邻邦的兵备情况,俄国在浦盐斯德建设军港,备兵万余人,英国在香港、印度备兵数万人。""海内形势开始不断变化,此刻吾辈应迅速进行朝议形势,制定对外防御措施。应迅速施行内地守备,沿海防御,建设海陆军三项措施,以防北方的强敌俄国"。②

前述史实显示,明治初年日本渲染"俄国威胁论"既是一种深远的国家战略,又是一种灵活机动的外交策略,是对国际、国内形势研判后的精明设计,动机多端,目标明确。具体说来,有如下原因:

其一,自身国力不足的反映。"明治维新"开创了日本历史的新纪元,日本从此步入了资本主义发展的快车道,但明治初年凸显的整体性社会结构缺陷使日本国力难以在短期内跃升。与英、法、俄等国相比,日本仍然是一个弱国。"岩仓具视使团"修约的惨败折射出了日本低下的国际地位。1871年12月,肩负"修改已往之条约,确定独立之体制"③ 重任的右大臣岩仓具视率领使团,踏上了"修约"之路。在此后20个月的时间里,美、英、法、德、比等12个国家均对使团所提修改不平等条约要求表示了坚决拒绝,以致使团成员木户孝允在日记中沮丧地写道:"彼之所欲求者尽与之,我之所欲者一未能得。此间苦心竟成遗憾,唯有饮泣而已。"④ 1873年9月,"随着岩仓使节团的返国,日本的领袖们比以往更加

---

① [日] 安冈昭男:《明治前期大陆政策史研究》,第74页。
② [日] 大山梓编:《山县有朋意见书》,原书房1966年版,第91—99页。
③ [日] 《伊藤博文传》,统正社1940年版,第1009页。
④ [日] 妻木忠太编:《木户孝允日记》二,木户侯爵家藏版,早川良吉出版社1933年版,第150页。

理会到他们处境的屈辱",① 民族独立之路依旧漫长。作为弱国的日本深知,在奉行强权政治的时代,以当下的实力正面对抗强大的俄国,没有任何取胜的可能,只会自取其辱,渲染"俄国威胁论"暗含着对俄国的恐惧之心。

其二,由对俄国扩张成性的了解而产生的危机感。俄国原本是一个欧洲国家,经过两个多世纪的持续东扩,到19世纪60年代,俄国已经成为一个地跨欧亚的大国,与中国、朝鲜疆土毗连,与日本隔海相望。一旦俄国倾力东扩,东亚诸国无力与之争锋,东亚地区必将成为俄国人的领地。19世纪初叶日俄关于萨哈林岛、千岛群岛的纷争②,1861年3月俄国舰队占据对马的事实,1875年5月日俄《桦太千岛交换条约》的签订,屡屡让日本体味到了俄国的贪婪与蛮横。160年的纷争,160年的妥协、退让,使日本患上了严重的"恐俄症"。朝鲜人就曾经说过:"日人畏俄如虎,虽与之通商,常存不虞之戒。"③ "人每言露,皆比'耽虎'。"④ 19世纪70年代后,随着资本主义向帝国主义的过渡,列强争霸世界的进程明显提速,对俄国深存的恐惧感,更使明治日本感受到了空前的民族危机。危机滋生忧患,解除忧患需要呐喊,"俄国威胁论"适逢其会。

其三,整合国家力量的需要。明治维新既是日本由封建社会迈入资本主义社会的转折点,也是日本由王朝国家向民族国家转型的开端。转型期中的日本,社会矛盾丛生,体制、结构性的调整,带来了诸多难以调和的矛盾。相当规模的世代名族对西化改制心存不满,拒不合作。史称"古家大族或遗居草野,或栖息山林,躬耕读书,高尚其志者,颇有嘉尚"。⑤更有甚者,对照搬西法和变革官制、饮食、服饰表示了反对。"朝闻西法则更一令,夕见西制则行一事,节节慕效,尽弃立国数千年旧章,游谈聚议之士为之嘘唏慨叹"。"如官职、宫室、饮食、衣服之事,既无益于国,又不便于民,何用强之?"⑥ 尤其是当纸币贬值,黄金、白银外流,经济通货膨胀发生之时,人心浮动,谣言四起,对日本前途表现出巨大怀疑。

---

① [美] 马士、宓亨利:《远东国际关系史》,上海书店出版社1998年版,第355—356页。
② [苏联] 纳罗奇尼茨其等:《远东国际关系史》第一册,第70—79页。
③ [韩] 赵准永:(60)《闻风事件》,第598页。
④ [韩] 沈相学:(49)《日本闻见事件草·别单草》,第226页。
⑤ [韩] 沈相学:(49)《日本闻见事件草·别单草》,第230页。
⑥ [韩] 赵准永:(60)《闻见事件》,第610—611页。

因百废待兴，百业待举，"国用以是不足，设印刷局，造纸币，自己已始用。而奸民辈偷隙赝造，真伪混淆，众皆苦之。至于金银钱则皆流入泰西诸国，虽日铸万钱，可谓纸上空文。物价昂贵，民难聊生。故上下之间，孜孜为利，虽微细之物，无不收税"，① 遂使社会矛盾加剧，抨击全盘西化、唱衰维新者大有人在，认定明治维新导致礼崩乐坏，前途堪忧，"巧者染迁人心，日就于侈靡，风俗专尚于商贩。外若繁华，内实罄竭，势已骑虎"。② 最为严重的是，1877 年 1 月，失意的西南藩阀在西乡隆盛的率领下，不惜以战争的方式对抗中央，反对维新。拒不合作者、质疑者、分裂者的存在，极大地弱化了国家的向心力，妨碍了国家意志的统一。明治初年政要们极力渲染、炒作"俄国威胁论"，就是借用民族主义这面廉价而又实用的大旗，以达到转移矛盾、聚合人心、统合力量的目的。

其四，国家战略构想的需要。表面看来，明治初年，日本政要们渲染"俄国威胁论"存有对形势的误判之嫌。到 19 世纪 80 年代末，由于恶劣的自然环境、落后的交通设施、稀少的居住人口等条件的限制，俄国虽然已成横跨欧亚的"双头鹰帝国"，但在远东地区鲜有作为。1888 年 5 月 8 日，俄国在圣彼得堡举行会议，专门商讨对朝政策问题。经广泛讨论，会议形成如下决议："朝鲜之占领不仅不会给我们任何益处，而且一定会引起非常不愉快的后果。朝鲜是一个非常贫穷的国家，所以它不能成为我国有利的商业市场，尤其因为我国在太平洋方面的本国领土缺乏工业。""朝鲜位于满洲边境，在相当情况中它可成为我国重要的战略据点，但此一战略据点由于防卫的不便及困难，所以此种意义也就消失。朝鲜离我们有足够武力的中心太远，阿穆尔军区的资源亦有限，所以我国土地的任何扩张，尤其在我们必须保卫朝鲜三面环海的漫长海岸线时，会成为我们的负担。最后，朝鲜之占领不仅会破坏我国与中国的关系，还会破坏我国与英国的关系，因为英国也在觊觎上述国家"。③ 俄国参谋本部官员维别尔中校的意见是："在战略上'我们可以完全不管朝鲜。如果满洲发生军事行动，朝鲜这个侧翼是安全的。作为盟国，它没有什么用处；作为敌人，

---

① ［韩］姜文馨：(46)《闻风事件》，第 62—63 页。
② ［韩］沈相学：(49)《日本闻见事件草·别单草》，第 231 页。
③ 《红档杂志有关中国交涉史料选译》，张蓉初译，生活·读书·新知三联书店 1957 年版，第 130—131 页。

它没有什么力量'。"① 据此可知，时至 1888 年 5 月，在俄国人的心目中，朝鲜形同"鸡肋"，并不具有现实的战略价值。俄国的对朝政策表现为徘徊、观望，维持现状，并不具有攻击性、侵略性。这也反证了日本政要所提俄国威胁，并无事实作为依据，而是用一种近乎想象的方式演绎了一个令人恐惧的"俄国威胁论"，将"俄国威胁论"当成了现实中的"俄国威胁"。这种以臆想抑或推演代替现实的论证方式明显带有空洞、牵强附会的意味，叠加了极强的主观意志，纯粹是为了达到"先入为主"的目的而为之。因为他们也清楚，以俄国当时在远东地区的军事势力，是难有大的作为的，尚不能对日本构成严重的威胁。其实，在这种看似矛盾的思维逻辑中，存在着合理性的战略构想。放眼望去，在东亚地区能够对日本构成威胁的不是清朝中国，只能是俄国；能够阻遏日本侵占朝鲜的，不是清朝中国，只能是俄国。日本在东亚的真正对手只有一个，那就是俄国。为了战胜这个唯一的对手，实现从岛国到陆地的跨越，主宰东亚命运，日本从 19 世纪 70 年代起，就将俄国设定为战略假想敌，大肆炒作"俄国威胁论"，转移中朝两国的注意力，以"同文同种"为幌子，骗取东亚邻邦的好感，大有与"明修栈道，暗度陈仓"异曲同工之妙。

---

① ［美］安德鲁·马洛泽莫夫：《俄国的远东政策（1881—1904 年）》，商务印书馆 1977 年版，第 19 页。

蒙古族传统游牧智慧的价值启示
——以"五畜和谐共生思想"为例

张银花　张建华

（内蒙古农业大学人文社会科学学院，内蒙古呼和浩特　010018）

摘　要：有着悠久历史的东北亚跨界民族——蒙古族，在游牧实践的长河中探索出与草原环境相适应的生产生活方式，塑造出具有民族特色的风俗习惯和价值信仰，并逐步形成独特的传统游牧智慧，其中"和谐"思想贯穿于游牧社会的方方面面，具体涵盖人与自然的和谐、草原与牲畜的和谐、牲畜与牲畜之间的和谐。其中"五畜和谐"是传统游牧智慧的核心思想。面对当前市场经济的压力和草原日益恶化的趋势，笔者在阐述"五畜和谐共生"思想基本内涵的基础上，分析其在"一带一路"建设中对现代牧区生产的重要启示和指导作用。

关键词：传统游牧智慧；五畜和谐共生

一　蒙古族传统游牧智慧概要

游牧，是指随水草生长规律移动放牧的一种粗放草原畜牧业生产方式。经过长期的游牧实践积累，智慧的蒙古民族探索出了与草原自然生态环境相适应的生产生活方式、风俗习惯及价值信仰，并经过历史的累积形成了独特的蒙古游牧智慧，这些智慧汇聚于生产生活等领域。

（一）传统的游牧生产智慧

蒙古族是有着悠久历史的民族。有史以来，蒙古族一直将草原作为民族生存和繁盛的源泉，为了保障草原的永续供给。游牧先辈们逐步探索出"逐水草而迁徙"的游牧方式。移动放牧成为蒙古族牧民循环利用草场、保护草场的基本方法。

根据长期的游牧生产实践，通过明确草原的类型特征和五畜的生物特性，游牧先辈遵循气候、季节、草场特点，采用移动放牧的转场制度，即"四季游牧制度"。① 游牧是游动放牧，但游牧不具有随意性，游牧民族每年的移动轨迹通常是大游牧圈。任继周院士指出，在牧草生长期，牲畜在一片草场上只停留14天的生态效应是：牲畜吃了14天牧草后，会激发牧草生长速度。② 除了适应季节确定游牧圈，游牧民族还会根据草场植被种类调整"五畜"（马、牛、绵羊、山羊、骆驼）畜群结构与数量，使之与草场的承受能力平衡。

游牧圈的选择也暗含智慧，通常情况下，大游牧线路的选择与水源、草场优劣以及前一年的迁移路线有关。在牧区由于经常移动，生活燃料的解决一直困扰着牧民，后来牧民们发现在草原上随处可见的牛粪风干后可用作燃料，而且经过水洗、自然发酵作用后，牲畜粪便中的有机养分还可补给土壤养分。但是由于当年的粪便浊湿不能利用，所以游牧一般沿着上一年的路线，以便捡拾前一年经过风干后的牛粪做燃料。但也有特殊情况，牧民们也会根据自然状况、畜群数量多寡和畜群抓膘等情况进行"转场"，例如当放牧地突发自然灾害或牧草不足时，牧民会通过"走敖特尔"来解决牲畜缺水草的问题，也保障了草场有休养生息的时间。这些游牧方式，不仅是蒙古族人民长期牧业生产的经验总结，也是几千年来积攒的与大自然和谐共处的生产智慧。

（二）传统的游牧生活智慧

游牧生产影响牧民的生活。为了便于四季移动放牧，蒙古族设计出适合在草原上移动的住房和交通工具——蒙古包和勒勒车。③ 这其中也蕴含

---

① 吴依桑：《注重和谐的蒙古族草原生态文化》，科学发展观与民族地区建设实践研究，2009年。

② 王素娟、孙国军：《蒙古族游牧文化：言说着人与自然的和谐》，《原生态民族文化学刊》2010年第4期。

③ 王素娟、孙国军：《蒙古族游牧文化：言说着人与自然的和谐》，《原生态民族文化学刊》2010年第4期。

着很强的科学性。游牧民族的居室——蒙古包，在选材和结构设计上都充分结合了草原特性，选择木骨架和由羊毛、骆驼皮以及马鬃制成的毡帐组成蒙古包，不仅制作程序简单，而且也不会对草原构成破坏。重要的是蒙古包具备冬暖夏凉、便于搬迁的特点方便游牧生活。另外，蒙古包除了对草原破坏程度低外，也是迄今为止用材最少的长久性住宅建筑。

勒勒车，游牧草原上特有的一种交通工具。其多以桦木制成，结构简单、耐用、载重量大、易于制造和修理。最值一提的是车轮留下的车辙不会破坏草原。

另外，在环境保护方面，蒙古族人民也总结出经验：每当计划转移放牧地点时，会对旧址的垃圾和灰烬进行掩埋；垃圾绝不能扔在水源附近的地方以保护水源和牧草再生；填平马桩、蒙古包立柱的坑；在青草发芽之后，绝对不允许动土。这些避免破坏草场的意识和约定俗成的规矩，从成吉思汗时期的法规条文中可得到证实。如在《大札撒》中明确规定：禁草生而铲地。严格规定，从初春开始到秋末牧草泛青时禁止挖掘草场，无论谁违犯法条，都要受到惩罚。有不得不动土的情况，要举行仪式以求神灵宽恕。

（三）其他方面的游牧智慧

蒙古族的游牧生产和生活深受原始宗教——萨满教"万物有灵论"和佛教"自然与生物和谐共存"思想的影响。萨满教的"万物有灵论"蕴含自然至上思想，即"草原上的一草一木、飞禽走兽、河流湖泊都有灵性，不能轻易地扰动、射杀和破坏，否则将受到神灵的惩罚"。蒙古民族受宗教教义影响，丧葬习俗以野葬、火葬为主。野葬又称明葬，意为"生前吃肉成人，身后还肉于自然"，蒙古人视自然为生命的源泉，认为作为大自然之子，生命来源于自然，死后也应还于自然。这种丧葬习俗不动土，不挖坑，减少了对草原的破坏，保护了草地植被。

此外，蒙古游牧民族非常注重草原上动物植物之间以及不同种群之间的协调共生。为维持与自然共生相适应的动物存量，传统猎风要求每次围猎必须放生所猎动物中的一对雌雄，忌讳捕杀伤残、怀胎、幼崽及带仔的母兽。总之，蒙古游牧民族力求对大自然做到"取之有道，用之有度"，并实践于衣、食、住、行等方面，以有限的索取换取与草原生态的长久共生。

二 "五畜和谐共生思想"的基本内涵

所谓"五畜",在农区指牛、犬、羊、猪、鸡五种畜类;在游牧地区,则把牛、马、绵羊、山羊、骆驼称为草原五畜。"五畜共生"是传统游牧智慧的精髓,"和谐共生"思想体现在畜群结构、五畜与草原共存共处等方方面面。

(一)"五畜和谐共生",既是为适应多样的草原植被,又益于保持草原牧草种类的多样性

根据每一种牲畜喜食草类及所需环境的不同,蒙古族流传着"山地的马、沼泽地的牛、平原的绵羊、戈壁的山羊、沙漠的骆驼"的说法,这一说法非常形象地描述了五种牲畜适于生长的草场及环境的基本特点。

传统的蒙古草原由于东西横向较长,由东向西呈现出从草甸草原→干旱草原→半荒漠草原→荒漠草原→荒漠过渡的植被景观,不同类型的草原生长的植被也有所差异,蒙古草原上有近千种植物是草原五畜的天然食库。在草甸草原上,生长的植物多富含碳水化合物,可为乳牛、肉牛的饲养提供得天独厚的条件;干旱草原和荒漠草原上生长着细毛羊喜食的高粗蛋白质植物;荒漠上的植物含灰分高,适合骆驼和山羊的生存;而干旱半干旱地区生长的植被恰合产毛的绵羊或羔皮羊的放养。

草原五畜在受益于蒙古草原的同时,也为维护草木生长作出了贡献,如果在同一草场上过度放牧,牲畜反复践踏,会造成地表裸露,加速风蚀沙化,而适度的踩食则会加速牧草的更新和生长。以"五畜"种群的平衡搭配进行游牧,能够解决草原类型差异和畜牧业生产之间的矛盾,而且也有利于维护草原生物的多样性,这是传统游牧智慧的最佳体现。

(二)"五畜和谐共生",既是为适应牲畜各自独特的生物学特性,又益于达到牧草资源利用的最大化

蒙古游牧先辈将牛、马、绵羊、山羊、骆驼驯化为主要畜牧品种,是经过实践经验积累总结各畜种独特的生物学特性与草原的地理环境和牧草生长规律基础上做出的选择。

牛的生物学特性:牛有着不同于单胃动物的消化系统,作为反刍动物

喜欢采食软而多汁、植株较大的阔叶草类，较少采食灌木类植物。牛由于体重较大行动缓慢，所以较为平坦的草甸草原、典型草原，是牛群最好的放牧场地。荒漠草原地带的饲草资源也可满足牛的需要，但由于草株低矮，牛对其利用较差，且荒漠区适于养牛的饲草也更少。

绵羊的生物学特性：绵羊皮毛厚、耐严寒、善游走，但又怕湿热，所以能适应较高海拔的草原环境。绵羊喜欢采食比较干燥的葱属植物、蒿类、小禾草、一些木本类植物上的花、果、枝叶等，不喜采食苔类植物和高大的禾草类植物。在蒙古草原上生长的细嫩、营养高的植物正适合绵羊采食需要。而对于荒漠草原地区生长的灌木、半灌木等强旱生的灌木植物，绵羊则较少采食。[1]

山羊的生物学特性：山羊明显区别于其他畜种的生物特点是强健的骨骼和腿部肌肉，使其活动更加敏捷，善于跳跃攀登的优势使山羊非常适合在陡峭的山地草原活动。不同于绵羊，山羊能够适应炎热和潮湿环境，而且山羊胃部消化能力和牙齿的咀嚼能力也强于绵羊，一般营养价值较低的饲草也可满足山羊的需求，采食多样化，多偏喜食灌木嫩叶。强健的骨骼、善跳跃，加上较低的饲草要求使山羊能够在地势落差较大的草原地区利用灌木的嫩枝、叶及花果充饥，即使在饲草贫瘠的荒漠区，山羊也能拣食强旱生的小灌木和半灌木而生存。

马的生物学特性：相比牛、羊、骆驼，马对饲草标准要求较高，干燥带有香味的草类是马最喜采食的。而对杂类草、灌木类植物较为挑剔。由于马运动的灵敏程度不如山羊，饲草要求高于骆驼，所以从运动能力和采食习性来看，平坦的典型草原、草甸草原更适合马的放养。

骆驼的生物学特性：从生物结构来看，骆驼的口腔结构和消化机能强于其他畜种，能够很快消化、吸收粗纤维和木质素较高的植物。骆驼喜食干燥、粗硬、辛辣气味较大且多盐的草本和半灌木类粗饲草，所以骆驼能够利用其他牲畜不能食用的粗硬带刺、木质化、灰分含量大的草木本植物，如骆驼刺、红砂等植物。在植被较少的荒漠草原，驼群经常边走边吃，且只采食植物的小部分枝叶，所以即使在植被稀疏的戈壁，也不会出现植物被吃光的现象。

---

[1] 李其木格：《五畜均衡对内蒙古草原生态保护之作用》，硕士学位论文，内蒙古师范大学，2011年。

蒙古游牧先辈通过对五畜生物学特性和采食习性的分析、了解不同畜种对饲用植物的采食规律来确定五畜的游牧地带。所以，"五畜和谐共生"，既是为适应牲畜各自独特的生物学特性，又益于达到牧草资源利用的最大化。

（三）"五畜和谐共生"，既是为适应畜群结构的合理调整，又益于实现牧草更新和草原生态系统的良性循环

在传统游牧民族的观念里，除了考虑牲畜利用多样植物外，"五畜"畜种结构及人畜比例，也是保持草原生态系统的良性循环必须考虑的因素。对此，古代蒙古游牧民设立了五畜人均最低需要量的标准。《游牧民族社会经济史的几个问题》一书显示，一个普通游牧家庭，五口人家需要13头牛、90只羊、3峰骆驼和14匹马，共120头（只）。"五畜"以羊折算，260个羊单位，人均52个羊单位。马和羊群之间存在着1∶6或1∶7的自然比例。牛群规模一般和马群规模相当。《蒙达备录》中指出："有一马者，必有六七只羊。"从以上记载可以看出古代游牧先辈在确定畜群时，非常注重对畜种比例、人均牲畜头数和畜群规模的协调配置。既保证了牧民生活的最低生活牲畜饲养量，又调整了合理的五畜结构适应草原生态承载量。

我们可以将游牧业看作是由草原生态发展和畜牧生产组成的复合系统。系统的正常健康运作对牲畜的畜种规模、草原的供给能力都提出了要求，草畜要达到协调共生、系统良性循环的目标，牲畜结构必须合理且比例适当。在互促互利的环境下，人、畜、草原才能长久共存。在草原与牲畜之间，牲畜从草原获取食物，反过来畜蹄践踏土壤，能促进植被发育、更新，而且牲畜散布的粪便，可以为牧草提供生长所需的肥料。人与畜之间，草原五畜为牧民提供多种产品，粗劣羊毛用于制作蒙古包，羊皮可制成抗风保暖的皮衣，羊奶可饮用或制成奶制品，大部分碎骨当作烧火材料，肩胛骨据说作占卜用，羊头和胸叉骨用来祭火；双峰驼是北方戈壁地区运载货物的主要交通工具；牛多用于产肉、产奶食用和日常交通；马在古代蒙古游牧时期多用于骑乘。

三 "一带一路"建设中"五畜和谐共生思想"的价值启示

蒙古游牧先辈经过世代在蒙古大草原上的生存实践，积累总结出看似简单却内涵丰富的游牧智慧。如，"单位草原面积的牲畜载畜量、养活一口人需要的牲畜数量、不同牲畜采食哪种植物的哪种部位，牲畜不同季节在什么样的草场采食哪种植物最好、轮牧的最佳时间是多久"等，对于解决目前草原生态环境问题具有重要借鉴意义和价值。

20世纪中叶以来，牧区"五畜"的整体规模及结构发生了很大变化。人们越来越不重视畜种间的平衡比例，如马和牛的数量呈直线增加趋势，而骆驼受运载功能的下降数量逐年减少。总体上小畜增长明显，尤其山羊数量增加速度较快。究其原因，一方面，市场需求对不同畜种存栏的变化影响越来越明显。市场的自发调控导致了目前畜种结构的变化。在现今畜牧产品中，奶产品、牛羊肉等需求上升，同时人们对山羊绒的需求量也明显增加，但由于进口羊毛的冲击使绵羊毛的市场需求量呈下降势头。另一方面，国家政策也影响畜牧业结构变化。20世纪后期国家开始进行草牧场网围栏建设，划定放牧范围，五畜游牧半径受限。使牧民被迫放弃马、骆驼等大畜的牧养。除了受国家限制放牧政策的影响外，牧民也考虑到与羊相比大畜能当年出售，于是选择扩大小畜规模。目前，牧区畜种结构正逐步呈现"山羊单一化"的趋势。限制范围内的牧场养殖，加上山羊的超高承载量，在牧草食用量无法满足的情况下常常出现山羊刨食草根，影响牧草的再更新，加重了草场退化。"五畜和谐共生"的模式被打破，五畜结构及规模的失衡导致草场的退化，而草原退化迫使牧民更加偏离五畜结构平衡比，进而失衡的畜群比加速了草场退化。最终，形成了"单一畜种—草原退化—被迫选择的失衡五畜结构—失衡的结构加速草原退化"的恶性循环状态。

面对破坏日益严重的草原，要实现草原生态系统的良性循环，无论是国家层面还是牧民个体都需要认识、借鉴游牧先辈们留下的传统智慧：

1. 牧民个体要充分考虑牧草产量、营养成分及年份、季节差异等特点，在有限的草场面积内合理安排牲畜的饲养。根据草原类型和五畜习性确定饲养比例，如干旱半干旱荒漠地区应以骆驼和山羊为主，平坦的草甸草原应以马、牛为主。这既符合草原环境发展，也有益于在发挥天然草场的生产潜力的前提下，实现牧民个体利益的长期发展。

2. 国家层面要适当作出引导。在科学限定放牧范围的情况下，应附带提出引导牧民进行牧业养殖的可行办法，帮助牧民寻找其他途径解决饲草料问题，只有当牧民无须恐慌饲草问题时，才会不只顾眼前利益，单纯迎合市场需求，才会考虑牧场的长远发展，考虑牲畜存栏的"供需平衡"，确定合理的牲畜头数。为此，农业部已于2005年颁布实施的《草畜平衡管理办法》明确规定，根据草原类型制定具体的载畜量标准，同时以多种途径保障饲草料总量供给与牲畜所需饲草总量保持动态平衡。

3. 要保持畜种结构的多样化，使"五畜"协调共生，以充分利用草原植物的多样性和实现草原生态系统的良性循环。如果牲畜单一食用一种植物或植物的某一部分，牧草也会由于营养失衡而退化。需认识到不同畜种采食植物的种类不同，采食的程度也不同，以及不同草场上牧草种类存在的差异，因此在生长着不同牧草种类的草场上畜种结构也应有所差异。

游牧是经过历史实践检验而得出的一种草原畜牧业经营方式，也是草原产业中最富效能的生产方式。根据生态学原理，草地牧草资源是可更新的再生资源，适度放牧利用不仅不破坏草原，而且可以饲养牲畜获得持续的经济效益。四季游牧过程中，牲畜的适度践踏有利于疏松土壤表层的硬壳，改善土壤透气性。而且，蹄类践踏有助于植物种子分散埋入土壤，也有助于刺激植物的分蘖再生，具有提高牧草稠密度和植被自身修复的功能等。游动的家畜散落的粪便能有效补足草原土壤所需有机肥料，保障草原土壤养分"收支平衡"，也避免了集中放牧导致的排泄粪便污染问题。

"取于自然，还于自然"，是勤劳智慧的蒙古民族在长期的历史实践中不断认识自然规律基础上，形成的与自然生态和谐共处的传统游牧方式和游牧智慧。"万物相谐"的蒙古族传统游牧智慧包含着人与自然、草原与牲畜以及牲畜与牲畜之间的和谐共生思想，这些思想对于追求可持续发展的现代人具有永久的启迪。"五畜和谐共生"作为其中的精髓智慧，更是益人、益五畜、益草原生态的精妙思想。"五畜和谐共生"，既是为适应多样的草原植被，又益于保持草原牧草种类的多样性；"五畜和谐共生"，既是为适应牲畜各自独特的生物学特性，又益于达到牧草资源利用的最大化;"五畜和谐共生",既是为适应畜群结构的合理调整,又益于实现牧草更新和草原生态系统的良性循环。这些思想在"一带一路"建设中对现代社会生产具有重要的价值启示。

后　　记

2017年9月27日至30日，由中国中外关系史学会与黑河学院联合举办，中外文化交流史专业委员会与黑河学院远东研究院承办的以"北方丝绸之路与东北亚古代民族"为主题的第二届黑龙江流域暨远东学术研讨会在美丽的黑河市如期顺利召开。这是中国中外关系史学会自1981年成立来首次在我国北疆高校——黑河学院召开的大型学术研讨会，来自国内外八十余所高校和研究机构的学者参会，大会组委会共收到论文100余篇，产生了广泛的社会影响和学术影响。会议主办方经商议决定择优编辑论文集，并编入"中国中外关系史论丛"，由黑河学院俄罗斯远东智库提供资助，由中国社会科学出版社出版。论文集第一主编由中国中外关系史学会会长万明研究员担任，黑河学院远东研究院王禹浪教授、谢春河教授分列第二、三主编。在"论集"即将付梓之际，衷心感谢中国中外关系史学会的万明会长，黑河学院的前任党委书记曹百瑛教授、校长贯昌福教授、副校长丛喜权教授，中国社会科学出版社宋燕鹏编审、编辑安芳女士，哈尔滨出版社的高级编审戴淮明先生，以及为"论集"出版辛苦付出的各位专家学者，如果没有他们的积极推动和无私的奉献与大力支持，"论集"难以实现出版的愿望。